나를 죽이지 않는 법

일러두기

- 본문의 괄호 속 내용은 저자가 덧붙인 것이고, 페이지 하단의 각주는 옮긴이와 편집자가
  원문의 이해를 돕기 위해 부연한 내용이다.
- 외국 인명과 지명 등은 국립국어원에서 정한 외래어 표기법을 기준으로 삼아 표기했다.
- 국내에 소개된 작품명은 번역된 제목을 따랐고, 그렇지 않은 경우에는 원어 제목을 우리말로 옮기거나
  독음으로 적었다.
- 책 제목은 겹화살괄호《 》로 구분하고, 영화 제목과 텔레비전 프로그램, 논문, 신문 및 잡지 제목은
  홑화살괄호〈 〉로 구분했다.
- 원서에 소개된 미국 현지 참고 자료 및 안내 전화 등은 한국어판에서 국내용으로 바꾸었다.

나를 죽이지 않는 법

무엇이 죽고 싶게 만들고, 무엇이 그들을 살아 있게 하는가

클랜시 마틴 지음 | 서진희·허원 옮김

b.read

솔직하고 때로는 소름 끼칠 정도로 강렬한 책. 자살과 자기파괴적인 생각을 하는 사람들에 대한 우리의 인식을 재구성해야 한다는 긴급한 메시지를 담고 있다. 클랜시 마틴은 두려움 없이 자신의 가장 취약한 순간을 상세히 탐구하며, 많은 사람이 공개적으로 논의하기 어려운 주제를 인간적으로 그려 낸다. 이를 통해 그는 고통과 생존에 대한 매혹적인 논지를 펼친다.

〈타임TIME〉 2023년 반드시 읽어야 할 100권의 책

경쾌하고 몰입감 높은 문체. 나는 이 책이 하고자 하는 것과 되고자 하는 바를 존경한다.

〈워싱턴 포스트Washington Post〉

클랜시 마틴이 가진 특별한 재능 중 하나는 수십 년이 지난 후에도 자신의 사고 과정을 세밀하게 되짚을 수 있는 능력이다. 그는 하루를 버티기 위해 하는 다양한 일들을 길고도 에세이같은 목록으로 제시한다. 익숙한 전략, 잘 알려지지 않은 사상가들의 주장, 기억 속의 인용문, 그리고 친구들과 주고받은 이메일을 이어 붙이며 말이다. 그것은 더없이 독창적이며 아름답다.

〈뉴요커The New Yorker〉

기억과 철학이 한데 어우러진 자립과 자조의 이야기다. 이 책에는 현란한 미사여구나 떠들썩한 시도가 없다. 이 책은 자살이 수 세기 동안 우리 문화에서 어떤 역할을 했고 어떻게 진화해 왔는지, 철학자들은 자살을 어떻게 연구해 왔는지 살펴보기 위해 저자의 과거를 탐색하는 심오한 명상이다.

〈에스콰이어Esquire〉

지금까지 읽은 자살에 관한 책 중 가장 정직하고 솔직하며 먹먹하고 불편한 책이다. 무릇 훌륭한 이야기는 삶의 힘과 죽음의 힘 사이의 싸움을 다루기 마련인데, 《나를 죽이지 않는 법》은 개인적으로 꽤 오랫동안 접한 어떤 책보다도 현명하고 강력하게 이 싸움을 풀어 간다.

데이비드 실즈David Shields,
《우리는 언젠가 죽는다The Thing about Life Is That One Day You'll Be Dead》 저자

클랜시 마틴은 자신의 자살 시도 메커니즘을 분석하고, 다른 사람들의 이야기와 다양한 문학 자료를 활용해 자살이 제기하는 큰 의문에 답을 찾고자 한다. 왜 어떤 사람은 살고 싶어 하고, 어떤 사람은 그렇지 않은가. 왜 어떤 사람은 극단을 오가는가. 왜 자살 기도에서 살아남은 사실에 감사하면서도 여전히 자기 소멸의 사이렌 소리를 듣는가. 클랜시 마틴은 경이로우면서도 고통스러웠던 자기 삶에 대해 대담하고 극적이면서도 철학적이고 명료하게 이야기를 풀어 나간다.

앤드루 솔로몬Andrew Solomon, 《한낮의 우울The Noonday Demon》 저자

저자는 자살에 관한 가장 실존적인 질문을 상기시킨다. 무엇이 사람을 죽고 싶게 만들고, 무엇이 계속 살아가게 하는가. 이 질문에 대한 답은 자살 행위 자체가 아니라 자신과 같이 오랫동안 고통을 겪으며 온 마음과 몸을 던져 삶의 의미를 찾는 사람들에게서 얻을 수 있다. 그는 두려워하지 않고 끊임없이 스스로 이러한 질문을 던지며 자살 생각으로 힘들어하는 사람들과 그들을 돕기 위해 노력하는 사람들에게 귀중한 교훈을 전한다.

존 S. 드레이퍼 John S. Draper,
전국 자살 예방 생명의 전화 네트워크National Suicide Prevention Lifeline Network 전 기획이사

자살 이야기를 읽으며 등골이 오싹하게 만드는 건
창살에 매달린 힘 빠진 시체가 아니라,
바로 직전 그 사람의 마음에 무슨 일이 일어났는가이다.

– 시몬 드 보부아르Simone de Beauvoir

혼자 있을 때 깨닫는 건
내가 나를 죽이려 한 사람과 함께 있다는 사실이다.

– 존 멀레이니 John Mulaney

여기서는 어디서든 당신을 볼 수 있다.
그러니 당신은 삶을 바꿔야 한다.

– 라이너 마리아 릴케Rainer Maria Rilke

에이미와 내 아이들을 위해

독자에게

지난 30년 동안 만난 사람들, 특히 나처럼 자살을 기도했다가 실패한 후 여전히 자살 욕구와 싸우는 이들을 위해 이 책을 쓴다. 또 자살을 생각하거나 그런 생각을 행동으로 옮기려 하는 사람들, 그리고 사랑하는 이들의 자살로 삶의 급격한 변화를 겪은 많은 사람들에게 이야기하고 싶다. 나의 자살 기도, 실패와 성공에 관한 이야기를 읽음으로써 자살이라는 어두운 태양의 궤도를 돌고 있는 누군가가 그 중력을 견디며 살아가는 데 조금이라도 도움이 되길 기대한다.

만약 지금 매우 위급한 상황에 처해 있고, 이 글을 읽으면서도 자살에 관한 생각을 떨칠 수 없다면 곧바로 도움이 될 '부록 1 위기를 피하기 위한 도구'를 먼저 읽어 보기 바란다. 힘들지만 조금 더 긴 내용을 읽을 수 있는 상황이라면 '부록 2 위급한 상황에서 살아남기에 관한 인터뷰'와 힘든 시간을 버텨 내고 살아남기 위한 나만의 전략 몇 가지를 수록한 '6장. 그들이 계속 살아가길 원한다'를 훑어보기를 권한다. 물론 내 바람은 독자들이 이 책 전체를 읽는 것이다. 아무리 절망적인 상황에서도 여러분이 계속 앞으로 나아가는 데 이 책이 힘이 되길 희망한다.

지금의 나는 살아 있어 기쁘다

내가 마지막으로 자살을 기도한 곳은 우리 집 지하실이었고, 그때 나는 개 목줄을 사용했다. 늘 그랬듯 유서는 쓰지 않았다. 나는 서재에서 초록색 가죽을 씌운 나무 의자를 지하로 가지고 내려갔고, 우리 집 개가 그 모습을 계단에서 지켜봤다. 개는 지하실을 무서워했다. 나는 의자 위에 올라서서 내 목에 올가미를 씌웠다. 그런 다음 영화 〈쇼생크 탈출The Shawshank Redemption〉 말미에 브룩스 하틀렌Brooks Hatlen이 그랬듯이 의자를 발로 차버렸다. 비교적 가혹하지 않으면서 유서 깊은 자살 방법이다.

나는 곧 공중에 매달린 채 발을 휘젓기 시작했다. 하지만 죽음에 가까워지기는커녕 그저 끔찍한 통증만 따를 뿐이었다. 목을 매는 건 견딜 수 없이 아프다. 전에 시도해 봤으면서도 나는 그 사실을 잊고 있었다. 그 당시에 목을 맨 사람들의 이야기를 읽으며 시간을 보냈는데, 아주 쉬워 보였기 때문이다. 어떤 사람들은 문고리에 줄을 묶어 앉은 자세에서 해내기도 했다. 나는 공포에 빠지기 시작했고 그 공포에 맞서다 공포가 좀 더 심해졌다. 정확히 기억나진 않지만 나는 순식간에 몸을 들어 올려 목줄을 빼냈다. 그리고 아래로 떨어진 채 꼼짝 않고 먼지 쌓인 차디찬 콘크리트 바닥에 잠시 누워 있었다.

초록색 의자는 여전히 지하실에 있다. 너무 섬뜩해서 집 안에 들여놓고 싶지 않기 때문이다.

그날 늦게 나는 여행 중인 아내와 통화했다. 아내는 내게 목소리가 왜 그러냐고 물었다.

"목이 따끔거려."

"생강차에 꿀을 타서 마셔 봐." 아내가 말했다. "뭔가 몸에 이상이 생긴 것 같은데…."

"으응." 내가 대답했다.

목의 통증은 일주일간 이어졌고, 내가 가르치는 학생 몇몇은 내게 목이 왜 그렇게 된 거냐고 물었다. 멍이 심하게 든 탓이었다. 나는 학생들에게 그저 심해 보일 뿐 별거 아니라며 대답을 피했다.

어쩌면 학생들에게 진실을 말할 수도 있었을 것이다. 하지만 자살과 자살 기도에 대해 글을 쓰고, 그런 글을 학생들이 인터넷으로 보는 것(학생들은 자기 교수에 대해 궁금하면 구글 검색을 한다)과 목에 피멍이 든 채 학생들과 눈을 맞추며 "아, 내가 며칠 전에 목을 매려 했거든"이라고 말하는 것은 완전히 다르다. 직업적으로 어떤 부정적 결과가 따르지 않는다 해도(아무래도 있었을 것이다) 젊은이들의 마음에 무거운 이야기를 얹는 게 우려됐고, 어쩌면 이미 우울증이나 자살 충동으로 힘겨운 누군가를 내가 부추겨 좋지 않은 선택을 할까 봐 걱정스러웠다.

나는 내가 기억하는 거의 평생 동안 양립할 수 없는 두 가지 생각을 머릿속에 담고 살았다. '죽었으면 좋겠다'는 생각과 '자살 기도가 실패해 기쁘다'는 생각이다. 자살에 성공했다면 내가 살아온 이 모든 인생을 피할 수 있지 않았을까 하는 생각은 한 번도 해본 적 없다. 하지만 그러면서도 내 삶이 허망하기 이를 데 없다는 기분이 들 때 가장 먼저 떠오르는 생각은 '그래, 그럼 지금 죽지 뭐'이다. '그냥 목을 매는 게 낫지. 가지고 있는 독약은 없고 지금 주문한다 해도 여기 도착할 때쯤이면 실행할 용기가 사라졌을지 몰라. 중요한 건 내 정신이 명료할 때 그걸 해내는 거야.' 이렇게 아주 구체적인 생각을 하기도 한다(이는 내가 실제로 얼마나 혼란스러운 상태인지를 보여 준다). 스스로 목숨을 끊는 것이 옳은 일이라고 확신하는 그 순간에는 마치 격한 감정에 휩싸였을 때 거부할 수 없이 자신이 옳다고만 느끼게 되는 것처럼 이제야 비로소 내가 진실을 인정하고 있다는 확신이 든다. 마침내 나는 내가 실제로 말하고 싶었고 말해야 했던 것을 말할 수 있게 됐다고 믿는다. 하지만 시간이 지나 마음이 가라앉으면 이 분노에 찬 확신이 진실을 그대로 반영하지는 않는 것을 알게 된다.

물론 내가 항상 자살 생각과 씨름하는 건 아니다. 예컨대 이 글을 쓰는 2022년 겨울, 나는 스스로 목숨을 끊을 생각이 없으며 내가 지금 여기 있다는 사실에 감사한다. 하지만 어떤 면에서 보면 이런 감사에는 핵심이 빠져 있다. 무언가에 감사할 수는 있지만 여전히 그 일을 감당할 수 있는 상태는 아닌 것이다.

그리고 만약 다시 생각이 바뀌어 '그래 해, 자살해,' 아니면 단순히 '자, 힘내, 이제 때가 됐어, 지칠 대로 지쳤잖아, 다 끝내라고, 해치워 버려' 같은 감정에 사로잡히더라도 나는 여전히 이전의 자살 기도에 성공하지 못한 사실을 기뻐할 것이다. 그 모든 실패가 이후 생긴 좋은 일들, 그중에서도 가장 중요한 내 아이들의 출생보다 앞서 생긴 일이기 때문이다.

나 역시 결국 스스로 목숨을 끊어야 한다고 생각하면서 동시에 과거의 자살 기도가 실패한 게 다행이라고 하는 말이 얼마나 이상하게 들릴지 알고 있다. 전에 한 시도가 성공하지 못해 계속 살 수 있었고 그 덕분에 좋은 일을 맞이했다면 그 논리는 밀고 나가도 되는 것 아닐까? 그런 자살 충동에 굴복하는 건 실수라고 배울 순 없는 건가? 아마도 나는 천천히 배우는 중일 것이다. 하지만 자살 욕구에 사로잡히는 순간에는 앞으로 더는 좋은 일이 생길 거라 믿지 않는다. 더 큰 문제는 미래가 어떻든 상관없이 내가 여기 계속 있으면 상황이 더 나빠질 거라 확신한다는 점이다.

이렇듯 양립 불가능한 생각을 모두 머릿속에 갖고 있는 게 사실 그리 드문 일은 아니다. 이것이 보통 우리가 인지부조화라 부르는 현상이다. 이는 자기기만의 핵심이며, 여러 극심한 비합리성 중 하나로 이런 면이 사실 인간을 극도로 흥미로운 피조물로 만든다고 할 수 있다. "나는 자기모순에 빠진 걸까? / 그렇다면 좋아, 자기모순인 거 하지 뭐 / (나는 크고 내 안에 많은 걸 담고 있다)." 미국의 시인 월트 휘트먼Walt Whitman의 이 유명한 관점은 삶을 긍정하는 생각뿐 아니라 자기파괴적인 생각에도 적용된다.

아이들과 떨어져 있는 것은 이런 사고가 어떻게 작동하는지 보여 주는 쉬운 예다. 나는 내 두 번의 이혼을 유감스럽게 생각하며, 몹시 부끄럽게 여긴다. 가능하다면 다시 그때로 돌아가 나의 잘못을 고치고 더 좋은 남편이 되고 싶다. 하지만 한편으로는 3명의 배우자와의 결혼과 그 결혼에서 아이들을 얻었다는 사실에 감사한다. 만약 내가 첫 번째 아내와 결혼하지 않았다면 맏딸 젤리를 얻지 못했을 것이다. 그리고 첫 아내와 이혼하고 재혼하지 않았다면 내 딸 마거릿과 포샤를 만나지 못했을 것이다. 만일 두 번째 아내와 이혼하지 않았다면 나의 멋진 세 번째 아내 에이미와 결혼하지도, 라트나와 칼리의 아빠도 되지 못했을 것이다. 에이미와 다섯 아이들은 내가 살아가는 가장 중요한 이유다. 그들이 유일하고 타당한 내 삶의 이유로 느껴질 때도 많다.

지금의 나는 살아 있어 기쁘다. 아무리 기를 써도 자살에 성공하지 못한 사실에 감사한다. 그리고 이것이 이 책을 쓴 이유 중 하나다. 나는 대부분의 사람들에게 자살이 나쁜 선택이라 믿기 때문이다.

나는 자살 욕구를 깊이 이해한다. 그저 죽고 싶다는 생각에 그치는 것이 아니라 적극적으로 스스로 목숨을 끊으려 했던 모습이 내가 생각하는 가장 어릴 적 기억 가운데 하나이기도 하다. 그런 충동이 밀려왔다 밀려가기를 반복하는 동안 존재감에 짓눌린 채 그 존재를 끝장내야겠다는 생각에 휩싸이지 않은 적은 내 인생에서 거의 없다. 고작 몇 주도 되지 않는다. 나는 몇 번이고 자살을 시도했지만 실패했다(나는 자살 역사에서 매우 희극적인 인물이며 늘 운이 좋고 그래서 계속 살아남는 영원한 얼간이다).

그런데 이런 사람이 나 혼자만은 아니다. 내 친구 중에도 매일 자살을 생각하고 자살 기도를 한 번 이상 한 이들이 많다. 이것이 내가 이 책을 쓰는 또 하나의 이유다. 자살에는 어떤 비밀이 있다. 이 사실은 오직 자살이 익숙한 우리 심파라네크로메노이symparanekromenoi [1] 같은 사람들, 특히 자살을 시도했다가 실패한, 그것도 아마 여러 번 실패한 이들에게만 알려진 것이다. 앤 섹스턴Anne Sexton [2]은 자신의 유명한 시 〈자살 유서Suicide Note〉에서 이런 비밀을 몇 가지 언급한다.

> 내가 그저 겁쟁이란 걸
> 나도 인정한다.
> 나 나 나만 외치니
> 작은 모기와 나방이 떠밀려

---

1   덴마크의 철학자 키르케고르의 저서 《이것이냐 저것이냐》에 나오는 말로 정신적·지적으로 스스로 고립되어 세상을 등지고 사는 사람들을 이른다.

2   1928~1974, 미국의 시인. 자전적이고 고백하는 듯한 개인적 내용의 시로 유명하다. 작품집으로 《베들레헴으로 가는 길과 돌아오는 길 일부》, 《살거나 아니면 죽거나》 등이 있다.

전구에 빨려 들어가는 건

한마디 언급조차 하지 않고.

섹스턴은 여기서 무엇을 고백하는 걸까? 우선 흔히 자살하는 이들은 겁쟁이라는 사람들의 말에는 어떤 진리가 담겨 있고, 무엇보다 중요한 사실은 섹스턴이 스스로를 겁쟁이라고 생각한다는 것이다. 그리고 고통과 낙담, 삶의 끝없는 장애물을 뛰어넘어 계속 앞으로 나아가는 용감한 사람이 되고 싶어 한다는 점이다. 섹스턴은 자신의 비겁함과 자살, 허영심이 이 같은 "나 나 나"와 관련이 있음을 고백한다. 사실 자살하는 사람은 누구나 자신이 이기적이라고 비난받을 것을 알고 있다. 삶이 단지 자신만의 것이 아니라 다른 사람들에 대한 의무이기도 하기 때문이다. "나 나 나"는 말하고 생각하고 느끼기에 부끄럽고 형편없는 것이지만, 그래도 모든 이를 위한 삶의 경험에서 크게 들리는 게 또 이 목소리다. (누가 지독히 반항적으로 '뭐, 내가 나를 보살피지 않으면 누가 해주는데?'라고 생각해 본 적 없겠는가?) 그리고 바로 이 목소리가 자기 삶을 스스로 끝내기로 마음먹을 때 귀에서 울려 대는 소리다. "나 나 나"는 자살 행동을 가능하게 만드는 것이며 (내가 만약 너를 생각한다면 어떻게 나 자신을 죽일 수 있겠는가?) 동시에 우리가 그토록 완전히 벗어나려는 것이다. 결국 섹스턴은 이런 주장까지 한다. (그리고 나는 이에 대해 더 할 말이 있다.) 이런 게 그저 비겁함이나 이기심만이 아니라 쇼펜하우어에 이어 프로이트가 죽음의 욕구라 부른, 바로 그 기본적이고 원초적인 "전구에 빨려 들어가는" 욕구라는 것이다.

46세 생일을 한 달 앞두고 스스로 목숨을 끊은 섹스턴의 시에는 죽음에 대한 욕망이 들끓는다. 분명 그 작품은 죽음의 욕구와 씨름하는 누군가에게 권할 만한 것이다. 그러나 그의 시들은 자살이라는 주제에 흔들리지 않는 이들만 읽는 게 좋을 것이다. 정직과 절망이 담긴 섹스턴의 글은 자살을 낭만적으로 표현하는 측면이 있어 자살에 취약한 사람이 마주하기엔 위험하기 때문이다.

만약 내 학생 중 누군가가 자해에 대한 생각으로 어떤 어려움을 겪고 있는지 고백하며 읽을 만한 책을 추천해 달라고 한다면 몇 가지 책을 권할 수 있을 터다. 물론 그 학생과 함께 이야기하고 싶은 책은 제법 많지만, 절대 읽게 하고 싶지 않은 작가를 한 명 꼽으라면 앤 섹스턴일 것이다. 에두아르 르베Édouard Levé[3]나 데이비드 포스터 월리스David Foster Wallace[4], 혹은 넬리 아르캉Nelly Arcan[5] 역시 마찬가지다. 이 작가들은 자살에 대해 잘 알았고 그 내밀한 세부 내용까지 기록했으며 결국 스스로 생을 마감했다.

사람들이 내게 용기 있게 다가와 자살에 관한 이야기를 꺼낼 때면 나는 늘 안도와 감사를 느낀다. 자살은 오늘날에도 여전히 금기시되는 무거운 주제다. 대부분의 사람들은 이에 관해 이야기하길 꺼린다. 알코올 의존증과 마약 중독도 전에는 그랬고 어떤 면에서는 여전히 그러하다. (AA[6]와 NA[7]도 '익명'으로 운영되는 이유다.) 우울증과 다른 형태의 정신질환

---

3   1965~2007, 프랑스의 작가이자 사진가. 2007년 파리에서 자살했고, 이듬해 작품집《자살》이 출간되었다.

4   1962~2008, 미국의 작가. <타임>이 선정한 영문 소설 100선에 장편《끝없는 농담》이 뽑히기도 했다. 불안장애와 우울증에 시달리다 유작《창백한 왕》을 남기고 세상을 떠났다.

5   1973~2009, 캐나다의 작가. 자전적 이야기를 담은 첫 작품《창녀》를 발표하며 언론의 주목을 받았다.

6   익명의 알코올 중독자들(Alcoholics Anonymous). 1935년 미국 오하이오에서 시작된 알코올에서 해방되기를 원하는 사람들의 국제적인 상호 협조 활동 모임

7   익명의 마약 중독자들(Narcotics Anonymous). 1953년 미국 캘리포니아에서 시작된 약물 중독에서 벗어나는 것을 목표로 하는 약물 의존자들의 국제적인 모임

또한 이런 양상이었고 역시 어떤 면으로 여전히 그러하다(따라서 체조 세계 챔피언이던 시몬 바일스^{Simone Biles}가 자신의 정신질환 투병 사실을 공개적으로 고백한 것은 충분히 칭찬받을 만한 일이다). 지금이야 오히려 낯설지 몰라도 동성애자임을 인정하는 걸 금기시하던 것 역시 그리 오래전일이 아니다(자신의 문화적 배경에 따라 어쩌면 아직도 금기시할 수 있을 것이다). 최근 친한 친구의 아들이 스스로 목숨을 끊었다. 지난 13년간 자살에 관한 글을 읽고 쓰고, 최근 수년간 이 책을 쓴 나조차도 친구에게 그 일에 관해 말하는 게 쉽지 않다.

그러나 자살은 우리를 둘러싼 모든 곳에서 일어나고 있으며 우리는 이에 대해 이야기해야 한다. 사실 솔직히 말하면 우리는 모두 자살에 관해 어느 정도 알고 있다. 나는 학생들에게 만약 우리 배에 누르기만 하면 삶을 끝낼 수 있는 스위치가 있다면, 열여덟 살까지 살 수 있는 사람은 없을 거라고 말하곤 했다. 이것이 내가 나 자신의 자살 욕구와 기도^{祈禱}에 관해 독자 앞에서 최대한 솔직해지는 게 중요하다고 말하는 이유다. 내가 허튼소리를 한다면 독자들은 금세 알아차릴 것이다. 어떤 면에서 삶을 끝내는 것이 더 쉬울 수 있기 때문이다. 스스로 느끼는 가장 부정적인 감정이 가장 확실한 감정이라는 사실 역시 이 문제에 도움이 되지 않는다. 행복과 안정감은 불확실하고 깨지기 쉬운 상태로 악명이 높다. 그러나 분노, 우울감, 두려움보다 더 확실하게 다가오는 감정은 무엇일까? (이것은 당연히 잘못 안 것이다. 감정은 생각처럼 왔다가 사라지는 것이다.) 인생은 그저 지긋지긋할 만큼 힘든 것이다. 우리 중 대다수가 공포스러운 순간을 경험한다. 그리고 우리는 모두 지쳐 있다.

이것이 내가 이 책을 쓰게 된 가장 큰 이유다. 매일 자살을 꿈꾸면서도 계속 살아가는 게 어떤 것인지 진술하고 정확하게 전달하고, 그렇게 해내고 있는 나만의 특별하고 타당한 이유를 보여 주려는 것이다. 이미

10여 년 전부터 이런 이야기를 하고 이에 대한 글을 쓰기 시작한 터라 그동안 많은 사람과 소통해 왔다. 그 사람들은 나의 자기혐오와 절망 같은 가장 어두운 감정에 공감하며 내 이야기를 들은 것이 도움이 되었다고 했다.

이런 감정을 혼자만 느끼는 게 아님을 깨닫는 건 상당히 중요하다. 자신이 완전히 망가진 사람이 아니며, 모두가 수월하게 성공하는 세상에서 혼자만 실패한 사람이 아님을 이해하는 일이기 때문이다. 다른 사람들도 같은 감정을 느끼며, 이러한 기분에 사로잡혀도 괜찮다는 사실을 깨닫는 것은 어쩌면 자신에게 아무런 문제가 없을지도 모른다는 사실을 이해하는 데도 도움이 된다. 종종 우리를 벼랑 끝으로 내모는 것은 내가 무언가 잘못된 것 같다는 생각 그 자체이기 때문이다. '익명의 자살 충동자들 Suicide Anonymous'이라는 단체가 있다. 이 책을 읽고 있는 누구든 자살 충동을 느낀다면 이 모임에 참석해 보길 권한다(화상 통화 모임도 있다). 이와 유사하게 자살 예방 상담 전화 서비스가 있고, 최근에는 온라인 채팅 서비스도 가능하다. 하지만 내 개인적인 경험으로 미루어 보아 이런 종류의 지원은 사람들의 기대만큼 큰 도움이 되지 않는다. 나만 해도 익명 상담 전화에 연락할 마음이 없다. 이런 서비스는 상담을 희망하는 이들의 생각처럼 익명이 보장되지 않는다. 상담해 주는 사람이 그만한 이유가 있다고 판단하면 피상담자의 집으로 경찰을 보낼 수 있고 그렇게 할 것이기 때문이다(나는 단지 지금 내 경우를 얘기하고 있을 뿐이다. 자살 예방 상담 서비스 운영 주체는 매일 여러 생명을 구하고 있고, 이들은 위험에 처한 사람들을 집단적으로 돕고자 하는 사회에 꼭 필요한 자원이다).

또한 나는 내가 자살 충동의 갈망에 사로잡혀 있을 때, 낯선 사람이나 나의 욕구에 대해 잘 모르는 사람들이 모인 자리에서 그 주제로 이야기를 나누고 싶지 않다. 내가 할 수 있고 지금껏 해온 일은 그냥 다른 사람들이 쓴 글을 읽는 것이다. 이 방법은 그날의 충동이 지나가는 데 도움이 되기도 하고, 무엇보다 잠시 멈춰 서서 자살 충동에 휩싸인 나의 마음을 다시 돌아보게 만든다. 이를 통해 자살 충동이 완전히 없어질 거라는 기대는 하지 않는다. 그래도 자살하고 싶다는 생각이 줄어들 수 있다는 사실이 기쁘다. 하지만 나는 자살 충동에 대한 나의 이런 태도가 변할 수 있다고 믿는다. 자살이라는 행위가 전보다 덜 매력적이고, 자살 충동이 덜 집요하게 느껴질 수 있다는 것을 알게 된 것이다(자살에 대한 내 태도는 실제로도 바뀌었다. 부분적으로는 자살에 관한 글을 쓰는 것이 도움이 되었지만, 자살 충동을 느끼는 혹은 느꼈던 다른 이들과 소통하는 일이 큰 영향을 끼쳤다).

한 친구가 다가와 이렇게 말한다고 가정해 보자. "총을 하나 샀어. 오늘 오후에 내 머리를 쏘아 버릴 거야." 이렇게 이야기하는 친구의 모습은 평소와 다를 게 없어 보인다. 불치병에 걸렸다거나 하는 상황도 아니다. 이 경우 친구에게 "그것 참 좋은 생각이야"라고 찬성할 만한 어떤 추가적인 상황이 발생할 수 있을까? 당연히 아니다. 다른 누군가가 이런 생각을 하고 있을 때 우리는 분명하고 명확하게 자살은 좋은 생각이 아니라고 말할 것이다. 그러나 자신이 이런 생각을 할 때는 어째서인지 자살이 문제를 해결하는 최선의 방법이 아니라는 명백한 진실을 보지 못한다. 금문교에서 뛰어내리는 방법으로 자살을 시도했다가 살아남은 켄 볼드윈Ken Baldwin은 이후 그 일을 언급하며 화제가 되었다. 그는 다리에서 뛰어내리던 순간, 다음과 같은 사실을 깨달았다고 말했다. "고칠 수 없다고 생각했던 내 인생의 모든 것을 완전히 고칠 수 있다는 걸 알게 됐다. 방금 뛰어내린 행동만 빼면 말이다." 그런가 하면, 조엘 로즈Joel Rose가 자기 친구인 앤서니 보데인이 죽은 지 얼마 안 됐을 때 그에 관해 한 이야기도 있다. "그 일이 있고 난 후부터 저는 늘 앤서니가 스스로 목숨을 끊었다는 사실에 압도당하는 기분이 들어요. '젠장, 난 대체 뭘 한 거야' 싶죠."

만성적으로 자살 충동을 느끼는 사람들에 관한 솔직한 이야기가 주변에 그런 사람이 있거나 있었던 이들이 그 사람과 자신에게 좀 더 관대해지는 데 도움이 되기를 바란다. 자살에 관해 생각하고 이야기할 때 우리는 더욱 부드러워져야 한다.

내가 아는 사람 중에서 처음으로 스스로 목숨을 끊은 이는 내 의붓형제인 폴이었다. 그는 내가 여섯 살이던 해에 빌딩에서 뛰어내렸다. 내가 엄마에게 폴 형의 죽음에 대해 묻자 엄마는 내게 이런 문자 메시지를 보냈다.

> "1974년이었어. 물론 그날을 기억하지. 폴은 행복해 보였고, 어딘가 평온해 보이기도 했어. 아침에 정신과 예약이 잡혀 있었는데 의사에게 가지 않고 사무실 빌딩 꼭대기에서 뛰어내렸지."

사망 당시 폴 형은 스물한 살이었고, 어린 시절 내가 살던 집에서 함께 살고 있었다. 그는 1970년대 히피였고, 많은 시간을 밴쿠버와 우리가 살던 캘거리 사이를 여행하며 보냈다. 그리고 그는 자신의 어린 형제자매들에게(당시 8명의 아이들이 그 집에 살고 있었다) 여러 색깔의 아름다운 유리구슬을 꿴 목걸이와 팔찌를 만들어 주었다. 형은 집을 떠나 여행 다닐 때 길거리에서 액세서리를 팔아 여비를 마련했다.

그 이후 내가 아는 많은 이가 자살했다. 그래서 나는 어떻게든 그들의 죽음을 막지 못했다는 이유로 자책하는 일이 어떤 것인지 안다. 나는 자살 충동과 싸우고 있을지 모르는 사랑하는 누군가를 돕기 위해 우리가 할 수 있고 말할 수 있는 것이 분명 있다고 생각한다(내가 이 책을 쓴 또 하나의 이유다). 일이 벌어진 뒤에 자책하는 건 아무 의미 없는 일이다. 그래서 나는 자살 생각suicidal ideation에 대한 통찰을 통해 사람들의 자살을 막는 데 도움이 되기를 바란다.

나 자신과 내 자살 욕구의 관계는 대략 세 단계로 나눌 수 있다. 물론 이 세 단계가 뚜렷하게 나뉘는 것은 아니다. 세 단계는 여러 면에서 서로 뒤섞여 있으며, 때로는 쉰네 살의 클랜시가 가진 자살에 대한 환상이 일곱 살 무렵 그가 가졌던 것과 크게 다르지 않아 보이기도 한다.

어린아이일 때부터 청년이던 시절까지, 나는 자살하면 '나'라는 존재가 그대로 사라진다고 생각했다. 나는 이 시기를 내 인생에서 '자살 성향을 지닌' 단계라고 본다. 존 키츠John Keats가 말한 "안락한 죽음과 어설픈 사랑에 빠진" 단계, 그리고 어떻게든 내 실패와 인생을 바꾸려는 필사적인 기분 사이를 오갔다. 이 시기의 대부분은 만약 자살이 단순히 삶을 끝내지 못한다 해도 어쨌든 내 존재를 근본적으로 달라지게 할 것이고, 그러면 나는 더 이상 인지적으로 내가 알고 고통받던 내가 아닐 수 있다고 생각했다(나는 하늘나라로 가거나 어쩌면 다른 누군가로 다시 태어날 것이기 때문이다). 이 단계는 내 첫 번째 이혼과 뜻밖의 직업 변경, 그리고 아버지의 죽음(자살인 것 같은데 확실하진 않다)으로 끝났다.

그 당시 몇 번의 자살 기도가 있었다. 그중 한 번은 알코올 의존증에 빠져 몰래 술을 마시고, 끊었다가 다시 중독이 재발해 매일 술집을 찾던 시기였다. 술과 투쟁하면서 생긴 끔찍한 우울증은 금주를 시작하고 처음 3년 동안 특히 심각했다. 나는 이 시기를 '위기' 단계로 본다. 이 시기의 지배적인 심리 경험과 주제는 도피였다. 물론 술이 그 도피의 일부였다. 하지만 자살보다 도피를 확실히 보장하는 게 어디 있겠는가? 나는 뜻밖의 행운 덕에 이 단계를 무사히 지나 살아남을 수 있었다. 놀랄 것도 없이 이 시기는 나의 두 번째 이혼과 생활 방식의 극적인 변화로 끝났다.

그리고 그 이후 두 번의 자살 기도가 더 있었다. 그 가운데 한 번이 이 서문의 시작 부분에서 서술한 내용이며, 나는 이런 자살 기도가 중독자들이 겪는 재발과 상당히 유사하다고 생각한다. 약간 농담조로 말하자면 이 시기는 '회복' 단계로 여겨진다. 절망의 순간, 자살은 매력적으로 보인다. 절망에는 탈진, 더는 앞으로 나아갈 수 없는 기분, 심리적으로 나의 가장 부정적인 본능에 대한 굴복이 함께 따라온다. 삶의 에너지가 고갈되면 나는 예전의 사고방식으로 돌아간다. "재발은 회복의 일부다"는 AA 모임의 신뢰할 수 있는 격언 중 하나이며, 나는 이것이 음주와 자살, 그리고 훨씬 덜 분명하긴 하지만 화를 내거나 과소비를 하는 자기파괴적 행동에도 적용됨을 알게 되었다.

이 글을 쓰고 있는 지금으로부터 약 10년 전이던 이 마지막 시기는 내 삶의 우선순위가 직업적 성공과 꾸준히 생각해 온 '즐기며 살기'에서 '좋은 배우자, 아빠, 친구 되기'로 점차 바뀌던 때로 특징지을 수 있다. 또 나는 마침내 정신 건강에 미치는 생리학의 중요성을 깨닫고 인정하게 되었다. 그래서 먹는 음식과 운동, 햇빛을 쬐며 야외에서 보내는 시간, 잠자는 시간 같은 삶의 단순한 조건에 세심한 주의를 기울이고 있다. 지금 단계에서 나는 자살이 나를 크게 바꾸지 못할 것이라는 의혹을 가지고 있고(나의 몸이 죽은 뒤에도 새로운 형태와 정신은 계속될 거라는 믿음이 점차 생겨났다) 내가 처한 상황이 오히려 더욱 나빠지고, 사랑하는 이들에게 깊은 상처만 남길 것이라고 생각하고 있다. 폭력, 특히 분노와 두려움, 절망 속에서 일어나는 폭력은 늘 그것과 맞닿은 모든 이의 상황을 악화시킨다.

나는 이 책을 두 파트로 나누었다. 첫 번째 파트에서는 우리가 어떻게 자살 성향을 지니게 되는지를 다루고 위기에 빠진 사람이 어떤 모습을 보이는지 살펴본다. 두 번째 파트에서는 어떻게 하면 우리가 잠재적으로 자살 욕구를 넘어설 수 있을지 고민한다. 이 두 번째 파트 각 부분에서 내 개인적 경험을 나누고 때로는 자살 충동을 느끼는 다른 이들의 경험도 이야기할 것이며, 당시 내 생각을 반영하고 잘 부합하는 몇 가지 철학적 논쟁도 함께 검토하려 한다. 또 자살로 생을 마감한 몇몇 작가의 작품도 살펴본다. 이 작가들은 자기 생각을 책과 소설, 신문, 잡지 등에 기록으로 남김으로써 자살 성향을 가진 사람들의 마음에 대해 가장 예리한 통찰을 제시한다.

나는 내 이야기를 하면서 자살을 생각하는 데 대한 논지를 더 일반적으로 발전시킬 수 있었다. 나는 자기 소멸 욕구를 우리 모두 공유한다고 생각한다. 자기 소멸 욕구는 다양한 방식으로 표현된다. 자신의 문제를 회피하고 벗어나려 하는 태도를 취하고, 과로와 인스타그램 중독, 물건을 지나치게 사거나 비싼 호텔에 묵는 등의 명백히 중독적이고 극단적인 행동을 보일 수 있으며 자살 생각이나 자살 욕구, 자살 기도로 나타날 수 있다. 자기 소멸 욕구(죽음 충동)는 성욕과 마찬가지로 우리 심리의 원초적이고 근본적인 측면이라 할 수 있다. 사람들은 성욕에 대해서는 아무 거리낌 없이 인정하고 심지어 축하하고 자랑하거나 심하게 방어적인 태도를 취한다. 그러나 죽음 충동에 대해서는 문제가 완전히 달라진다. 성은 매우 복잡한 특성을 가지고 있지만 본질적으로 우리는 대개 성에 대해 긍정적으로 느끼며 성욕을 인정하는 일을 당황스럽게 여기지 않는다. 그런데 죽음은 어떨까? 죽음도 삶의 일부라고 주장한다면? 어쨌든 삶이란 곧 죽음이며 우리는 매일 한 걸음씩 죽음에 가까워지고 있다. 이는 불가피하며 우리가 받아들여야 하는 사실이다. 죽음 역시 성처럼 자연스러운 것이다.

하지만 성에 관한 생각과 행동이 타당한 것과 그렇지 않은 것이 있듯이 죽음 역시 그러하다. 니체가 보았듯 어떤 생각이 형성되는 것은 '그 생각이' 떠오를 때이지, '내가' 그렇게 생각하려 할 때가 아니다. 우리가 생각을 발전시키고 훈련하며 그에 영향을 줄 수 있기는 하다. 그러나 분명히 우리 생각은 아주 다행스럽게도, 늘 우리가 말하는 대로 형성되는 건 아니며, 훨씬 더 다행스러운 점은 그 생각하는 바가 다 실제 행동으로 옮겨지는 것도 아니라는 점이다. 어떤 생각을 하다가 몰아낼 수도 있다. 어떤 생각을 지니고 있으면서 그저 그 생각이 들었다 사라졌다 하는 모습을 지켜볼 수도 있다. 또 어떤 생각을 지니고 그것을 고수하며 그와 관련된 생각을 더 부추길 수도 있다.

우리는 자살에 관한 생각에 중독될 수 있으며 이는 마치 보졸레산 와인을 한두 잔 마시면 모든 게 조금은 편안해질 거라 확신하는 것과 마찬가지이며, 이는 성적인 생각, 쇼핑, 사회적 지위의 중요성, 혹은 인스타그램 피드의 좋아요 개수에 관한 생각에 중독되는 것과 똑같은 것이다. 나는 내가 자살 생각에 중독된 것이며 최근에는 소위 회복 중에 있는 자살 중독자라는 사실을 이해하게 되었다. 모든 중독은 타고난 것인가, 후천적인 것인가. 이 문제는 늘 답하기 어렵고 복잡하다. 나는 알코올 중독으로 태어난 걸까, 아니면 일련의 나쁜 선택을 하는 바람에 중독자가 된 것일까. 자살 생각은 난데없이 나를 덮친 것일까, 아니면 내가 지니고 있다가 그 생각을 더 키우거나 거기에 의지하고, 그러다 보니 행동으로까지 이어지게 만든 걸까. 어떤 이들은 자살이 알코올 의존증 같은(우리가 알코올 중독이라 부르던 것) 신체적 질병이라 믿는다. 또 다른 이들은 자살이 마약 중독과 알코올 중독처럼 나쁜 선택과 의지박약(즉 일종의 도덕적 실패)의 결과로 인한 것이라 생각한다. 그 반면에 나 같은 사람들은 어떤 생각에 대한 성향이 자유의지와 결합해 중독에 얽매이는 것이며, 새로운 사고방식을 자유롭게 키우면 그 중독의 엉킨 매듭을 풀 수 있고, 심지어 매듭을 완전히 잘라 낼 수 있다고 본다.

가장 먼저 해야 할 일은 나쁜 생각의 유형이 어떤 것이며, 어떻게 형성되는지 파악하는 것이다. 나는 나의 신념에 대해 지나치게 독단적인 측면이 무력하고 괴로운 감정으로 이어질 때가 많았다. 세상이 내가 주장하는 대로 흘러가지 않거나, 더 빈번하게는 스스로 세운 기준에 내가 부합하지 못할 때, 나는 당황한 나머지 투쟁 도피 반응 [8] 을 보이고, 내 경험상 바로 이것이 자살 기도의 결정체가 형성되는 씨앗이다. 그래서 지난 몇 년간 나 자신에 대해 덜 확신하고, 내가 안다고 생각하는 것에 조금 덜 자신만만 하려 노력했다. 조금 더 유연하며 덜 뻣뻣한 인격을 지니고 싶다.

　나는 할 수 있는 최선을 다해 자살과 자살 기도에 관한 나의 이야기를 하려 하며, 특히 자살에 관한 내 생각에 대해 자세히 말하려 한다. 그리고 결국 이는 본질적으로 삶을 긍정하는 이야기가 될 것이다. 2021년 12월 17일 출생인 내 다섯째 아이는 코로나19 팬데믹이 오미크론 단계일 때 세 상에 태어났다. (내가 이 글을 쓰고 있는 지금 아이는 태어난 지 한 달하 고 며칠이 지난 상태.) 그리고 내가 사는 동안 오늘 아침처럼 자살 생각 이 나지 않은 적은 없었다는 생각이 든다. 지금 같아서는 차고의 삼나무 기둥에 목을 맨다는 생각이 터무니없게 여겨진다. 그러나 내가 항상 이러 지는 않으리라는 것도 안다. 우울증과 마찬가지로 이런 생각과 감정은 예 기치 못하게 돌발적이고 공격적으로 되돌아오기 때문이다. 그럴 때 내가 그 생각과 감정을 알아차리고 손에서 놓을 수 있길 바란다. 내가 위기에 빠진 사람들에게 즐겨 말하듯, 상황이 더는 참을 수 없을 만큼 악화될 수 있지만, 그래도 자살이야 늘 내일 할 수도 있는 일이니까.

8　Fight-or-Flight response. 긴박한 위협의 스트레스 상황에서 자동 적으로 나타나는 생리적 각성 상태를 일컫는 심리학 용어

목차

1.
자살 성향이라는 것이 있을까

2.
좋은 죽음이 있을까

"잠든 사이 내 목을 졸라 줄 이가 어디 없을까?"

- 아쿠타가와 류노스케

자살 성향이라는 것이 있을까

1

1장.

　죽음에 가까이 가려는 사람들

"재밌는 게 뭔지 아세요? 그 교도소 발찌 덕에 당신이 목숨을 건졌다는 사실이죠. 교도소에선 광고라도 내어 당신한테 증언해 달라고 해야 한다니까요. 그 발찌가 아니었다면 당신은 이미 죽었을 거예요."

깨어나 보니 병원 침대 위였고 머리가 심하게 욱신거렸다. 손을 뻗어 머리를 만지니 두피에 철침이 느껴졌다. 짙은 머리색에 덥수룩한 콧수염, 생기 넘치는 반짝이는 눈을 가진, 젊고 잘생긴 의사가 침대 옆에 서서 나와 즐겁게 대화를 나누고 있었다. 언제부터 이 의사가 내게 말을 하고 나는 또 거기에 답하고 있었는지는 알 수 없었다. 나는 어영부영 같이 말하기 시작한 것 같았다. 아마 그 젊은 의사의 방식이었는지도 모른다. 자기가 먼저 말을 걸어 놓고 환자들이 가능할 때 대화에 참여하도록 하는 것이다. 갈증이 심하게 났다. 아직 손으로 금속 철침을 초조하게 만지작거리던 중이라 탁자 위에 놓인 커다란 플라스틱 컵으로 반대편 손을 내밀었다. 그리고 그제야 내 손에 침대와 연결된 수갑이 채워져 있음을 알게 되었다.

"아, 제가 드리겠습니다." 의사가 침대 난간과 베개 사이에 물병을 끼우고 빨대를 구부려 내 입에 넣어 주었다. 나는 물을 마시다 다시 빨대로 내뱉었다. 목이 타들어 가는 듯했다.

"제가 수술을 받았나요?" 내가 물었다.

"아니요, 그래도 정말 다행이었어요. 간단한 처치 두 가지만 했습니다." 의사는 내가 좀 전에 만지작거리던 철침이 있는 내 머리를 가리켰다. "틀림없이 갑자기 낙상 사고를 당하신 것 같습니다. 머리에 출혈이 있었거든요. 상처가 아주 심했죠. 가벼운 뇌진탕 증상도 있었고요. 좀 어지럽고 구토가 나실 수 있습니다."

1년 사이에 벌써 두 번째 뇌진탕이다. 7개월 전 술에 취해 몇 계단 아래로 굴러떨어져 반대편 머리에 철심을 박았다. 사실 나는 두 사고 모두 기억나지 않는다. 집에 있는 모든 바리움Valium¹을 삼키고, 칼을 든 채로 욕조 안에 누워 두 다리를 바깥으로 내놓고 있던 기억은 났다. 와인 잔과 칼, 휴대폰까지 들고 있는 게 힘겨웠던 것도. 집에 오기 전에는 '데이비 업타운 램블러스 클럽'에 있었고 그날 밤 자살하겠노라 마음먹었던 일도 생각났다. 하지만 바에서 집까지 어떻게 왔는지는 도무지 기억나지 않았다.

"목이 머리보다 더 아프네요. 그리고 제 목소리가 무척 이상하군요. 메스껍거나 하진 않은데요."

"위세척을 했거든요. 그래도 이제는 괜찮습니다. 수갑은 죄송합니

1　디아제팜 성분의 신경안정제

다. 내일 정신과 병동으로 옮기면 이런 보호 장비는 필요 없으실 겁니다. 차고 계시던 멋진 발찌는 망가뜨리셨더군요." 의사가 웃었다. 그는 아주 호감 가는 사람이었다. "누전이 됐던 모양입니다. 그래도 다행히 그 전에 경보음이 발송됐죠. 최신 기술이 기막힙니다."

나는 발찌에 대해, 법원의 어떤 명령 때문이 아니라 그저 스스로 자신을 온전히 지키기 위한 것이었다고 설명이라도 하고 싶었지만, 그런 부수적인 세부 설명은 지나치게 자기방어적으로 들릴 것 같고 어쨌든 과하다는 생각이 들었다.

몇 년이 지난 후 저명한 고대 언어 학자인 절친한 친구가 내게 이런 말을 했다. "알다시피 많은 사람이 자살 기도는 도움 요청일 뿐이라고 하지 않나. 관심을 끌려는 거라고. 나는 이 말이 사실이 아니라는 걸 안다네. 병원에서 깨어나 내가 아직 살아 있음을 깨달을 땐 기분이 한마디로 처참하거든." 나도 똑같았다. 우울하고 실망스럽고 나 자신이 더욱더 혐오스러웠다. 다시 자살 기도를 해서 슬픈 게 아니라 또다시 실패했다는 사실이 비참했다.

"다음엔 욕조는 들어가지 마세요. 아니, 아예 다음이라는 게 없어야죠. 그렇죠? 우리 곁에 계셔야죠. 시도하더라도 알약은 쓰지 마시고요. 이제 약물 과다 복용으로 죽는 사람은 없으니까요." 희한하게도 의사는 1~2분간 어떻게 해야 가장 효과적으로 죽을 수 있는지에 대해 이야기했다. "죽는 방법을 가르쳐 주는 책까지 나와 있죠."

나도 그 책을 알고 있었다. 《마지막 비상구Final Exit》라는 책이다. 추천하고 싶진 않지만.

"그래도 운이 참 좋으셨어요. 대부분 한 번 그런 시도를 하고 나면

1장. 죽음에 가까이 가려는 사람들

깨달음을 얻죠. 이번 일이 감옥 탈출 카드가 되어 줄 겁니다. 저는 그럴 거라고 믿습니다. 건강 조심하시고 몸 잘 챙기세요. 다 좋아질 겁니다."

의사가 내 발을 잡고 다정하게 느껴질 만큼 부드럽게 흔들더니 어깨를 한 번 으쓱하고 방에서 나갔다.

'참 친절하군.' 자살 기도 이후 의사와의 만남이라기엔 생각지도 못했을 만큼 유쾌한 순간이었다. 이 의사는 아무래도 나 같은 상황에 처한 사람들을 어떻게 대해야 하는지 교육하는 일을 해야 할 것 같았다.

내 팔에는 링거가 꽂혀 있었다. 침대 옆에 전화기가 있었지만 수갑이 채워진 쪽이라 손이 닿진 않았다. 손에 간호사 호출 버튼이 있었지만 전화 거는 걸 도와 달라고 간호사를 부르고 싶진 않았다.

"3주 전엔 여자 친구와 함께 내 집 침대에 있었다고요." 나는 아무도 없는 입원실에서 연극하듯 큰 소리로 외쳤다. "3주 전엔 모든 게 정상이었다고."

하지만 이 말은 사실이 아니었다. 내 삶은 오래전부터 정상이 아니었다.

∧∧∧

'정신과 병동'으로 옮겨 가기 위해 사람들이 한밤중에 나를 깨웠다. 주변은 고요했다. 모두가 잠든 시간이었다. 2009, 2010, 2011년. 성인이 된 이후 내 인생에서 가장 힘들었던 그 3년 동안 나는 놀라울 정도로 생생한 꿈들을 꾸었다. 나는 꿈꾸는 게 좋았는데, 이제 깨어 있는 일상에는 없는 내 딸들과 여러 다른 좋은 것들이 꿈에 나왔기 때문이다.

당시 나는 이혼한 상태였고 헤어진 전 아내는 내가 아이들을 만나는 걸 허락하지 않았다. 나는 집에서 쫓겨나 작고 지저분한 아파트, 한 친구 말로는 시인이자 소설가인 "찰스 부코스키Charles Bukowski2가 살다 죽을 법한" 곳에서 살고 있었다. 나는 내가 이렇게 무너져 버린 상태임을 아는 동료 교수들과의 만남을 피했다. 그들은 대개 동정과 분노 어린 눈초리로 나를 처다봤다. 한 교수는 아예 대놓고 이런 말까지 했다. "정말이지 꼴이 말이 아니군요. 일마저 안 하고 계시잖아요."

이 특별한 자살 기도 사건은 2011년 겨울에 일어났다.

"아침에 가면 안 될까요?" 나는 정신병동 이송을 맡은 구급 요원들에게 물었다.

그들은 손목에 채운 수갑을 풀어 주었지만 내가 침대에서 나올 때까지 계속 옆에 서 있었다.

"환자분 이송 시간은 저희가 정하는 게 아닙니다. 구급차도 대기하고 있고요. 정신과 병동으로 가실 겁니다."

"그런데 왜 구급차죠?" 내가 아래층 문에서 물었다.

"그냥 차로 가면 안 되나요?" 사실 걸어갈 만한 거리였다. 100미터가 채 되지 않는 데다 같은 병원 내에 있었다.

"그건 곤란합니다. 환자분 앞으로 청구서도 나올 거고요. 뭐, 도망

---

2 1920~1994, 독일 태생으로 미국에서 활동한 시인이자 소설가. 하급 노동자, 우체국 직원으로 일하며 시를 쓰다 평생 매달 100달러를 받는 계약으로 전업 작가가 됐다. 대표작으로 《우체국》, 《여자들》이 있다.

가거나 하진 않으실 거죠?" 구조대원이 답했다. 나는 환자복 차림에 슬리퍼를 신은 채 추위에 떨고 있었다. 구급차가 대기하고 있는 바깥은 몹시 추웠다. 대원들이 은색 패딩 담요로 나를 감쌌다. 곧바로 몸이 따뜻해졌다.

주차장 너머 들판은 눈으로 뒤덮여 있었고 하늘의 별들은 밝게 빛났다. 순간 나는 생각했다. '밤하늘처럼 멀고 무심한 것. 나도 저렇게 되고 싶은데….'

"도망갈 데가 어딨겠습니까."

"저희와 이곳에 앉으시죠." 다른 구조대원이 말했다. "규정에 어긋나지만 아이고, 저도 모르겠습니다."

하나로 길게 연결된 벤치 시트였다. 나는 운전을 맡은 대원과 다른 대원 사이에 앉았다.

"이거 딱 〈비상근무Bringing Out the Dead〉 같군요. 두 분은 그 영화를 보셨나요?"

"아니요." 운전하던 대원이 말했다. 턱수염을 기른 남자로 스무 살 정도로 보였다.

"저는 본 것 같네요." 다른 대원은 이렇게 말했다.

"영화를 봤다면 기억나실 겁니다. 구급대원에 관한 얘기죠."

"아, 니컬러스 케이지. 그 사람이 귀신을 보죠, 그렇죠?" 운전하는 대원이 말했다.

"맞아요. 보셨네요." 나는 잠시 말을 멈췄다. 차가 정신과 건물로 들어서고 있었다. "두 분은 귀신을 본 적이 있나요?"

나는 귀신의 존재를 믿는다. 또한 자살 충동을 느끼는 사람들은 건강한 보통의 사람들이 볼 수 없는 영적인 세계를 알아본다고 생각한다. 훌륭한 작가이며 때때로 자살을 시도하는 이윤 리Yiyun Li3는 "나는 늘 삶과 죽음, 존재하는 자와 더는 존재하지 않는 자 사이에 어떤 비밀이 있으며, 죽음에 가까운 사람들이 이 비밀을 이해할 수 있다고 믿는다"라고 말했다. 캐나다의 의사이며 중독 전문가인 가보 마테Gabor Maté 또한 나와 같은 알코올 중독자를 "굶주린 영혼들의 왕국에 속하는 존재"라며 살아 있으나 귀신이 된 사람들이라고 했다.

나는 약물로 자살을 시도하는 심각한 약물 중독자들이 영적인 세계로 넘어가는 시점을 알 수 있다고 생각한다. 만성 자살 기도자들에게도 이런 그림자가 드리우곤 한다.

"그 영화가 마틴 스코세이지 감독의 최고작은 아니죠." 운전하는 대원이 내 질문을 무시하는 건지 대답을 피하며 말했다. "저는 〈좋은 친구들GoodFellas〉이 그의 진정한 걸작이라고 봐요."

"〈분노의 주먹Raging Bull〉도 대단하죠. 참 슬픈 영화예요." 내가 말했다. 그리고 아버지를 떠올렸다. 잠깐이지만 영화 주인공의 실제 모델인 제이크 라모타Jake LaMotta처럼 프로 복서로 활동했던 아버지의 말년은 비극적이고 불행했다.

"저는 귀신을 몇 번 본 적이 있어요." 오른쪽에 앉은 구급대원이 말했다. "귀신을 보는 사람들이 있죠. 실제로 존재하는 거예요. 저희 고모도 전에 귀신을 봤는데 고모한테 키스해도 되느냐고 물었다더군

---

3 1972~, 중국 태생의 미국 작가. 신경쇠약을 겪으며 두 번의 자살 시도를 했고, 2017년에 우울증 경험을 바탕으로 한 회고록 《친구에게, 나의 삶으로부터 당신의 삶에게 보내는 편지》를 펴냈다.

요. 여자 귀신이었죠."

"그런 허튼소리를 듣고 싶은 사람은 없어." 운전하던 대원이 급히 다른 대원의 말을 끊었다. "자, 도착했습니다. '정신과' 병동이죠." 그리고 귀신 이야기를 하던 동료를 날카롭게 흘겨봤다.

정신과 병동 메인 대기실 옆에 있는, 폐소공포증을 일으킬 것만 같은 협소한 사무실에서(시간은 오전 4~5시쯤 된 것 같았다) 30대로 보이는 날씬하고 창백한 낯빛의 여성 간호사가 내게 기본적인 질문들을 했다. "지금 자살 충동을 느끼시나요? 자살 생각이 드세요?"

이유는 모르겠지만, 이상하게도 솔직히 털어놓게 됐다. 병원에서 준 베나드릴Benadryl4을 먹고 약기운에 취한 것일 수도, 내가 이젠 정말 갈 데까지 갔다고 느낀 것일 수도 있다.

"뭐, 그런 걸 물어봐 주니 반갑군요. 저를 여기 혼자 놔두면 간호사님 가위로 제 손목을 그어 버릴 겁니다. 블라인드에 목매달든가. 망할 놈의 포크로 감전사할 수도 있죠. 자, 어떻게 생각하세요?"

"폭력적인 행동을 하고 싶은 기분이 드신다는… 지금 저를 협박하시는 건가요? 공격하시려는 거예요?" 간호사가 수화기를 들었다. 그의 손은 두껍고 강해 보였으며 손톱은 짧고 흠잡을 데 없이 깨끗했다. 현실적인 표정에 잘 손질한 윤기 나는 갈색 머리까지 전형적인 미국인의 용모였다. 어려 보이고 어쩌면 내 학생 중 한 명이었는지도 모를 일이다. 내가 그런 말을 했다는 게 후회됐다. 이 여성은 그저 자기

---

4   알레르기를 치료하는 항히스타민제의 일종. 졸음을 유발한다.

일을 하고 있을 뿐이다.

"아닙니다. 폭력적인 행동을 하고 싶은 기분이 드는 건 아닙니다. 죄송합니다. 자살 충동에 사로잡혀 있는 것도 아니고요."

내 생각을 곧이곧대로 말하면 안 된다는 사실을 잠시 잊었다. 정신과 병동의 집중 치료에서 가장 기본이 되는 규칙인데 말이다. 불륜을 저지르는 이들에게 하늘이 두 쪽 나도 '부인하고, 부인하고, 또 부인해야 하는' 규칙이 있는 것처럼. 정신과 의사들에게는 '거짓말하고, 거짓말하고, 또 거짓말하는' 것만이 살아남는 유일한 길이며, 정신병동에서 나갈 수 있는 단 하나의 희망이다.

"그저 잠이나 좀 자면 좋겠습니다. 몹시 춥군요. 춥지 않으신가요? 여긴 아주 얼어 죽겠는데요." 구조대원들이 가져다준 따뜻한 은색 담요를 두르고 있었는데도 사무실에는 냉기가 돌았고, 어쨌든 이 상황에서는 뭐라도 항의할 거리가 필요했다. 그때도 나는 환자복을 입고 있었다. 슬리퍼는 어디선가 잃어버려 맨발이었다.

"사무실 온도는 죄송합니다. 그래도 좀 더 말씀을 예의 있게 해주시면 감사하겠습니다. 혹시 환자분 옷가지는 안 가지고 오셨나요?"

"그러잖아도 양말이 좀 필요합니다. 저는 지금 갖고 있는 옷이 따로 없습니다. 제가 욕조에서 발견됐거든요."

"아, 알았습니다." 간호사는 내 말에 당황하거나 놀라지 않았다. 오히려 이제야 우리의 소통에 진전이 있어 안도하는 것 같았다. 그가 대화 내용을 컴퓨터에 기록했다.

"음, 침상은 아침에나 비겠네요. 여기서 몇 시간 기다리셔야 할 것 같아요. 저희가 서류 작업을 마무리하는 동안 대기실에서 눈 좀 붙이

시겠어요? 제가 제대로 된 담요를 가져다드리겠습니다. 옷들을 좀 챙겨다 주실 분은 있으시겠죠?"

"전화를 좀 써도 될까요? 연락하면 바로 올 사람이 있거든요. 통화를 좀 하면 참 좋겠군요."

흰색 사무실용 전화기가 책상 위에 있었다. 간호사의 휴대폰도 그 옆에 놓여 있었다. "아, 아니요, 통화는 안 됩니다."

체포될 때와는 달리, 정신병원에 보내지면 전화 통화를 할 수 있는 권리를 보장받지 못한다.

"알았습니다. 그럼 저는 대기실에서 기다리겠습니다."

간호사는 내게 줄 다른 담요를 가지러 방에서 나가면서 문을 잠갔다. 자기 휴대폰도 가지고 나갔다. 나는 외선이 놓여 있는 책상 위 전화기의 다이얼을 돌려 보았지만 연결되지 않았다. 비밀번호를 알아야 했다. 나는 원래 앉아 있던 자리로 돌아갔다. 그때 문밖에서 간호사의 목소리가 들렸고, 곧 짜증스럽고 못 미더운 표정의 간호사가 다시 들어왔다.

"바로 저쪽에 카메라가 있어요." 간호사가 책상 위쪽 구석을 가리켰다.

그는 빨간 면 담요와 다른 환자가 두고 간 듯한 파란색 면 슬리퍼를 건넸다. 병원 슬리퍼라기엔 털 장식이 과하게 요란했다.

"여기서 기다리시면 됩니다."

나는 간호사가 문을 닫고 자기 책상에 앉는 모습을 지켜봤다. 그리고 구급차에 오르던 순간 왜 곧바로 도망치지 않았는지 후회했다. 구급대원들이 나보다 몸집이 크고 당연히 달리기도 더 빠르겠지만 그래도 어딘가에 숨을 데가 있었을 것이다. 낙담한 나는 좀 더 편안해지기 위해 은색 담요 아래로 빨간 담요를 가슴에 수건처럼 둘렀다. 그러다 갑자기 자리에서 일어나 충동적으로 문을 열려고 했다. 문은 잠겨 있었다. 내 행동은 간호사를 놀라게 했다. 그가 자기 책상에서 몸을 일으켰다.

"화장실에 가셔야 하나요?"

"네, 그렇습니다." 내게 기회가 온 셈이었다. 우리는 방을 나섰고 작은 대기실 안에 있는 의자 몇 개를 지나갔다. 보안 요원 한 명이 간호사인지 청소부인지 알 수 없는 사람과 대화를 나누고 있었다. 그 사람이 앉은 접수대 책상 뒤편으로는 여느 병원처럼 전면이 유리로 된 미닫이문이 있었다. 바깥쪽 출입문에는 커다란 금속 손잡이가 달려 있었다. 바깥은 캔자스시티Kansas City의 매섭게 추운 겨울밤이었다. 그래도 일단 여기서 나가기만 하면 기회를 잡을 수 있을 것 같았다. 어떻게든 될 것 같았다.

그때 나는 그런 생각을 했다. 모든 것이 한순간이었다. 내일조차 상상할 수 없었다. 그저 어떤 일이 일어났고 그건 좋기도 나쁘기도 했다. 그리고 나는 나쁜 일에서 벗어나 좋은 일에 걸려들기를 바랐다. 만약 좋은 일이랄 게 없으면 자살로 모든 것에서 도망치고 싶었다. 윌리엄 블레이크William Blake5와 쇠렌 키르케고르Søren Kierkegaard6가 언급한 신비 체험의 즉각적 행복과 정반대되는 것이었다. 그때 나는

---

5 1757~1827, 18~19세기 영국의 시인이자 화가, 삽화가. 존 밀턴의 《실낙원》과 구약성서 중 《욥기》의 삽화로 유명하다.

6 1813~1855, 19세기 덴마크의 철학자이자 신학자. 그의 유신론적 실존주의는 20세기 이후 부상한 실존주의 철학의 토대가 되었다.

일종의 긴박한 절망 속에 있었던 것 같다. 아니면 일이 어떻게 돌아갈지 알고 있었기 때문에 단 몇 분 앞을 내다보는 것조차 견딜 수 없었을 수도 있다. 나는 간호사에게서 벗어나 문 쪽으로 달려갔다.

간호사가 "선생님" 하고 부르자 보안 요원이 몸을 돌렸다. 하지만 나를 따라잡기엔 역부족이었다. 그저 자리에서 일어나기 바빴다. 나는 해냈지만 그와 동시에 '쾅' 소리를 내며 금속 손잡이에 부딪히고 말았다. 담요가 떨어졌다. 문은 잠겨 있었다. 다시 한번 온몸으로 문을 밀쳤다. 그러다 잠시 차가운 유리에 이마를 갖다 댔다. 이어 뒤돌아 어깨를 한 번 으쓱하고는 마치 그들의 잘못인 것처럼 행동했다. 그리고 담요를 집어 들었다. 당시엔 나 자신도 알지 못했지만, 받아들일 수 없는 상황에서 도망치려던 이 갑작스럽고 거친 시도는 당황스럽고 우스꽝스럽게도 바로 문 앞에서 제지당했고, 후에 내 삶의 중요한 사건이 되었다.

"왜 그러신 거죠?"

"죄송합니다." 나는 내가 간호사의 신뢰를 저버린 것을 알았다. 게다가 그의 슬리퍼까지 도둑질한 셈이다.

"화장실에 가셔야 하나요?" 간호사는 좀 전에 일어난 일에 대해 아무 말도 하지 않았다. 나는 그래도 형식적으로나마 어떤 질책이나 징계, 규제가 있으리라 생각했다. 그러나 간호사는 마치 아무 일도 없었다는 듯 행동했다. 아무래도 환자들의 탈출 시도가 생각보다 더 흔히 발생하는 것 같았다.

"네, 화장실은 가야겠습니다." 내가 답했다. 나는 남성, 여성, 장애인용 표시가 되어 있는 문으로 갔고 그곳에 잠금장치가 없다는 걸 알게 되었다. 이곳은 모든 것이 치밀하게 만들어져 있었다. 영화에 나올 법한 기어오를 수 있는 환풍구 같은 건 없었고, 천장에는 견고해 보이는 형광 조명판만이 달려 있었다. 스스로 목숨을 끊는 데 사용할 만한 것은 하나도 없었다.

나는 화장실에 앉아 울었다. 그러다 눈물을 멈추고 거울을 쳐다봤다. 이런 보호 시설에서 흔히 볼 수 있는 스테인리스 거울이 아니라 평범한 일반 거울이었다. 손으로 내리쳐 깨뜨리면 그 유리 조각으로 내 목을 그을 수 있을 것 같았다. 다른 사람이라면 탈출을 위해 거울 파편으로 누군가를 위협했을지도 모른다. 하지만 문으로 부질없이 돌진하고 나니 투쟁할 모든 힘이 소진된 기분이었다. 나의 패배였다. 그래도 거울을 내리쳤다면 깨지긴 했을까?

자기 연민으로 꽉 찬 마음으로 바라본 거울 속 나는 마치 열두 살 아이 같았다. 얼굴 위로 흐르는 눈물을 닦으며 잠시 내가 처한 어처구니없는 상황의 아이러니한 갑옷에서 벗어났다. 나 자신이 한없이 안타까웠다. 빨갛게 충혈된 커다란 눈, 추위로 발개진 얼굴. 엄마가 보고 싶었다. 머리의 철심은 제거한 상태였고, 앞으로 내린 헝클어진 머리 때문에 어린 소년 같았다. 순간 나의 어린아이 같은 절망에 안도했고, 영감을 얻었다.

나는 생각했다. '스스로 목숨을 끊는 가장 비겁하고 나약한 사람들이 어쩌면 가장 부드럽고 세심한 이들은 아닐까? 필연적인 유전적 도태처럼 말이다. 이런 생각도 들었다. 끊임없이 자살을 기도하면서도 죽지 못하는 사람들보다 더 심약하고 겁 많은 나 같은 사람들이 있는 건 아닐까?

약 한 시간 후 입원 수속이 마무리됐고 나는 꽤 익숙한 정신과 병동의 창 없는 입원실 침대에 누워 있었다. 나는 이곳에서 시작할 일상에 어느 정도 준비가 되어 있었다. 전에도 와봤기 때문이다. 아마 나중에 또 올 일이 있을지도 모른다. 미주리주 캔자스시티에서 자살 기도를 하고 911 구급대가 출동하면 대개 이곳으로 보내지기 때문이다.

이 이야기는 나중에 내 인생의 두 번째 단계에서 일어난 주로 알코올 남용으로 얼룩진 또 다른 자살 기도를 언급할 때 마저 해 마무리 지으려 한다. 그때까진 사람들이 왜 스스로 목숨을 끊는지를 이야기하고, 내 초창기 자살 충동과 기도를 돌아보며, 자살 욕구가 얼마나 복잡하고 널리 퍼져 있는 문제인지 알아보려 한다.

∧∧∧

괴테가 쓴 《젊은 베르테르의 슬픔》을 보면 자살에 대한 주제로 '무언가를 명예롭게 논하려면 그것이 공감 가는 것이어야 한다'라는 구절이 있다. 나 역시 자살에 관해 명예로운 방식으로 이야기해 보고 싶다.

현대 문화에서는 기본적으로 자살이나 자살에 대한 언급을 불명예스러운 것으로 여긴다. 사실 놀라울 것도 없다. 자살이 명예롭지 못하다는 인식은 수 세기 동안 이어져 왔기 때문이다. 적어도 성 오거스틴Saint Augustine[7]이 5세기에 자살에 반대한다는 입장(아직 죄가

---

7 354-430, 아우렐리우스 아우구스티누스(Aurelius Augustinus). 고대 로마의 기독교 신학자이자 철학자, 교회학자이며 아우구스티노 수도회의 창설자. 397년 히포의 주교가 되었고 3작간 《참회록》을 집필했다.

없을 때 스스로 목숨을 끊을수록 천국에 더 빨리 갈 수 있다고 믿은 초기 기독교 단체들이 부분적으로 이런 입장을 발표하는 계기가 되었다)을 표명한 이후 서구 문화에서는 매우 다양한 사회적, 법적 선고가 주를 이루었다. 미국에서는 자살이 최근에 와서야 처벌 대상에서 제외되었고, 다른 많은 나라에서는 여전히 범죄로 분류된다. 게다가 어떤 자살로 인한 죽음이든 뉴스에 보도될 때는 사적인 문제라는 이유와 공공 안전을 위한다는 명분으로 사망자가 어떻게 죽었는지는 언급하지 않으며, 이에 따라 사람들은 이런 종류의 죽음에 무언가 부끄러운 측면이 있다는 집단적 감정을 느끼게 된다.

누군가 자살로 숨졌다는 소식을 접했을 때 우리는 그 사람이 고령이나 사고 혹은 질병으로 사망했다는 소식을 들었을 때와 상당히 다른 느낌을 받는다. 온갖 종류의 복잡한 윤리적 감정을 경험하며 누군가를 탓하는 것은 전형적인 형태다. 책임 전가의 대상은 자살한 고인 본인일 수도 있지만, 그의 친구나 가족일 수도 있고, 사회적 조건과 열악한 정신 건강 처우, 마약 중독, 그 밖의 많은 것이 될 수 있다. 최근에 나의 친한 친구 한 명이 호텔 방에서 혼자 스스로 목숨을 끊었는데, 다수의 지인들이 너나없이 고인의 죽음을 우발적인 헤로인 과다 복용 탓으로 돌리려 했다. 그 편이 의도적으로 자기 삶을 끝낸 죽음보다 더 나은 사인이라고 여겼기 때문일 것이다.

사실 괴테는 이 점을 정확히 파악했다. 우리가 자살을 영예롭게 이야기하지 않는 것은 어떤 면에서 우리가 고인에게 진심으로 공감하지 않기 때문이라는 것이다. 현대 철학자인 셸리 케이건Shelly Kagan도 다른 많은 사람처럼 이 문제를 언급하면서, 오늘날에도 "자살은 경시되며… 거부, 두려움, 반감의 혼합체"라고 했다. 어쩌면 우리 모두 어떤 방식으로든 고통을 겪지만, 자기 삶을 끝낼 자유 대신 계속 살아가기를 선택한 만큼 그러지 못하고 스스로 삶을 포기한 이들을 정죄定罪하는지도 모른다.

그러나 나는 스스로 생을 마감했거나 나와 같이 그런 시도를 한 사람들에 관해 영예롭게 여기고 정중하게 공감하는 마음으로 이야기하려 한다. 즉 내가 자살하려 했던 선택들을 이해하고 좌절, 공포, 자기혐오, 죽음과 같은 매우 불편한 생각을 제대로 들여다보며 나 자신에게 몇 가지 불쾌한 질문을 기꺼이 던질 것이다.

자살했거나 혹은 그런 시도를 한 사람에게 진정으로 공감하는 건 쉬운 일이 아니다. 비통하고 화가 나고 좌절할 수 있으며 그 사람의 결정에 나의 책임은 없는지 걱정할 수도 있다. 마찬가지로 자살 기도에 실패해 살아난 사람 또한 사랑하는 이들과 자신에 대해 비슷한 감정을 느낄 수 있다. 특히 자기 자신에게 공감하기 힘들다면 어떨까? 물론 그런 일은 실제로 생긴다.

자신이 한없이 수치스럽게 느껴진다면? 이것이 사람들이 처음 자살을 시도할 때 확실히 죽으려 하는 이유 중 하나다. 존 멀레이니John Mulaney[8]의 농담처럼 나를 죽이려 했던 '그 사람'은 어떤가? 진심으로 그에게 공감하고 그에 대해 좋게 얘기할 수 있을까? 나는 나 자신을 죽이려 한 내 과거의 결정에 공감하지 못하는 편이며, 특히 나의 아이들이 태어난 이후의 시도들에 대해서는 더욱 그러하다.

---

8   1982~, 미국의 스탠드업 코미디언이자 배우, 작가 겸 프로듀서

인도에 사는 훌륭한 여성 번역가인 내 친구는 10대 후반에 자살 기도를 했다. 그가 병원에서 깨어나 부모님을 봤을 때 가장 먼저 든 생각은 두려움이었다. 부모님이 자신에게 무슨 말을 할지, 그분들의 기분은 어떨지 걱정된 것이다. 그리고 그가 의식을 회복했을 때 자신을 바라보는 부모님의 눈에서 발견한 건 질책뿐이었다.

그럼 이제 자살에서 가장 두렵고 속상한 경우라 할 수 있는 어린 아이가 스스로 삶을 끝내려는 순간을 다뤄 보자. 나는 우리 모두가 이에 공감할 수 있으며 최선을 다해 이해하려 할 거라 믿는다.

어쩌면 자살 욕구 같은 건 단지 삶과 죽음에 대해 이성적으로 세련된 생각을 하고 삶과 죽음의 관계 정립이 이루어질 때나 생긴다고 여길지 모르겠다. 아이들은 자살 기도를 하지 않는다는 믿음이 수년간 정신과 의사들 사이에 정설로 받아들여지기도 했다. 그러나 나를 포함한 많은 이의 자살 욕구에 대한 기억은 어린 시절부터 시작된다.

몇 해 전 2013년 봄 학기 때 한 학생이 나와 내 수업을 듣던 다른 학생들에게 자신이 어린 시절 처음으로 자살을 기도한 이야기를 들려주었다. 그날 우리는 회색의 우아한 미술 대학 건물 앞 야외에서 19세기 철학 수업을 하던 중이었다. 미대 건물은 100년도 더 된 아름다운 건축물이었다. 학생들은 밖에서 수업할 때 더 총명하고 친밀하며 수업에 적극적으로 참여하는 경향이 있다. 야외 풀밭 위에 앉아 있다는 사실만으로도 무언가 독창적인 사고에 도움이 된다. 컴퓨터나 휴대폰 때문에 주의가 산만해지는 일도 없다.

최근 캔자스시티에서는 흔치 않은 동반 자살 사건이 일어났다. 아버지와 딸이 손잡고 함께 본드 대교에서 미주리강으로 뛰어든 것이다. 나는 수업 시간에 이미 쇼펜하우어의 비관주의를 논하고 《자살에 대하여》라는 유명한 에세이를 함께 읽었으므로 이번 사건을 계기로 자살에 대한 각자의 생각을 공개적으로 얘기해 보기로 했다.

평소엔 조용하지만 누구보다 똑똑한 학생인 메리가 말했다. "저는 우리 세대가 이전 세대보다 자살을 훨씬 많이 생각한다고 확신해요."

다른 학생들이 고개를 끄덕였다. 나는 메리에게 왜 그렇게 생각하는지 물었다.

"저희에게는 삶이 아주 어이없거든요. 우리 세대에는 모든 게 의미 없어 보이죠. 기후변화로 앞으로 정상적인 삶을 살 수 있을지조차 알 수 없으니까요. 직업을 가질 수 있을지도 알 수 없죠. 부모님은 세상이 그저 좋아진다고 느낀다는데, 저희는 모두 나빠지기만 한다는 걸 알고 있어요. 그렇게 느끼는데 어쩌겠어요?"

내가 얼마나 많은 학생이 이 의견에 동의하는지 묻자 반수 이상이 손을 들었다. 안타까운 건 쇼펜하우어의 존재에 대한 어두운 시각이 학생들에게 영향을 준다는 점이었다. 학생들의 주장에는 일종의 집단 종말론적 신념이 담겨 있었다. 나는 생각보다 상황이 더 나아질 수 있다며 학생들을 안심시키려 했고, 그러면서도 그들의 관점이 삶에 다소 환멸을 느끼던 우리 세대(나는 초기 X세대다)와도 많이 다르다는 생각이 들었다. 우리 세대가 그들 나이였을 때 삶은 가치 있는 것이고 미래에는 희망이 있다는 기본적인 확신이 있었던 데 반해, 지금의 학생들에게는 삶이 무의미하고 점점 더 나빠진다는 어떤 깊은 믿음이 있어 보였다.

어느 정도의 실존적 고뇌는 철학 수업의 특징일 때가 많고, 특히 쇼펜하우어와 키르케고르, 니체, 프로이트, 디킨슨을 다루는 '19세기' 수업이라는 내 강의에서는 더욱 그렇다. 그러나 이 자리의 우려스러운 점은 학생들이 삶뿐 아니라 미래에 대한 기대를 바라보는 방식에 진정한 변화가 생겼다고 한다는 데 있었다. 상황이 악화될 거라는 믿음은 자기 주변 세상에 대한 적응 방식에도 영향을 주기 때문이다.

또 다른 학생, 샘이 손을 들었다. 철학을 전공한 샘이 나와 함께한 첫 수업은 철학 입문이었고 이후에 나의 실존주의 강의도 수강했다. 내가 그의 로스쿨 추천서를 써주기도 했고, 내가 집을 비운 동안 샘이 몇 번 우리 집을 봐준 적도 있다. 샘은 나에게 반은 학생이고 반은 친구라 할 수 있다. 지금 그는 성공한 민권 변호사로 활동하고 있다.

"저는 좀 더 개인적인 사안이라고 봅니다. 우울한 경향이 있는지 없는지에 달렸다고 생각하거든요. 저도 몇 번 자살을 기도했고요." 샘이 자신의 경험을 털어놨다. 대개 대학생들은 자살 기도에 대해 놀랄 만큼 거리낌 없이 말하지만, 화창한 봄날의 날씨까지 더해져 그날따라 더 쉽게 자살에 관한 이야기를 이어갔다.

"처음 시도한 건 서너 살 때였어요." 샘은 다리를 꼰 채로 잔디를 만지작거리며 말하고 있었다. 몇몇 학생은 샘을 유심히 바라봤고, 나머지 학생들은 다른 곳을 쳐다보고 있었지만, 모두 그의 말을 귀 기울여 들었다. "우리 아파트 건물에는 계단 아래쪽에 바닥부터 천장까지 이어지는 유리창이 하나 있었는데 설치가 잘못됐는지 허술했어요. 늘 자살하고 싶었던 저는 세발자전거를 타고 그 창문을 통과해 3개 층 아래로 떨어졌죠."

"창문이 열려 있었나요?" 내가 물었다.

"아니요, 열리는 창문이 아니었어요. 싸구려 유리 같은 거였는데 그 창을 그냥 뚫고 나가 버린 거죠. 그 일로 몇 주간 병원에 입원해 있어야 했어요. 뼈가 여러 개 부러지고 한동안 혼수상태에 빠졌었고 요. 오른팔은 아직도 그때 다친 부분이 이상하죠." 샘이 자기 팔을 보여 주었다. 팔꿈치가 좀 이상한 각도로 틀어진 채 위팔에 붙은 느낌이었다. "처음 깨어났을 땐 하늘나라인 줄 알았어요. 그리고 엄마한테 제가 일부러 한 일이라고 말했어요. 제가 기억하는 한 처음부터 저는 죽고 싶어 했거든요. 늘 그랬죠."

"아무래도 푸들을 한 마리 구해 줘야겠는걸." 분위기를 띄우기 위해 내가 끼어들었다. "쇼펜하우어는 푸들 덕분에 자살하지 않았을 겁니다. 그래서 저도 지금 푸들 두 마리를 키우는 걸 테고요."

쇼펜하우어 강의를 할 때면 으레 그렇듯 지난 몇 주간의 수업에서 푸들에 관한 농담을 했다. 운하로 뛰어들어 스스로 목숨을 끊은 아버지를 둔 쇼펜하우어는 누구에게도 자기 개들한테만큼 애정을 주지 않았다. 개들에게 모두 아트만ātman(산스크리트어로 호흡, 자아, 우주적 자아 등으로 해석된다)이라는 이름을 지어 주고 '부츠Butz'(독일어로 푸들 혹은 꼬마라는 뜻이다)라는 별명도 붙여 주었다.

"저도 골든리트리버 한 마리를 키웁니다. 확실히 도움이 되죠." 샘이 말했다.

"괜찮다면 자살 기도를 여러 번 했는지 물어도 될까요?" 내가 물었다.

"네, 그랬어요." 샘이 대답했다. 하지만 그가 더는 말하고 싶어 하지 않는다는 걸 알 수 있었다. 그래서 나는 내 첫 번째 자살 기도에 관해 학생들에게 들려주었다. 내가 처음 자살을 시도한 건 여섯 살 때였다.

"자살과 관련해 가장 오래된 어릴 적 기억은 카펫 색깔이 얼마나 신기한지 생각하면서 카펫을 손으로 문질렀던 거였고, 달랠 길 없이 슬프고 겁에 질려(엄마를 원했던 것 같은데 엄마는 어딘가 가고 곁에 없었다) 내가 죽길 바랐다는 겁니다. 그때 내가 몇 살이었는지 모르지만 아마도 두세 살 정도의 아주 어린 나이였던 것 같군요."

어떻게 두 살짜리 아이가 자신이 죽기를 바랄 수 있을까? 합리적인 질문이다. 티베트의 불교 승려인 종사르 켄체 린포체Dzongsar Khyentse Rinpoche[9]가 이에 대한 답을 알고 있다. 그는 자살은 단순히 전생을 반복하는 패턴이라고 했다. "자살은 아주 쉽게 몸에 배는 습관이며 끊기가 극도로 어렵다. 마치 알코올에 중독되어 술을 뿌리치지 못하는 상태와 어느 정도 비슷하다고 할 수 있다. 습관은 우리의 내세를 결정하는 데 지대한 역할을 한다. 사는 게 힘들어질 때마다 삶을 끝내 버리려는 습관을 한번 들이면, 다음 생에서 점점 더 자살에 의지하게 될 것이다."

샘과 나처럼 삶과 죽음이 어떤 것인지 개념이 명확히 잡히기도 전에 자살을 생각한 사람들을 떠올리면 이 말은 타당한 설명으로 받아들여진다. (하지만 켄체 린포체 자신도 지적했듯 만일 죽으면서 의식도 사라진다고 보거나 환생을 믿지 않는다면 이 설명이 이해되지

---

9   1961~, 티베트의 승려로 영화감독이자 작가이기도 하다.

않을 것이다.)

"어릴 때 저는 차 앞으로 뛰어드는 데 빠져 있었어요. 이건 비교적 많은 사람이 가진 특이하고 강박적인 생각이죠." 학생들을 쳐다보니 몇 명이 고개를 끄덕이고 있었다. "초등학교 1학년이던 어느 날 학교가 끝난 후 버스로 뛰어들었죠. 이걸 자살 기도라고 할 수 있을지 모르겠군요. 아주 순간적으로 일어난 일이었으니까요. 전에 자살 기도 경험을 말하면서 이 일을 포함한 적은 한 번도 없었죠. 내 '진짜' 자살 기도(그것이 무슨 의미든)는 열여섯 살 때였고, 그땐 확실히 인생을 끝내기로 결심했었어요. 하지만 여섯 살짜리가 그런 행동을 했을 땐 '그래, 삶을 끝내야겠어'라고 확실히 마음먹은 건진 잘 모르겠군요. 그래도 자살 생각을 하기는 한 거죠."

아마도 충동적이었던 것 같다. 요즘은 정신과 의사들도 아이들도 자살을 시도한다는 사실을 점차 인정하고 있는데, 그들 대부분이 아이들의 자살 기도가 충동적이라고 말한다. 그러나 지금 와 다시 생각해 보니 여섯 살 꼬마 클랜시 마틴은 나름대로 그럴싸한 계획도 세웠다.

"집으로 가려면 학교에서 나와 오른쪽으로 가야 우리 동네로 들어설 수 있었어요. 왼쪽으로 가면 아주 붐비는 곳이라 어른 없이는 건널 수 없는 시프턴 대로Sifton Boulevard가 나왔죠. 그날 나는 왼쪽으로 갔고 버스 앞으로 뛰어들기로 마음먹었어요. 그리고 나무 뒤에서 상황을 보며 기다렸죠. 몹시 불안해졌고 학교에서 시프턴 대로 쪽으로 갔다는 이유로 혼날 거란 확신이 들었던 기억이 납니다."

"조금 있으니 버스가 오는 게 보이더군요. 막상 시도하려니 겁이 났어요. 그래도 죽으면 상황이 훨씬 나아질 거라 믿고 있었어요. 형제자매들이 날 그리워할 거고 엄마도 그럴 거라고, 또 학교의 아이들도 내가 죽으면 미안해할 거라고 생각했죠. 브루스 데바트조차 '와, 걔가 자살하다니! 내가 그 애한테 얼마나 못되게 굴었는데' 하며 괴로워할 거라고요."

브루스는 우리 학교 싸움 대장이었고 당시 나한테는 강적이었다. (하지만 훗날 우린 친구가 되었다.) 한번은 브루스가 나와 내 친구인 크리스 카터에게 소변 섞인 누런 눈을 강제로 먹게 했다.

학생들은 약간 충격을 받은 것 같았고 그중 몇몇은 혼란스러워 보였다.

"버스가 다가왔고 나는 눈을 감고 거리로 뛰쳐 들어갔어요. 경적이 요란하게 울렸죠. 버스가 날 진짜 쳤는지는 모르겠지만, 뒤로 나자빠졌어요. 어른들이 한바탕 난리가 났고 난 도로 끝으로 옮겨졌고요. 그리고 학교로 보내졌는데 다친 데는 한 군데도 없었어요. 학교에서 누나 테린, 남동생 팻과 함께 집으로 돌아가도록 했어요. 엄마가 이 일에 관해 물었을 땐 그냥 전부 사고인 것처럼 말했고 시프턴 대로로 가지 말고 길을 건널 땐 좌우를 잘 살피라는 얘기를 들었죠."

사고인 척하는 건 어른이든 아이든 자살 기도에 실패했을 때, 특히 그게 첫 번째 시도일 때 많은 사람이 보이는 전형적인 행동이다.

"누구한테도 이 이야기를 한 적이 없었어요. 엑스터시와 코카인에 취해 정신없을 때 우리 형 대런에게 말하기 전까진요. 그나저나 여러분, 마약은 절대 하면 안 됩니다." 학생들이 웃었다. "아무튼 이 일이 공식적으로 내 첫 번째 자살 기도였다고 할 수 있습니다."

나는 흘깃 샘을 쳐다봤고 그와 뭔가 통했다는 느낌을 받았다. 샘의 표정은 '아직도 그런 기분이시잖아요, 그렇죠? 많은 시간이 흘렀지만요'라고 말하는 것 같았다. 샘과 나 모두 스스로 목숨을 끊고자 했던 어린 시절의 소망이 아직 사그라지지 않았다는 사실을 알고 있었다.

20세기 위대한 심리학자인 알프레트 아들러Alfred Adler는 자신의 에세이 《자살》에서 자살 행동을 보이는 아이들은 이후의 삶에서도 (사실 지금도 여전히 그 생각을 하고 있을 수 있지만) 그러기 쉽다고 했다.

> 인생의 고비에서 심리적 고통으로 무너지는 경향, 야망과 허영심 그리고 자신의 가치를 남과 비교하는 의식의 증가, 병이나 죽음에 대한 환상에 이르기까지. 이런 특징은 타인에 비해 자신의 가치가 훨씬 높다는 견고한 믿음과 함께 나타난다. 유아기에 보이는 자살 의지의 표현으로 흔히 사소한 문제에 느끼는 깊은 슬픔, 굴욕을 경험할 때 병이 나거나 죽고 싶어 하는 강한 바람… 그리고 마치 다른 사람들에게 자신의 모든 바람을 충족시켜야 할 의무가 있다고 여기는 타인에 대한 태도를 발견할 수 있다.

나는 이 서술이 어린 시절의 나와 너무도 흡사한 데다 실은 그 시절의 나뿐만 아니라 현재의 나와도 닮아 있다는 사실을 인정할 수밖에 없었다. 알코올 중독, 이혼, 나르시시즘, 나 자신의 욕구와 목표의 중요성에 대한 과장된 인식, 이런 이유로 나는 부모로서 많은 실패를 경험했다. 아들러는 이 모든 것을 예견한 것이다.

　자살하길 원하던 나의 어린 시절 기억 중에는 내 장례식에 주변 사람들의 눈물 젖은 여파를 지켜보는 상상도 포함되어 있었다. '엄마는 울겠지. 내 형제들과 의붓자매들, 의붓형제들 모두 비탄에 빠질 테고. 새아버지는 자신이 내 인생을 얼마나 비참하게 만들었는지 마침내 이해할지 몰라.' 하지만 나는 나이를 먹을수록 죽음을 다른 식으로 바라보게 되었다. 다른 사람들이 어떻게 반응하는지가 아니라 내 불행이 드디어 끝날 수 있기 때문에 죽기를 원했다. '내가 없어지면 다들 보고 싶어 할 거야'라는 자살 버전으로 시작해서 '나 자신을 더는 견딜 수가 없어'라는 버전으로 마무리된 거라 할 수 있다.

　첫 번째 시도 이후 10년이 지났을 무렵 나는 다시 자살을 기도했다. 여전히 죽기를 바랐지만 한편으로는 두려웠다. 그래도 나는 불행했고 죽으면 이 불행이 끝날 거라 확신했으며, 마음만 먹으면 죽을 수 있다는 것도 알고 있었다. 아이일 때 그리고 10대 때 자살은 여자 친구도 없고 인기도 없던 내가 실패한 또 다른 한 가지였다. 삶을 끝내는 게 내게 최선이라고 진심으로 믿었지만, 실제로 그것을 행하는 도전의 기회 앞에서 압도당하고 말았다. 더 정확히 말하자면 겁이 났다. 수반될 고통이 두려웠고, 실패해 곤란을 겪을 일들도 염려됐다. 하지만 그럴수록 자살하고자 하는 심리적 욕구는 더 강해졌다. 내 무능과 비겁함을 깨닫자 결단이 필요하다는 생각이 들었다.

　부모님은 내가 다섯 살 때 이혼했다. 그리고 엄마는 일곱 명의 자녀를 둔 남자와 재혼했다. 나와 내 두 명의 형제를 포함해 10명의 아이들이 한집에서 함께 살게 된 것이다. 이는 아주 불안한 조합이었다. 이 폭력적인 새 가정에서 생긴 초기 기억 중 하나는 자살한 의붓형제인 폴의 장례식에 참석한 일이었다.

의붓누나 리사 역시 자살을 기도했다. 엄마가 새아버지와 결혼한 지 3년쯤 지난 뒤의 일이었다. 나는 앨버타주 캘거리에 있는 풋힐스 병원 Foothills Hospital 정신과 병동에 리사 누나를 만나러 갔다. 당시 나는 여덟 살이고, 리사 누나는 열다섯 살이었다. 엄마와 정신과 의사는 나와 누나가 단둘이 있어도 괜찮다고 했다. 우리는 철망을 친 두꺼운 창이 있는 섬뜩한 느낌의 작은 방 회녹색 불빛 아래서 이야기를 나눴다.

"난 자살하려던 게 아니야, 클랜시." 누나는 거짓말을 했다. "그저 그 집에서 벗어나려 한 거지."

리사 누나의 손목에는 붕대가 감겨 있었고 링거 주사가 꽂혀 있었다. 자신이 머물던 문제 청소년들을 위한 쉼터 3층 창문에서 떨어져 비장이 파열되었고, 며칠 전 수술로 제거한 상태였다.

"그냥 장난이었다니까." 누나는 붕대가 친친 감긴 자기 팔을 내보이며 말했다. "내가 자살할 것처럼 굴면 집에 보내 줄 거라고 생각했어." 그러더니 이불을 내려 붕대가 감겨 있는 수술한 자리를 보여 줬다. 나는 노출이 심한 누나 때문에 초조해졌다. "그런데 내가 자살 기도를 했다는 이유로 여기로 보내려는 거야. 난 단지 그곳이 견딜 수 없이 끔찍해서 창문을 타고 밖으로 나가려다 떨어진 거라고 했지."

내가 풋힐스 병원에 간 것은 그때가 처음이 아니었다. 한 해 전쯤 우리 식구 열 명이 우르르 상담 치료를 받기 위해 이곳에 몇 번 왔었다. 엄마와 새아버지가 있었고 내 친형제인 대런 형과 동생 팻, 의붓형제인 리사와 테린, 드루, 제프, 케빈도 함께였다. 알다시피 폴은 이미 죽었고 다른 의붓형제인 블레어 주니어는 밴쿠버로 이사 가고 없었다.

두 명의 심리학자가 커다란 비닐 타일이 깔린 병원 회의실에서 우리 식구들과 만났는데, 내 눈에는 점심 식사를 하는 학교 식당 같은 곳이었다. 둘 중 한 의사가 갑자기 물었다. "사람들이 서로 협력하는 방법에는 무엇이 있는지 생각해 보시겠어요? 특별히 해야 하거나 하지 말아야 할 일이 있을까요?"

나는 그 상담 기간 중 처음이자 유일하게 손을 들고 말했다. "케빈 형은 자기 커피잔을 안 갖고 올라와요."

"네?" 심리학자가 다시 물었다.

케빈 형이 나를 쳐다보고 있었다. 그의 눈동자는 아름다운 담청색(훨씬 나중에야 안 사실이지만 케빈 형은 흔치 않게 잘생긴 아이였다)이었고, 입은 화를 감추려는 듯한 미소를 띤 채 앙다물고 있었다. 그때 내가 예닐곱 살이었으니, 케빈 형이 열여섯 혹은 열일곱 살이었다.

"말해 보세요." 심리학자가 말했다. "커피잔이요?"

"네, 그러니까…" 나는 의자들이 둥그렇게 놓여 있는 주변을 둘러봤고 그 심리학자 말고는 우리 식구 중 누구도 내가 이런 말을 하는 걸 원치 않는다는 사실을 깨달았다.

"하려던 말을 해, 클랜시." 케빈 형이 내게 말했다.

"그게, 엄마가 케빈 형한테 형 침실이 있는 지하에서 올라올 때 커피잔을 들고 오라고 하거든요. 그런데 형은 한 번도 그렇게 하지 않았어요."

내 친남동생인 팻이 '대체 왜 그런 얘길 하는 거냐? 굳이 왜 평지 풍파를 일으키는 건데?'라는 듯한 표정으로 나를 쳐다봤고, 병원에서 우리가 올 때 내놓은 사과 주스 쪽으로 손을 뻗었다.

"그건 그런 게 아니라…." 엄마가 입을 열었다.

"아니요, 이렇게 하는 게 도움이 됩니다." 심리학자가 말했다.

"아이들이 하는 말인데요." 다른 심리학자도 거들었다.

나는 아무 말 말았어야 했다고 생각했다. 집으로 돌아왔을 땐 내가 케빈 형을 배신한 거고 곧 그 대가를 치르리란 걸 알게 됐다. 형의 침실은 지하에 있었다. 아침이면 형이 커피를 가지러 올라왔다가 자기 방으로 다시 내려갈 것이다(그리고 얼마 지나지 않아 제프 형이 손도끼를 들고 집 여기저기로 케빈 형을 쫓다 같은 지하실 계단으로 뛰어내려가 그의 뒤통수를 내려칠 것이다). 그러면 엄마는 "커피잔 다시 올려다 놔"라고 말하지만 내가 말했듯 케빈은 절대 자기 커피잔을 위층으로 올려다 놓지 않았다.

지금은 나 자신이 애가 다섯이고, 내 아이들에게도 두 명의 계모(내 두 번째 아내는 맏딸의 계모이고, 세 번째 아내는 세 딸아이의 계모다)가 있는 터라 의붓자식들과 의붓아버지, 의붓어머니 사이에 빚어지는 조용하면서도 불행한 힘겨루기를 이해한다. 그러나 어린 시절의 나는 집을 평화롭게 만들지 못한다며 엄마를 탓했다. 이성적으로 엄마를 탓하지는 않는다. 엄마는 버거운 상태였다. 그래도 나는 엄마에게 자신이 할 수 있는 이상으로 나를 더 안전하게 지켜 줘야 할 의무 같은 게 있다고 느꼈고 그래서 마음속에 엄마에 대한 이상한 분노가 있었다. 나도 엄마가 의붓자식들보다 우리에게 더 잘해 준다는 걸 알고 있었고, 엄마가 의붓자식들을 더 사랑하지 못하는 자신에게 실망했다는 것도 안다. 한편으로는 이런 생각도 든다. '세상에, 엄마는 대체 어떻게 해낸 거야? 어떻게 자기 자식 세 명과 다른 사람의 아이 일곱 명을, 그것도 다섯 살부터 열아홉 살까지 폭넓은 연령대의 아이들을 방이 3개뿐인 2층 목조 임대 주택에서 길러낸 걸까?' 최근 한 친구가 내게 "너희 엄마는 무척 낙관적인 분이셨지"라고 말했다. 하지만 사실 엄마는 그 반대였다. 오히려 내가 아는 사람 중 가장 일관되게 염세적인 사람에 속한다. 그런 상황에서 엄마가 버틸 수 있었던 건 그나마 염세주의 덕이었다. 엄마는 상황이 훨씬 더 나빠질 수 있다고 확신했다.

풋힐스 정신과 병동의 리사 누나 이야기로 다시 돌아가 보자. 누나는 집에서 뛰쳐나와 학교에 가기를 거부했고 학교에 가는 척하면서 당시 열다섯 살 소녀들이 학교를 빼먹고 캘거리에서 할 수 있는 모든 짓을 하고 다녔다. 부모님은 누나에게 다양한 체벌을 시도했다. 내 어린 시절 기억에 가장 선명하게 남아 있는 최악의 체벌은 새아버지가 리사 누나의 머리채를 잡고 위층으로 끌고 올라간 일이었다.

누나는 소리를 지르고 대들면서 자기를 끌고 올라가는 아버지를 발로 찼다. 새아버지는 누나를 잡지 않은 다른 손에 변기를 뚫을 때 쓰는 펌프를 들고 있었고, 리사 누나와 테린 누나가 함께 쓰는 방에 이르러 그 펌프로 누나를 때렸다. 부모님은 결국 누나를 포기하고 보호 시설(하지만 누나는 그곳에 계속 있지 않았다. 거기서 도망쳐 거리에서 생활하게 되었다)에 맡겼다. 엄마는 인생에서 크게 후회되는 일 중 하나가 새아버지와 엄마가 리사 누나를 다룬 방식이라고 말하곤 했다. 엄마는 "너희 새아빠는 좋은 사람이었다. 하지만 그다지 좋은 아빠는 아니었던 것 같구나"라고 했다. 나는 노년의 새아버지를 많이 좋아하게 되었다. 하지만 아이였을 땐 새아버지를 두려워하고 불신했다.

"나 정말 죽으려 한 게 아냐." 리사 누나가 다시 말했다. "제발 말 좀 전해 줘. 안 그러면 날 여기 계속 가둬 둘 거야. 여긴 다시없이 끔찍해." 누나는 울기 시작했다. 나는 어떻게 해야 할지 알 수가 없었다. 그저 누나 침대 옆에 앉아 있는데 누나가 울면서 내 무릎 위에 엎드렸다. 누나가 이런 적은 그때가 처음이었다. 누나에게 내 보살핌이 필요하다고 느꼈고 누나를 위해 내가 뭔가 해줄 수 있다고 생각했지만, 그게 무엇인지는 알 수 없었다. 나보다 일곱 살 많은 리사 누나는 대런 형처럼 나에겐 영웅이었다. 아버지가 플로리다로 떠났을 때 대런 형이 아버지를 대신해 주었고, 대런 형이 사관학교로 갔을 땐 리사 누나가 형의 빈자리를 메워 줬다. 그때는 엄마와 리사 누나가 내 정서적 삶의 중심에 있었고 이 엉망진창 불행한 가정, 불안정한 세상에서 내게 작은 안정감을 주었다.

나는 리사 누나의 머리를 쓰다듬었다. 엄마와 새아버지가 결혼하고 우리가 모두 처음으로 함께 살게 되었을 때 리사 누나가 내 머리를 빗겨 줬었다. 누나 방에서 음악을 들으며 내 머리를 빗겨 주는 건 누나와 누나 친구가 좋아하는 일이었다. 그때 아마 리사 누나 나이가 열둘 아니면 열세 살이었을 것이다. 누나는 도니 오즈먼드Donny Osmond의 앨범을 가지고 있었고, 즐겨 들었다.

몇 분 후 노크 소리가 났다. 내가 떠나야 할 시간이었다. 리사 누나는 아직 울고 있었다. 나는 병원 밖으로 나가면서 나 자신에게 고통을 가하면 누나의 고통을 줄일 수 있을 거라 생각했다. 그래서 엄마를 따라 팻과 함께 병원에서 걸어 나오며 건물 벽에 손가락을 최대한 강하게 문질렀다. 우리가 나선 병원의 벽 일부는 분명 벽돌이었을 텐데도 약간 거친 타일과 타일 모서리에 상처를 입었다는 것만 정확히 기억난다. 무척 쓰라렸고 자랑스러웠다. 우리가 차에 도착했을 때 내 손은 온통 피투성이였고, 나는 그 사실에 자부심을 느꼈다.

엄마가 외쳤다. "클랜시, 무슨 일이니? 넘어졌어? 이게 무슨 일이야!"

내가 무슨 짓을 했는지 당연히 엄마에게 말할 수 없었다. 내가 이렇게 극적이고 자의식 과잉의 인간이라는 걸 그때 이미 알아차렸는지 어처구니없는 기분이 들었던 기억이 난다. 하지만 어쨌든 이 일은 내게 퍽 의미 있는 일이었다.

내 어린 시절의 다른 많은 비참하고 모욕적인 사건을 더 자세히 연대순으로 열거할 수도 있겠지만 그건 우리가 살펴보아야 할 주된 내용이 아니다. 그렇다, 형제자매 중 둘이 내게 자살에 관한 이야기를 한 것은 일반적으로 말하는 결손 가정의 요건일 수 있다. 나의 친형제인 대런 형은 아무래도 나처럼 자살이 기본적으로 설정되어 있는 것 같다(그래도 다행히 형은 내가 아는 한 한 번도 자살을 기도하지는 않았다). 함께 보석 사업을 하던 시절, 형과 나는 마주 앉아 자살에 대해 농담을 하곤 했다. 코카인 기운이 떨어져 기분이 가라앉았을 땐 우리가 얼마나 자살해야 할 정도로 막막한 상황에 놓여 있었는지 얘기하며 서로 위로하기도 하고, 그러다 서로에게 죽지 않겠다는 약속을 받기도 했다.

자살이 가족 간에 퍼질 수 있다는 점을 염두에 두면 도움이 될 수 있다. 이런 가족 중에는 우리 가족처럼 가족의 기능을 올바로 하지 못하는 경우도 있겠지만, 유전적 요인 또한 자살 기도 성향과 관련 있다는 강력한 증거들이 있다. 자신에게 유전적 소인이 있다고 믿거나 지금의 고통스러운 자기파괴적 성향을 단순히 부모님의 잘못된 행동 탓으로 돌릴 수 있다고 생각한다면, 단지 개인의 자살 욕구가 문제라는 견해에 좀 더 수월하게 맞설 수 있을 것이다.

20세기의 가장 위대한 철학자, 루트비히 비트겐슈타인Ludwig Wittgenstein10에게는 예사롭지 않은 가족이 있었다. 네 명의 형제 중 세 명이 자살했고 비트겐슈타인 자신도 자살 욕구와 계속 싸워야 했다. 비트겐슈타인 가문은 일족의 뛰어난 재능에 재산도 상당했으며 오스트리아 빈 사회에서 막강한 영향력을 발휘했다. 피상적으로 말하자면 살아야 할 이유가 하고많은 사람들이었다. 그러나 자살 충동이나 삶의 평범한 고충은 그렇지 않은 법이다. 실제 상황이 어떻든 상관없이 우리는 자신이 왜 비참한지 정확히 알지 못하며 그래서 문제가 더 심각해진다. '나는 행복해야 하는데, 행복할 이유밖에 없는데, 왜 자기혐오와 불행, 자기 연민에 빠져 있는 걸까'. 이런 생각이 드는 것이다. 그 반면에 세상의 다른 이들은 극심한 고통과 괴로움(굶주림, 심신을 쇠약하게 만드는 질병, 빈곤, 예기치 못한 사랑하는

---

10 1889~1951, 논리학·수학·철학·심리학·언어학에 정통했던 오스트리아의 철학자. 대표적인 저서로 《논리 철학 논고》와 《철학 탐구》가 있다.

이들의 죽음)을 겪으면서도 여전히 아침이면 일어나 가족을 위해 끼니를 준비한다. 그리고 이런 사실은 내가 살 가치가 없다는 또 하나의 증거가 된다.

　내가 엄마에게 자살 이야기를 하려 할 때마다 엄마는 화제를 바꿨다. 엄마는 감정에 사로잡히는 것을 두려워했고 그런 대화를 나누는 것이 상황을 더 위태롭게 만들 거라고 믿었다. 열세 살인가 열네 살 무렵 나는 아버지에게 자살에 대한 나의 환상을 말하며 의견을 물었다. 아버지는 자살하면 '우주의 지옥'으로 가게 된다고 설명했다. 뉴에이지 운동New Age 運動[11]의 지도자이던 아버지는 환생과 더불어 존재의 다른 많은 단계를 믿었다. "그러지 말거라, 아들." 아버지가 차분히 말했다. "죽으면 안 돼. 그러면 그저 훨씬 더 끔찍한 곳에서 깨어날 뿐이야. 그런데도 계속 그런 기분이 든다면 말해 줘야 한다. 지금도 기분이 그러니?" 나는 자연스럽게 거짓말해야 한다는 걸 알았다. 상대는 나의 아버지니까. 지금 생각해 보면 아버지가 자살에 대해 내게 해준 얘기는 아주 정확했다. 자살을 시도한 매 순간 나는 더 열악한 다른 곳에서 깨어난 것이다.
　아버지는 물론 논쟁을 한 게 아니다. 그저 자신이 절대적으로 믿는 신념, 즉 삶이 죽음으로 끝나는 게 아니며, 우리가 어떻게 죽을지는 정해진 규칙에 따라 결정된다는 생각을 일러 줬을 뿐이다. 아버지는

11　서구에서 일어난 신비주의 경향의 문화 정신 운동의 하나로, 서구 문명의 가치를 거부하고 가치의 전환을 주장하는 정신사적 운동

우리가 그 규칙을 어기면 끔찍한 결과가 따른다고 믿었다.

몇몇 형태의 자살에 반대하는 이러한 전형적 논의는 사실 대부분의 종교적 전통에서 발견된다. 그러나 이런 전통은 아브라함 전통에서의 순교나 유교 전통 내 명예를 위한 자살, 많은 아메리카 원주민 전통 중 전쟁에서 선택하는 영웅적 자살과 같은 특별한 종류의 '도덕적' 자살로 인한 결과는 공통되게 예외(많은 종교적 전통에서 안락사 역시 예외로 둔다)로 규정하고 있다. 그럼에도 대개 이러한 전통은 자살이 사후 세계에서 상당히 좋지 못한 결과로 이어진다는 이유에서 나쁜 생각으로 간주한다.

아버지의 시각은 종교적 신념에서 비롯된 것이다. 아버지는 의식이 영원하다고 믿는 베단타Vedanta12 학파의 일원이었다. 이와 유사하게 대개 종교는 "인간은 죽지 않는 불멸의 존재이니 자살하지 말라"와 같은 관점을 지지하는 논쟁을 하지 않는 경향이 있다. 그들은 단순히 사후 세계가 존재하는 만큼 자살이 끔찍한 결과를 가져올 수 있다고 주장한다. 하지만 이러한 주장을 내세우는 것은 그리 어려운 일이 아니다. 만약 우리가 사후 세계의 유무에 대해 정확히 알지 못한다는 사실을 인정한다면, 자살이 상황을 나아지게 할지, 변화가 없거나 더 나빠지게 할지도 모르는 것이다. 그저 상황이 좋아질 거라며 도박을 하는 것이다. 자살하는 사람은 죽고 난 후 무슨 일이 생길지 다 안다고 생각하지만 실은 그렇지 않다. 만약 죽음과 동시에 더 나

---

12 인도 힌두교의 정통 육파 철학(삼키아 학파, 요가 학파, 니야야 학파, 바이세시카 학파, 미맘사 학파, 베단타 학파) 중 하나

은 어떤 곳으로 가거나, 깊은 마취 상태처럼 완전히 존재가 사라진다면, 그리고 자신의 삶이 매우 불행하고 앞으로 더 엉망이 될 것으로 생각하는 사람이라면 어쩌면 합리적으로 자살을 선택할 수도 있을 것이다. 그러나 어떤 일이 벌어질지는 아무도 모른다. 그저 기대하는 것뿐이며 사람마다 기대하는 바도 천차만별이다. 명백한 도박을 하는 건 비이성적이며, 또 그런 도박을 할 때마다 미지의 것을 예측하는 셈이다. 자살하는 사람이 도박에 거는 기대는 만약 또 다른 삶이 있다면 현재보다 더 나쁠 수는 없다는 것인데, 어쩌면 죽음 이후에 아예 어떤 삶도 없을지 모른다. 쇼펜하우어는 "삶의 공포가 죽음의 공포를 능가하는 지점에 다다르는 순간, 인간은 스스로 생을 마감할 것이다"라고 썼다.

자살하는 사람은 적어도 자신이 알지 못하는 것에 기대 도박하고 있음을 알아야 한다. 죽으면 의식도 소멸한다는 요즘 널리 퍼진 물질주의적 시각은 이 문제에 대한 인간의 사유의 역사로 볼 때 생소하다는 점, 예로부터 많은 현명한 이들이 내세가 있다고 주장했다는 사실은 어쩌면 자살하려는 사람도 스스로 인정(나도 기억하려 노력한 것처럼)할 수 있을 것이다. 이에 덧붙여 나 자신의 관점에서 보자면, 만약 내가 진지하게 자살할 생각을 한다면 그 판단을 자신할 수 있을지 모르겠다.

죽음 이후의 삶이 있을지 없을지 알 수 없고, 또 자기 손으로 직접 가한 폭력적 죽음으로 지금보다 훨씬 좋지 않은 상황을 맞는 건 아닌지 정확히 알 수 없다면 그야말로 엄청난 모험을 하는 것이다. 햄릿의 유명한 대사처럼 말이다.

죽는 것은 잠드는 것,

단지 그뿐. 잠으로 육신에 따라오는

찢어지는 마음과 오만가지 충격을

끝내겠다 하는 것. 이것은 간절히

바라는 완성. 죽는 것은 잠드는 것,

잠드는 것은 꿈을 사는 것, 아, 여기 문제가 있었군.

죽음이란 잠에서 어떤 꿈을 꿀지

이것이 우리를 멈추게 해 긴긴 인생이란 재난을 만드네.

햄릿에게는 다른 누구보다 자살이 문제를 해결해 주지 못할 거라 우려할 만한 이유가 있었다. 우리가 간혹 잊는 사실은 이 자살하려는 젊은 이가 이미 자기 아버지의 유령을 보았고 사후 세계에 대한 경고를 받았다는 점이다. 《햄릿》은 자살 이야기면서 유령 이야기이기도 한 것이다.

내 친구인 짐 로리Jim Lowrey는 종신 불교 수행자다. 그리고 티베트의 위대한 불교 철학가인 초걈 트룽파 린포체Chögyam Trungpa Rinpoche13(이 책에서 여러 명의 린포체를 만나게 될 것이다. 그만큼 존경하는 분들이다)에 관해 쓴 《길들일 수 없는 존재를 길들이기 Taming Untamable Beings》의 작가다. 나는 최근 짐과 이메일을 주고받으며 자살하고 나면 어떻게 되는지에 대해 이야기했다. 짐은 책에서 언급한 톰의 이야기를 내게 상기시켜 주었다. 톰은 짐의 친구로 그 역

---

13 1940~, 티베트의 명상 지도자이자 예술가. 서양에서 가장 영향력 있
    는 불교 지도자 중 한 사람이다.

시 독실한 불교 수행자였으나 스스로 목숨을 끊었다.

톰의 장례식에서 린포체가 자기 학생 중 한 명이 톰을 잃은 사실에 몹시 고통스러워하는 것을 보고 그에게 걱정하지 말라며 인간은 정말 죽는 것이 아니므로 그리 큰일이 아니라고 했다고 한다. "또 톰에게 상황이 그리 수월하진 않을걸세. 자살하면 바르도bardo14에 문제가 생기거든. 그 공격적인 행동 때문이지. 림보limbus15에 오래 갇혀 있을 수도 있어." 톰의 장례식 중에 린포체가 또 다른 학생에게 말했다. "지금쯤은 톰도 자기가 어떤 것에서도 벗어나지 못했음을 알았을 거네." 린포체가 이 말을 한 것은 내세라는 게 있다면 엄밀히 말해 자살이라는 게 불가능하기 때문이다. 없애 버리려는 마음이 그 특성상 본질적으로 파괴될 수 없는 불멸인 것이다. 짐은 이렇게 썼다. "린포체는 자살이 실패인 이유를 눈앞에서 세상을 없애 버리려 하지만, 그렇게 되지 못한다는 데 있다고 했습니다. 실제로 일어나는 일은 세상에 영향을 미칠 능력을 상실하는 겁니다. 자살하고 자기 몸에 상처를 내면 자신의 창조적인 힘을 창조성을 파괴하는 데 사용하는 겁니다. 그리고 이로 인해 자신의 문제를 다룰 능력에 제한이 생기죠. 참으로 바람직하지 못한 생각인 겁니다."

죽음 이후에도 삶은 당연히 계속된다는 이런 주장이 너무나 큰 고

---

14 티베트 불교에서 말하는 죽음과 환생 사이의 단계
15 천국과 지옥 사이에 있는 곳. 구약의 성자들이 예수가 부활할 때를 기다리며 머무는 곳과 영세를 받기 전의 아이들이나 지적 장애인처럼 원죄를 갖고 죽었으나 죄를 짓지 않은 사람들이 머무는 곳으로 나뉜다.

통을 겪으며 절실히 그로부터 도망치고 싶은 누군가를 막지 못할 수 있다. 우리는 종종 더는 프라이팬을 견딜 수 없다고 프라이팬에서 뛰쳐나가 불로 뛰어들기도 한다. 그러나 이 같은 주장은 때로 내게 그러하듯 어떤 이를 멈추게 할 수도 있다. 사실 멈추는 것만으로도 충분하다. 자기파괴적인 결심을 하는 끔찍한 순간이 지나가면 또 어떻게든 일상을 살아가게 되니 말이다.

내가 자살 기도를 하고 정신병원에 처음 입원한 것은 아직 캘거리에 살던 열여섯 살 때였다. 다른 고등학교에 다니는 농구 선수 때문에 나를 찬 여자 친구로 인해 마음에 상처를 입은 뒤였고, 불안증을 치료하기 위해 정신과 의사에게 리브리엄Librium16을 처방받은 때였다. 설상가상으로 당시 나는 전 여자 친구 가족과 함께 살고 있었다. 나는 그들에게 부모님이 그 집으로 가서 여자 친구를 감시하라며 집에서 내쫓았다고 거짓말을 했다. 친절한 그 집 식구들은 어리석게도 나를 받아 주었다. 내가 봐도 세상에 다시없는 미친 짓이었지만, 걷잡을 수 없는 질투에 사로잡힌 10대의 마음으론 어쩔 수 없는 일이었다. 어느 날 밤, 지하에 있는 여자 친구의 방 창문 앞에 앉아 그 애가 새 남자 친구와 관계를 갖는 소리를 들은 후 나는 다시 집 안으로 들어가 당시 내가 근무하던 컨트리클럽 주방장에게 산 위스키 한 병(주말에 친구들과 마실 생각이었다)과 리브리엄을 들고 여자 친구 집에서 멀지 않은 눈 덮인 놀이터로 갔고, 위스키 750밀리리터에 알약을

16 안정제의 한 종류

몽땅 삼켜 버렸다.

얼어 죽으면 짧은 고통 후에 놀랄 만큼 행복해진다고 어디선가 읽은 적 있었기 때문에 바로 그렇게 죽기로 한 것이다. 또 일부러 벌거벗은 채 동사한 시체를 내 헌신적인 사랑과 상대방의 배신 증거로 남겨 내가 얼마나 자기를 사랑했는지 보여 주려는 생각(지금이야 선물하겠다고 자기 귀를 자르는 것만큼이나 억지스럽게 느껴지지만)까지 했다.

나는 옷을 벗고 눈 위에 누웠다. 눈은 흰색이었다가 파란색이 됐고 또 녹색으로 바뀌었다가 분홍색이 되었다. 처음에는 추워서 몸을 덜덜 떨다 미친 듯이 일어나고 싶어졌고 극도로 추워지니 말 그대로 더는 견딜 수 없는 지경이 되었다. 그러다 어느 순간 갑자기 온기와 감사에 휩싸였다. 그리고 의식을 잃었다. 그대로 얼어 죽었어야 했는데 지나가던 행인이 나를 발견했고 나는 병원에서 깨어나 며칠간 정신과 병동에 있었다.

그 일로 내가 깨달은 것은 사람들이 종종 자살에 대해 환상을 갖는다는 점이었다. 그리고 다른 환자가 말해 준 잔인한 진실은 우리가 더는 자신을 해치지 않을 거라고 말하기 전까진 절대 병원에서 나갈 수 없다는 사실이었다.

나는 자신에게 고통을 가하려는 욕구를 이해한다. 어릴 때 자해 행동을 몇 번 한 적 있다. 앞에서 언급했듯 리사 누나 병문안을 갔다가 입은 손가락 자상이 그런 경우이고, 그 밖에도 몇 가지 유사한 일이 있었다. 하지만 나는 한 번도 진심으로 나 자신을 다치게 하려 한 적은 없다. 평생 신체적 고통을 두려워하고 피했다. 내가 피할 수 없는 건(사실 누구도 피할 수 없긴 하지만) 정신적 고통이며 이것 때문

　　　　　　　1장. 죽음에 가까이 가려는 사람들

에 자살 기도를 하게 된 것이다. 내가 내 죽음을 생각하면서까지 막고 싶어 한 건 바로 더 심한 고통이었다. 자해는 사양했지만 자기 소멸은 나의 관심을 끌었다.

나 역시 자주 그러듯 어쩌면 누군가는 이런 수준의 자기 연민이 참기 힘들 수도 있다. 나는 자기 연민이 자기과시의 이면이라고 생각하는 편이다. 섹스턴이 본인의 시, 〈자살 유서Suicide Note〉에서 말했듯 내가 만약 늘 "나 나 나"라고 한다면 내 기분이 좋든 나쁘든 나에게 초점을 맞추는 게 문제다. 어릴 때야 그럴 수 있지만 성인이라면 자신에 대한 과한 생각을 멈추고 조금 더 다른 이들을 생각해야 하지 않을까?

언젠가 내 두 번째 결혼이 힘들어지면서 이러다 또 이혼하는 게 아닌지 걱정하던 때가 있었다. 그때 나는 멘토이자 친구인 다이앤 윌리엄스에게 편지를 보냈고 이런 말을 덧붙였다. "내 말은 듣지도 말아요. 나 자신이 참을 수 없이 마음에 들지 않으니까요." 다이앤은 곧바로 답장을 보냈다. "절대 자신이 마음에 들지 않는다는 말은 하지 말아요. 자신을 안쓰럽게 생각해 봐요! 더 안타깝게요!" 여태껏 받아 본 조언 중 최고였다. 자책하고(쓸데없이) 그런 감정을 숨기고 묻어 버리려 하지 않고 내 기분을 있는 그대로 받아들이게 된 것이다. 다이앤은 기본적으로 '그래요, 인간으로 살아가는 건 어이없을 만큼 힘든 일이에요. 그러니 그 사실을 인정하는 걸 두려워하지 말아요. 본인과 우리 모두를 안쓰럽게 생각하세요!'라고 말하고 있었다. 이것은 보편적인 인간의 상황과 특히 자살하는 이들의 상황에 대해 좀 더 관대하고 영예로운 사고의 길로 나아갈 커다란 발걸음이 되어 주었다.

딜고 켄체 린포체Dilgo Khyentse Rinpoche17는 아마 20세기의 가장 훌륭한 티베트 불교 지도자일 것이다. 그도 세상에 마음을 여는 수행에 대해 언급하면서 다이앤과 비슷한 조언을 했다. 딜고 켄체 린포체는 어떤 경험이 처음에는 두렵고 고통스러울 수 있지만 그 두려움과 고통을 받아들여야 하며 그래야 세상이 실제로 어떠한지를 배울 수 있기 때문이라고 설명한다. 오드리 로드Audre Lorde18가 죽음에 직면했음을 알게 되었을 때 대범하게도 "나는 두려움이 가르치는 바에 귀 기울이고 있다"라고 기록한 것처럼 말이다.

두려움이 가르쳐 주는 것에 대해 이야기해 보자. 2020년 말에 나는 아주 힘겨운 상황에 처해 있었다. 극도로 우울해 글도 거의 쓰지 못할 정도였다. 하지만 글쓰기가 자살 생각을 조절해 준다고 생각(글쓰기는 우울증으로 힘들 때 도움이 되곤 했다)했고, 심지어 글을 오래 쓰지 않으면 우울증이 생기기도 했다. 그래서 최대한 글을 쓰려 노력하는 게 중요하다고 믿었다. 또한 자살을 방지하는 데 유익하다고 배운 간단한 전략 몇 가지도 실천하려 노력했다.

여기 당시 내 일기 중 일부를 공개한다.

17　1910?~1991, 티베트의 승려이자 학자, 시인, 교사로 불교도 사이에서 위대한 깨달음의 대가 중 한 명으로 존경받는다. 달라이 라마의 스승이었으며 서구 여러 나라를 방문해 전 세계에 부처님의 가르침을 알렸다.

18　1934~1992, 미국의 시인이자 페미니스트 활동가. 자전적 에세이 《시스터 아웃사이더》가 유명하며, 암 진단을 받고 투병하며 쓴 《암 일지》는 암 치료 과정과 두려움, 고통 등을 진솔하게 담았다.

일요일 오후 3시 17분. 모든 것이 무의미하다는 생각이 들고, 속은 메스껍고 배에서는 반쯤 물이 찬 파이프처럼 꼬르륵 소리가 나는 지금, 정말이지 여기서 벗어나고 싶다.

오늘이 지나간다. 하루가 가고, 다시 하루가 가고 또 가고. 이건 진짜 해도 해도 너무하다. 빌어먹을! 정말이지 더는 못 하겠다.

게다가 불쾌하고 충동적인 자기파괴적인 생각에 시달린다. 감자튀김을 튀기는 뜨거운 기름을 머리 위에 붓기. 손가락과 생식기를 칼이나 전지가위로 자르기. 펜으로 눈 찌르기.

이것은 전투 의지다. 바로 내게 필요한 것이며 내가 갖지 못한 것이다. 전투 의지가 없을 때 살기를 바라는 건 상당히 어렵다. 전투 의지의 반대말은 절망이다. 나는 절망 상태다.

절망은 종말론적 사고방식에서 비롯될 수 있다. 최근 MP(장모님)가 내게 이렇게 썼다. 나는 아내와 다투던 중이었다. "제발 이 일로 끝장을 보려 하지 좀 말게." 성급함과 경솔함, 공황 상태, 폐소공포 때문에 끝장을 내고 싶은 마음이 들 수 있다. 심리학자들은 이를 가리켜 '파국화catastrophizing'라 부른다. 파국화를 멈추기 위해 노력해야 한다. 그리스인에게는 보통 이 말이 영웅의 죽음이나 파멸을 의미한다.

나는 곤경에 빠진 기분인가? 위험에 처한? 지금 당장, 오늘, 이 순간, 지난 몇 시간 동안, 지난 몇 주 동안 정말 자살하고 싶은 기분이 들었나?

그렇다.

누군가에게 이야기할 생각인가?

아니다.

왜 아닌가?

결과가 두렵다.

그 결과가 자살의 결과보다 더 심각한 것인가?

아니다.

무엇을 하려 하는가?

내가 하려는 건 아무것도 없다. 항상 이런 기분이 드는 것도
아니고, 앞으로 늘 그렇게 느끼지도 않을 것이라는 점을 기
억하려 한다.

내가 이 글을 여기서 언급하는 이유는 우울증과 자살 충동을 관
리하는 것이 아직 현재 진행 중임을 스스로 상기하는 게 중요하기도
하고, 다른 이들이 이런 내 기분을 이해할 거라고 생각하기 때문이
다. 하지만 동시에 누군가는 이 글을 읽고 '맙소사, 이 남자는 불평
이 끝도 없잖아!'라고 생각할 수도 있다. 사실 모르는 타인의 시선에
의해 더 악화하는 이런 자책이야말로 바로 자살 충동의 특징이라 할
수 있다. 정신과 의사이며 자살 전문가인 네이선 클라인Nathan Kline[19]

이 이런 심리 상태를 아름답게 요약했다. "그는 자기 기준을 잣대로 의지와 정신 테스트에 실패한 것이다. 자신의 유약함을 탓하며 다른 이들도 그를 탓할 것이라 생각한다."

우울증을 겪던 시기 중 몇 주는 최악의 상태였다. 모든 과정은 두 달 정도 이어졌다. 요즘은 우울할 때마다 신체 운동량을 늘리려고 늘 주의를 기울이며, 하루는 격렬하게 자전거를 탔고, 꽤 도움이 되었다. 하지만 어느 날 아침에는 그저 모든 게 더 나빠진 듯한 기분이 들곤 했다. 당시 나는 자살 전문가들 인터뷰를 주관하기로 되어 있었는데, 줌으로 진행하는 화상 회의도 어려울 정도로 상태가 좋지 않았다.

때로 우울증의 고통이 공황장애를 유발하며 그렇게 공황 상태가 되면 어떤 대응을 하지 않을 수 없다. 공황 상태는 이 같은 원초적인 투쟁 도피 반응을 촉발한다. 자살은 가장 극단적 형태의 투쟁 도피 반응이며, 또한 싸우고자 하는 살인적 열정이기도 하다. 나는 내가 장 팅겔리Jean Tinguely[20]의 자동으로 파괴되는 자멸형 메타매틱 Métamatic[21] 조각품 같다는 생각이 들 때가 아주 많다. 자멸형 메타매틱 조각품은 뭐가 뭔지 알 수 없어 당황한 관중 앞에서 스스로 두들겨 부숴 산산조각 나도록 고안되었다. 나사와 용수철, 볼트로 분해되어 바닥에서 서로 뒤엉키고 구르다 일찌감치 멈춰 버리고 결국 그 죽

---

20 1925~1991, 스위스의 화가이자 조각가. 다다이즘의 영향을 받았고, 키네틱 아트와 신현실주의 미술 운동에 참여했다.

21 기계화 과정을 통해 자동으로 그려지고 움직이도록 설계된 작품으로 장 팅겔리가 1950년대 후반부터 제작했다.

음에서조차 실패하고 만다. 어떨 때는 내가 총을 구매하는 환상에 젖기도 한다. 강을 내려다볼 수 있고 차를 주차할 수 있는 평화로운 장소를 찾는 것이다. 잔인한 세상아, 안녕.

어떻게 해야 할까? 내 책상에는 종사르 켄체 린포체의 흑백 사진이 한 장 있다. 사진 속 그는 아주 활짝 웃고 있다. 그가 웃음이 터진 순간을 사진작가가 포착해 찍은 것으로 보인다. 이 사진은 늘 내게 딜고 켄체 린포체(종사르 켄체 린포체의 가장 큰 스승이었다)의 권고를 상기시킨다. 어려운 상황에서도 우리는 유머를 찾으려 노력해야 한다는 가르침이다. 나는 나 자신과의 투쟁 중에도 웃을 수 있다면 내가 처한 상황에서도 유머를 발견할 수 있음을 알게 되었고 이런 깨달음이 조금은 도움이 되었다. 웃는다는 것은 호흡과 같다. 내가 느끼는 무언가, 단순하고 실질적이며 긍정적인 어떤 것이다.

2020년 12월에 종사르 켄체 린포체(이후로는 켄체 린포체로 지칭하려 한다)가 타이베이에서 위빠사나^{Vipassana}22에 관한 강연을 했다. 그리고 질의응답 시간에 한 학생이 말했다. "가끔 저는 마치 감옥에 갇힌 것처럼 끔찍한 기분에 빠져요. 바닷속으로 가라앉는 관에 갇힌 느낌이에요." 질문은 그 학생의 명상 중의 경험이라기보다 일반적인 경험을 이야기하는 것 같았다. 켄체 린포체가 이렇게 답했다.

실질적으로 그 감정을 그저 관찰해야 합니다. 정말로요. 아

---

22 부처가 깨달음을 얻은 명상법으로 자기 생각과 감정을 판단하거나 곱
씹지 않고 있는 그대로 자기관찰을 통해 마음을 깨끗이 한다. 마음 챙
김 명상법으로 불린다.

무것도 하지 마십시오. 감정에 대응하는 어떤 방식이나 해결책 같은 게 있어도 사용하지 마세요. 그냥 지켜보세요. 초심자들에게 이런 방식이 만족스럽지 않을 수 있다는 걸 압니다. 모든 게 당장 해결되길 바라죠. 하지만 반드시 그래야만 합니다. 바닥으로 가라앉은 기분이 들더라도 말이죠. 그저 바라보십시오. 믿어 보세요. 매우 경제적인 방법이 아닌가요? 부작용은 전혀 없습니다. 오히려 많은 발견을 할 수 있을 겁니다. 그리고 두 달쯤 지나면 그런 가라앉은 기분도 원하게 될 겁니다. 물고기가 많지 않은 강에서 낚시하는 어부처럼 말이죠. 그러다 보면 좋지 않은 감정과 마주하길 원하고 그것을 포획한 것에 만족감을 느끼게 될 거예요.

사실 극심한 고통이나 절망에 빠져 있을 때 이런 시도는 상당히 어려울 수 있다. 그러나 다시 한번 말하지만, 핵심은 아무것도 하지 '않는' 것이다. 그러니 우울한 기분이 들면 이렇게 되뇌어 볼 수 있을 것이다. '내가 해야 할 일(과제 전체)은 그저 아무것도 하지 않는 것이다.' 그냥 우울한 채 두자. 아플 테지만 그래도 괜찮으니까.

데이비드 포스터 월리스 또한 자기 노트에 이와 유사한 발언을 남겼다. 그는 모든 사람이 "항상 그 자리에 있는 더 깊은 유형의 고통이 그저 잔잔하게 낮은 수준으로 유지되길 바라며" 겪고 있다고 보았다. 그러면서 이렇게 덧붙였다. "우리 대부분은 그런 감정(그 고통)을 느끼지 못하도록, 아니면 적어도 직접적으로 그 감정을 경험하거나 온전히 몰입하는 일이 없도록 주의를 다른 데로 돌리기 위해 거의 모든 시간과 에너지를 쏟는다."

월리스와 켄체 린포체 모두 고통을 회피하거나 묻어 두는 것은 문제를 해결하기보다 오히려 악화시킨다는 데 동의하고 있다. 여기서 나는 궁금해진다. 만약 내가 내 고통에 대해 보통 때 사용하는 패닉에 빠져 '불에서 손가락을 떼'는 반응을 보이는 대신 더 독창적인 접근법을 시도한다면 어떨까? 그건 어떤 의미가 있을까?

아직은 내가 지금 해보려는 모든 걸 이야기하고 싶진 않다. 그건 이 책의 마지막 장에서 밝힐 것이다. 그 대신 짧게 요약하자면 이렇다. 나는 손가락을 불 위에 놔둔다. 내 감정을 통제하려는 것이 내 주변 사람들의 감정을 통제하려는 것(지극히 쓸모없고 역효과가 나는)과 상당히 유사하다는 사실을 서서히 깨달아 가고 있다. 내가 통제한다는 생각에서 스스로 벗어나야 하는 것이다. 또 고통을 느끼게 놔두는 법도 익혀야 한다.

말기 환자들의 완화 치료를 담당하는 의사로 수천 명이 평화로운 죽음을 맞이하도록 돕고, 환자의 사랑하는 가족들이 그 죽음을 받아들일 수 있도록 도와 온 수니타 푸리Sunita Puri 박사는 이렇게 기록했다. "나는 외면하고 싶을 때 바라보는 법을 배웠습니다. 방에서 도망쳐 나와 울고 싶을 때 그대로 머물기로 했습니다. 공감의 시작은 기꺼이 바라보는 것입니다."

그렇게 기꺼이 바라보는 것이 전부다. 나는 네 살 때부터 방에서 뛰쳐나가 울고 싶었다. 그러나 그대로 남기로 선택했고 진짜 내가 누구인지 바라볼 수 있음을 깨달았다.

2장.

충동과 주저가 공존한다

누군가 스스로 목숨을 끊었다는 이야기를 할 때면 우리는 "왜 그 랬는지 전혀 알 길이 없다"라는 말을 흔히 한다. 인간이 자살하는 이 유는 제대로 알기 힘들다는 통념이 퍼져 있다.

일반적인 자살 혹은 특별한 인물의 자살에 관해 이야기하거나 글 을 쓸 때 우리는 항상 그 누군가가(특별한 인물이 아닐지라도) 왜 그 런 방식으로 죽었는지 궁금해하면서도 심리적 원인에 대한 언급을 피하려는 경향이 있다. 이는 고인에 대한 예의일 수도 있고 인간의 마음이 워낙 심오하고 알 수 없기 때문일 수도 있다. 또한 현대의 많 은 사상가가 자살은 충동적인 행동(어쨌든 자살 기도자의 열에 아홉 은 그런 행동을 반복하지 않는다)이라고 주장한 때문이기도 하고, 어 느 정도는 우리가 스스로 목숨을 끊은 사람의 마음을 이해하기 때 문이기도 하다. 아마도 대부분의 사람은 자살을 생각해 본 적이 있 거나 죽고 싶다는 말을 입 밖으로 내뱉은 경험이 있다 하더라도 그리

2장. 충동과 주저가 공존한다

심각한 것은 아니거나, 말하는 순간은 진심이었어도 실제로 자살 기도를 하지는 않을 것이다. 그런 이유로 누군가 자살했다는 소식을 접하면 자살이라는 행위를 이해하는 것 같으면서도 자살의 동기는 절대 이해할 수 없음을 인정하게 된다. 이렇게 어차피 더 깊은 진실은 알 길이 없다고 여긴다.

그러나 사실 자살은 어떤 사고 과정의 완성이며, 자살에 실패한 뒤에도 그 생각은 이어진다(반복적으로 자살을 시도한 이들의 경우 특히 그렇다). 자살 행위나 직접적 계기와 날짜에 초점을 맞추는 건 마치 누군가 성행위는 오르가슴이 전부라고 말하는 것과 같다. 그런 사람은 우리 문화의 성이나 성생활을 이해하지 못하고 침대에서도 그리 즐겁지 않을 것이다. 그렇기 때문에 특히 나처럼 자살을 시도하고 반복적으로 실패해 본 사람들은 자살 충동을 겪는 이의 생각을 이해하려 노력해야 한다. 대체 왜 사람들은 자기 자신을 죽여 없애려는 걸까? 어떻게 그런 지경에 이른 걸까? 자살 실패자들은 자신이 그런 시도를 했음을 깨달은 뒤 자살에 관한 생각에 어떤 변화가 있을까? 결국 자살로 마무리되는 죽음의 가장 중요한 예측 변수는 왜 한 번의 자살 기도인 걸까? 어쩌면 일부 사람들에게 자살 욕망이라는 저주가 내려진 걸까?

∧∧∧

나의 유난히 어이없는 자살 기도 중 한 번은 내가 열일곱 살 무렵 벌어졌다. 그 당시 나는 가장 친한 친구였던 톰 브래드퍼드와 그저 이야기를 나누기 위해 멀리 드라이브를 나갔다. 운전은 톰이 했다. 고속도로는 어두웠고 달빛조차 없는 여느 추운 겨울밤이 그렇듯 톰의 포드 머스탱 SVO는 전조등 불빛에 의지해 눈 쌓인 도로를 뱀처럼 꾸불꾸불 미끄러지듯 나아갔다. 우리는 내 고향인 앨버타주 캘거리에서 로키산맥과 평행선을 그리며 북서쪽으로 한 시간가량 떨어진 곳을 달리고 있었다. 뒷자석에는 코카니 맥주 6개들이 2세트가 있었고 톰과 나는 모두 손에 맥주를 한 캔씩 들고 있었다. 1985년 1월 아니면 2월이었다.

우리는 이미 각자 맥주 두세 캔씩 마셨지만, 전혀 취한 건 아니었다. 톰은 당시 여자 친구와 문제가 있어 나와 이야기하고 싶어 했고 나는 그가 조언을 구하길 바랐다. 그때 나는 막 부모님 집으로 되돌아갔다(그 전에는 당시 일하던 주유소 사무실에서 잠을 잤고 그보다 전에는 전 여자 친구 부모님 집에서 묵었다). 고등학교는 다시 그만뒀고 미래에 대해 어떤 계획도 없었다. 게다가 당시 여자 친구는 계속나를 다시 받아 줬다가 또 마음이 바뀌어 차 버리길 반복했다. 나는 그렇게 모든 게 엉망진창인 상태로 이런 상황을 바꾸려면 어떻게 해야 하는지도 알지 못한 채 그저 하루하루를 살아갔다. 약간 우울했다가 잠시 신이 났다가 하는 긴 구간 사이를 왔다 갔다 하고 있었다. 1년 전 자살을 시도(벌거벗고 눈 위에서 했던 시도)했다 실패한 이후로 다시 그런 일은 없었지만, 정말 죽고 싶었다.

나는 톰의 고민을 들어주고 싶었지만, 자꾸 내 문제에 빠져들었다. 대화 도중 내가 톰에게 말했다. "있지, 난 그냥 계속 살고 싶지가 않아. 지금 당장 이 차에서 뛰어내리고 싶어."

"그래, 무슨 말인지 알아." 톰이 희미하게 웃으며 말했다. 내가 자기 문제에 공감해 주는 거라고 여긴 것이다. 내 말에 당황한 기색도 역력했다. 보통 10대라면 하지 않을 말을 한 때문이었다. 톰이 말했다. "뭐, 나도 가끔은 그런 생각이 들어. 그래도 진짜로 그러는 건 아니잖아. 우리가 정말 죽고 싶은 건 아니지. 그저 인생이 지긋지긋하다는 거지."

톰은 내가 전에 자살 기도를 했다는 걸, 죽고 싶은 게 일상이라는 걸 알지 못했다. 그가 내 가장 친한 친구이긴 했지만, 나는 형과 아버지 말고는 누구에게도 죽고 싶은 욕망을 고백한 적이 없었다.

내가 얼마나 자살하고 싶은지 아무에게도 이야기할 수 없던 이유는 나도 정확히 모르겠다. 다만 살아갈 용기가 없다는 사실이 당시 나로서는 무척 수치스러웠던 것 같다. 게다가 사람들은 분명 이유를 물을 테고 그러면 뭐라도 답해야 하니까. '내 여자 친구는 더 이상 나를 사랑하지 않아. 난 인기도 없고 여자애들은 날 좋아하지 않고 난 피부도 좋지 않아. 우리 집은 가난하고 난 게으르고 어떤 일도 제대로 해내지 못할 거야. 늘 그런 느낌이었어. 다른 사람들은 다 해도 나는 그렇게 못 할 거라고.' 한번 이런 식으로 말하기 시작하면 이어서 무슨 말을 하게 될지 누가 알겠는가? 그러다 '그래 제길, 난 진심이거든' 하는 생각이 듦과 동시에 안전벨트를 풀고 차 문을 연 다음 뛰어내리려 했다. 톰은 나를 붙잡았고 눈길에서 페달을 최대한 세게 밟아 고속도로 갓길에 차를 댔다.

그때 나는 정말 차에서 뛰쳐나가면 죽을 수 있다고 확신한 걸까? 모르겠다. 그러길 바라긴 했다. 하지만 아마 어느 쪽이든 내가 이긴 고전적인 사례일 것이다. 성공했다면 나가떨어지면서 다 끝났을 것이고 실패했다 해도 그 자살 기도가 아니었다면 못 했을 많은 이야기를 할 수 있었을 테니 말이다. 톰은 분노했다. 벌게진 얼굴로 소리쳤다. "세상에, 넌 방금 우리 둘 다 죽일 뻔했어!" 그러더니 마음을 가라앉히고 방금 있었던 일에 대해 나와 진지하게 이야기해 보려 했다. (톰은 그런 친구다. 지금 그는 성공한 정신과 의사가 되었다.) 나는 그냥 눈속임으로 넘어가려 하며 사과했고 장난친 거라고 말했다. 그리고 나는 괜찮다며 잠깐 바보같이 군 것뿐이라고 했다.

톰은 시속 55킬로미터로 운전하며 캘거리로 돌아오는 내내 곁눈질로 나를 주시했고 마치 경찰관처럼 말했다. "양손 다 내가 보이는 데 둬, 클랜시. 네 무릎 위에 두라고."

"저는 우울하지도 않고 충동적이지도 않았어요. 그저 지칠 대로 지쳐서 그대로 지낼 순 없었던 것 같아요. 어쨌든 살기보다 죽기를 원한 거죠." 몇 년 전 자살을 시도한 적 있는 나의 친구이자 제자는 이렇게 말했다. 어쩌면 이처럼 단순한 것이다. 살기보다 죽기를 바랄 때가 있는 것이다.

사실 이런 말, 살고 싶다는 말 자체가 이상하다. 삶은 그냥 원래 있는 거다. 나는 내 삶과 분리된 존재가 아니고, 삶이 나이지 않은가. 내 삶과 독립된 '나'는 따로 존재할 수 없다. 이게 내가 아는 사실이고 늘 그렇게 해온 방식이다. 내가 이미 가지고 있는 것이기에 삶에 대한 욕구는 따로 있을 수 없는 것이다.

어쨌든 나는 종종 죽고 싶을 때가 있다. 나와 같은 생각을 하는 많은 사람이 불교 철학자인 틱낫한Thích Nhất Hạnh1이 "비존재에 대한 욕구"라 부르는 것을 예리하게 의식한다. 비존재가 바로 '원하는 바' 인 것이다.

사실 부처에게 비존재의 욕구는 삶을 구성하는 고통의 세 가지 근본적 형태 중 하나다(다른 두 가지 고통은 육체적·감정적 쾌락에 대한 욕구와 그에 수반되는 괴로움과 실망 그리고 늘 우리 손가락 사이로 빠져나가는 삶 자체에 대한 욕구로 인한 것이다).

사람들은 일시적으로나마 자기 자신을 소멸하기 위해 여러 시도를 한다. 알코올이나 다른 약물을 과도하게 사용하는 것이 이런 시도의 가장 명백한 예라 할 수 있다. 또 나처럼 자기 소멸을 원하는 많은 이는 '죽음'을 바라는 바를 얻는 가장 확실한 방법이라고 생각한다.

하지만 이와 대조적으로 죽음과 인간의 관계를 논하는 대다수 사상가, 또 심지어 자살 문제를 언급하는 대다수 작가가 인간이 죽음을 떠올리는 것에 대한 근본적 혐오를 지녔다고 당연시한다. 이런 주장은 한편으로 그럴듯하게 들린다. 아무튼 우리가 자기 자신이든 사랑하는 사람이든 누구의 죽음도 생각하고 싶어 하지 않기 때문이다. 죽음은 우리를 겁먹게 만든다. 그렇다면 자기 소멸의 욕구가 인간의 심리적 경험에서 흔히 나타나는 양상이라는 가정은 퍽 기이한 이야기가 되어 버린다.

예컨대 장 자크 루소의 걸작 《쥘리Julie》에도 자살의 윤리에 관한 대화가 나오며, 자살을 옹호하는 측에서조차 "인간은 모두 자연으로

---

1   1926~2022, 베트남 출신의 불교 지도자이자 시인, 평화 운동가로 생전에 100권이 넘는 책을 낸 작가이기도 하다. 달라이 라마와 함께 생불(生佛)로 꼽히며 '영적 스승'으로 지칭되는 인물이다.

부터 죽음에 대한 커다란 공포를 부여받았고, 이 공포가 인간이 가진 조건의 비참함을 보는 우리 눈을 가려 버린다. 그래서 오랜 세월 고통스럽고 비통한 삶을 참고 견디다 죽음에 이르는 것이다. 그러나 삶의 피로가 죽음의 공포를 넘어서고 삶이 극도로 끔찍해지면 최대한 빨리 삶에서 벗어나려 하는 것"이라고 단언한다.

죽음이 인간에게 커다란 공포라는 루소의 의견은 죽음이라는 주제를 고민한 수많은 작가에게 기준점이 된다. 하지만 이런 기준은 나와 내가 아는 다른 자살 충동을 지닌 사람들의 기질에 비추어 볼 때 의문점을 낳기도 한다. 나는 죽음을 그렇게 '엄청난 공포'라고 생각하지 않고 자살 충동 성향이 있는 다른 어떤 사람도 죽음이 그런 공포를 자아낸다고 말하는 걸 한 번도 본 적 없기 때문이다. 오히려 정반대다. 우리처럼 자살 성향이 있는 사람들은(잘못 알고 있는 거긴 하지만) 죽음을 하나의 구원으로 여긴다.

죽음에 대한 욕구는 삶과 성, 음식에 대한 욕구만큼 단순할 수 있다. 현대 작가 이윤 리는 "죽고자 하는 의지가 살고자 하는 의지만큼 맹목적이고 직관적일 수 있지만 후자, 즉 살고자 하는 의지가 문제 된 적은 한 번도 없다"라고 했다. 작가이며 홀로코스트 생존자로 1974년 자살을 시도하다 1978년 고의적인 약물 과다 복용으로 결국 사망한 장 아메리Jean Améry[2] 역시 자신은 "죽음을 싫어한 적 없고 오히려 간절히 염원했다"는 기록을 남겼다.

---

2   1912~1978, 오스트리아의 작가. 제2차 세계대전의 경험을 풀어낸 작품《마음의 극한에서》로 유명하다.

자기 소멸의 욕구가 인간 심리의 기본이라는 부처의 생각은 사실 우리에게 전혀 낯설지 않다. 일명 '죽음 충동Death Drives3'은 프로이트의 정신분석학 이론에서 중요한 부분이다. 프로이트는 사비나 스필레인Sabina Spielrein의 1912년 논문에 뒤이어 자신의 이와 같은 생각을 1920년 발표한 《쾌락원리 너머Beyond the Pleasure Principle》를 통해 소개했다. 당시 그는 많은 부분 불교 심리학에 기반을 둔 쇼펜하우어가 주창한 욕구 심리학의 영향을 받고 있었다. 프로이트의 이론에는 삶에 대한 욕구 에로스Eros와 죽음에 대한 욕구 타나토스Thanatos가 모두 포함되어 있다. 에로스는 성행위나 창조 행위 같은 삶을 긍정하는 활동의 기반이며, 타나토스는 강박 행동을 비롯해 공격성, 살인, 모든 종류의 신경증과 정신병, 그리고 당연히 자살처럼 삶에 적대적으로 보이는 행동과 습관의 원인이다. 프로이트 역시 불교 철학에 깊이 동의하며 '열반 원칙Nirvana Principle'에 대해 언급했다. 프로이트에 따르면 열반 원칙은 마음에서 모든 긴장을 없애려는 성향으로 죽음으로만 가능한 상태다. 따라서 이는 그저 죽음 충동의 극단적 형태인 셈이다.

자살 충동을 느끼는 사람들에게 이런 이야기는 모두 전적으로 타당한 것이다. 그들은 참을 수 없는 긴장으로 고통받으며, 삶이 계속 이어지는 것이 단지 그런 긴장을 연장하고 어쩌면 악화시킬 뿐이

---

3   Death Drive 또는 Destrudo, 독일어로 토데스트리프(Todestrieb)는 지크문트 프로이트가 제창한 정신분석학 용어로 죽음으로 향하려는 욕구다. 타나토스(Thanatos)도 동의어로 죽음의 신 타나토스의 신화에서 유래한다.

라는 것을 알기 때문에 죽음을 통해 그 긴장을 소멸시키고자 한다. 자살하고 싶어 하는 사람들의 가장 격한 희망은 죽음이 실제로 열반임이 입증되는 순간일 것이다. 그러나 죽고자 하는 의지는 그보다 더 복잡하다. 자살을 원하는 사람들조차 여전히 살고자 하는 의지와 싸우고 있기 때문이다. 캐나다의 소설가 넬리 아르캉은 자신의 소설인 《출구Exit》에 "나는 열네 살 때 처음으로 자살을 시도했다"라고 썼다. 아르캉은 이 소설을 탈고한 지 몇 주 뒤에 자살로 생을 마감했다. "사람들은 도움을 요청하는 외침이라고 했다. 경고의 신호라고. 사람들은 내가 죽고 싶어 하지 않는다고 생각했고 어쩌면 그들의 말이 맞는지도 모른다. 누가 알겠는가? 나는 지금도 여전히 모르겠다. 누군가가 확실하게 죽고 싶어 하는 게 가능한지, 삶의 목표가 정말 단지 그것뿐이라는 게, 또 최종적으로 출구를 통해 내가 영원히 사라져 버리는 게 가능한지 모르겠다. 영원히."

몇 년 전 내가 자살 시도를 한 직후 한 친구가 내게 화를 내며 말했다. "네가 진심으로 자살하려 했다면 지금 넌 이미 죽고 없을 거야." 다른 친구에게 최근 내가 목을 긋는 방법으로 자살을 시도한 이야기를 하자 그가 내게 물었다. "아이고, 근데 대체 어떤 칼을 쓴 건데?" 사실 나처럼 반복적으로 자살 기도를 하는 사람에게 가장 짜증 나는(그리고 매우 치명적인) 질문 중 하나는 "자살 시도는 왜 성공하지 못한 거죠?"이다.

정중하지는 않아도 타당한 질문이긴 하다. 우리같이 자살을 기도하는 사람들은 그들이 무슨 뜻으로 하는 말인지 안다. 그래서 내가

2장. 충동과 주저가 공존한다

줄 수 있는 대답은 다른 대부분의 일이 그렇듯 자살도 보기보다 어렵다는 것이다. 또 다른 답 역시 모든 일이 그렇듯 자살에 성공한 사람들 대부분이 성공하기 전부터 연습을 한다는 사실이다. 마고 제퍼슨Margo Jefferson4은 자신의 환상적인 회고록 《흑인 거주 지역Negroland》에서 흑인 여성은 자살이 허용되지 않는다는 오랜 신화를 공격한다. "연습하고 연습하고 연습하라. 피아노의 음계와 기타의 바레 코드barre chord5 잡기를 연습하듯. 매일 자살 준비를 해야 한다." 몇 번은 실패할 수 있지만, 그 결과를 통해 배우면 힘을 받아 반드시 성공할 것이다. 그래도 내가 한 가지 더 조언을 하자면 프로이트가 언급했듯 우리가 죽음 충동을 인식하고 있다 해도 우리 안에 삶의 충동 역시 함께 지니고 있다는 점이다.

그 도전('이 모든 시도를 했는데도 왜 나는 아직 죽지 않은 걸까?')은 여전히 내 앞에 남아 있다. '내가 정말 죽고 싶은 게 아니라는 건 말이 될까?' 물론이다. 인간은 두 가지 모두 원할 수 있다. 죽기 원하는 것, 그래서 더는 살지 않아도 되며 투쟁·고통·실패·실망을 모두 끝내고 곧바로 내 모든 문제가 사라지는 것이다. 그 반면에 살기를 바라는 이유는 죽는다는 게 의미하는 바(대체 그 의미를 누가 알겠는가!) 때문이다. 요즘 나는 최소한 내 죽음이 내가 사랑하는 많은 사람들에게 고통을 의미하며, 그런 괴로움과 어울리지 않는 사람들에게 고통만 남기고 떠나는 일임을 절대 잊지 않으려 애쓴다.

---

4 1947~, 미국의 작가·비평가
5 한 손가락으로 두 개 이상의 줄을 한꺼번에 누르는 코드 형태

자살을 기도해 본 경험이 있다면 이런 양가감정에 익숙할 것이다. 사람들은 일반적으로 자살에 관해 이야기할 때 '진짜 자살 시도'와 '도움을 구하는 외침'을 구분하고 싶어 한다. 예를 들어 누군가가 총으로 자신을 쏘거나 높은 건물에서 뛰어내렸는데도 죽지 않고 산 경우에는 아무도 "아, 그냥 도와 달라는 외침이었네. 정말 죽으려 한 건 아닌 거지"라고 말하지 않는다. 그러나 어떤 이가 아스피린 한 병을 다 삼키고 위세척을 받으면 사람들은 다행이라며 안도하는 반면, "진짜 자살 시도가 아니었다니까. 도움을 구하는 외침이었던 거야"라며 자살을 시도한 이를 비난하기도 한다.

이때 사람들은 특히 실패한 자살에 대해 극적이거나 심지어 연극과 같은 면이 있다고 여긴다. 실제와 다르게 쇼를 하고 관심을 끌려 하고 완전히 절망에 빠진 사람 행세를 했다고 한다. 자살의 이런 극적인 면은 이 책에서 몇 번 더 다루겠지만, 자살 충동을 느끼거나 이미 시도한 경험이 있는 사람, 자살을 비판적으로 보는 사람 모두에게 여기서 짧게 한마디 하고 싶다. 극적인 게 대체 왜 문제인가? 삶에서 극적인 측면은 많고 많다. 우리는 끊임없이 어떤 역할을 수행해야 하며 우리가 하는 많은 일에서 일종의 배우(보통 초짜 같지만)이기도 하다. 자살 기도가 극적이라는 건 도덕적으로 비난할 문제가 못 된다. 또한 자살 기도를 한 사람이 죽고 싶은 바람을 표현했고, 실제로 죽고자 했다는 사실 자체가 바뀌는 것도 아니다. 우울한 사람은 자주 자신이 어떤 역할을 연기하고 있다는 생각과 우울한 기분을 동시에 느끼고, 도대체 어느 쪽이 우울증의 일부인지 구분하지 못한다. 자살하려는 경우도 마찬가지다. 자신의 시도가 얼마나 '진지한' 것인

2장. 충동과 주저가 공존한다

지 또는 얼마나 '보여주기 위한 것'인지 알지 못한다. 그렇기 때문에 본인의 자살 시도와 실패를 통해 기분이 나아지는 게 아니라 오히려 나빠지는 것이다. '거짓이었던 걸까? 아니면 정말 내가 죽으려 했던 걸까?' 이런 질문은 스스로 묻고 답하기 불편한 것이다.

프랑스어 크리 드 쾨르Cri de Cœur, '마음으로부터의 외침'은 '누군가 상당히 좋지 않은 상황에서 보내는 긴급하고 강한 느낌의 도움 요청'을 뜻한다. 영어에서 실패한 자살에 대해 흔히 조금은 경멸적이고 비판적인 어조로 "도움을 구하는 외침"이나 "맙소사 자살하려 했다고?", "그래. 근데 정말 죽으려 한 건지 그냥 도와 달라고 외치는 건지 모르겠어"라고 하는 것과 마찬가지로 자살 시도를 묘사할 때 자주 사용한다.

여전히 살길 바라면서도 자살을 시도할 때의 이점이라면 적어도 이후에 사람들이 본인을 약간은 더 부드럽게 대할 것이고, 어쩌면 자살하려는 이가 어떤 상황에 노출되더라도 좀 더 쉽게 용서받으리라 기대할 수 있다는 점일 것이다. 예컨대 내가 그랬듯이 누군가 아내에게 그동안 자신이 몰래 술을 마셔 온 사실을 이야기하고 싶은데 어쩌다 별생각 없이 목을 맸다면, 모든 사실이 밝혀졌을 때 부인은 '술 문제로 심하게 타박하지 않는 편이 낫겠지? 또 자살하려 하면 어떡해'라며 지나치게 화내는 건 아닐지 신경 쓰게 된다.

하지만 죽지 않는 보장된 방법으로 자살 기도를 한다고 해도 여전히 그 결과가 죽음일 때도 많다. 자살을 가장 정확하게 예측할 수 있는 것은 이전의 자살 시도다. 그러므로 아무리 소심한 자살 기도라

할지라도 늘 경고로 보아야 하고, 자신이 얼마나 절망적인 상황인지 세상과 사랑하는 사람들에게 달리 표현할 방법을 알지 못하는 누군가의 간청은 아닐지 살피는 것이 중요하다.

이것이 내가 '도움을 구하는 외침'보다 '마음의 외침'이란 표현을 더 선호하는 이유다. 마음의 외침이 더 온화하고, 자살에 실패한 사람이 처한 상황의 진실에 더 가깝게 다가갈 수 있기 때문이다. 당사자는 마음으로 외치고 있다. 본인조차 그 외침이 들릴지 알 수 없지만 그 마음은 고통 속에서 비명을 지르고 있다.

자살을 시도하는 이가 자신이 죽고 싶은지 살고 싶은지 명확하게 알지 못할 때가 많다는 것은 이 문제에 대한 부처와 프로이트의 사고에서 발견할 수 있는 지혜라 할 수 있다. 우리에게 다른 경쟁적 욕구와 함께 자기 소멸 욕구가 있다면 자살 기도는 그 동기를 찾기가 쉽지 않은 사안이다. 자살하려는 성향이 있는 사람들이 죽고 싶은지 살고 싶은지 헷갈리는 모습은 의외가 아니라 일반적인 것이다.

성공 여부와 관계없이 모든 자살 시도에 어떤 주저함의 요소가 내포되어 있다고 가정하기 전에 우선 자살이 실제로 얼마나 어려운지 상기할 필요가 있다. 시도해 보기 전에는 쉬워 보이는 법이다. 젊은 시절에 친구와 함께 독성이 있는 풀인 '다투라Datura'를 먹고 자살을 시도한 적 있는 마하트마 간디가 자신을 찾아와 자살을 생각한다고 말하는 사람을 그리 걱정하지 않은 것도 이런 이유다. 심리적으로나 실질적으로 자살이라는 게 쉽지 않기 때문이다. 이 밖에도 미국의 위대한 유머 작가 도러시 파커Dorothy Parker는 아래와 같은 글을 남겼다.

면도날은 아프고
강은 축축한 데다
산성은 오점을 남기고
마약은 경련을 일으킨다.
총은 불법이고
밧줄은 풀리기 쉽고
가스는 냄새가 끔찍하니
차라리 그냥 사는 게 낫겠다.

자살 방법을 모두 떠올려 봤지만 어떤 것도 마음에 드는 게 없었다는 파커의 이야기는 흥미롭다. 그럼에도 심장마비로 사망하기 전까지 그는 다섯 번 넘게 자살을 시도했다.

약물 과다 복용과 손목 긋기, 목매달기 등의 방법으로 자살을 시도했음에도 실패하고 마는 건 나 같은 사람만이 아니다. 자신의 삶을 끝내기 위해 확실해 보이는 방법을 선택하지만 매번 실패한다. 자살 전문가인 케스 판 헤링겐Kees Van Heeringen은 자신의 책, 《자살 행위에 대한 신경과학Neuroscience of Suicidal Behavior》을 '세상의 모든 발레리'에게 헌정했다. 헤링겐이 젊은 정신과 의사였을 때 만난 '발레리'라는 이름의 어리고 똑똑한 소녀 때문이다. 당시 발레리는 몇 주 전 다리에서 뛰어내려 두 다리를 잃고 대학병원의 재활의학과에 입원했다. 1979년 12월, 스물아홉 살이던 여성 엘비타 애덤스Elvita Adams는 가난과 절망감을 견디다 못해 엠파이어 스테이트 빌딩 86층 전망대에서 도로로 뛰어내렸으나 갑자기 돌풍이 불며 뒤로 밀려나 85층의 1

미터가 채 안 되는 돌출부 위로 떨어졌다. 보안 요원이 창문으로 그를 끌어냈고 골반이 골절된 채 벨뷰 병원Bellevue Hospital으로 이송됐다. 사실 찾아보면 놀라울 정도로 많은 이가 절벽에서 뛰어내렸는데도 희한하게 바람에 밀려 끔찍한 높이에서 기적적으로 살아나는 경우가 있다. 우주는 자살하려는 이들에게 그런 장난 치는 걸 좋아한다.

가장 흔히 선택하는 '실패할 리 없는' 방식은 총을 쏘는 것이다. 두 번의 자살 기도를 하고 그 경험에 관한 회고록을 쓴 작가 세라 데이비스Sarah Davys는 특유의 비꼬는 말투로 총으로 하는 자살을 "최상의 방식"이라고 표현하며 곧바로 덧붙이길, "우리 중 소수의 사람만이 권총을 쉽게 구할 수 있고, 총은 잘못하면 끔찍한 사고로 이어질 수 있다"고 했다(데이비스는 1960년대 영국에서 이 글을 남겼다. 요즘은 불행히도 거의 모든 미국인이 권총을 쉽게 손에 넣을 수 있다).

내가 아는 처음으로 총을 이용해 자살한 사람은 윅슨 선생님의 10학년 물리 수업을 함께 듣던 그레이엄이라는 친구다. (포드 머스탱 SVO 차를 몰던 친구 톰 역시 같은 수업을 들었다.) 그레이엄은 키가 크고 과묵하며 온화한 인상을 풍기는 이목구비와 어깨까지 내려오는 매끄러운 갈색 머리를 가진 잘생긴 아이였다. 나보다 키가 컸고, 특히 나와 그가 모두 좋아한 열에너지라는 주제를 놓고 논쟁을 벌이곤 했다. 한번은 10학년 과학 수업 과제이자 학생들이 좋아하는 실험인 '고등학교 옥상에서 달걀 떨어뜨리기' 프로젝트를 함께 진행하기도 했다. 그때 우리 달걀은 깨져 버렸다.

어느 날 수업에 들어온 윅슨 선생님이 그레이엄이 전날 죽었다고 전했다. 선생님은 그 말만 하고 수업을 시작하지 못했다. 그레이엄이 죽었다는 어제도 우리는 수업에서 그를 봤기 때문이다. 선생님은 어쩔 수 없이 그레이엄이 자살한 거라고 말해 줬다. 우리는 나중에야 그가 아버지의 엽총을 자기 입안에 넣고 방아쇠를 당겼다는 사실을 알게 되었다. 모두가 놀란 건 그레이엄이 어떻게 엽총에 손댈 수 있었느냐 하는 점이었고, 또 대학교수인 그의 아버지가 평소에 사냥을 한다는 사실이었다.

나는 총으로 하는 자살이 늘 유난히 두렵게 느껴진다. 행동의 폭력성 때문만이 아니라 그런 시도를 한 후 살아날 경우의 신체적 결과가 처참하기 때문이다. 2020년 4월 16일, 코로나19 팬데믹으로 캘리포니아에 봉쇄령이 내려지고 얼마 후, 드루 로빈슨Drew Robinson이라는 스물여덟 살 청년이 자신의 오른쪽 관자놀이에 대고 총을 쐈다. 총알은 그의 오른쪽 두개골을 으스러뜨리고 오른쪽 눈을 망가뜨릴 정도까지만 나가다 멈췄다. 총을 쏜 지 스무 시간이 지나 자신의 아파트 거실 바닥에서 의식을 회복한 로빈슨은 911에 전화했다. 이후 1년간 신체적·심리적 치료를 받은 그는 자신이 살아난 건 행운이었다고 말한다.

많은 사람이 온라인상에서 자살 방법과 그 과정의 두려움에 관해 서로 의견을 나눈다. 공통된 두려움은 내가 앞서 말한 권총 사용에 관한 것이다. 총기를 이용한 자살에 실패할 경우 신체가 심하게 훼손될 수 있다는 것이다. 이 역시 우리가 이야기해 온, 자신을 파괴하려 하면서도 모습은 훼손하고 싶지 않은 양가감정이다. 자살하고 싶은 와중에도 여전히 자신을 소중히 여긴다.

어떤 의미에서 보면 스스로 죽고 싶다는 바람도 자기를 아끼는 표현 가운데 하나다. 고통을 겪고 싶지 않다는 의미이기 때문이다. 그러나 자살 시도에 실패한 이들은 고통이 오히려 증가하는데 신체에 심한 손상을 입은 경우에 더욱 그렇다. 자살 행위로 인한 극심한 신체적 고통을 피할 수 있다면 당연히 그렇게 하고 싶을 것이다. 하지만 고통은 두려운 법이고, 특히 죽음과 관련된 고통은 얼마나 아플지, 얼마나 오래 지속될지 아무도 알 수 없기 때문에 더욱 그렇다.

어떤 10대 청소년은 어중간하게 죽어 버리자 생각하다 자살 시도를 제대로 하는 바람에(올가미를 하도 잘 만들어서) 정말로 죽고 만다. 또 어떤 사람은 진정제의 일종인 바르비투레이트Barbiturate6를 1년간 사모으다 상태가 엉망진창인 날, 열 명은 죽일 만큼의 양을 복용한 뒤 의식이 없는 상태에서도 구토해 살아남는다. 자살을 시도하는 중에도 마음을 바꾸고 싶을 수 있다는 걸 생각하면 이 얼마나 큰 행운인가! 살아난 것이다. 그런가 하면 '아니, 난 아직 준비가 안 됐어'라는 생각에 갑자기 모든 걸 되돌리려 했음에도 죽음에 이를 수 있다. 필사적으로 죽음을 원해도 다시 살아나 잘 죽지 않는 것처럼 보이다가도 마음 깊숙이 이제는 정말 끝내야 한다는 생각에 자신의 길을 가고, 결국 바라던 대로 시체로 발견된다. 실제로 이 네 가지 가능성과 그 조합이 자살 기도자 대부분에게서 나타난다.

임상심리학자이며 자살학 분야의 창시자인 에드윈 슈나이드먼Edwin S. Shneidman7은 "자살의 한 가지 특이한 모순은 사람들이 자살하며 '반

6　불면, 불안, 긴장 등의 치료에 사용하는 향정신성 의약품
7　1918~2009, 미국 최초의 포괄적 자살 예방 센터의 설립자이자 심리학자

드시' 단서(아마도 고통을 소멸해야 할 필요성과 그에 수반되는 개입과 구조를 원하는 바람 사이에서 강렬한 양가감정이 생긴 것으로 보인다)를 남긴다는 것이다."라고 했다. 사라지길 바라면서도 발견되길 원할 수 있고, 자신을 내던져야 한다면서도 구조되길 갈구할 수 있다.

2009년 2월에 대런 형 말로는 내가 캘거리에서 빙판길에 혼잡해진 차량 사이로 뛰어들어 자살을 시도했다고 한다. 그때 나는 이전에 시도했던 자살 건으로 정신과 병동에 입원해 있다가 퇴원한 지 몇 주 만에 대런 형의 집에 간 참이었다. 형이 가까스로 도로를 비집고 들어와 경적을 울리고 욕을 해대는 운전자들 사이에서 무사히 나를 끄집어냈다. 그러나 내 기억으로 나는 분명 그때 자살을 기도하지 않았다. 그저 다량의 정신과 약에 취해 정신이 혼미했을 뿐이다. 어쩌면 어떤 태평스러운 기사도 정신 같은 게 발동해 차 사이를 성공적으로 뚫고 나갈 수 있다고(마치 자면서 꿈이라는 걸 깨닫고 이제 원하는 건 뭐든지 할 수 있다고 느끼는 것처럼) 여겼는지도 모르겠다. 하지만 내가 형이 보는 앞에서 지나가는 차 앞으로 몸을 던지려 했던 기억은 전혀 없다.

내 말을 들은 형은 확연히 두려운 눈빛으로 고개를 저었다. 형은 창백해진 채 떨고 있었다. 나는 형이 그렇게 화난 모습을 전에 한 번도 본 적 없었다.

"클랜시, 자살 기도 같은 건 당장 집어치워야 해. 이제 이런 건 끝내자고. 나한테 이러지 마라. 내가 그 죄책감을 어떻게 감당하라는 거니?" 형이 말했다.

"형한테 안 그럴게, 약속해. 하지만 아깐 정말…" 내가 이렇게 답하자 형이 말을 막았다.

"그 얘긴 이제 그만하자."

나 자신이 의식하지 못한 채 자살을 시도했을 가능성도 충분히 있다. 우리가 늘 모든 것을 의식하며 행동하는 건 아니기 때문이다(이것이 바로 자기기만의 본질이다).

많은 사람들이 스스로 무슨 일을 하고 있는지 정확히 알지 못한 채 자살을 시도하는 것으로 보인다. 20세기 시인이자 비평가로 실비아 플래스Sylvia Plath8의 절친한 벗이기도 했던 알 앨버레즈Al Alvarez9는 필름이 끊긴 상태에서 자살을 시도했다. (나 역시 그런 적이 있다. 파리 센강에서 다리 아래로 뛰어내린 나를 웨이터가 끄집어내 살렸다. 어쩌다 강으로 뛰어내렸는지는 기억나지 않지만, 그 일로 어떤 여파를 겪었는지는 똑똑히 기억한다.) 앨버레즈는 병원에서 깨어나 의사의 말을 듣기 전까지 자신이 스스로 목숨을 끊으려 했다는 사실을 인지하지 못했다(적어도 그의 뇌 일부는 알지 못했다).

그는 자신이 꽤 오래 자살을 생각해 왔다는 것을 알고 있었고, 심지어 충분히 많은 양의 바르비투르산 약을 사 모으며 자살을 위한 조치도 취하고 있었지만, 본인이 자살을 시도한 사실 자체는 기억하지 못했다. 따라서 뇌의 복잡하고 기묘한 성질과 자기 자신, 자신의 신념, 동기를 우리가 근본적으로 완전히 알 수 없다는 점을 감안하

---

8   1932~1962, 미국의 시인이자 단편 소설 작가. 자전적 성격의 소설 《벨 자》로 명성을 얻었다. 극도의 우울증에 시달리다 가스 노출로 스스로 목숨을 끊었다.

9   1929~2019, 유대계 영국인으로 시인이자 소설가, 수필가, 비평가로 활동했다. 실비아 플래스의 긴 회고록과 자살에 대한 연구를 담은 도서 《잔인한 신》이 유명하다.

면, 나 역시 그 얼어붙을 듯이 추운 날 대런 형 앞에서 의식하지 못했지만, 실제로 죽으려 했는지도 모를 일이다. 어쩌면 내 뇌의 일부가 다른 신경계가 알아채지 못하게 작동했는지도 모른다.

드라마 〈더 와이어The Wire〉에서 마를로 스탠필드가 자신의 멘토인 프랍 조를 처형하는 장면이 있다. 마를로의 조수인 크리스가 천천히 조의 머리 뒤로 총을 겨누고 마를로는 조에게 "눈 감아. 전혀 아프진 않을 거야. 자, 이제 됐어. 긴장을 풀고 편안하게 숨 쉬어 봐"라고 말을 건넨다. 그러곤 마를로가 고개를 끄덕이자 총을 발사한다. 고대 로마의 대 플리니우스Pliny the Elder10는 자살의 폭력적 의미와 비폭력적 의미를 구분했으며 비폭력적 의미의 자살은 '삶에 지친' 이들이라면 어느 정도 정당화될 수도 있지만, 폭력적 의미의 자살은 피해야 한다고 보았다. 우리를 좌절하게 하는 것은 죽음에 대한 공포나 통증에 대한 공포가 아니라 폭력에 대한 공포일지 모른다. 나는 마를로가 조를 죽이는 장면을 보며 생각했다. '아니, 죽는 덴 끝내주는 방법이잖아.' 마를로와 크리스는 폭력적이었는지 몰라도 프랍 조한테는 전등을 끈 것에 불과했으니 말이다.

∧∧∧

이제 총에 관해 좀 더 이야기해 보자. 나는 절대 주변에 총을 두지 않는다. 또 나와 자살에 관해 이야기한 사람에게, 그게 누구든 총에

10　AD 23?~79, 가이우스 플리니우스 세쿤두스. 고대 로마의 작가이자 정치가, 군인이자 학자였다.

접근 가능한지를 묻는다. 이 책을 통해 자살하려는 성향이 있는 사람이거나 혹은 그런 이와 함께 사는 사람에게 가장 중요하고 실질적 조언을 한다면 바로 절대 집에 총을 두지 말라는 것이다. 만약 있다면 즉시 치워 버려라. 미국에서 자살로 생을 마감한 사람 중 50%가 약간 넘는 수가 총을 사용했으며, 남성 대비 여성의 자살 시도율이 3배 가까이 높음에도 자살로 인한 사망자 수는 남성이 더 많은 이유는 남성의 총기 사용 비율이 훨씬 높기 때문이다(2020년 미국에서 자살로 인한 100명의 사망자 중 약 70명이 남성이고 30명이 여성이었다. 그 반면에 같은 해 남성 1명의 자살 기도당 여성 자살 시도 수는 3명이었다. 여성의 자살률은 지난 몇 년 대비 천천히 증가하는 추세다).

미국에서 총기 소유율이 손에 꼽히게 낮은 캘리포니아주나 뉴욕주는 자살 사망률 역시 가장 낮다. 이와 반대로 유타주처럼 총기 소유율이 높은 주는 총기로 인한 사망 원인의 85%가 자살이다. 우리가 만약 패닉 상태에 빠져 있고, 총을 가지고 있다면 곧 돌이킬 수 없는 판단을 할 수 있다는 뜻이다.

20대 후반의 나는 총을 늘 가까이에 두었다. 나 자신을 쏠 총을 사려고 가게를 찾을 필요도 없었다. 내 생애 첫 번째 총과 두 번째 총, 그리고 마지막으로 소유했던 총(진회색의 2세대 글록 17$^{Glock\ 17}$로 모든 글록 총이 그렇듯 정사각형 총신에, 손잡이에는 체커 링과 세레이션이 있다)은 모두 내 고객이던 은퇴한 FBI 요원이 가져다준 것이다.

1990년대에 나는 두 명의 친형제와 미국 텍사스주에서 보석 사업을 했다. 당시 나는 대학을 졸업한 후 키르케고르 연구를 위해 오스틴Austin에 있는 텍사스 대학 철학과 대학원에 다니고 있었다. 사귀던 얼리샤와 결혼도 한 상태였고, 얼리샤는 한스 안데르센에 대한 석사 논문을, 나는 키르케고르의 아이러니 개념에 대한 논문을 쓰기 위해 덴마크 코펜하겐으로 연수를 떠났다. 그렇게 멋진 시간을 보내던 차에 얼리샤가 딸 젤리를 임신했고 우리는 돈 걱정을 하기 시작했다. 그즈음 텍사스주 알링턴Arlington에 작은 보석 상점을 갖고 있던 대런 형이 동업자를 구하고 있었다. 형은 내게 투자자를 찾기 위한 사업 계획서 작성을 도와 달라고 했고 우리는 수백만 달러의 자금을 모을 수 있었다. 그리고 형이 사업을 함께 하자고 했다. 사실 나는 형을 한 결같이 무척 좋아했지만 내가 원하는 만큼 형과 시간을 보낸 적은 단 한 번도 없었다(내가 어릴 때 형은 아버지와 함께 살았고 열일곱 살 무렵부터 혼자 살았다). 따라서 돈 문제도 있었지만, 어쨌든 형의 제안은 내가 거부할 수 없는 기회나 마찬가지였다. 고등학교 시절의 패턴을 반복하듯 1994년 대학원을 중도에 그만둔 나는 포트워스Fort Worth로 이사했다. 그리고 2000년이 되어서야 대학원으로 돌아갈 수 있었다. 지금 와서 생각해 보면 그 몇 년이 내 인생에서 가장 불행한 시간이었다.

그래도 그 시절에 나는 첫 번째 보석 상점에 이어 다양한 규모의 보석 상점 몇 군데의 공동 소유자가 되었다. 당시 나는 정기적으로 사용하던 코카인(보석 사업을 하니 접근하기 쉬웠다)과 일련번호가 지워진 총기 같은 많은 불법적인 물건들을 보석과 맞바꿨다. "총이 꼭 필요하시진 않겠지요." 은퇴한 FBI 요원이 설명했다. "그래도 이 총을 갖고 있어도 법적으로 아무 문제가 되지 않을 겁니다. 깨끗한 총이니까요. 사실 원래는 가질 수도 없는 거죠." 남자는 롤렉스 수집 가였는데 어쩌면 그 시계들은 되팔았을지도 모른다. 어느 쪽이든 내가 소유했던 총 세 자루 모두 가게에서 일하는 다른 직원들의 수많은 총과 마찬가지로 중고 롤렉스 시계와 교환하는 방식으로 구입했다.

사실 나는 첫 번째 총을 살 마음이 없었다. 하지만 그것은 일종의 통과 의례 같은 거였다. "보석 사업을 하려면 자기 총은 갖고 있어야 해. 보통 강도들은 누구든지 그냥 죽여 버리거든. 그래야 증인을 남기지 않으니까. 누구라도 여기서 총을 들이대면 우린 쏘아야 하는 거지." 대런 형은 이렇게 말했지만 나는 이 말이 정확한 정보라고 생각하진 않는다. 그리고 무척 다행스럽게도 화가 나서 혹은 자기방어를 위해 총을 겨눠야 하는 일은 지금껏 한 번도 없었다.

내가 나를 쏘려 한 첫 번째 시도 전까지 그 총은 내 책상 오른쪽 서랍 안에 오랫동안 그대로 있었다. 나는 그 총이 두려웠다. 이 말이 이상하게 들릴지 모르겠다. 죽음이 두렵지 않다면서 총은 왜 두려운 걸까? 총은 내게 죽음을 의미하지 않는다. 그건 폭력을 상징한다. 또총은 지나치게 쉬운 방법이다. 내가 늘 꿈꿔 온 자살 스위치를 마침내 손에 넣게 되었다. 더는 어떤 핑계도 필요 없이. 나 자신을 죽일 수단이 말 그대로 손에 쥐어진 것이다.

어쨌든 1년이 넘는 오랜 시간 동안 나는 그 총을 사용하지 않았다. 그러던 어느 늦은 밤, 코카인에 취해 긴 하루를 보낸 뒤 홀로 상점에 앉아 있는데 우울감이 몰려왔다. 내 삶이 참을 수 없고 쓸모없는 것이라는 확신이 든 나는 가게 뒤편에 있는 화장실로 갔고, 변기에 앉아 총기의 안전장치를 푼 뒤 총을 입안에 넣고 쏘려 했다. 다시 총을 가슴에

2장. 충동과 주저가 공존한다

겨누며 아무래도 이 편이 덜 끔찍할 거라 생각했다. 다음으로 관자놀이를 겨누었다가 관자놀이는 안심할 수 없다는 글을 본 기억이 나 다시 내 입안으로 총을 가져가 머리쪽을 향하게 하려 했다. 그러면서 입안에서 더 나은 각도가 나오도록 총을 위아래로 움직였다. 그리고 방아쇠를 당기려 했지만 차마 그러지 못했다. 나는 계속 시도했다. 거기 앉아 있던 모든 순간이 사는 게 아니라 그저 죽을 수 없는 시간이었다. 어이가 없었다. 그저 방아쇠만 당기면 되는 거였다. 나는 그곳에 30분간 앉아 있었다. 그리고 다시 총을 책상에 가져다 놨고, 또다시 총을 화장실로 가져가기를 이후 적어도 1년 동안 반복했다.

내가 해내지 못한 이유는 아마도 그 방법이 성공할 것을 알았기 때문은 아닐까. 내가 지금껏 해온 다른 자살 기도와 달랐던 것이다. 그래도 여전히 마음속 어딘가에 자기기만의 의식이 똬리를 틀고 '그래 난 죽을 거야, 그래도 확실하진 않아, 어쩌면 살 수도 있지'라는 생각을 하게 한 것 같다. 그도 아닌 또 다른 이유로 방아쇠를 당기지 못한 것인지 알 수는 없다.

몇 년이 지나 세 번째 총을 갖게 되었을 때는 상황이 매우 심각했다. 그 무렵 나는 바람을 피우고 있었다. 더 이상 아내와 딸아이와 포트워스에 살지 않았고 댈러스의 아파트에서 지내며, 나 자신에 대해 완전히 무가치하고 주변 모든 이에게 해만 끼치는 사람이라고 확신했다. 기분은 때로 좋아졌다 나빠지기를 반복했다. 때때로 특히 초저녁에는 이상할 정도로 기분이 좋아졌다. 보통 그 시간이면 반쯤 취해 있었고 대학원을 떠나며 그만뒀던 글도 마침내 다시 쓰고 있었다. 하지만 아침만 되면 언제나 나 자신이 철저히 쓸모없는 존재라는 사실이 무엇보다 선명하고 투명한 진실로 느껴졌고, 결국 다시 한번 삶을 끝내겠노라 마음먹게 되는 것이었다.

나는 새벽 5시면 일어났다. 댈러스에서 본점이 있는 알링턴까지 교통 체증에 시달리는 일 없이, 가게에 가장 먼저 도착하고 싶었기 때문이다. 고속도로를 달리면서도 컨버터블 차의 지붕을 내리곤 했는데, 텍사스의 뜨거운 날씨에 매일 정장을 입다 보니 무더위에 못 이겨 밤이나 아주 이른 아침에만 내릴 수 있었다. 나는 주로 상점 앞의 늘 같은 자리에 주차한 뒤, 주변을 거닐다 링컨 스퀘어 쇼핑센터 맞은편에 있는 매일 가는 커피숍으로 향했다. 그곳에서 라지 사이즈 카페 라테를 한 잔 사 들고 다시 상점으로 돌아와 책상에 앉았다. 금고를 열고 〈뉴요커〉, 〈하퍼스〉, 〈파리 리뷰〉(내가 사무실로 주문한 이런저런 잡지는 내 생명 줄이었다)의 글 일부를 읽었다. 그런 다음 커피를 마시고 가끔은 코카인 한두 줄을 흡입했다. 다음엔 오른쪽 서랍에서 글록 총을 꺼내 들고 가게 뒤편에 있는 우리 형제들만을 위한 '임원 화장실'로 갔다(너그럽게 봐주었으면 한다. 우리는 젊었고 갑자기 어마어마한 돈을 벌다 보니 철이 없었고 더구나 이런 면에 둔하기 짝이 없었다. 그런데 어쨌든 모든 사람이 그 화장실을 사용했다). 그곳에서 나는 변기 위에 앉거나 거울을 마주 보고 선 채로 나 자신에게 총을 겨눴다. 총의 안전장치를 풀고 총구를 입안에 넣기도 했다. 총구의 기름진 맛과 목을 타고 콧구멍으로 올라오던 완벽한 기계 냄새는 절대 잊히지 않을 것이다. 그 화장실에는 샤워 시설이 있었고 가끔 나는 샤워실 안으로 들어가 서 있거나 바닥에 앉은 채로 총을 쏘려 하기도 했다. 대런 형이 들어왔을 때 샤워실 안이면 그나마 덜 엉망일 거라고 생각했다. 또 나를 발견하는 사람이 남동생 팻이 아니라 대런 형이길 바랐다. 그래도 형은 심리적으로 이런 일을 감당할 수 있을 테지만, 팻에게는 씻을 수 없는 상처가 될 것이기 때문이다.

이런 생활이 2년 가까이 지속됐다. 내 경험상 자기 자신을 쏘려 할 때 오만가지 생각이 다 들지만 그래도 근본적으로 세 가지 생각과 씨름한다. 자기혐오와 비참함, 폭력적 행동에 대한 두려움, '이런 망할'이라고 외치는 마음. '망할'은 방아쇠 위에 올려 둔 손가락에 힘이 더 들어가게 만들고 과연 얼마나 세게 당겨야 발사될지 궁금하게 한다. 조금 당겼다가 다시 힘을 빼고 스스로 놀란 나머지 입에서 총을 빼 세면대 위에 내려놓는다. 때론 변기 위나 바닥에 앉아 울다가 일어나 다시 시도한다. 거울에 비친 내 모습을 보며 내가 얼마나 우스꽝스러운지 생각했다. 더없이 연극적이고 한심하고 과도하게 흥분한 상태의 식상한 모습이었다. 대리석과 청동으로 꾸민 사치스러운 보석 상점에서 아르마니 정장에 제냐 넥타이를 매고 자신을 쏘는 꼴이라니. 너무도 기이하고 어이없었다. 하지만 그래도 나는 몹시 불행했고 이대로 계속 살 순 없었다. 나의 끝없는 실패 이력이 눈앞에 펼쳐졌고 하루 일과가 그려졌다. 그 모든 사람을 더는 마주할 수 없었다. 과소비와 초과 인출한 은행 계좌. 부자들과 마주 앉아 그들에게 다이아몬드와 스위스 시계를 사라고 권하는 한편, 판매원들에게 계속 시간을 끌게 하는 일. 우물쭈물하며 오늘도 집에 늦게 간다고 애인에게 늘어놓을 변명들…. 아 젠장, 그래도 하면 안 되는 일이었다.

결국 나는 총을 치워 버리기로 했고 나에게 총을 판 사람에게 되 팔았다. 그런데 우스운 건 내가 총을 처분한 이유가 방아쇠를 당기지도 못하고 질질 끌기만 해서는 아니라는 점이다. 감사하게도 나의 맏딸인 젤리 덕분에 총을 없앨 수 있었다. 당시 다섯 살이던 젤리는 내 사무실에 자주 놀러 오곤 했다. 어느 날 오후, 책상 앞에 앉아 있는 내 곁에서 젤리는 혼자 놀고 있었다. 그러다 문득 오른쪽을 쳐다본 내 눈에 뜨인 것은 아이가 서랍 속에 있는 총을 손에 쥐고 있는 모습이었다. 총은 아직 서랍 안에 있었고 총구가 아이 쪽을 향한 것도 아니며 안전장치도 걸려 있는 상태였지만, 다섯 살 난 딸아이는 그 총을 움켜쥐고 신기해하며 바라보고 있었다. 아직도 그때 생각을 하면 속이 울렁거린다. 나는 곧바로 젤리에게서 총을 빼앗았고 거대한 두 개의 금고 중 하나에 집어넣었다. 그리고 내게 총을 판 FBI 출신 남자에게 전화를 걸어 총을 되팔고 싶다고 말했다.

이것이 입안에 총을 겨눴던 사연의 마지막이다. 이렇게 말하면 우스운 일이지만 그간의 자살 기도 중 정말로 죽을 뻔한 일이었다. 어쨌든 나는 세 번의 자살을 시도했고, 그때마다 병원에서 깨어났으며, 그 외에 적어도 두 번은 경찰의 제지로 실패한 채 정신과 병원으로 이송되기도 했다. 다른 사람들이 내 자살 시도를 가로막는 일도 있었다. 이 밖에 목을 매거나 물에 빠지거나 또 다른 방식으로 비밀리에 한 시도들도 있었다. 대부분 혹은 거의 모든 시도의 순간 나는 진심으로 나를 죽이려 했다고 생각한다. 하지만 총은 죽음 그 자체에 의해 죽는 느낌이었다. 어쩌면 조금 역설적일지 몰라도 결과에 대한 확신이 부족할 때 시도하는 자살이 오히려 더 쉬운 것 같다(실제로 그럴 때 자살로 인한 사망률이 훨씬 더 높다). 방아쇠에 닿은 손가락에 힘이 바짝 들어가는 순간, 죽음과 맞닿아 있다는 사실이 피부로 느껴졌고 나는 아직 죽을 준비가 되지 않았음을 깨달았다.

화장실에서 권총 자살을 시도했을 때 나는 눈을 감는 게 부끄러운 짓이라는 이상한 생각을 했다. 이상하다고 한 건 부분적으로는 자살하려는 내 행동을 마음속 깊이 비겁하다고 여기면서도(지금 이 생각은 조금 누그러졌다) 자신이 유약해 보이는 건 또 싫어서 눈을 뜨는 데 집착했기 때문이다. 아니면 내가 무슨 짓을 하고 있는지 스스로 보길 원한 것일 수도 있다. 혹은 알 수 없는 자기 보호와 행운의 조합이었던 걸까? 눈을 감았다면 방아쇠를 당겼을지도 모를 일이다. 어쨌든 화장실 거울 앞에 서서 내가 하는 짓을 지켜보겠노라 고집을 피우는 동안 무엇인가가 총의 발사를 막았다. 내 생각에 죽음에 대한 두려움 때문은 아니었다. 한 시간 정도 후 상점에 도착하는 대런 형이 발견할 광경 때문도 아니었다.

다시 말하지만 내 목숨을 구한 건 단순히 나 자신을 쏜다는 노골적인 폭력에 대한 두려움일 것이다. 폭력에 대한 두려움을 파악하면 우리 같은 사람들, 나와 이윤 리, 장 아메리와 같은 이들을 이해하는 데 도움이 된다. 근본적으로 죽음에 매력을 느끼거나 종종 그렇게 느끼면서도 자살은 굉장히 어려워하는 사람들. 이런 사람들은 가족 없이 혼자 비행기에 탈 때면 '자, 이제 내가 아무것도 안 해도 죽을 수 있는 또 한 번의 기회가 온 거야. 제발 비행기가 바다로 추락하길'이라고 생각하는 경향이 있다. 정말 그들은 비행기 안에 함께 타고 있는 다른 낯선 이까지 모두 죽기를 바란 걸까? 사실 부끄럽지만, 나 자신도 이런 바람을 종종 가졌음을 인정한다. 공정을 기하기 위해 이런 소원을 가졌던 다른 사람들과도 이야기해 보니, 그들은 비이성적이게도 다른 승

객은 어떻게든 기적적으로 살아남길 기대하고 있었다.

이 주제에 대해 프로이트는 다음과 같은 글을 남겼다.

> 죽음에 대해 심리적으로 우리 자신의 한계를 벗어난 영역이 있고, 따라서 죽음에 대한 그 논의를 수정하고 진실을 밝혀야 한다고 고백하는 게 우리가 가져야 할 문명화된 태도 아닐까? 현실과 우리의 사고 측면에서 죽음에 합당한 위치를 되돌려주고, 지금까지 우리가 그토록 조심스럽게 억눌러 온 죽음에 대한 무의식적 태도를 이제는 좀 더 드러나게 하는 편이 낫지 않겠는가.

죽음에 대한 무의식적 태도는 무엇일까? 우리가 성행위나 음식, 사랑, 명성 등을 갈망하는 것과 상당히 유사하게 모든 이가 죽음을 바란다는 것이다. 어떤 이들은 무의식적으로, 또 어떤 이들은 반의식적[11]으로 죽음을 원한다. 또 나처럼 머릿속에서 죽음에 대한 욕구를 지울 수 없는 사람들도 있다. 그러므로 자살 성향이 있는 사람과 종종 자살 생각Suicidal Ideation과 씨름하지만 자살 기도를 하지는 않는 사람 또한 나름대로 죽음에 정당한 가치를 부여하는 것이다. 이들은 다른 사람들이 더 능숙하게 관리하거나 통제하는 것과 달리 자기 생각의 일부를 억누르지 않는다.

---

11   의식에서는 억압되어 있지만, 무의식에서 표출되는 심적 내용과 관련이 있는 것

"내가 볼 땐 거의 모든 사람이 한 번쯤은 자살의 가능성을 그려 봤을 것이다." 영국의 언론인이자 풍자가인 맬컴 머거리지Malcolm Muggeridge는 1970년 발표한 에세이에서 자신의 자살 시도에 관한 글을 썼다. "그러나 실제로 자살에 성공하는 사람과 시도와 실패를 거듭하는 다양한 정도程度 사이에는 아주 큰 차이가 있다." 유감스럽게도 나는 머거리지가 생각하는 만큼 그렇게 차이가 심하게 나는지 모르겠다. 앞에서도 언급했지만 자살로 인한 죽음을 가장 잘 예측할 수 있는 것은 이전의 자살 기도다. 다시 말해 모든 다양한 정도의 자살 기도와 실패가 그저 성공에서 단 한 발짝 떨어져 있을 뿐이다. 내가 가장 살펴보고 싶은 사람들도 그 간극 안에 있는 이들이며 자살 생각과 싸우고 있거나 이미 자살 기도를 해본 사람들이다. 아무튼 우리가 도움을 줄 수 있는 이들은 아직 살아 있는 사람들이다. 여기에는 사랑하는 이들이 자살했거나 지금 이 순간 지극히 은밀한 방식으로 자살을 생각하고 있는 사람들이 해당된다.

내가 여기서 펼치려는 소박한 논지는 자살 생각과 중독적 사고 사이에는 보통 사람들이 생각하는 것보다 더 많은 공통점이 존재한다는 점이다. 둘은 심지어 기본적으로 같은 종류의 사고에서 비롯된 다양한 파생체일 수 있다. 이런 모델을 기준으로 보면(그렇다, 어느 쪽이든 이런 건 단 한 가지의 자살 성향만 표현 가능할 수도 있다) 자살에 대한 바람은 마치 포도주 몇 잔을 마신 후 얻을 수 있는 안도감의 극단적 형태와 같으며, 자기 자신에 대한 날카로운 느낌이 미풍 속으로 날아가 버리는 느낌인 것이다. 사실 이런 생각은 자기 소멸에 대한 욕구가 고통의 가장 기본적 형태에 속한다는 부처의 개념과, 삶에 대한 욕구와 죽음에 대한 욕구가 동전의 양면이라는 프로이트의 발상을 그저 조금 발전시킨 것일 뿐이다.

실제로 자살 기도는 한 번도 하지 않았지만, 자신으로부터 도망치고자 하는 지배적 욕구가 동기가 되었음이 분명한 본인의 행동 때문에 생을 너무 일찍 마감한 많은 이를 생각해 보라. 에이미 와인하우스Amy Winehouse12가 자살한다는 게 말이 되는가? 시인인 로버트 로웰Robert Lowell은 또 어떤가? 그는 지나친 알코올 중독으로 인한 심장마비로 전 부인 엘리자베스 하드윅Elizabeth Hardwick을 만나러 가던 택시 안에서 사망했다. 미국의 래퍼 DMX 역시 로웰처럼 심장마비로 죽었지만 가수 생활을 하는 내내 죽음에 빠진 것처럼 보였고, 코카인 중독으로 가차 없이 자기파괴를 좇는 것처럼 보이지 않았나? 그 밖에 지난 20년간 내가 가장 좋아한 배우인 필립 시모어 호프먼Philip Seymour Hoffman은 '헤로인, 코카인, 벤조디아제핀, 암페타민을 포함한 급성 혼합 약물 중독'으로 가족이 사는 집 근처 길 아래 모퉁이에 숨겨진 비밀스러운 아파트에서 사망하지 않았는가?

나 역시 과거 죽을 만큼 술을 많이 마신 건 틀림없지만, 어떤 면에서 아니라고, 그 행동은 더 명백한 자살 기도와는 다르다고 말하고 싶다. 알코올 중독으로 인한 죽음은 넘칠 듯한 한 잔의 위스키와 수백 밀리그램의 바리움, 날카로운 면도칼을 들고 멋지고 따뜻한 욕조에 눕는 것(내가 실패한 또 다른 자살 기도)과는 다르다. 하지만 그렇다고 에

---

12   1983~2011, 영국의 싱어송라이터. 이른 나이에 천재 가수로 세계적 인기를 얻었지만 마약과 음주, 기행을 일삼다 급성 알코올 중독으로 스물일곱 살에 사망했다.

이미 와인하우스가 자살하지 '않았다고' 하는 게 정말 타당할까? 로버트 존슨Robert Johnson13과 브라이언 존스Brian Jones, 지미 헨드릭스Jimi Hendrix, 짐 모리슨Jim Morrison, 재니스 조플린Janis Joplin, 장 미셸 바스키아Jean Michel Basquiat, 커트 코베인Kurt Cobain14 등 이름을 나열하자면 너무 긴 소위 27세 클럽27 Club15의 많은 이들처럼 와인하우스 또한 삶의 원칙인 양 자기파괴적으로 살았고 자신도 스물일곱 살 넘게 살지 못할 것으로 생각했다. 살아 있었지만, 죽으려 한 것이다.

그렇다면 에이미 와인하우스가 본질적으로는 자살한 게 아니라 해도, 일부러 자신을 죽인 게 맞다고 할 수 있다. 도구는 달라도 목적은 같다. 이것이 자살이나 그와 관련한 행동을 고려할 때 사람들이 '절망사Deaths of Despair16'와 같은 범주를 이야기하는 이유라 할 수 있다. 어떻게 보면, 어떤 이가 사망하는 데 걸리는 시간이 헤로인 중독 악화로 인한 3년이든, 지독한 음주가 원인인 3일이든, 권총 자살로 인한 끔찍한 3분이든 그런 것은 그리 중요하지 않다. 결국 목표는 죽음이기 때문이다. 그런 식이라면 러시안룰렛 게임보다도 훨씬 더 노골적인 자살 행위인 것이다.

하버드 대학의 교수이자 외과 의사이며 작가이기도 한 어툴 거완디

---

13 1911~1938, 미국의 블루스 음악가로 초기와 현대 블루스의 기초를 닦은 것으로 평가받는다. 27세 클럽의 창시자이기도 하다.

14 1967~1994, 미국의 록 밴드 '너바나'의 보컬이자 기타리스트로 명성을 떨치나 스물일곱 살에 자살로 생을 마감했다.

15 27세에 요절한 예술가가 늘어나자 그들을 한데 묶어 부르게 된 명칭. 영원히 27세에 머무르게 되었다고 해서 '포에버 27 클럽Forever 27 Club'이라고 부르기도 한다.

16 술과 마약, 정신 건강 문제, 폭력과 관련된 사망을 일컫는 말

Atul Gawande는 〈뉴요커〉에서 "1999년부터 2017년까지 45~54세 연령대에서만 60만 명 이상의 추가 사망(인구통계학적 예측을 넘어서는 사망자 수)이 발생했다"고 밝혔다. 이 사망의 대부분은 자살이나 자기 파괴적 '준자살' 행위(알코올 남용, 약물 중독과 과다 복용, 극단적으로 위험한 성행위, 이례적으로 폭력적인 생활 방식, 폭력성과 심각성이 증가하는 만성적 자살 시도)의 결과였다(자살 기도의 심각성이 의미하는 바는 이번 장에서 살펴본다). 정신과 의사이자 심리치료사이며, 자살에 대한 현대식 사고의 선구자인 칼 메닝거Karl Menninger는 이러한 자기파괴적 행동을 '점진적 자살Suicide by Degrees'로 규정했다.

'절망사'나 '준자살 행위'가 가리키는 것은 일반적으로 어떤 이가 자기 생을 끝내려는 특정 행동(예컨대 욕실에서 벨트로 목을 매는 것처럼)을 시도하지는 않지만, 반복적으로 죽음을 재촉할 수 있는 행동을 하고, 때로는 여러 번 하는 것이다. 많은 이가 에이미 와인하우스는 자살 사례는 아니지만, 극단적인 준자살 유형이었다고 말할 것이다. '준자살 사건Parasuicidal Event'은 자살을 원하지 않지만, 그에 가까운 무언가('마음의 외침'의 또 다른 예)를 바라는 자살 기도로 보통 정의된다.

내 아내 에이미는 제프 버클리Jeff Buckley[17]의 열혈팬이다(누군들 아니겠는가?). 1997년 5월 29일 저녁 버클리는 잘 차려입은 모습으로 테네시주 멤피스Memphis 외곽에 바로 있는 울프강Wolf River 하구에 수영하러 갔다. 들리는 말로는 그가 미시시피강의 잔잔한 물에서 수

---

17   1966~1997, 미국의 싱어송라이터

영하며 레드 제플린Led Zeppelin의 '홀 로타 러브Whole Lotta Love'를 불렀다고 한다. 한 친구는 제방 위에서 버클리가 수영하는 모습을 보고 있었는데, 다음 순간 그가 홀연 사라졌다고 했다. 서른 살에, 몸에서 알코올이나 약물도 발견되지 않은 버클리의 죽음은 사고로 판정됐고 그럴 수밖에 없었다.

"당신이 버클리가 자살했다고 생각하는 거 알아." 에이미가 내게 말했다. 사실 정장 차림으로 강에 수영하러 가는 건 수천 년 전부터 서로 다른 수많은 문화권에서 전통적인 자살 방식으로 여겨진다. 이 사실을 에이미에게 말하진 않았다. 에이미가 말했다. "그래도 내가 보기에 버클리는 자살 생각을 하긴 했어도 정말 그러겠다고 마음먹은 것 같진 않아. 내가 이렇게 한다고 죽기야 하겠어? 모르겠다. 죽고 싶은 건지 아닌지. 뭐, 이런 식이었던 거지."

누가 알겠는가. 또 앞에서도 말했듯 많은 사람이 자신을 스스로 죽이려 드는 시도에서 정말 죽기를 바라는 건지 아닌지 잘 모를 수 있다. '결정 못 하겠어. 강에 맡기지 뭐.' 자기 죽음에 책임지지 않고 죽는다면 스스로 목숨을 끊는 데서 오는 도덕적 죄책감에서 벗어날 수 있을 것이며, 프랍 조의 죽음이 내게 매력적으로 보이는 이유 중 하나도 이 때문이다.

때로 자기파괴 욕구와 그 욕망에 대한 표현이 준자살 행위의 성패를 정하는 것 같다. 이름난 사이클 선수이며 일 피라타Il Pirata(해적이라는 뜻으로 그의 시그니처인 반다나와 귀걸이 때문에 생긴 별명)와 엘레판티노Elefantino(작은 코끼리라는 의미이며 왜 이런 별명이 붙었는지는 그를 보면 그냥 알 수 있다)라는 별칭으로 알려진 마르코 판타니

Marco Pantani[18]의 사례를 살펴보자. 판타니는 자기 자신에게 고통을 가하는 능력에 있어 전설적인 인물이다. 그는 악명 높을 만큼 공격적인 스타일로 유명했으며, 일반적으로 역대 가장 뛰어난 최고의 산악자전거 경주 선수로 평가받는다. 판타니는 살인적 난도로 유명한 투르 두 프랑스Tour de France[19]의 13.8킬로미터에 달하는 알프 뒤에즈Alpe-d'Huez 구간을 36분 40초 만에 완주하며 역대 가장 빠른 오르막길 기록을 세웠다. 이에 더해 두 번째와 세 번째로 가장 빠른 기록 또한 판타니가 보유하고 있으며 그 뒤를 이어 랜스 암스트롱Lance Armstrong과 얀 울리히Jan Ullrich 선수가 각각 네 번째와 다섯 번째 기록을 갖고 있다.

판타니는 투르 드 프랑스와 가장 달성하기 힘든 것으로 이름난 지로 투르 더블The Giro-Tour Double[20]을 비롯해 모두가 주목하는 수많은 경기에서 여러 번 승리하고 상도 많이 받았다. 하지만 그에 견줄 만한 커리어를 쌓은 다른 사이클 선수들과 달리 자신의 엄청난 명성을 그다지 즐기지 않았으며, 본인의 경력에 실망했다는 이야기도 전해진다. 그는 금지 약물을 복용한 혐의로 기소당하고 얼마간 중독 치료를 위해 정신병원에 머문 적도 있다. 판타니가 호텔 방에 숨어서 코카인을 코로 흡입하다 사망했을 때 그는 고작 30대 초반이었다. 아마도 판타니와 같은 준자살자들은 죽기를 바라면서도 동시에 자살은 잘

---

18 1970~2004, 이탈리아의 사이클 선수였으며 서른네 살의 나이에 약물 과다 복용으로 사망했다.

19 프랑스에서 매년 7월 3주간 열리는 세계적인 사이클 경기로 알프 뒤에즈 구간은 가장 유명한 난도의 무제한 산악 코스 중 하나로 꼽힌다.

20 한 시즌에 투르 드 프랑스와 지로 디탈리아(Giro d'Italia)에서 모두 우승하는 위업을 일컫는다.

2장. 충동과 주저가 공존한다

못된 행위라는 확신을 가지고 있는지도 모른다. '나는 자살하는 유형은 아니야. 그래도 어느 정도는 확실히 일찍 죽는 방식으로 계속 살아갈 거야'라는 듯이.

에이미 와인하우스와 달리 판타니는 삶의 마지막 순간에 직업적으로 가장 침체기였다. 판타니 같은 사례에 내가 더 흥미를 느끼는 또 다른 이유가 이를 통해 자살 생각과 자살 행위가 연속선상에 있음을 볼 수 있기 때문이다. 하지만 내가 알고 연구한 어떤 사람들(그중에서도 켄체 린포체는 내가 자살 기도에도 살아남아 이 책을 쓰는 데 중요한 역할을 했다)은 워낙 안정적이고 온화한 성품을 지녀 절대 자기 자신이나 타인에게 해를 끼친 적 없고, 자살을 생각하거나 시도한 적 없으면서도 그렇지 않은 사람들을 이해하며 그들과 소통까지 가능하다. 그러나 또 한편으로 삶이 분노와 자기혐오로 휩싸여 다른 사람들을 죽이고 자신의 목숨을 끊는 이들도 너무나 많이 보았다.

이 두 극단 사이에 나와 같은 이들이 있다. 이들은 자기 자신은 물론 타인까지 해치는 쪽에 매우 가깝고, 사랑하는 이들의 삶을 무너뜨리는가 하면, 자살을 시도하고 그 시도에 성공하기도 한다. 또 다른 이들은 친절하고 남을 배려하는 삶을 살지만 스스로를 견딜 수 없어 자살하는 유형으로, 자학 때문에 지극히 젊은 나이에 사망하는 준자살 사례가 이에 해당한다. 에이미 와인하우스 같은 사람들은 경험상 중독이란 걸 알면서도 자신을 파괴한다는 생각은 한 번도 제대로 하는 법이 없다. 한편 완벽히 평범한 삶을 살다가 잠시 중독에 빠져 험난한 시기를 보내는, 종종 자살 생각을 떨쳐 내지 못하고 심지어 자살 기도를 하기도 하지만 결국 다시 더 안전한 세상으로 돌아오는 이들도 있다. 그리고 한 번도 자살 시도를 하거나 중독 같은 문제를 겪은 적 없으며, 어쩌면 그래서 어떻게 자기파괴적 행동을 할 수 있는지 이해조차 하지 못하는 지극히 운이 좋은 사람들도 있다(나는 자살 행동을 전혀 이해하지 못하는 많은 사람과 이야기해 보았다). 우리 중 많은 수가 한동안 자기파괴적 행동을 저지른다. 만약 그럴 때 우리가 그 사실에 주의를 기울인다면 자기 소멸에 대한 어떤 비밀스러운 갈망을 인식할 수 있을 것이다.

영어로 쓰인 자살에 관한 가장 오래된 책은 1637년에 출간된《우리 삶의 자살 방지책Life's Preservative Against Self-Killing》이다. 철학가이자 신학자인 존 심John Sym은 목매달기와 같은 즉각적인 수단으로 '직접적으로' 자살한 사람들과 알코올을 비롯한 자기파괴적 생활 방식을 통해 '간접적으로' 자살한 이들을 구분한다. "간접적 자살자들은 자신이 선택한 수단 자체에 존재하고 머문다고 착각하며, 그런 생각으로 전에 맛본 적이 있는 즉각적인 즐거움을 죽음 이후가 아닌 죽기 전, 현재에 기대한다. 그들은 죽음을 불러오는 생각과 행위를 혐오하면서도, 간절한 기쁨으로 재촉하며 행하다 결국 죽음으로 이어진다." 자살을 죄라고 생각한 심은 간접적인 자살이 어떤 의미에서 직접적인 자살보다 도덕적으로 더 비난받을 일이라고 했으며, 그 이유로 간접적인 자살에는 자기기만이 있기 때문이라고 보았다. 간접적인 자살은 "변명과 그럴듯한 구실로 자신을 속이면서, 스스로 가하는 죽음의 타격을 감지되지 않는다는 듯 눈감아 주는(이를테면) 것"이며 간접적인 자살이 직접적인 자살과 반드시 같은 강도의 비통함에서 시작되어야 하는 것도 아

　　　　　　　　　　2장. 충동과 주저가 공존한다

니다. 나는 자살과 준자살에 관해 생각하면서 심이 생각하는 이런 행동들의 도덕적 특성에 대해 오해했다. 하지만 심은 자살하는 자가 추구하는 두 가지 다른 유형이 어떻게 진행되는지에 대해 확실히 흥미로운 관점을 보여 주었고, 이 유형들이 똑같은 기본 동기에서 출발하는 두 가지 다른 표현이라는 그의 주장도 옳았다. 내가 볼 때 심은 준자살자들이 자기파괴 행동을 할 때 얼마나 많은 즐거움을 느끼는지에 대해 과대평가한 것 같다. 나로서는 술을 마시다 죽으려 했을 때 내가 느낀 진정한 기쁨은 오직 나 자신을 망가뜨리고 있음을 알고 있다는 만족감뿐이었다. 나는 대부분의 중독자와 그 외 준자살 성향을 가진 이들이 나와 마찬가지일 것으로 생각한다.

최근 한 운동 수업에서 강사가 이런 말을 했다. "고통 없이 실력이 좋아질 가능성을 한번 생각해 보세요." 우리는 대부분 고통 없이는 성취도 없다고 배우며 자랐다. 마찬가지로 준자살 성향을 가진 사람은 무슨 이유에서인지 고통을 원하고 필요로 하며 감내할 가치가 있다고 생각해 가능한 한 많은 고통을 자신에게 스스로 부과해야 한다고 믿는 것 같다.

하지만 확실히 이런 방법은 잘못됐다. 아무리 부처가 삶이 고통으로 가득 찬 것이라고 했어도, 그 말이 곧 우리가 '반드시' 고통스러워야 한다는 뜻은 아니다. 우리가 피할 수 있는 게 아닐지 몰라도, 그렇다고 우리가 그것을 좇아야 한다는 건 아니다.

3장.

날씨처럼, 내일은 생각이 바뀐다

2018년 6월 8일 카이제르스베르그Kaysersberg는 미풍이 부는 따스한 여름 아침을 맞았다. 르 샹바르 호텔Le Chambard Hotel의 투숙객들은 옥외에서 산들바람을 맞으며 아침 식사를 했다. 5000여 명의 주민이 거주하는 카이제르스베르그는 프랑스의 알자스로렌 지역의 관광 소도시로, 독일과 스위스에서 차로 약 한 시간 걸리는 보주산맥Vosges Mountains의 동쪽 산기슭에 자리 잡고 있다. 이 지역의 그림 같은 풍경은 세계적으로도 손에 꼽히며, 프랑스 내에서도 특히 아름다운 곳으로 알려져 있다. 이곳에서는 품질 좋은 피노 그리 백포도주가 생산되며 리슬링, 질바너, 게뷔르츠트라미너, 피노 누아 품종을 재배하는 곳으로도 유명하다. 카이제르스베르그는 도시 자체가 알자스의 유명한 와인 로드인 '루트 뒤 뱅Route du Vin'에 속한다. 프랑스·독일·스위스가 맞닿는 곳이다 보니 두루 영향을 받은 요리 또한 독특하면서도 매우 훌륭하다. 관광객들은 고요하게 휴식을 취하고 하이

3장. 날씨처럼, 내일은 생각이 바뀐다

킹을 즐기며 깊은 숲과 산, 강과 호수를 감상하고 포도주와 맛있는 음식을 맛보기 위해 이곳을 찾는다. 주로 현지인과 부자들만 아는 샹바르처럼 작고 우아한 호텔 같은 곳에는 미슐랭 스타를 받은 식당도 제법 많다.

6월 7일 아침, 앤서니 보데인Anthony Bourdain은 언제나처럼 잠에서 일찍 깼다. "저는 아침형 인간이죠." 보데인 스스로 그렇게 말했는데, 그가 요식업에 종사하던 시절, 식당 문을 열기 전에 글을 써야 했기 때문이다. 보데인은 친구인 에릭 리퍼트Éric Ripert와 함께 머물던 샹바르 호텔에서 알자스산 치즈와 콜드 컷Cold Cuts1, 과일, 빵으로 간단한 아침 식사를 마쳤다. 리퍼트가 어머니에게 전한 바로는 당시 보데인의 "기분이 꽤 저조"했다고 한다. 그래도 〈미지의 세계Parts Unknown〉의 최신 편 촬영은 평소처럼 진행되었다. "앤서니는 촬영에 모든 걸 쏟아부은 후 호텔 방으로 돌아가 혼자 틀어박혀 지냈습니다." 훗날 리퍼트가 말했다.

그날 저녁, 보데인은 무슨 일인지 평소 저녁 식사를 하곤 하던 윈스툽Winstub에 모습을 드러내지 않았다.

"리퍼트 씨가 어딘가 이상하다고 느꼈어요." 호텔 웨이터인 막신 부아쟁의 말이다. "저희도 무슨 일인가 싶었어요. 보데인 씨는 이곳 셰프인 나스티 씨와 아는 사이고 주방 스태프들과도 친분이 있으니까요. 그래도 아마 어디 다른 데 가서 식사하시나 보다 한 겁니다."

그날 늦은 저녁 보데인은 우리가 아는 한, 그와 만나고 헤어지기

---

1   햄, 로스트비프, 칠면조 등의 얇게 저민 냉육

를 반복하던 여자 친구이자 당시 로마에 있던 아시아 아르젠토^{Asia} Argento와 말다툼을 하던 중에 자기 호텔 방 욕실에서 면으로 된 목욕 가운 허리띠로 목을 매 자살했다.

보데인이 스스로 목숨을 끊었다는 소식이 전해지자 전 세계가 큰 충격에 빠졌다. 왜 아니겠는가? 부자나 유명인의 자살 소식을 들으면 사람들은 의아해한다. 돈과 명성이 모든 문제를 해결해 주리라 믿기 때문일 것이다. 그렇다고 해도 앤서니 보데인이 스스로 삶을 마감했다는 사실은 특히 더 큰 충격을 주었다. 그는 그야말로 모든 걸 가진 사람이었기 때문이다. 자녀를 비롯한 사랑하는 가족, 건강한 육체, 명성, 로맨스, 부담스러울 만큼은 아니지만 충분한 돈, 예술가로서 여러 분야(작가·셰프·예능인·제작자)에서 이룬 커다란 성공, 잘생긴 외모, 강인하면서도 점잖은 분위기와 엄청난 카리스마까지. 그리고 어쩌면 가장 중요한 요소인 삶의 기쁨^{Joie de Vivre}, 즉 사람들이 그의 글을 읽거나 영상을 찾아서 보며 즐기게 만드는 활기도 가지고 있었다.

보데인은 텔레비전 작품을 통해 에미상을 10회나 수상했고, 죽기 2년 전에는 주짓수 종목에서 금메달을 따기도 했다. 고대 그리스의 철학자 아리스토텔레스는 인간이 고결하고 풍요로운 삶을 사는 데 필요한 많은 보편적 요소를 목록으로 만들었는데 친구, 자산, 돈, 가족, 건강, 교육, 예술적 추구와 같은 것들이다. 그리고 보데인은 이 모든 것이 있었다.

보데인은 다른 면에서도 고결한 호인^{好人}이었다. 그를 알던 사람들은 보데인이 더없이 너그럽고 친절했다고 말한다. 보데인의 오랜 기간 책을 발행한 출판업자이자 친구였던 대니얼 핼펀이 내게 전한 바로는 보데인이 자신의 수많은 팬에게 한결같이 베푸는 사람이었다고 한다. "앤서니는 자신에게 부탁하는 사람에게 절대 안 된다고 하지 않았어요. 그와 함께 바에라도 들어가려 하면 사람들의 사진 찍자는 요청을 들어주느라 45분은 좋이 걸렸죠. 그는 자신의 인생이나 성공, 그 어떤 것도 당연하게 여기지 않았어요. 본인의 삶을 사랑하고 이상적으로 사는 것 같았죠." 보데인은 마치 행복도 고통도 다 받아들일 수 있는 니체 철학의 초인과 같았으며, 말 그대로 삶의 복잡성과 풍성함까지 아울러 씹어 삼키고 싶어 했다. 그는 삶과 진정한 기쁨을 향해(어쩌면 자신을 향해) '네!'라고 외치는 사람이었고, 삶 또한 그에게 '네!'라고 화답했다.

보데인은 자신의 노력과 재능으로 성공을 일궈 냈다. 그는 끈질긴 노력으로 모든 것을 이룬 평범한 사람처럼 보였다. 보데인은 유난히 각계각층의 많은 사람들에게 폭넓은 사랑을 받았는데, 아마도 그가 우리 자신을 믿도록 도와주었기 때문일 것이다. 보데인은 모든 사람과 편하게 어울렸으며, 상대가 돈이 많거나 적거나, 명성을 가졌거나 별 볼일 없거나, 특별한 재능이 있거나 숙련된 사람이거나, 유명인이거나 일반인이거나 전혀 개의치 않는 것 같았다. 단지 같은 인간이라는 이유만으로 상대를 좋아하고 존중했다. 하지만 이 원기 왕성하고 사랑에 빠졌으며 본인 커리어의 정점에 서 있던 예순한 살의 남성은 (덧붙이자면 자기 나이보다 훨씬 젊어 보였으며, 젊음의 광채와 함께 어떤 지혜가 싹틀 거라 기대되던 나이였다) 홀로 죽음을 맞았고, 그해 스스로 목숨을 끊은 79만 4000명 중 한 사람이 되었다. 그는 만성 우울증을 앓거나 정신과 치료를 받고 있지도 않았다.

명백한 자기파괴적 유형이라 볼 수 있는 에이미 와인하우스나 마르코 판타니 같은 사례는 인간이 모두 죽음에 대한 욕망을 품고 있다는 가설의 쉬운 예가 될 것이다. 누군가 내 인생에 관한 글을 읽는다면 나 같은 부류는 모두 자기파괴적이라고 생각할 수 있다. '이 자는 틀렸군'이라고 하면서 말이다. 또 만약 누군가 커트 코베인처럼 폭죽 터뜨리듯 사건 사고로 얼룩지거나, 제프리 엡스타인Jeffrey Epstein2 같이 곤두박질치는 인생을 산다면 그 삶의 끝이 결국 죽음이라 해도 그리 놀랍지 않을 것이다.

하지만 모든 걸 가진 것처럼 보이던 이들의 자살 소식은 어떨까? 삶이 생기로 가득 찬 사람이 느닷없이 기이하게도 자기 삶을 저버린다면? 그 순간 우리는 자살에 대해 조금 다른 방식으로 무언가 순간적인 충동이나 잘못된 격정에 가까운 것으로 여기게 되지 않을까? 앤서니 보데인 같은 사람도 자살 충동을 극복하지 못한다면 과연 어떤 이가 안전할 수 있을까?

사실 많은 경우에 자살은 충동적이다. 그러나 이런 충동이 형성되기까지 오랜 기간이 걸렸을 수 있다. 보데인의 사례는 자살의 직접적 원인('충동'의 근원)이 애정 전선에 생긴 불행한 사건이었을 것이다. 문학과 문헌 등 방대한 고전 기록에서 가장 흔히 언급되는 자살 원인은 실연이다. 나와 이야기를 나누던 핼펀은 "애인과의 관계 때문이었을 거예요"라고 하고는 급하게 한마디 덧붙였다. "이건 순간적인

---

2   1953~2019, 미국의 금융가. 아동 성매매로 기소되었고, 수감 중 자살했다.

절망에서 나온 행동입니다. 그 순간만 잘 넘겼으면 아무 문제 없었을 거예요."

아르젠토도 보데인의 죽음과 두 사람 관계의 관련 가능성에 대해 언급했다. "사람들은 제가 보데인을 죽였다고 하죠. 그를 죽였다고요…. 세상 사람들에게 어떤 이유가 필요하다는 걸 알아요. 하지만 저도 알고 싶어요. 저는 그 이유를 모릅니다."

어떻게 보면 아르젠토는 보데인 자살의 진실을 가리킨 것이라 할 수 있다. 그들의 관계가 좋지 않은 방향으로 돌아선 건 맞지만, 사람들은 늘 헤어지고 서로 상처를 주지만 그렇다고 어느 한쪽이 죽는 게 흔한 일은 아니다. 보데인이 자살한 시점이 마음에 상처를 입은 시기와 맞아떨어지긴 했어도, 그런 행동을 실행하게 만든 심리적 기어는 이미 수년 동안 작동하고 있었던 것이다. 보데인은 언젠가 자신은 절대 집을 소유할 사람이 아니며, 늘 세들어 살 스타일이라고 말한 적이 있다. 나는 그 글을 읽자마자 '그래, 그럴 줄 알았어. 난 그 말이 무슨 뜻인지 정확히 알거든'이라 생각했다. 보데인이 한 말은 아내 로테와 동반 자살한 위대한 작가, 슈테판 츠바이크Stefan Zweig[3]를 떠올리게 했다. 츠바이크의 한 친구가 언젠가 말하길, "츠바이크는 어디서 만나든 늘 옆방에 반쯤 싼 여행 가방을 둔 것 같은 태도였다"고 했다.

보데인의 자살은 분명 막을 수 있는 것이었지만 자살하는 이들 대

---

3   1881~1942, 오스트리아 출신의 유대인으로 소설가, 저널리스트, 극
     작가 등으로 폭넓게 활동했다. 프로이트의 심리학을 응용한 빼어난
     작품을 많이 남겼다.

부분이 그렇듯 그도 오랫동안 자살 생각을 해왔을 것이다. 보데인은 종종 자신을 자살한 가상의 영업 사원, 윌리 로먼Willy Loman4과 비교했다. 하지만 만약 보데인이 자기 삶도 로먼의 삶처럼 끝날 거라 생각한 게 아니라면 그 두 사람 사이에 그리 유사성이 있어 보이진 않는다. 보데인의 친구 프레드 모린은 "앤서니에게는 이상한 어둠이 있었어요, 알죠? 두려워한 것 같진 않아요. 말하자면 혀 아래에 청산가리 알약을 숨기고 다니면서 아주 젊을 때부터 평생 준비돼 있던 느낌이랄까요?"

보데인은 때로 마약과 알코올을 과도하게 사용했는데, 이는 결국 자살로 사망한 이들에게서 흔히 발견되는 특징이다. 또 이런 면이 보데인의 대중적 페르소나에 속하지는 않지만, 그의 친구 여럿이 서술한 바로는 보데인이 평소에도 불안과 우울감으로 계속 힘들어했고, 그의 아버지가 돌아가신 나이인 쉰일곱 살이 넘어서는 살지 못할 것 같다는 말을 자주 했다고 한다. 보데인은 직접 쓴 베스트셀러 회고록 《키친 컨피덴셜Kitchen Confidential》에서 자신은 헤로인 사용으로 문제를 일으켰던 20대 때 살아남지 말았어야 했다고 했다. 당시 자살 성향이 있던 건 아니지만, 분명 준자살의 경향을 보인 것이다.

보데인의 나이 역시 그를 죽음에 이르게 한 원인이었을 것이다. 보통은 나이가 들수록 삶에 더 요령이 생기고 어려움에도 더 잘 적응

---

4   극작가 아서 밀러(1915~2005)의 대표작인 연극 <세일즈맨의 죽음>의 주인공. 한 회사에서 오랜 경력을 쌓았지만 63세라는 나이에 급여 삭감과 해고를 겪고 자살로 생을 마감한다.

하게 된다. 실제로 나이에 따라 회복탄력성Resilience도 향상되는 것으로 보인다. 그런데 남자들은 보통 나이 들어 가면서 점차 자살 성향도 높아진다. 미국 남성으로서 보데인은 자살 위험이 가장 높은 시기에 근접해 있었다. 2015년의 연구에 따르면 65세 이상 남성이 자살로 사망할 확률(10만 명당 27.67명)이 가장 높았으며, 근소한 차이로 40~64세 남성의 자살률(10만 명당 27.10명)이 그 뒤를 이었고, 다음으로 20~39세 남성은 상당히 의미 있는 감소(10만 명당 23.41명)를 보였다. 마지막으로 15~19세 청소년의 자살률 수치(10만 명당 13.81명)는 앞 세대에 비해 상당히 낮은 수치를 기록했다. 미국자살예방재단American Foundation for Suicide Prevention에 따르면 대체로 미국에서 자살위험이 가장 높은 이들은 백인 중년 남성이라고 한다.

마치 보데인이 자살할 운명이었다는 말로 들릴지 모르겠다. 우리에게 얼마간 의식적으로 자기 소멸의 욕망이 있다는 내 말이 맞다고 생각해 보자. 그렇다면 이 말이 곧 실제로 자살하는 사람들은 단순히 강해진 욕망을 행동으로 옮겼다는 뜻일까?

나는 그렇게 보지 않는다. 나 자신이 자살로 죽을 운명이라 생각하지 않으며, 자살 기도를 할 때마다 내게는 이유가 있었다. 사람들은 저마다 자기만의 이유로 자살하는데, 그 이유가 대단히 놀라운 것이 아닐 때가 많다. 내가 볼 때 인간의 자기파괴적 욕망이 중요한 이유는 사람들이 왜 삶의 문제에 대한 반응으로 다른 해결책이 아닌 자살을 선택하는지 설명하는 데 도움이 되기 때문이다. 또한 나처럼 자살을 머릿속에서 지울 수 없는 사람들에 관해서도 설명해 준다.

사람들이 특정한 이유로 자살한다는 개념이 중요한 건 만약 어떤 이유가 있어 자살하는 거라면, 목숨을 끊지 말아야 할 이유 역시 찾을 수 있을 것이기 때문이다. 이는 또한 자살한 사람들의 삶과 생각을 연구해야 하는 타당한 이유가 된다.

17세기에 쓰인 우울증에 관한 획기적인 책 《멜랑콜리의 해부The Anatomy of Melancholy》에서 저자인 로버트 버턴Robert Burton은 많은 작가가 공감하는 주제인 자살의 양가감정 문제를 다뤘다. 버턴의 글은 때로 사람들이 정신적 혹은 육체적 고통을 회피하기 위해 자살을 선택한다는 내용으로 보일 수 있지만, 사실 그는 자살이 정신질환의 직접적 결과이며 따라서 자기 생명을 끊는 사람이 스스로 그런 결정을 한다는 건 말이 안 된다고 생각한 것으로 보인다. 자살을 기도한 적이 있으며 그에 대한 뛰어난 글을 쓰기도 한 동시대 소설가인 도널드 앤트림Donald Antrim도 버턴의 이런 시각에 공감하며 "자살은 자연사自然史이며 질병의 발달 과정이지, 행동이나 선택, 결정, 바람 같은 게 아니다"라고 했다. 또 "자살은 신체와 뇌의 질병이고 이런 차이점을 구분할 수 있다면 오랜 시간에 걸쳐 죽음에 이르는 건 질병 때문임을 이해할 수 있을 것이다"라고 견해를 밝혔다. 자살에 대한 생각을 담은 유작 《출구》를 완성하자마자 목을 맨 넬리 아르캉은 자신의 이전 소설인 《미친 여자Folle》에서 "나 같은 사람들에게 어떤 선택을 하느냐의 문제는 생기지 않는다. 그저 공허한 목소리에 이끌리기 때문이며 우리는 그에 대한 대답으로 침묵을 지킨다"라고 했다.

우울증이 찾아오는 것은 선택의 문제가 아니며, 일련의 선택이 가져온 결과도 아니다. 평생 심각한 우울증에 시달리는 한 친구가 "그냥 날씨가 달라지는 거야"라고 말한 것과 같은 맥락이다. 작가 케빈 샘셀Kevin Sampsell은 〈살롱Salon〉을 통해 발표한 자신의 우울증과 자살할 뻔한 일에 관해 쓴 에세이에서 "마치 육체적으로 어떤 일이 생긴 것 같았어요. 차 사고를 당하거나 계단에서 굴러 뇌진탕이라도 생긴 것 같았죠. 아무튼 제 안에서 화학적 반응이 일어나게 된 겁니다"라고 표현하기도 했다. 어떻게 왜 이런 일이 생겼는지 알지 못한 채 그저 고통과 때로는 공포가 '팡!' 하고 시작되는 것이다. 누군가 유명하고 뛰어난 사람, 예컨대 쉰다섯 살에 열세 살짜리 딸도 있고 부유하고 성공했으며 인생의 전성기에 있던 케이트 스페이드Kate Spade5 같은 이가(앤서니 보데인처럼 '행복한 게 당연'해 보이는 사람) 자살하면, 사람들은 그 죽음에 대한 설명으로 심각한 정신적 고통이 있었는지 열심히 찾게 된다. 〈뉴욕 타임스〉는 스페이드의 부고 기사에서 "케이트의 남편인 앤디 스페이드가 나중에 밝힌 바로는 아내가 우울증 치료를 원했다고 밝혔으며, 종종 그 증상이 심각했다는 말을 덧붙였다"라고 보도했다.

미국의 저널리스트이자 뉴욕주 작가 명예의 전당NYS Writers Hall of Fame에 오른 작가인 캘빈 트릴린Calvin Trillin은 자신의 예일 대학 친구 중 가장 재능 있고 뛰어나며 행복했던 데니 핸슨Denny Hansen의 자살을 이해하기 위해 《데니를 기억하며Remembering Denny》를 집필했다.

---

5   1962~2018, 미국의 패션 디자이너 겸 사업가. 디자이너 브랜드 '케이트 스페이드 뉴욕(Kate Spade New York)'의 공동 설립자로 2018년 자신 소유의 맨해튼 아파트에서 목숨을 끊은 것을 가정부가 발견했다.

데니 핸슨은 '캘리포니아 스타일 그 자체'로 유명했다. 로즈 장학생 Rhodes Scholar[6]이었고 〈라이프〉에 두 번 소개됐으며, "백만 불짜리 미소"(트릴린의 아버지가 데니를 표현한 말)를 가진 그는 상원 의원이나 심지어 대통령이 되리란 기대까지 받았다. 하지만 쉰다섯 살에 세상을 떠난 그의 장례식장 영정 사진을 본 후 트릴린은 "어떤 미소도 찾아볼 수 없었다"라고 했다. 데니 핸슨의 또 다른 친구는 그의 죽음에 대해 "미래의 대통령은 러호버스 해변의 걸어 잠근 차고에서 혼다 차의 시동을 켜고 가속 페달을 책과 프라이팬으로 눌러놓은 채 바닥에 누워 있으면 안 되는 거였다"라고 기록했다. 트릴린은 이 책의 말미에서 데니 핸슨이 젊었을 때도 "설명되지 않고 설명할 수도 없는 어두운 면이 있었음"을 깨닫는다.

하지만 우리가 정신적 고통을 생각할 때 신체적 고통을 마주하고 있는 누군가의 자살을 정당화할 수 있을 만큼 확신할 수는 없다. 나는 이 책에 관한 아이디어를 친구와 상의하면서 내가 로빈 윌리엄스 Robin Williams[7]의 자살에 충격받은 일을 꺼냈다. 친구는 "아, 나도 그랬어. 그래도 로빈 윌리엄스가 정말 왜 그런 행동을 했는지 알고 나니까 기분이 좀 나아지더라. 불치병이었잖아." (알고 보니 로빈 윌리엄스의 사례는 대부분의 사람들이 생각한 것보다 훨씬 더 복잡했다.) 어쨌든 요지는 이런 자살 사례에 대한 우리의 감정 반응에 숨겨진

---

6 옥스퍼드 대학에서 수여하는 로즈 장학금 수령자
7 1951~2014, 미국의 유명 배우이자 코미디언. 연극과 영화 등 다방면에서 활약했으며 2014년 자살로 생을 마감했다. 처음에는 우울증이 원인으로 지목됐으나, 파킨슨병 진단에 따른 자살로 밝혀졌다.

3장. 날씨처럼, 내일은 생각이 바뀐다

'실제'와 숨겨진 '그저'가 슬그머니 끼어든다는 것이다. 즉 로빈 윌리엄스는 '실제'로 끔찍한 질병에 고통받았고, 그가 '그저' 개인적으로 힘든 일이나 우울증 때문에 괴로워한 것이 아니었다.

자살을 정당화하거나 그에 대해 변명하거나, 그 사람이 "정말 그럴 생각은 아니었다"거나 자신이 통제할 수 없는 육체적 고통이나 심리적 장애 때문에 "어쩔 수 없었다"고 믿고 싶은 건 지극히 자연스러운 일이다. 그러나 이를 바꿔 말하면 누군가 강력한 외부 요인이 '없던' 사람에게는 책임이 따르고 비판받아야 한다는 말이기도 하다. 이는 마치 영화 〈긴 이별The Long Goodbye〉에서 술꾼에 자기파괴적인 작가로 등장하는 로저 웨이드가 터프하고 비밀스러운 눈을 가진 필립 말로에게 "자살을 생각해 본 적 있소?"라고 질문하던 장면을 떠오르게 한다. 그 순간 말로는 도덕적 경멸의 기색을 내비치며 "저요? 전 그런 건 믿지 않습니다"라고 답했다.

이 중 일부는 예로부터 전해지는 유대 기독교의 도덕적 인습因襲에 해당하며, 이는 인간의 영혼이 악에 끌리게 돼 있으니 악에 맞서 선을 발견해야 한다는 개념이다. 또 신체적 고통과 불치병은 맞서는 게 불가능하지만 정신적 고통은 투쟁해 이겨 낼 수 있다고 여긴다. 이런 생각은 누구든 원하면 자기 삶을 저버릴 수 있지만, 그러지 않는다는 사실에 대한 인식일 것이다(이것이 남몰래 자기 등을 토닥이고 다른 사람을 판단하는 이유가 되는지는 또 다른 문제다). 어떤 면에서 아마도 우리 모두 신체적 고통은 겪어 봤기 때문에 참을 수 없는 그 고통을 피하고 싶어 하는 마음에는 공감할 수 있어도, 많은 이가 경증 혹은 중증의 우울증이나 자살 생각은 경험해 보지 않아 신체의 고통만큼 자연스럽게 이해하지 못하는 것일 수 있다. 또 한편으로 보면, 정신질환에 대한 뿌리 깊은 편견 때문이기도 하다. 우울증과 다른 정신질환을 조금이라도 인식하게 된 건 최근의 일이다. 우울증을 당뇨병 치료하듯, 아니 더 좋은 예로 소아마비 치료하듯 고칠 수 있다면(경증부터 중증까지 우울증의 존재를 바로 없애 버릴 수 있다면) 자살 문제는 해결될 수 있을까? 아니면 슬픔, 불안, 우울, 외로움, 절망이 부처와 예수, 아빌라의 성 테레사[8], 키르케고르, 릴케, 오드리 로드 같은 수많은 이의 생각처럼 인간 조건의 본질이며 영적 성장의 결정적 기회인 걸까?

우리는 또한 현명하지 못하게도 우울증과 자살에 대한 개념과 분석을 너무 밀접하게 하나로 묶어 버린다. 사람들이 자살할 때 우울한 경우가 많지만, 그렇다고 우울증과 자살이 같은 법칙에 따라 작동한다는 말은 아니다. 우울증 환자들이 보기에는 자살이 유일한 해답이나 자기 심리 상태의 자연스러운 절정은 아닐지 몰라도, 절망감에서 벗어나는 최선의 해결책이 될 거라고 생각(오해든 아니든)할 수 있다. 다행히 대부분의 우울증 환자는 자살을 선택하지 않는다. 그리고 불행히도 많은 이가 우울증 이외의 이유로 스스로 목숨을 끊는다.

앞 장에서 살펴봤듯 만성적 자살 성향부터 준자살까지 범위를 넓혀 고려하면 그 사례들이 자유의지부터 앤트림이 지칭한 '자연사'에

---

8   1515~1582, 열아홉 살에 수녀원에 입회. 사망 후 1614년에 시복되고 1622년 교황 그레고리오 15세에 의해 시성되었다. 여성 최초의 교회 학자이며 사망 후 440년이 지난 뒤 공개된 시신이 부패하지 않아 화제를 모았다.

까지 걸쳐 있다는 말이 타당함을 알 수 있다. 이러한 연속성은 중독에서 볼 수 있는 스펙트럼과 유사하다. 어쩌면 나는 생물학적으로 알코올 중독에 걸릴 운명이었는지 모른다. 마찬가지로 자살을 시도하도록 생물학적으로 정해져 있었을 수도 있다. 그러나 내 느낌으로는 두 경우 모두 내 의지가 작동한 것 같다. 소위 지옥으로 떨어질 선택을 여러 번 한 것이다. 말하자면 지난번처럼 목을 매러 지하실로 내려갔던 일이 그랬다. 그렇다, 나는 바로 그때 다른 어떤 일을 내가 할 수 있었을 거란 기분이 들었다. 이를테면 이 줄을 천장 기둥과 내 목에 두르는 대신 원래 용도대로 강아지 산책을 나갈 수도 있었으리라. 그러나 이것이 그 순간 내가 선택한 행동이었다. 앤트림 같은 사람들에게는 자살 충동이 질병일지라도, 어쨌든 그 질병을 완화하기 위해 어떤 조치를 할 수 있을 것이다. 당뇨병 환자가 당뇨병을 지닌 채 살아가는 법을 터득하는 것처럼 말이다.

홀로코스트의 생존자이며 결국엔 자살로 생을 마감한 장 아메리는 누군가를 자살하게 만드는 심각한 내적, 외적 요소와 자유의지 간의 기묘한 상호작용에 관한 글을 남겼다. 아메리는 어떤 사람들은 "애초에 자살 성향의 기질을 타고났다"고 언급했다. 이 말은 내가 생각해 온 자유의지와 결정론을 정확히 설명해 주는 표현(스스로 자살 성향(중독) 기질을 발달시킨다는)이다. 다시 말해 선택이 습관이 되면 이후에는 선택하는 행동이 눈에 덜 띄거나 심지어 불필요해지기까지 할 수 있으며, 그에 따라 어떤 성격이 형성(기질, 존재하는 방식)되면서 엄밀히 우리 통제를 벗어난 내적, 외적인 삶의 많은 요소뿐 아니라 우리가 한 선택들이 표현된다는 것이다.

즉, 아메리의 설명에 따르면 우리는 자살할 때 자유로운 마음으로 해방감을 느끼며 행동한다. 따라서 자살하는 많은 이의 죽음을 막을 수 있다고 보는 것이다. 일시적으로 자살하려는 경우 마음에 변화가 생기거나, 눈앞의 자살 수단을 거부하면 가능하다. 사람들이 다리 아래로 뛰어내리는 걸 막기 위해 울타리를 치면 자살률은 내려간다. 가스에 냄새가 나도록 해 자신이 무엇을 들이마시고 있는지 모른 채 숨 쉬는 일이 없게 할 수도 있다. 혹은 석탄 난로를 단계적으로 없애면(석탄에서 나오는 일산화탄소 중독으로 하는 자살을 더 어렵게 만들면) 자살하는 이들이 줄어든다. 특정 살충제와 제초제(치명적인 독을 구하기가 상대적으로 더 쉬운 아시아와 남아시아에서 널리 사용하는 자살 방법)를 금지해도 자살자 수가 내려간다. 총기 접근 가능성을 떨어뜨리면 자살률도 내려간다. 어떤 이들은 단순히 스스로 목숨을 끊을 운명일 수도 있지만, 이런 경우는 드물며, 자살로 인한 사망 대부분은 사실 피할 수 있다고 생각한다. 한편으로 내 이런 견해는 나 자신을 운명의 희생자로 보고 싶지 않거니와 내 손에 의해 어쩔 수 없이 죽을 수밖에 없다고 생각하기 싫은 마음, 오직 그 이유 때문일 것이다.

내가 정말 맞다고 생각하는 건(아마 앤트림의 관찰에 동기 부여가 되었을 것이다) 사랑하는 이를 자살로 잃은 유가족이 그 일로 자신을 책망하지 않도록 해야 한다는 점이다. 우리는 각자 나름의 방식으로 가족의 죽음을 슬퍼하며, 이 중 자책과 비난은 많은 이에게 애도 과정의 중요한 일부다. 자신을 탓하고 고인에게 화가 나는 것도 자

3장. 날씨처럼, 내일은 생각이 바뀐다

연스러운 반응이며, 그것은 남겨진 이들이 달리 어떻게 할 도리가 없어도 그렇고, 자살한 이가 본인의 딜레마에 대한 어떠한 해결책도 찾지 못했다 해도 마찬가지다. 일련의 원인과 결과 때문에 사랑하는 누군가가 죽었다면 우리는 당연히 그 연결 고리 안에 슬쩍 다른 원인을 끼워 넣어 다른 결과가 나오게 하고 싶을 것이다.

대개 우리는 다른 사람이 진심으로 죽으려 할 때 그 사람의 죽음을 막을 수 없다(어떤 경우에는 막지 말아야 할 수도 있다). 러시아의 신비주의자인 라스푸틴Rasputin[9]의 추종자 한 사람이 극심한 슬픔에 빠진 상태로 그를 찾아와 사랑하는 이가 자살했는데 그 죽음을 막지 못했다고 했다. 그러자 라스푸틴이 그 여성에게 "당신이 누구길래 다른 사람이 자살하는 걸 막을 수 있다는 거죠? 우리 주님이고 구원자이신 예수 그리스도도 자신의 사도 중 한 명의 자살을 막지 못했는데요?"라며 유다의 죽음을 언급했다. 자살한 주변인 때문에 자책하는 이들은 사실은 그 고인의 죽음을 최대한 미루는 데 도움을 준 사람 중 한 명일 수 있다.

내 경험을 얘기하자면 나의 자살 시도를 막기 위해 달리 말하거나 행동해야 했던 이는 아무도 없다. 그래도 사람들이 상황을 더 좋거나 나쁘게 만들 수는 있다. 마음에 상처를 입어서 혹은 말다툼 중에 자살하는 이들이 있는 것도 사실이다. 하지만 그들은 죽음 말고 다른 행동을 취할 수 있었다. 누군가와 논쟁을 벌였다고 해서 그 사람을

9　1869~1916, 그리고리 예피모비치 라스푸틴(Григо́рий Ефи́мович Pаспу́тин), 제정 러시아 말기 파계 수도자이자 예언자. 황제 니콜라이 2세의 비선 실세로 러시아 제국의 몰락에 일조했다.

살해하는 결정을 내리지는 않는다. 자살 충동을 지닌 사람으로서 말하자면 나는 자신과 투쟁하는 것이다. 나를 없애려 하는 것은 나 자신이다.

다음은 에밀리 디킨슨Emily Dickinson의 글이다.

> 나를 내게서-없애기-
> 난공불락의 요새를
> 온 마음으로-
> 내가 그럴 수 있을까?-
> 하지만 나 자신을-나를 공격하는 게-
> 의식을
> 정복하지 않고서야
> 어떻게 평화를 얻을 수 있을까?
> 우리가 서로의 왕인데
> 나를-내게서
> 물러나게 하지 않고야
> 어찌 가능할까?

사랑하는 이를 자살로 잃은 사람 누구라도 고인의 때 이른 죽음이 자신의 잘못이 아님을 이해하는 데 이 글이 도움이 되었으면 한다. 어떤 사람들에게는 자살이 불가피한 것인지도 모르지만, 확신하건대 고인이 자살을 오랜 시간 생각해 왔고 한 번 이상 시도하다 결국 성공했을 것(혹은 처음 시도에 사망했을 것)이며, 기본적으로 혼자 전투를 벌인 것이란 점이다. 이것이 자살한 이들이 남기는 유서가 분노와 비난으로 가득한 게 아니라 늘 사과인 이유다.

사람들이 스스로 목숨을 버리는 이유(에 속하는 것들)는 무엇일까? 장 베슐레르Jean Baechler[10]는 자신의 획기적 작품이며 죽음이라는 주제에 대한 훌륭한 연구 가운데 하나로 손꼽히는 《자살론Les suicides》에서 자살의 동기를 현실 도피, 공격성, 희생, 유희 이 네 개의 집단으로 나눈다. 처음 두 가지 범주의 뜻은 분명하다. '희생'은 더 높은 목표를 추구함으로써 정당화하는 자살을 뜻한다. 예컨대 다른 이의 생명을 구하거나 이상을 위해 분투하는 것으로 자신의 사랑을 증명하거나 전쟁에 반대하기 위한 자살을 들 수 있다. '유희'는 게임과 관련 있거나(러시안룰렛을 떠올려 보라), 자신의 장점(종교적 순교처럼)을 증명하기 위해 시련을 기꺼이 감당하는 것과 연결된다.

이 책에서 나는 대부분 현실 도피에 따른 자살 사례를 이야기하고 있다. 이것이 내가 아는 범주이기 때문이다. 나는 심지어 자살(특히 자살 기도)을 떠올리는 것이 약간 술 마시는 일과 비슷하게 느껴진다. '클랜시'에게서 벗어나 잠시 쉬는 것이다. 제발 어떻게든 내가 내게서 떨어져 있을 수 있다면. 그렇긴 하지만, 현실 도피와 공격성이라는 자살의 이유는 혼재되어 있을 때가 많다(프로이트가 보인 이런

---

10 1937~2022, 프랑스 사회학자이자 파리 제4대학 명예 교수. 에밀 뒤르켐의 《자살론》을 비판적으로 보완한 《자살론》으로 명성을 얻었다.

관점의 전개는 메닝거 같은 20세기 정신분석학자들 사이에서 인기가 있었다). 즉 자살로 현실에서 도피하려는 이유 중에 다른 누군가를 향한 좌절된 공격도 포함될 수 있는 것이다. 예를 들어 자살하려 했던 여섯 살의 나는 새로운 가족이 생긴 것에 대해 분명 엄마에게 화가 나 있었다. 아버지에게는 우리를 떠나 멀리 이사 간 것에, 형에게는 아버지와 살기 위해 나를 버리고 미국으로 도망간 일로 화가 나 있었다. 그리고 많은 부당한 방식으로 나와 내가 사랑한 사람들의 모든 불행을 새아버지 탓으로 돌렸다. 그렇다고 가족 누구도 직접적으로 공격할 순 없었다. 그 대신 여섯 살 아이 마음에, 자살하면 그들이 나에게 한 일을 내가 되갚아 줄 수 있다고 생각한 것이다.

이따금 누군가의 자살 이유가 어느 정도 분명할 때도 있다. 알프레트 아들러는 1937년에 발표한 에세이 《자살》에서 "어떤 상황에서는 평범한 사람도 자살만이 유일한 탈출구라 여길 수 있다. 줄어들 가망이 전혀 없는 고문처럼 바뀌지 않는 매우 고통스러운 상황, 비인간적이고 잔인한 공격, 수치스럽거나 죄가 되는 행동이 발각될 것에 대한 두려움, 고칠 수 없는 극도로 고통스러운 질병 등이 이에 해당한다. 그런데 놀랍게도 실제로 이런 이유로 자살하는 사람들은 그리 많지 않다"라고 주장했다. 아들러는 계속해서 다른 자살 동기를 제시했으며, 심리학자로서 자신의 광범위한 경험으로 볼 때 "소위 자살의 원인 중에서 심리적 질병이 있는 경우를 제외하면 돈을 잃고 빚을 갚을 수 없는 경우가 가장 많다. 그리고 뒤이어 실망스럽고 불행한 사랑이 자살 빈도에서 두 번째를 차지한다"라고 했다.

이와 유사하게 1세기도 더 전, 아메리카 원주민인 나바호족 사이에 자살의 네 가지 흔한 원인으로 '나아지지 않는 불치병, 성적 질투와 결혼 생활의 문제, 범법 행위로 심각한 처벌이나 감옥에 가야 할 상황이 불가피한 경우, 친척의 죽음'이 회자되었다. 질병, 마음의 상처, 수치, 비통함과 같은 이런 이유는 우리도 친숙하다.

프랑스의 실존주의 철학가이며 소설가인 알베르 카뮈Albert Camus 는 자신의 에세이인 《시지프스의 신화The Myth of Sisyphus》(아마도 카뮈 작품 중 가장 널리 교육되고 읽히는, 자살에 관한 에세이일 것이다) 에서 자살하는 '이유'에 대해 논했다. 그는 "그런 위기를 가져오게 한 어떤 일련의 일들이 있었는지는 늘 거의 확인 불가능하다. 신문에서 는 흔히 '개인적인 슬픔'이나 '불치병'을 이야기한다. 이런 설명은 그 럴듯하다. 하지만 절망에 빠진 사람의 친구 한 명이 바로 그날 고인 에게 무심한 말을 건넸는지 봐야 한다. 그렇다면 그 친구가 죄인이 되는 것이다."

말하자면, 그렇다. 사람들은 어떤 이유 때문에 자살하지만, 그 이유 는 그저 자살 직전의 순간에 이르게 한 것뿐이다. 결국 벼랑 끝까지 몰 고 간 것, 고인이 '오늘이 그날이야, 더는 견딜 수 없…'이라는 결심을 하게 만든 것은 가장 사소한 것일 수 있다. 카뮈는 이 점을 정확히 짚 어 내고 있다. 상황이 악화하면 절대 자살하지 않을 것 같던 사람이 점차 자살 충동을 느끼게 되고 점점 더 실의에 빠지다 마지막 한 번의 사소한 일이 결국 '이제 충분해'라고 말하도록 만든다는 것이다.

사실 많은 사람, 아니 어쩌면 모든 사람이 단지 오늘에서 내일로 넘어가기 위해서는 엄청난 노력이 필요할 수 있다. 찰스 부코스키가 언젠가 언급하길 매일 아침 잠자리에서 일어나고 구두끈을 묶고 양

치질을 해야 한다는 생각만으로도 어떤 이성적인 사람이라도 자살 직전까지 내몰기에 충분하다고 했다. 무의미해 보이는 매일의 삶에서 반복되는 고된 일이 우리를 억압하고 낙담하게 할 수 있다. 그렇지 않다 해도 때로는 다음 날 맞서야 할 일(질책, 실패, 두려움, 씁쓸함, 분노, 자신을 의지하는 사람들을 실망시키는 일)들이 감당할 수 없을 만큼 힘들게 느껴질 수 있다.

우리가 붙잡고 있는 현실은 우리의 바람보다 더 취약할 수 있다. 《미지의 세계》에서 앤서니 보데인은 "이를테면 나는 공항에 있을 것이다. 그리고 공항 햄버거를 주문할 것이다. 하찮고 작은 것, 그다지 좋지 않은 햄버거. 나는 문득 그 햄버거를 바라보고 며칠간 이어질 우울증의 소용돌이에 빠진 나를 발견한다."

2020년 6월 9일, 대중적으로는 재스 플라이나 재스 워터스로 알려진, 시나리오 작가이며 기자인 재스민 워터스Jasmine Waters가 캘리포니아 로스앤젤레스에 있는 자택에서 목을 매 사망했다. 그녀는 인기 TV 쇼인 〈디스 이즈 어스This Is Us〉의 이름난 작가였다. 또한 흑인 여성으로서는 처음으로 많은 장벽을 뚫고 예술적, 재정적 성공을 이룬 할리우드 작가 중 한 명이었다.

〈마이애미 타임스〉에 실린 부고에서 기자가 자연스럽게 다음과 같은 의문을 제기했다. "어떻게 이런 일이 있을 수 있을까요? 재스 플라이는 할리우드에서도 동료들과 유명 스타들에게 각광받는, 성공한 아름다운 흑인 여성이었습니다. 모든 게 그를 위해 돌아가는 것 같을 정도였어요. 대체 무슨 일이 있었던 걸까요?"

재스 워터스의 죽음은 언론에서 더 많은 관심을 받았다. 이는 미국에 사는 흑인 여성들에게 나타난 소위 '자살의 역설'이라 불리는 현상 때문이었다. 사회 경제 집단으로서 흑인 여성이 가장 척박한 환경에 처해 있다는 사실은 누구도 부인할 수 없다. 그럼에도 미국의 주요한 하위 그룹 넷(백인 남성, 흑인 남성, 백인 여성, 흑인 여성) 중 마지막 그룹인 흑인 여성의 자살률이 늘 가장 낮았다.

마고 제퍼슨은 자살 충동과의 투쟁을 멋지게 그려낸 자서전이자 회고록인 《흑인 거주 지역》에서 "백인 여성 한 명에게 주어지는 특권이 흑인 거주 지역인 니그로랜드의 여성들에게는 여전히 허락되지 않았다. 이들은 우울증에 자유롭게 굴복할 특권마저 부정당했다"라고 지적했다. 이어 엔토자케 샹게Ntozake Shange[11]가 〈컬러드 걸스For Colored Girls Who Have Considered Suicide/When the Rainbow Is Ennuf〉라는 드라마를 쓰고 나서야 흑인 여성들이 자살에 대해 "고려할(숙고하고 관조할) 수 있게 되었다"라고 말했다.

내가 제퍼슨과 함께 흑인 여성들의 자살 건수가 상대적으로 적다는 것에 대해, 그리고 그녀 자신의 우울증과 자살 생각과의 사투에 관해 이야기를 나눴을 때 제퍼슨은 흑인 여성들에게는 살아남기가 늘 의무이자 승리로 이해된다는 점을 내게 상기시켜 줬다. "살아남는 게 승리였어요." 제퍼슨이 말했다. "그리고 여기엔 자살에 대한 갈망으로부터 살아남는 것"도 포함된다. 제퍼슨은 미국에서 흑인 여성

---

11 1948~2018, 미국의 극작가이자 시인, 흑인 페미니스트로서 다양한 작품에서 인종과 흑인 권력과 관련된 문제를 다뤘다.

으로 산다는 건 "모든 면에서 굴하지 않아야 함"을 배우는 거라고 했다. 이런 이유는 재스민 워터스와 마고 제퍼슨, 최근에는 시몬 바일스, 오사카 나오미Osaka Naomi[12]처럼 주목할 목소리를 내는 이들과 같은 유색 인종 여성들이 자신들의 심리적 투쟁을 오히려 더 눈에 띄게 공개적으로 이야기하게 만든다.

그렇다고 재스민 워터스의 자살이 잘한 일이라는 말은 당연히 아니다. 딜레마에 대해 다른 더 나은 해결책이 있었다 해도, 워터스가 자신에게 자살할 '권리'가 있다고 느꼈다는 사실 자체는 그래도 괜찮을 수 있다. 여기서 말할 수 있는 건 워터스가 견디기 힘든 심리적 고통 때문에 스스로 목숨을 끊었다는 사실이다. 흑인 여성의 우울증과 자살에 대한 금기는 이러한 금기가 개인의 고통을 가중하는 동시에 어떻게 흑인 여성 전체를 보호한다는 것인지, 흥미롭게도 문제를 더 복잡하게 만든다. 한편으로 자살이 금지되었기에 일반적으로 흑인 여성들은 자살하지 않는 것으로 보이지만, 다른 한편으로 흑인 여성 개인은 자신이 가진 자기 소멸 욕구가 알고 있는 규범과 의무에 위반되므로 고통이 커질 수 있다. 대개 우울증과 특히 자살의 역사를 통틀어 금기는 경험에 관한 솔직함과 그것을 행동으로 표현하는 것을 막을 목적으로 사용됐다.

워터스는 이전에도 적어도 한 번 이상 자살을 시도했다. 스물한 살 때에는 타이레놀 한 병을 다 삼켜 버렸다. 열아홉 살에 우울증 진단을 받았고 성인기 내내 우울증과 씨름한 것으로 보인다. 코로나19 팬

---

12   1997~, 일본 출신의 프로 테니스 선수. 여성 프로 테니스 선수로서 최정상을 지키던 2021년 돌연 우울증을 고백하며 휴식기를 가졌다.

데믹으로 인한 격리와 일상의 결여가 그의 우울증과 불안을 악화시킨 것으로 보인다(아주 많은 이가 그랬듯이). 워터스가 죽기 바로 몇 달 전 그의 X에는 다음과 같은 글이 게시됐다.

"창의적인 목조르기."

- 2020년 3월 30일 오후 6시 12분

"소용돌이에 휘말리는 대신 지난 한 시간 동안 정원 일을 함. 바로 이거다. 이게 오늘의 승리다."

- 2020년 4월 15일 오후 4시 59분

"시간이 흘러가는 데서 무엇을 배웠나요? 저는 계속해서 많은 답을 생각하고 생각했습니다. 그래도 그중에서 한 가지만 골라 오랫동안 공유할 수 있다면 이것을 선택할 것입니다. 누군가 내가 가장 두려워하는 것을 내 침대 위에 매달아 놓고 매일 내가 자고 일어나게 하는 것 같다고."

- 2020년 4월 16일 오후 12시 54분

"나의 다음 생이 어떨지 궁금하다."

- 2020년 4월 20일 오후 7시 4분

"나는 지옥에 있다."

- 2020년 4월 22일 오후 4시 36분

"나는 불안하게 숨어 있는 데 질렸다. 거의 매일 약해질 대로 약해지고 있다. 그래도 음식을 만들면 그저 좀 진정이 돼 좋다. 만약 알 수 없는 두려움을 잠재우느라 씨름하고 있다면 당신은 혼자가 아니라는 걸 알아야 한다. 나 역시 그렇다."

- 2020년 4월 24일 오후 10시 12분

"그저 어떤 거지 같은 일이 모든 걸 바꿔 놓기도 한다."

- 2020년 5월 8일 오전 12시 5분

이 마지막 트위터 글을 쓰고 한 달쯤 지나서 워터스는 스스로 목숨을 끊었다. 그는 자신이 고투하고 있음을 알았고 이 싸움에서 혼자라는 것 또한 알았다. 워터스의 많은 트위터 글이 어떤 일이 벌어질지 알려 주는 증거가 될 수 있긴 하지만, 딱 그만큼 많은 수의 게시글이 그가 자기 상황을 심각하게 보고 있으며 자신처럼 고통받고 있을 다른 이들을 돕기 위해 노력하고 있었음을 보여 준다.

워터스는 이런 자신의 투쟁과 다른 이들의 고통에 대한 인지를 이전에도 드러낸 적 있다. 2014년 8월 텀블러에 로빈 윌리엄스의 자살에 관해 긴 게시 글을 올리면서다.

누구든 지금 이 말이 필요한 이에게…

로빈 윌리엄스의 죽음은 전혀 예상치 못한 충격이다…. 나는 열아홉 살 때 처음으로 우울증 진단을 받았다. 꽤 험난한 어린 시절을 겪으며 휘청거리는 삶을 살던 나는 결국 2년 뒤 어느 날 밤 이런 극심한 슬픔은 더 이상 단 하루도 견딜 수 없다는 생각에 사로잡혔다. 그리고 타이레놀 PM 한 병을 모두 삼켰다. 지금 생각해 보면 그때 내가 정말 죽고 싶었던 걸까? 그런 것 같진 않다. 하지만 그때 나와 다른 모든 사람 사이에 가로놓인 압도적으로 두꺼운 절망의 벽을 뚫는 유일한 길이었다. 위세척 경험은 평생 상처가 되는 일이다. 내 말을 믿어도 좋다. 그리고 그보다 중요한 것은 내 아버지의 눈에 서린 선연한 두려움이었다. 그 시선은 나로 하여금 우울증을 끌어안고 살아가는 법을 배우고 싶게 만들기에 충분한 것이었다. 우울증은 병이다. 감정이 아니다. 많은 시간과 끊임없는 스스로의 노력이 있다면 누구나 극복할 수 있다. 내가 바로 살아 있는 증거다. 우울증이 있는 사람은 뻔히 보이는데도 병을 숨길 때가 많다. 최악의 경우 틀에 박힌 모습으로 살아가고, 그저 경보음이 울리지 않을 정도로만 행동한다. 우울증이 극에 달한 순간에는 모든 것에 대한 답이 "무슨 의미가 있지?"가 돼버리기 때문이다.

어쨌든 당신. 중요한 건 당신이다.

요즘 들어 우울증은 마치 다이어트처럼 내 삶의 일부가 되었다. 엄격한 훈련 같다. 네다섯 달에 한 번씩 도저히 견딜 수 없을 만큼 힘들어서 모든 삶이 지옥으로 변해 버린 것 같은 날이 찾아온다. 그럴 때마다 나는 내 안의 비상 대응 답변을 일깨운다. 내가 나쁜 삶을 살고 있는 게 아니며 그저 오늘 하루가 좋지 않을 뿐이라는 것을 상기한다. 그리고 끔찍한 기분이 사라지길 기다린다. 만약 이 방법이 소용없다면 누군가에게 전화를 건다. 무엇보다도 "도움이 좀 필요해"라거나 "너무 힘들어" 아니면 "지금 나한테 다정한 목소리가 필요해"라는 말을 하는 게 부끄러운 일이 아니라는 걸 배웠다. 나도 사람이고 감사하게도 다른 사람들도 모두 그렇기 때문이다.

내가 이런 이야기를 하는 이유는 로빈 윌리엄스와 그가 우리에게 남긴 찬란한 웃음과 교훈을 떠올리니 그가 나쁜 삶을 살지 않았음을 본인이 꼭 기억했으면 좋겠다는 생각이 들기 때문이다. 그저 일진이 좋지 않은 마지막 하루였던 거라고. 어쩌면 이 일이 너무나 가슴 아프지만, 그가 우리에게 주는 마지막 선물로 다음을 상기하는지 모른다. 그저 수화기를 들라고. 문자를 보내고 트위터를 하고 상태 메시지를 업데이트하고 아니면 그냥 밖으로 나가 "지금 정말 힘들다"라고 얘기하라고. 그건 부끄러울 게 전혀 없다고. 아마 이게 이 혼돈과 애통함 중에 얻는 교훈이 아닐까. 누구든 지금 이 말이 필요한 이에게. 오 캡틴! 나의 캡틴! 당신께 감사합니다.

"지금 생각해 보면 그때 내가 정말 죽고 싶었던 걸까? 그런 것 같진 않다." 로빈 윌리엄스에 대한 애정 어린 긴 추도문의 이 구절은 자살을 기도했다가 실패한 사람이나 자살 생각은 너무나 많이 했지만 시도는 하지 않은 사람 혹은 자살을 기도한 누군가를 알고 있으며 여전히 그 사람이 걱정되는 이라면 상당히 우려스러울 것이다. 정말 죽고 싶었던 건 아니라고 했던 재스 워터스는 결국 자살로 생을 마쳤기 때문이다.

재스 워터스는 주로 텀블러와 트위터를 통해 자신의 우울증과 결국 현실이 된 자살에 관한 이야기를 했다. 그러나 소셜미디어 이용자체가 그의 죽음에 어떤 역할을 한 것으로 보인다. 소셜미디어는 많은 장점이 있다. 우울증에 시달리는 사람들이 자신과 같이 우울증에 맞서 싸우는 이들을 위한 게시 글을 공유하는데 주 이용자는 특히 10~24세에 해당하는 젊은 층이다. 코로나19 팬데믹 전에도 급증하던 이 연령대의 자살률은 더욱 높아졌다. 나는 이 젊은 친구들이 소셜미디어에 올리는 글들을 보며 그들이 자신의 이야기를 공유하는 사실에 감사한다. 우리는 우울증, 자살 욕구와 씨름하는 사람들을 돕기 위해 소셜미디어를 활용할 방법을 찾아야 한다.

재스 워터스의 경험은 소셜미디어가 정신 건강에 미치는 영향에 대해 우리에게 시사하는 바가 있다. 소셜미디어라는 매체는 전통적 인간 상호작용에서 오는 실질적 혜택 없이 다른 이들과 소통하고 있다는 환상을 줄 수 있다. 워터스가 그랬듯 소셜미디어에서 자신의 상황을 고백하며 도움을 요청했음에도 돌아오는 목소리가 전혀 없다면 그때는 어떻겠는가?

재스 워터스는 사망하기 전 한 인터뷰에서 소셜미디어에 대해 "굉장히 공포스러운 공간이에요. 누구에게도 좋을 게 없습니다. 어떤 문제도 제대로 해결해 주지 않죠. 실질적 소통은 거의 이루어지지 않으니까요"라고 말했다. 이런 방식의 소통은 서로에게 도움이 되지 않을 뿐만 아니라, 어쩌면 오히려 해가 될 수도 있다. 소셜미디어 이용이 특히 젊은이들에게서 사용자의 외로운 정도와 어느 정도 상관관계를 보이고 있기 때문이다.

소셜미디어의 또 다른 명백한 문제는 우리가 그곳에서 보고 듣는 많은 것을 통해 다른 사람들의 삶이 우리 삶보다 더 낫다는 확신을 갖게 된다는 것이다. 최근의 많은 연구에서 이 점이 입증되고 있으나 그게 아니라 해도 우리는 이미 타인의 완벽한 휴가나 멋진 집, 흠잡을 데 없는 몸매를 보며 질투와 선망에 사로잡히는 고통에 익숙하다(이 주제에 관한 문헌에서는 이 같은 현상을 '비교와 절망compare and despair'이라 부른다). 이러한 이미지를 계속해서 보고 또 보다 보면 자기 회의self-doubt와 자기 질책self-accusation 쪽으로 자연스레 치우치기 마련이다(아무리 사람들이 자신의 삶을 가공해 온라인 이미지로 만들어 낸 것이라 해도 말이다). 나는 괜찮지 않고 다른 사람들은 확실히 괜찮다는 의심을 가진 채로(심지어 그저 괜찮은 정도가 아니라 훨씬 더 좋은 상태라는) 30분간 인스타그램을 훑어보다 보면 어느새 자신의 의심이 맞다는 것을 깨닫는다.

오래되고 익숙한 '인기'라는 문제도 있다. '좋아요'를 충분히 받지 못하면 자신의 호감도에 의문이 생긴다. 다른 사람들이 얼마나 '좋아요'를 많이 받는지 보면서 마음이 더 위축될 수 있다. 친구가 많지 않으면 스스로 비호감형이라는 생각을 갖게 된다. 친구들이 초대받은 파티에 본인은 초대받지 못했을 때, 모두가 동경하는 아름답고 소중한 사람들의 행복해 보이는 모임이 다른 사람들에겐 있고 자신에게는 없을 때, 주변 지인 중 내 생일을 축하해 준 이가 얼마나 되는지 세어 볼 때… 이런 식으로 끝이 없다. 소셜미디어는 실제로 자기혐오를 일으킬 수 있지만 이에 어떻게 대처하는 것이 좋을지 해결책은 아직 나오지 않았다. 게다가 온라인상의 따돌림이 직접적 원인인 젊은 이의 수많은 자살 사례는 이제 시작에 불과하다.

지난해 나는 자살 생존자이며 자살에 관한 동시대 전문가인 데즈래 L. 스테이지Dese'Rae L. Stage와 인터뷰를 했다. 나는 스테이지가 운영하는 '리브 스루 디스livethroughthis.org'라는 웹사이트와 '수어사이드 앤드 스터프suicide-n-stuff.com'라는 이름의 비디오 팟캐스트를 진심으로 추천한다. 인터뷰의 막바지에 이르러 스테이지와 나는 앞으로도 계속 연락하자고 말했다. 그가 "뭐 우리 둘 다 소셜미디어는 하고 있을 테니까요, 그렇죠?"라고 했다. 보통 이럴 땐 그럼 페이스북 친구를 맺자거나 인스타그램을 팔로우 하자든가 하는 말이 나와야 했을 것이다. 하지만 나는 소셜미디어를 이용하지 않는다고 말하며 페이스북을 하면 우울해지고 인스타그램은 시간 낭비가 심해 하지 않는다고 설명했다.

나는 소셜미디어와 관련된 이유로 자살 기도를 한 적은 아직 한 번도 없다. 하지만 소셜미디어가 내 정신 건강에 도움이 되기는커녕 해가 된다는 사실을 깨달은 후 모든 사이트를 다 끊어 버렸다. 놀랄 것도 없는 일이지만, 내가 존경하는 한 선생님은 왜 히말라야산맥의 젊은이들의 자살이 늘어났는가 하는 질문에 스마트폰과 소셜미디어 계정의 '좋아요' 때문이라고 답했다.

당연한 이야기를 과장 없이 간단히 말하자면, 누군가 소셜미디어를 이용하면서 슬픔과 불안, 우울한 감정을 느낀다면 더는 소셜미디어를 하지 않는 편이 좋다. 나는 툭하면 자기혐오에 빠지는 데다 많은 부분에서 기대에 못 미친다는 생각을 하며, 사랑하는 이들을 얼마나 실망시켰는지, 충분히 가질 수 있는 것들을 어쩌다 성취하지 못했는지, 좋은 사람이 되는 데 어떻게 실패했는지 스스로 잘 알기 때문에, 여기에 다른 자극이 될 만한 원인(특히 근본적으로 오해의 소지가 있는 정보의 출처로 보이는 것)을 추가하고 싶지 않다.

자기혐오, 자기혐오의 출처, 자기혐오의 위험은 나의 과거 자살 기도들의 강력한 촉매제였다. 그러니 나로서는 소셜미디어를 멀리하는 것이 생존의 문제다. 실제로 정신병원 안에서든 바깥에서든 내가 자살과 관련해 이야기를 나눈 많은 이에게 자기혐오는 자살 기도의 주된 원인이었다. 18세기의 스탈 부인Madame de Staël[13]은 자살 충동을 "자신이 쓸모없다고 믿는 사람들에게 때때로 영향을 미치는 굴욕감"이라고 표현했다. 내가 봐도 자기혐오는 확실히 자살의 가장 큰 동기다.

자기혐오가 생기는 원인을 매번 이해하는 건 아니지만, 나는 그동안 자기혐오를 유발할 경향이 있는 요소를 피하는 법을 익혔다. 내 바람은 자기혐오의 도화선을 더 정확히 파악해 내게 위협이 덜 되게 하는 것이다. 바로 그것이 이 책에서 시도하는 것 중 하나이기도 하다. 즉 내 삶에서 특히 절망적인 순간들을 점검하며 자기혐오의 원인

---

[13] 1766~1817, 소설가이자 평론가. 자신의 집에서 살롱을 열어 작가·정치가·철학가 등 다양한 지식인들과 특히 정치적으로는 자유주의적이며 문학적으로는 낭만적인 주제로 토론과 낭독, 비평 등을 한 것으로 유명하다.

이 되는 자극을 제거하는 방법을 알아보는 것이다. 앤서니 보데인은 확실히 다른 사람들의 눈을 속일 만큼 이 투쟁을 상당히 효과적으로 이끌었지만, 자기 자신의 눈까지 가릴 순 없었다. 보데인의 친구 데이비드 시몬David Simon이 관찰한 바로는 다음과 같았다.

> 저는 보데인이 그 정도로 자기혐오를 지니고 있으리란 생각은 전혀 못했습니다. 아름답고 희극적으로 자기혐오를 드러낸 기억은 있죠. "난 허풍쟁이야. 그래도 아직은 아무도 모르지." 이런 식으로 자신을 비웃곤 했거든요. 지금 보데인이 자살했으니 그 말이 다르게 들린다고 한다면 제가 거짓말하는 거겠죠. 더없이 건강한 정신으로 아주 재치 있게 말한 것으로 느꼈거든요.

보데인은 유머로 자기혐오에서 벗어나려 한 것이다. 자신이 싫어하는 본인의 모습을 인정하며 비웃고 또한 다른 이들과 함께 기꺼이 웃어 버리는 행동은 틀림없이 도움이 되었을 것이다. 하지만 자기혐오에서 벗어나는 과정은 일생일대의 투쟁이자 과제로 그 결과가 늘 우리가 원하는 대로 나타나지는 않는다. 때로는 자기혐오가 승리한다.

누군가 재스 워터스나 앤서니 보데인을 도울 수 있었을까? 자살하려는 사람에게 우리가 어떤 말이라도 할 수 있다면 어떨까? 벼랑 끝에서 뛰어내리려는 사람을 막으려면 뭐라고 해야 할까?

다시 《젊은 베르테르의 슬픔》을 인용해 보자. "정신이 멀쩡하고 차분한 사람이 그런 끔찍한 기분을 느끼는 이의 상황을 이해한다고 하는 건 쓸데없는 일이고, 그 사람을 상담해 준다는 것도 다 쓸데없다. 건강한 이가 자신의 힘을 병상에 누워 있는 아픈 이에게 주입할 수 없는 것처럼, 자신이 가진 지혜를 누군가와 소통하며 나눌 수 있는 방법은 없다."

나는 이 말이 매우 잘못되었다고 생각한다. 그래도 어떤 진실이 있다는 건 인정한다. 절망적인 순간에 자살 충동을 느끼는 친구에게 "그래도 인생은 의미가 있는 것"이라고 누군가가 말하고자 한다면 이는 실패할 가능성이 높고, 잘못된 방식으로 문제에 접근하는 것이다. 밝은 면을 보라는 주장은 이런 상황에서는 효과가 없다. 하지만 자살 성향을 보이는 이들에게 도움이 되고, 비극적인 마음가짐에서 공포심이 조금 누그러드는 방식이 존재한다. 또한 자신에게 사용할 수 있는 기술도 있다. 나는 내 검증된 주장과 기술을 이번 장의 끝부분에서 다루고, 이 책 전반에 걸쳐 관련 정보를 제공하려 한다.

만약 어떤 사람이 도움을 청하거나, 자살에 대해 마음이 덜 확고한 상태로 이메일을 보내고 인터넷 검색을 하거나, 책을 읽어 보거나 한다면 상황이 다르다. 내가 지난 몇 년간 자살을 생각하는 사람들에게서 받은 수많은 이메일은 약간의 차이는 있지만 대개 이렇게 시작된다. "저는 가장 고통 없이 죽을 수 있는 방법을 검색하다 당신 책을 접했습니다." 그러나 위기에 처했으나 도움을 구할 생각이 없는 사람에게 먼저 연락을 취하고 다가간다는 것은 매우 어려운 도전이다(그보다 어려운 것은 자신이 위기에 처했음을 깨닫고 스스로 그 문제에 대면해야 한다는 것이다). 나는 수많은 사람에게 주변에 누군가 자살 위기에 놓인 사람이 있다면 어떤 말을 할지 물었다. 그러나 전문가들조차 제대로 답하지 못했다. 이것은 그들이 이 문제를 곱씹어 생각해 보지 않았기 때문이 아니라 그 상황에서 말을 한다는 게 적절하지 않을 수 있기 때문이다. 하지만 한편으로는 말이라는 게 우리가 사용해야 할 전부인 경우가 많다.

우리가 "그 사람은 왜 그런 거죠?"라고 물을 때는 기껏해야 나 자신이나 다른 이들이 어떻게 하면 비슷한 운명을 피할 수 있을지 답을 찾고자 하는 것이다. 적어도 자살을 금기의 영역 밖으로 끌고 나오는 시도를 하는 것이며 우리의 마음을 두렵고 혼란스러운 반향실echo chambers14과 같은 상태로 내버려두는 대신, 이 주제에서 집단적으로 다소 진전을 보이기 시작하는 거라 할 수 있다. 그리고 내가 주장하듯이 모종의 이유로 자살을 시도한다는 사실은 자살은 피할 수 있다는 것을 보여 주기 때문에 매우 중요하다. 그러나 "그 사람은 왜 그랬대요?"라는 물음처럼 자살로 죽은 이에 관해 묻는 것은 자살 성향을 지닌 누군가에게 "왜 그렇게 하고 싶은 건가요?"라고 묻는 것과는 상당히 다르다.

자살 시도를 더 올바로 이해하고 예방하기 위한 첫걸음은 "왜 자살이 하고 싶죠?" 혹은 "자살 기도는 왜 한 건가요?"와 같은 말이 보통 자살하려는 사람에게 가장 도움 되지 않는 질문임을 인정하는 것이다. 심지어 자살과 본인의 자살 성향을 연구하는 데 일생을 바친 이들

---

14 본래 소리가 메아리쳐 울리는 잔향 효과를 위해 설치한 공간. 기존의 자기 관점에 들어맞는 정보만을 받아들이고 새로운 정보는 배척하는 현상에 대한 비유로 쓰인다.

조차 사람들이 왜 스스로 목숨을 끊으려 하는지 이해하지 못할 수 있다. 프린스턴 대학의 교수이자 소설가인 이윤 리는 자신의 자살 시도에 대해 노련하게 분석하며 "이 질문에는 여러 방식으로 답할 수 있다. 모든 이가 물어보는 건 아니겠지만, 아무튼 예의를 차리는 것보다는 진심으로 궁금해하는(진짜 이해하길 원하는) 사람들에게는 말이다. 사실 나는 여전히 나 자신에게 묻는다. 어떻게 자살이 적절한 선택이자 심지어 유일한 선택이라 생각하게 되었느냐고."라고 했다.

자살 전문가들이 대부분 동의하는 한 가지는 가능하다면 자살 충동이 있는 사람에게 지금 어떤 상황인지 직접적이고 구체적이며 대담하게 질문하라는 것이다. 자살하려는 사람이 자신에게 어떤 일이 일어나고 있는지 질문에 답하다 보면, 자살 충동을 행동으로 옮기지 않을 정서적 여유를 되찾을 가능성이 높다. 이것이 그 사람이 안고 있는 문제를 해결하는 방법은 아니다. 자살 기도의 원인을 확인할 수 있는 방법도 아니다(보통 사람들은 자신의 문제의 원인을 더 깊이 파고들려는 경향을 보이기 때문에 오히려 도움이 안 될 수도 있다). 단지 약간의 여유 공간을 만들어 자신이 바다로 가라앉는 관에 갇힌 게 아니라는 사실을 볼 수 있도록 도우려는 것이다. 내 경험에 비춰 봐도 당신이 벼랑 끝에 몰린 누군가를 달래 바깥으로 데리고 나가 신선한 공기를 쐬고 조금이나마 걷도록 설득하는 일은 상당히 유익하다. 그들이 말하고 걷게 해야 한다. 대화를 하다 보면 그 순간 겪을 끔찍한 외로움이 사라지고 다음 몇 분간, 어쩌면 한 시간, 아니 다음 날까지 버틸 수 있다고 느끼기 시작할 것이다. 그리고 일단 걷기 시작하면 세상의 아름다움에 다시금 눈뜨게 되고, 옴짝달싹 못하게 만들던 폐소공포증도 조금 느슨해지는 마법 같은 일이 벌어진다.

자살 시도 마지막 몇 분 전에 느끼는 극심한 두려움은 세상이 내 앞에서 문을 닫아 버리는 느낌에서 비롯되는 것이다. 그러나 산책할 때 이런 기분이 드는 경우는 많지 않다. 조금만 걸어도 많은 엔도르핀이 분비된다. 또 야외에서 산책할 때는 대부분의 자살 기도에 수반되는 비밀(예컨대 자위행위나 불법 약물 사용과 같은 비밀은 자살이 가진 기이한 매력의 일부다)이 더는 가능하지 않다. 공개된 장소에서 자살하는 이들은 늘 존재하지만, 사적인 공간에서 발생하는 비공개 자살의 경우보다 훨씬 적다.

많은 사람이 종종 자살을 생각하지만 실제로 시도하지는 않는다. 단지 유혹쯤으로 여긴다. 이런 '수동적인 자살 생각'(오랜 기간 정신의학 문헌에서 이 주제를 다뤘고 이것이 미래의 자살 시도를 예측하는 지표가 될 수 있는지를 놓고 여전히 많은 논쟁이 이어진다)은 점차 인정되는 추세이며, 자살에 대한 더 많은 논의에서 다루고 있다. 내가 가장 사랑하는 친구 중 한 명이 최근 내게 이메일로 애나 보저스Anna Borges가 자살 생각에 관해 쓴 글인 '나는 항상 살아 있는 것에 그다지 집착하지 않는다'를 보내 주었다. 그리고 "이런 게 있는지도 몰랐지만, 사실 나도 이런 기분이 들 때가 많아"라는 말을 덧붙였다.

통계적으로 입증된 사실에 따르면 자살에 성공한 사례가 특히 널리 알려질 경우 다른 자살 기도와 전체 자살률 증가에 영향을 미친다. 미국자살예방재단이 기자들에게 자살로 인한 죽음을 어떻게 보도해야 하는지에 관한 지침을 전달하며 분명히 경고하는 내용은 "자살이 사회에 퍼지는 결과를 초래한다는 사실이 밝혀졌으니, 기자들은 자살을 '점차 커지는 문제', '유행병', '폭증하는'과 같은 표현을 사용해 언급하지 말라는" 것이었다. 자살의 이러한 현상은 특히 유명인이 스스로 목숨을 끊었을 때 더 두드러지게 나타난다. 배우인 로빈 윌리엄스의 자살 이후 연구자들은 미국 내 자살률이 10%(그해에 4만 2773명이 자살로 사망했다는 점을 감안하면 섬뜩한 수치라 할 수 있다) 증가한 것으로 추정한다. 이는 통계적으로 볼 때 4200명이 로빈 윌리엄스의 사망 소식을 듣고 자살했으며, 그 사실을 몰랐다면 자살하지 않았으리란 뜻이다.

오늘날 우리가 '자살 전염suicide contagion'이라고 하는 것(혹은 '베르테르 효과', 괴테가 쓴 교양 소설로 베르테르의 자살로 끝을 맺는《젊은 베르테르의 슬픔》이 갑작스러운 자살 급증으로 이어진 데서 비롯된 표현이다)은 널리 문서로 기록되었으나 사람들에게 올바로 알려지진 못했다. 2019년 발표한 한 논문에서 풍요로운 사회에 속한 10대들 사이에서 모방 자살을 한 '자살자 무리'를 연구했으며, 누군가 공동체에서 높이 평가받던 유명한 인물이 스스로 목숨을 끊으면 그 사회의 다른 구성원들이 자살을 수용할 가능성이 높아진다는 결론을 얻었다. 유명인의 자살로 사람들은 어떤 직관적인 판단을 한다. 만약 내가 로빈 윌리엄스와 앤서니 보데인을 좋아하는데, 그 두 사람이 스스로 목숨을 끊는 것이 괜찮다고 생각한다면 나 역시 자살을 쉽게 떠올릴 수 있고, 자살을 더 매력적으로 느낄 수 있다. 안타깝게도 특히 청소년들이 자살 전염에 취약하다. 선망의 대상이 될 법한 어떤 멋진 사람이 자살을 하면 갑자기 자살이라는 행위가 멋져 보일 수 있다. 일부 사상가들은 자살 전염이 미국 서부의 마초식 자살 신

3장. 날씨처럼, 내일은 생각이 바뀐다

화와 연결된다고 보고 있으며, 어니스트 헤밍웨이는 이런 신화를 의인화한 인물이다. 헤밍웨이는 예순한 살이던 1961년 7월 2일에 미국 아이다호주 케첨Ketchum에서 엽총으로 자살했다.

헤밍웨이는 워낙 유명한 데다 미국 남성성의 강력한 전형(복서, 사냥꾼, 바람둥이, 야외 활동 애호가)을 상징했으므로 그의 자살로 인한 죽음과 그 방식(총)이 자살을 생각하는 사람들 사이에 퍼졌거나 어쩌면 여전히 퍼지고 있는 것으로 보인다.

자살 전염 현상은 확실히 자살하는 이의 극적인 성향과 마음가짐의 영향을 받는다. 누군가가 스스로 목숨을 끊는 사건은 극적이다. 특히 자신이 알고 좋아하는 사람의 자살일 경우 더 그렇다. 나 역시 그런 행동을 하고 그 모든 주목을 받지 못할 게 뭔가? 비록 죽고 나서 생기는 관심이라 해도 적어도 마침내 누군가가 나에게 마음을 쓰고 나를 알아보고 기꺼이 이렇게 말할 것이다. "봐, 그는 중요한 사람이었어."

나의 경우 자살의 연극성과 수많은 나의 영웅이 자살로 생을 마감했다는 사실이 내가 벌인 몇 가지 특별한 자살 기도와 전반적인 마음가짐에 영향을 주었다고 본다. 어쩌면 자살을 찬양한 작가(많은 작가가 자살을 매력적이고 황홀한 것으로 만들었다)를 처음으로 접한 건 시인인 러디어드 키플링Rudyard Kipling[15]이었고, 나는 그의 책을 손에 잡히는 대로 다 읽었다. 그리고 어느 날 시 〈젊은 영국 병사The Young British Soldier〉를 읽었고, 특히 마지막 연의 이 행들에 매혹돼 그

---

15   1865~1936, 인도에서 태어난 영국의 소설가. 동화 《정글북》의 작가로 유명하며, 1907년 노벨 문학상 수상자이기도 하다.

구절은 곧바로 암기해 버렸다. '만약 부상당해 아프가니스탄 평원에 남겨졌다면, / 그리고 여자들이 남은 걸 베어 가려고 다가온다면, / 그저 소총을 향해 몸을 숙여 네 머리를 날려 버리라. / 그리고 군인 답게 신께 나아가라.'

네 살 아이를 둔 아빠인 지금의 나는 예닐곱 살 먹은 클랜시가 이런 시를 계속 읊조리며 마음에 간직했다는 사실이 섬뜩하다. 사실 그때 나는 이미 자살에 사로잡혀 있었고 심지어 스스로 목숨을 끊는 내용의 유치한 시를 수도 없이 쓰기까지 했다. 그리고 내 책상 위에서 이 시 중 한 편인 멜로드라마 같고 당황스러운 〈감미로운 자살 Sweet Suey, Suicide〉을 본 선생님이 부모님과 면담도 했다. 나는 어른들에게 그냥 재미로 쓴 거라고 했고, 지금 생각해도 엄마도 선생님도 그 시에 대해 다시는 언급하지 않았다는 점이 놀랍다.

유명인이 스스로 생을 마감했다는 소식은 자살 전염을 일으키고, 자살에 대한 영웅들의 글은 자살을 타당한 행위이자 매력적으로까지 보이게 만들지만, 자살 그 자체에 대한 논의는 특히 자살 행위를 이해하고자 하는 사람들 사이의 자살 확산세를 감소시킨다. 영국의 왕자비인 메건 마클Meghan Markle은 자신이 겪은 고통을 다음과 같이 간결한 말로 남겼다. "나는 해리에게 그 사실을 인정해야 한다는 게 부끄러웠습니다. 그래도 말하지 않으면 다시 시도하리라는 걸 알고 있었어요. 그저 더는 살고 싶지 않았으니까요." 자살에 관한 이야기를 털어놓음으로써 반복되는 시도를 막는 데 도움이 되었다는 것이다. NBA 스타 케빈 러브Kevin Love 역시 수년간 자살 생각에 시달렸다. 그 또한 자신이 자살을 기도할 뻔했던 이야기(자살 방법에 대해 인터넷에서 검색해 본 일을 포함해)를 하는 게 생각을 관리하는 가장 좋은 기법 가운데 하나라고 말한다. "불을 완전히 켜지도 끄지도 않는 겁니다. 말을 안 하는 것만큼 위협적인 일도 없죠. 그러니 혼자 끙끙 앓는 건 더욱 해로운 겁니다." 자살 기도를 했다가 살아남은 경험을 이야기하는 이들도 마찬가지다. 자살 시도에 대한 논의가 이루어지면 지역 사회의 자살 유병률과 뒤이은 또 다른 자살 시도의 위험을 줄일 수 있다.

달리 말해 만약 우리가 스스로 목숨을 끊으면 사람들이 우리의 행동을 모방하기 더 쉬워질 수 있다는 것이다. 가족 구성원 간의 파급효과는 특히 더 치명적이며 이에 대한 입증 자료도 많다. 그래도 통계적으로 다행인 부분은 자살 생각과 실제 자살 시도, 그리고 그 모든 고통스럽고 난감한 일에 대해 언급하는 것이 자살 행동을 억제하는 경향이 있다는 것이다.

미국자살연구협회American Association of Suicidology의 에이프릴 포먼April Foreman은 "자살에 관한 더 일상적인 대화를 나누는 것의 영향이 있는지는 사실 잘 모르겠습니다. ... 자살로 인해 낙인찍히는 일은 그 어느 때보다 줄어들었지만, 자살률은 경제 대공황 때만큼 높은 수치를 보이고 있어요. 낙인이 감소하는 것만으로 생명을 구할 수 있다면 자살률이 내려가야겠죠."라고 말한다. 포먼에게는 미안하지만, 이 말은 따를 수 없다. 사회적 낙인이 감소해 생명을 구하고 이로 인한 자살이 줄어들더라도, 자살률은 다른 많은 요소 때문에 증가할 수 있기 때문이다.

자신의 자살 충동을 비밀로 유지해야 한다는 인식을 이해한다. 지금 이 글을 쓰면서도 나는 내 이런 생각을 사랑하는 이나 심지어 정신과 의사에게도 말하지 않는다. 그러나 비밀은 확실히 내 생각을 악화시킨다. 수치심이 커지고 두려움과 걱정이 늘어나며 그로 인해 하염없이 나락의 소용돌이로 빠져 버릴 듯한 압박감이 심해진다. 그런데도 나는 왜 비밀로 하는 걸까? 다른 이들에게 부담을 줄까 걱정되고 입원 등 정신과 치료의 강도가 세질까 봐 우려되며 이런 생각을 표현함으로써 나타날 실질적 결과들이 염려된다. 한마디로 사회적 낙인이 계속될까 두려우며, 여기에는 내가 사랑하는 사람들의 반응도 포함된다. "이제 그런 건 다 지나간 줄 알았어. 훨씬 나아졌다고 생각했는데…. 마지막으로 자살을 기도한 게 언제지? 지금 네가 위험한 상황이라고 생각해?" 이를 비롯해 기타 여러 가지 반응들.

　그래도 자살에 관한 내 생각을 글로 쓰는 일이 도움이 되었고, 듣기로 내 지난 글이 다른 이들에게도 도움이 되었다고 했다. 다른 건 몰라도 다른 사람들도 이런 식의 생각을 하고, 그럼에도 여전히 자신의 삶을 살아가고 있다는 사실을 안다는 건 마음 든든한 일이다. 이에 대해 애나 보저스는 다음과 같이 썼다. "자유롭게 이야기하는 게 그저 예방 때문에 중요한 게 아니다. 사회적 유대감과 혼자가 아니라는 사실을 깨닫는 데도 도움이 된다. … 어쩌면 나는 그냥 영원히 잠들고 싶은지 모른다. … 그래도 이런 제자리걸음에 관해서라도 얘기해야겠다." 만약 그것에 대해 말할 수 없다면, 적어도 쓰기는 할 것이다. 내가 쓴 글이 온라인 어딘가에 게시된다면 사람들이 반응할 것이고, 불쑥 서로 그 글에 관해 이메일을 주고받기도 할 것이다. 그렇게 다른 사람을 돕는 일이 내게도 도움이 된다.

　마거릿 배틴Margaret Battin은 유타 대학의 교수이며, 자살과 연명 의료 결정end-of-life decisions 분야에서 세계적으로 인정받는 철학가다. 배 틴은 나와 인터뷰하며 자신이 자살 예방preventing suicide(혹은 '자살 제 로'를 목표로 한다. 흔히 안락사로 불리는 죽음에 대한 의학적 지원 과 구분된다)을 위한 미국의 주요 기구인 미국자살연구협회suicidology. org의 장기 회원이었다고 밝혔다. 배틴의 말로는 50년 전 에드윈 슈나 이드먼(그의 업적은 내게도 꼭 필요하다)이 미국자살연구협회를 창 설했을 때 이 기구에 관련된 많은 이가 개인적인 자살 경험을 가지고 있었지만, 자살에 대한 논의는 전혀 없었다고 한다. 이는 그들이 또 다른 시도의 '트리거'가 될까 걱정해서가 아니라, 그저 자살에 대한 사회적 낙인이 워낙 강한 데다 자살을 시도했다 실패한 사람이 굴욕 당하는 일이 생길 수 있기 때문이었다.

자살을 시도했으나 실패한 경험은 수치스러운 일이다. 특히 나처럼 여러 번 시도하고 실패했다면 더욱 그렇다. 나는 내 경우가 약간 터무 니없고 우스꽝스럽다고 생각했다. 아니, 사실 나와 같이 여러 번 자 살을 시도한 수많은 사람과 만나 이야기하지 않았다면, 또 그렇게 많 은 시도 끝에 결국 자기 손으로 죽은 사람들에 대해 배우지 못했다 면 내 상황이 정말 어처구니없게 느껴졌을 것이다. 자살로 인한 죽음 을 가장 잘 예견할 수 있는 것은 이전의 자살 시도 경험이고, 그다음 으로 미래의 자살을 잘 예측할 수 있는 지표는 지속적인 정신 건강 문제, 특히 절망감과 우울증, 약물 남용, 정신병이다. 이런 문제는 보 통 조용히 숨어 있다. 우리가 이에 관해 언급하기 시작해야 비로소 해결할 수 있다. 이야기한다고 해서 그 문제들을 극복할 수 있는 것 은 아니지만, 이야기하기 전까지 우리는 필요한 도움을 받을 수 없다.

누구든 인지행동치료cognitive-behavioral therapy나 AA를 통해 도움을 받은 사람이라면 한결같이 이야기할 것이다. 개인이 가진 문제를 털어놓는 것은 우리 생각보다 훨씬 더 도움이 된다.

어떤 이가 '왜' 스스로 죽고 싶어 하는지, 그리고 자살로 죽음에 이르는지 그 이유는 전혀 알 수 없지만, 가능성 있는 원인에 대해 이야기하는 것이 정확한 답을 찾아내는 것보다 더 중요하다. 1989년에 미국의 소설가 윌리엄 스타이런William Styron[16]은 자신의 우울증과 자살에 관해 다음과 같은 글을 남겼다. "누구도 자신이 어쩌다 우울증에 걸렸는지 결코 알 수 없는 것처럼 나 또한 내가 '왜' 우울증에 걸렸는지 절대 알 수 없을 것이다. 이를 밝혀내는 것은 영원히 불가능할 것이다. 비정상적 화학 반응과 행동, 유전적 요인같이 여러 가지 원인이 복잡하게 얽혀 있기 때문이다. 분명한 것은 서너 가지 혹은 그 이상의 끝없이 많은 요소가 섞여 있다는 점이다. 그렇기 때문에 왜 자살을 했는가 하는 물음에 단 하나의 직접적인 답(어쩌면 복합적인 답일지라도)이 있다고 보는 게 자살에 대한 가장 잘못된 생각이라고 한다."

이와 유사한 의견으로 미국의 위대한 심리학자인 제임스 힐먼James Hillman 또한 자신의 저서이며 자살 관련해 최고로 꼽는 명저 중 하나인 《자살과 영혼Suicide and the Soul》(1964)에서 자살에 관해 간략히 언

---

16 윌리엄 스타이런(William Styron), 1925~2006, 미국의 소설가. 네 번째 장편 소설 《소피의 선택》으로 내셔널 북 어워드를 수상했다. 심각한 우울증을 겪은 후 우울증과의 투쟁 경험을 담은 에세이집 《보이는 어둠》을 출간했다.

급하길, "뒤죽박죽 엉망이 되어 버린 용어"라며 "자살을 분류"하려는 자연스러운 시도였다면 제대로 하지 못한 결과라고 꼬집었다. 힐먼은 우리가 자신의 자살 생각을 비롯한 자살을 올바로 이해하는 데 진전을 보일 수 있지만, 모든 상황에 들어맞는 단 하나의 설명을 찾는 데 지나치게 몰두하면 길을 잃을 수밖에 없다고 주장한다. 또한 자살 성향이 있는 사람들을 다른 유형의 사람들과 구별하려는 시도 역시 같은 실수를, 그것도 더 복잡한 방식으로 반복하는 것에 불과하다고 생각했다.

사람들은 자살에 실로 다양한 방식을 동원한다. 독거미나 깨진 유리를 먹기도 하고, 화산으로 뛰어들거나 사자 우리에 들어가기도 하며 집단 자살과 의례적인 자살, 복수의 수단으로 삼은 자살과 순교자를 모방하기 위한 자살도 있다. 힐먼은 자살의 불가사의한 측면을 참작하며 "자살은 인간의 가능성 가운데 하나다. 죽음은 선택될 수 있고 모든 죽음에는 의미가 있으며 죽음의 유형을 넘어 어떻게든 이해 가능한 면이 있다"라고 기록했다.

이것이 바로 내가 내 인생을 통해, 그리고 내가 알고 있었거나 책을 통해 알게 된 자살 기도자와 그로 인해 사망한 사람들의 삶에서 찾으려 하는 것이다. 우리는 이런 특별한 종류의 죽음과 죽음의 기도에서 어떤 의미를 얻을 수 있을까? 스타이런이 옳았다. 사람들이 왜 자살하는지 그 불가사의를 풀 수는 없을 것이다. 하지만 그에 관해 서로 이야기를 나누는 것은 자살 충동을 느끼는 이들에게 도움이 될 것이다. 그리고 자살 생각을 이해하는 데도 약간의 진전을 이룰 수 있을 것이다.

사람들은 종종 내게 '자살하려는' 누군가와 효과적으로 대화하는 방법을 묻는다. 그러면 나는 항상 단 한 가지 요점으로 스토아학파의 격언 "문은 늘 열려 있다"를 꼽는다.

한 가지 재밌는 일화에 이 문장이 말하는 바가 잘 나타나 있다. 2006년의 어느 날, 나는 캔자스 고속도로에서 시속 8킬로미터의 속도로 앞서 가던 차를 들이받았다. 교통 체증으로 느리게 가던 터라 상대 차량에 손상을 입히지는 않았지만 상대방이 경찰을 부르면 내가 음주 운전으로 체포될 수도 있다는 생각에 돌연 공포에 휩싸였다. 나는 다시 차를 몰아 고속도로를 벗어났고 제방으로 향한 뒤 내 차 타이어 두 개를 펑크 낸 후 근처 지선 도로로 도주했다(내 인피니티 G20의 조수석 앞뒤 바퀴가 없는 채로). 당시 나로서는 지극히 합리적인 판단이었다. 다행히 나는 도랑에 빠졌고 다친 사람은 아무도 없었다. 나는 다시 걸어서 도망치려 했지만 결국 경찰에 체포됐다.

"CCTV 영상을 하나 받았는데 거의 모든 과정이 들어 있더군요."

변호사가 내게 말했다.

"솔직히 무척 재밌었죠. 한번 보시겠어요? 긴장이 풀리실 겁니다."

"아, 아닙니다. 아무튼, 판결 유예deferred adjudication[17]를 받은 건가요?"

"그렇습니다. 가장 바라던 결과죠. 형사 고소 같은 건 하나도 없습니다. 다만 면허는 잠시 정지될 겁니다. 그리고 3일간 감옥에 계셔야

---

[17] 법원이 어떤 범죄자에 대해 뉘우치는 마음이 있다고 인정할 때 일정 기간 미루어 두고 판결을 내리지 않는 제도. 우리나라에는 없는 제도다.

3장. 날씨처럼, 내일은 생각이 바뀐다

하고요. 그래도 최소한의 경비만 보는 교도소예요. 올레이스^{Olathe} 근처에 있죠. 별거 아닙니다. 그곳에는 의뢰인과 같은 사람이 무척 많을 겁니다. 꽤 편안한 곳이죠. 몇 가지 집단 요법을 받으실 겁니다. 익명의 알코올 중독자들 같은 거죠."

변호사의 말이 맞았다. 그리 나쁘지 않은 곳이었다. 하지만 그곳이 전에 경험한 감옥이나 정신과 병동과 근본적으로 다른 한 가지는 그곳을 자유롭게 떠날 수 있다는 점이었다. 입소 수속 중 교도관들은 실제로 내게 밖으로 나가는 문이 어딘지 알려 주었다. "언제든 나갈 수 있습니다. 다만 여기 카메라와 경보 장치가 있어 저희가 바로 알 수 있고 체포 영장도 즉시 발부될 수 있다는 점은 아셔야 합니다. 하지만 아무도 당신을 막지 않을 거예요. 이 시설에서는 누구도 추적하러 가지 않을 테고요. 그래서 가끔 집으로 돌아가는 사람도 있죠. 고속도로에서 잡히는 경우도 있고요. 좋은 생각이라고는 못 하겠군요." 입소를 담당하는 교도관이 웃으며 말했다. "아무튼 문은 언제나 열려 있습니다."

그곳에 있는 동안 나가 버리고 싶다는 생각은 전혀 들지 않았다. 그리고 앞서 강제로 감옥이나 정신과 병동에 있어야 했을 때 나를 짓누른 참을 수 없이 끔찍했던 폐소공포증도 찾아오지 않았다. 자유롭게 떠날 수 있다는 점 때문이었을까, 그곳에 있기로 내가 선택한 느낌이 들었다. 그 사소한 태도의 차이(실질적으로는 어떤 차이도 없었다. 만약 내가 떠나고 싶어 미칠 것 같은 마음에 그곳을 떠났다면 결과는 보나 마나 끔찍했을 것이다)는 확실히 결정적인 것이었다.

이것이 스토아학파가 자살할 권리에 대해 옹호하며 언급한 "문은 늘 열려 있다"라는 문장에 숨은 핵심적 통찰이다. 서양 철학 문헌에서 이 문장이 처음으로 명확하게 언급되는 책은 소크라테스의 죽음에 관한 플라톤의 대화편 가운데 하나인 《파이돈Phaedo18》이다. 소크라테스의 제자 중 한 명인 케베스Cebes가 소크라테스에게 자살이 왜 불법인지 묻자 소크라테스는 "비밀리에 전해지는 교리가 하나 있다네. 인간은 문을 열고 달아날 권리를 갖지 못한 죄수라는 거지. 나로서는 도통 이해가 가지 않는 아주 희한한 얘기야"라고 말했다. 그러자 케베스가 논쟁을 이어가며(이에 관해서는 6장에서 더 자세히 다루고자 한다) 인간의 삶이란 참으로 신께 속한 것이고 그들에게서 나왔으니 신들의 더 훌륭한 판단을 인간인 우리가 신뢰해야 한다고 주장한다. 여기서 주목할 점은 플라톤이 이 주장을 소크라테스가 아닌 그의 제자의 것으로 설정했다는 것이다.

스토아학파에게 자살할 수 있다는 것은 인간의 자유에 대한 가장 근원적이며 철회 불가능한 표현이라 할 수 있다. 세네카Seneca19는 "문은 늘 열려 있다"의 축약 버전으로 "지혜로운 사람은 가능한 만큼이 아니라 살아야 할 만큼 산다"라고 했다. 따라서 인생은 최고 가치가 아니라는 이야기, 다른 가치가 더 중요할 수 있으니 인생이 더 큰 가치와 충돌한다면 인간은 그저 열려 있는 죽음의 문을 통과하면 된다는 것이다.

18 플라톤의 중기 대화편 중 하나. 플라톤의 스승인 소크라테스가 제자들과 나눈 마지막 철학적 대화와 그의 죽음을 그리고 있다. 플라톤의 철학적 걸작이자 고대 그리스 산문 문학의 정점 중 하나로 손꼽힌다.

19 BC4~BC65, 고대 로마의 정치인, 사상가, 문학자. 로마 황제 네로의 스승으로 유명하다.

3장. 날씨처럼, 내일은 생각이 바뀐다

스코틀랜드의 철학자 데이비드 흄David Hume20 역시 스스로 생을 마감할 권리를 옹호하는 가장 강력한 논거로 이 말을 내세웠다. 흄이 보기에 자살의 가능성은 인간을 '모든 고통의 위험'에서 벗어나게 해주는 것이었다. 다시 말해 우리가 자살할 수 있음을 아는 한 그 모든 고통에서 도망칠 탈출구가 우리에게 있는 것도 알 수 있다는 것이다. 상황이 악화할 수 있지만, 그럴 경우 그 문제에 적합한 해결책이 우리에게 있다는 말이다. 나는 "문은 늘 열려 있다"에 대한 흄의 이 해석이 마음에 든다. 흄이 대부분의 우리, 아니 어쩌면 모든 인간이 가끔은 실제로 자살을 생각한다는 심리학적 소견을 은연중에 명시하고 있기 때문이다. 단순히 문이 항상 열려 있기만 한 게 아니라 문이 열려 있다는 것을 우리가 알아차리고 문으로 들어갈 생각까지 한다는 것이다. 흄은 이렇게 말한다. "보라, 모든 이가 이따금 그렇게 느끼며, 우리에겐 늘 그렇게 할 자유가 있다. 저 문을 닫을 유일한 방법은 실제로 그 문으로 걸어 들어가는 것이다." 기다림은 쉽지 않을 수 있다. 하지만 우리 모두에게 필요한 것은 잠시 멈추는 순간이다. 순전히 자살에 대한 생각으로 인한 폐소공포증, 한층 더 가까이 다가오는 벽의 압박감(이것들은 그 자체로 자살 기도로 이어지는 공포에 속한다)은 '그래, 꼭 오늘이 아니어도 괜찮아' 하고 깨닫는 순간 갑자기 그 강도가 약해진다.

친구이자 동료인 철학자 한 명이 최근 내게 글을 보내왔다. "삶에

---

20 1711~1776, 18세기 스코틀랜드의 철학자이자 경제학자, 역사가. 인식론으로 잘 알려져 있다.

서 단 일주일이라도 '그냥 이 생을 끝낼 수만 있다면 모든 게 얼마나 좋아질까' 하는 생각을 하지 않은 적이 없습니다. 가장 행복했을 때 조차 그랬죠. 어떤 땐 순식간에 자살 생각에 빠지는 것만으로 바로 안도감을 느끼기도 합니다." 나는 이에 대한 답장으로 누군가 자신에게 자살 성향이 있음을 이해하는 이 같은 사고방식이 매우 건강한 것이라고 했다. 우리는 생각과 말이 행동으로 나타나는 경향이 있다고 여기지만 정반대의 경우도 가능하다. 생각과 말을 내버려두는 것이 행동의 필요성을 확실히 낮출 수 있다.

결국 그 엄청난 죽느냐 사느냐 문제에서 어떤 결론을 내리기보다 판결을 미루는 편이 더 나을 것이다. 자살은 실제로 인간의 가능성이지만, 다소 역설적이게도 바로 그 이유로 우리는 자살을 꼭 선택하지 않아도 되는 것이다. 어쨌든 내일이라도 늘 자살할 수 있으니 말이다. 숨을 한 번 고르고 여유를 가져 보자. 내일은 아직 오지 않았다. 그리고 어쩌면 오늘을 버텨 낼 수 있을지도 모른다.

3장. 날씨처럼, 내일은 생각이 바뀐다

"자살은 압생트에 중독되는 것과 같다."

- 종사르 켄체 린포체 Dzongsar Khyentse Rinpoche

좋은 죽음이 있을까

2

철학자들은 대체로 자살하지 않았다

마크 매런Marc Maron[1]은 2010년 로빈 윌리엄스를 인터뷰하며 죽음이라는 주제를 꺼냈다. 그는 로빈 윌리엄스가 죽음이라는 문제에 특별히 매료된 것 같지 않다고 말했다. 로빈 윌리엄스는 그 말에 동의하는 듯했고, 이어 하나의 주제에 대해 빠르게 되는 대로 말하는 마치 악기의 화려한 리프riff[2] 같은 말솜씨를 선보였다.

"딱 한 번 술을 마시다가 '인생 참 엿같네'라고 생각한 적이 있어요. 그런데… 아직 의식이 있던 제 뇌가 반응하더군요. '아니, 정말 네 인생이 엿같다고 생각해? 충분히 괜찮은 삶이야. 집도 두 채나 있는 거 알지?' '응.' '여자 친구도 있잖아?' '있지.' '지금 일은 안 하고 있지만 경제적으로 꽤 여유로운 상황이라는 건 알아?' '그것도.' '좋아,

---

1   1963~, 미국의 코미디언이자 배우
2   일정한 코드 진행을 반복하는 반복구를 의미하는 음악 용어. 재즈나 록 장르에서 자주 사용되는 기법이다.

자살 이야기를 해보자. 우선 넌 그럴 배짱이 없어. 총을 사는 건 생각해 봤어?' '아니.' '그럼 어떻게 할 생각이야? 워터픽Waterpik3으로 손목을 그을 거야?' '어쩌면….' '그 엿같다는 목록에 이걸 넣어야겠네. 지금 네가 뭘 하고 있는 건지는 알아? 호텔 방에서 잭 다니엘Jack Daniels 한 병을 들고 앉아 있잖아. 이 술이 네 결정에 영향을 준 거야?' '아마도.' '그래. 그럼 저기 침대에 있는 건 누군데?' '모르겠는데… 누구지?' '누구긴 누구야, 네 의식이지, 이 한심한 새끼야.'"

로빈 윌리엄스는 죽음에 관한 토론이 "상당히 해방감을 준다"고 말하며 진행자인 매런에게 감사를 표하고 일인극을 마무리한다.

로빈 윌리엄스와 그의 의식 간의 자살에 관한 이야기와 자살에 대한 고대 이집트인의 대화로 들어가기 앞서, 이번 장은 나 자신을 위했썼음을 짚고 넘어간다. 사실 모든 페이지를 나를 위해 썼고, 나의 자기파괴적 충동을 이해하며 더 잘 살기 위해, 어쩌면 거기에서 벗어나기 위해 쓴 것이지만 특히 이번 장은 자살에 관한 것이면서 내 직업적 삶에 관한 글이라고 말할 수 있다.

1999년 나는 형제들과 함께 일군 보석 사업을 5년 만에 접고(형제들은 여전히 보석 사업을 이어가며, 동시에 각자 자기 회사를 운영하고 있다), 텍사스에 전처와 다섯 살이던 딸 젤리를 남겨 둔 채, 당시 여자 친구와 함께 노스캐롤라이나주 윌밍턴Wilmington으로 이사했다. 어느 정도 돈을 모아 놓은 터라 보석 사업을 하던 시절을 그린 책(결국 이게 내 첫 소설인 《어떻게 팔 것인가?How to Sell?》가 되었다)을 쓰

<hr />

3　미국 구강 세정기 브랜드

려 했다. 하지만 소설은 잘 풀리지 않았고, 여자 친구와의 관계도 나날이 악화되었으며, 무엇보다 딸이 무척 그리웠다. 게다가 어느덧 모아 둔 돈도 바닥나기 시작했다. 결국 나는 텍사스로 돌아갔고 후에 아주 좋은 친구이자 멘토, 공동 집필자가 될 로버트 솔로몬Robert C. Solomon과 함께 새로운 논문을 쓰게 되었다.

나는 소스타인 베블런Thorstein Veblen4의 관점에서 본 자살과 자살 기도 실패의 철학에 대한 논문을 쓰고 싶다고 로버트에게 말했다. 이 두 가지는 당시 내가 천착하던 주제였다. 로버트는 현명하게도 내가 만약 그런 주제로 논문을 쓴다면 어느 대학의 철학과에서도 일을 구하지 못할 거라고 말했다. 그 후 나는 프리드리히 니체가 바라보는 기만欺瞞에 대한 논문을 제안했고, 로버트는 이 제안도 처음에는 거절했지만 나중에는 열성적으로 지지해 주었다. 이 주제로 논문을 쓴 덕에 나는 미주리 대학 캔자스시티 캠퍼스에서 철학과 교수직을 얻었고, 지금까지 기쁘고 감사한 마음으로 학생들을 가르친다.

그럼에도 나는 자살과 철학에 관한 생각을 멈출 수 없었고, 자살에 대한 철학자들의 논쟁과 역사를 통해 자살과 철학자의 개인적 관계에 점점 관심을 갖게 되었다. 고대 그리스와 로마 철학자들 사이에 자살은 꽤 흔한 일이었다. 그리스의 철학자 디오게네스Diogenēs5는 로

---

4   1857~1929, 노르웨이계 미국인으로 사회학자이자 경제학자. 대표적인 저서로 1899년에 펴낸 《유한계급론》이 있다.

5   BC 400?~BC 323, 그리스 키니코스학파의 대표적 철학자. 일광욕을 하고 있을 때 알렉산드로스 대왕이 찾아와 소원을 묻자, 아무것도 필요 없으니 햇빛을 가리지 말고 비켜 달라고 했다는 일화가 유명하다.

마 철학자 중에 자연사한 사람이 거의 없을 정도라는 농담 같은 말을 남기기도 했다. 하지만 지난 약 1000년간 자살한 철학자는 없다시피 했다. 일반적으로 작가나 예술가, 수학자, 지식인의 자살 빈도가 높은 것을 감안하면 의외라 할 수 있다. 자살에 관한 글을 쓴 철학자 중 후에 스스로 목숨을 끊은 인물이 거의 없다는 사실은 내게 상당히 고무적이다. 순전히 우연의 일치일 수도 있지만, 그렇게 주의 깊게 자살에 관해 심사숙고한 이들이 결국 자살이 최선의 선택이 아니라는 결론을 내렸다는 뜻일 테니 말이다.

∧∧∧

자살에 관한 가장 오래된 묵상으로 알려진 것은 대략 4000년 전(기원전 약 1937~1759) 이집트 문헌인 〈인간과 그 영혼 간의 대화 Dialogue of a Man with His Soul6〉라는 신왕국 시대의 파피루스 기록이다. 로빈 윌리엄스가 즉흥적으로 자신의 의식과 대화한 것처럼, 이 이집트인의 대화 속 '나'는 죽기를 원하는 반면, 그 대화 상대(로빈 윌리엄스에게 의식인 것이 이름 없는 이집트인 저자에게는 영혼 또는

---

6   이집트 중왕국 12왕조(BC 2040?~BC 1758?) 무렵 작성된 것으로 추측되며 고대 이집트 신관들이 사용하던 히에라틱 문자로 쓰였다. 삶의 고난을 받아들이기 위해 고군분투하는 남자와 그의 영혼 사이의 대화 형식을 취하고 있으며, 문서 시작 부분과 중간 일부가 소실되어 현재 전해지는 파피루스 사본은 불완전한 상태다.

'바ba7'가 된다)는 '나'를 그 생각에서 벗어나도록 설득하려고 한다.

　로빈 윌리엄스는 왜 스스로 목숨을 끊고자 하는지 이유를 제시하지 않고 단지 "엿같은 인생"이라는 터무니없는 한 가지 생각만 보여준다. 그가 이 생각을 굉장히 충격적이라고 여기는 것 같지만, 분명 그는 자살 생각과 씨름하고 있다. 그는 잭 다니엘 한 병을 언급하며 술을 마시고 있을 때 그 생각이 났다고 말한다. 로빈 윌리엄스는 지나가는 말로 "지금 일은 안 하고 있지만"이라며 넌지시 자살을 옹호한다. 이는 확실히 그가 직업적으로 성취감을 느끼지 못하고 있으며 어쩌면 자신이 불필요하다고 느끼는 것일 수도 있다.

　하지만 로빈 윌리엄스는 그 외에는 이 논쟁에서 자살 생각에 반대하는 입장이다. 이런 점이 흥미로운 건 대화 속에서 로빈 윌리엄스가 자살을 당연하게 여기는 것처럼 보이지만 암울했던 시간을 희극으로 재현하기 때문이다. 내가 특히 이 대화를 좋아하는 이유는 당시 그가 느꼈을 감정(반드시 자살을 실행해야 한다는)을 언젠가 우리가 느끼면 우리도 이런 논쟁이 필요할 것이기 때문이다.

　로빈 윌리엄스의 의식은 자살에 반대하는 다섯 가지 근거를 제시한다. 첫째 그는 "집 두 채"를 포함한 "꽤 여유로운 삶"을 살고 있다. 다시 말해 필요한 양보다 많은 물질적 풍요를 누린다. 둘째, 그에게는 여자 친구가 있다. 즉 혼자가 아니다. 인생에 사랑이 있다. 셋째, 그는 자살할 만한 "배짱이 없다". 그런 행위를 실행하기에는 죽음 그리고

7　영혼에 대한 고대 이집트의 개념은 9개로 구성되어 있었다. 이 중 '바'는 우리가 흔히 이야기하는 영혼의 개념으로 인간의 머리를 가진 새로 묘사된다.

(혹은) 고통을 몹시 두려워한다. 한 번도 총을 사보지 않았고, 자신을 조롱하면서 전동 구강 세정기로 손목을 긋는 것보다 더 나은 자살 방법을 생각해 본 적이 없음을 꼬집는다. 넷째, 그는 지금 제정신이 아니다. 그의 사고는 알코올과 외로움(그는 지금 호텔 방에 있다), 도덕적 방향 감각의 상실, 자책(자기 침대에 낯선 사람이 있다)으로 왜곡된 상태다. 다섯 번째, 로빈 윌리엄스의 의식은 적어도 그가 결정을 미뤄야 한다고(심리치료나 팟캐스트에서 그에 관해 이야기한다든가) 주장한다.

로빈은 의식이 하는 논쟁에 진심을 내비치는 답변을 다시 내놓지 않는다. 했다 해도, 자신의 현실적 성공 때문에 계속 살아갈 수 있는 게 아니라고 진행자에게 확인시키는 정도다. 매런이 "당신은 이 모든 걸 가졌지만… 그건 중요하지 않다는 거잖아요?"라고 하자 윌리엄스는 "대성공이긴 하죠!"라고 하고 만다.

결국엔 우리 모두 알 듯 자살 성향이 있고 루이소체치매Lewy Body Dementia8를 앓던 윌리엄스가 자신의 의식을 이겼다. 2014년 8월 11일, 예순세 살의 나이에 손님용 침실에서 목을 맨 것이다. 당시 그의 아내는 침실에서 자고 있었다.

고대 이집트인의 자살에 관한 대화는 완전히 다른 방식으로 진행된다. 인간의 영혼 중 바는 발언 기회가 많지 않으며, 설득력 있는 논쟁

---

8 알츠하이머 다음으로 흔한 퇴행성 질환. 주요 증상으로 인지기능 저하, 환시, 렘수면 행동 장애, 파킨슨증이 있으며, 파킨슨병이나 알츠하이머치매보다 일반적으로 진행이 빠른 편으로 알려져 있다.

은 본문 속의 지쳐 있는 글쓴이를 통해 이어진다. 이 글에서 바의 부분을 제대로 이해하기란 쉽지 않지만, 바는 두 가지 간단한 주장을 하는 것으로 보인다. 자살하면 내세가 틀림없이 형편없을 것이며, 자신의 문제에 초점을 둘 것이 아니라 "행복한 하루를 추구하고 지나친 염려는 내려놓아야 한다"고 말한다. 바는 유쾌함과 즐거움을 추구하고 자신에 대해 필요 이상으로 진지하게 접근하지 말라고 권한다.

하지만 이집트인 저자는 그렇게 할 수 없다. 그는 스스로 목숨을 끊어야 하는 다섯 가지 이유를 들고 있다. 첫째, 그의 영혼이 주장하는 단지 즐거움만 추구하는 삶은 자신의 평판을 망가뜨릴 것이다. 그렇게 상스럽게 살 바엔 명예롭게 죽는 편이 낫다. 둘째, 이 시대 사람들은 부도덕하다. 자신은 그런 사람들 사이에서 살고 싶지 않으며 이토록 불쾌한 시대에 살고 싶지 않다. 셋째, 참을 수 없을 만큼 외롭다. "나는 오늘 누구와 이야기할 수 있는가?" 그는 반복적으로 자기 영혼을 향해 묻는다. "나는 참담함으로 가득하고 / 친밀함(친구)이 결여되어 있다." 넷째, 그는 죽음을 고대한다. 특히 삶이 얼마나 힘든지를 생각하면 죽음은 아주 반갑게 느껴진다. 삶은 질병이고 감금이며 비 오는 날, 흐린 하늘, 유배된 상태와 같다. 그는 이 대화에서 특히 다음과 같은 강력한 구절을 남긴다.

> 오늘 죽음이 보이네
> 아픈 이의 회복(처럼),
> 감금되어 있다가 밖으로 나오는 것처럼.
> 오늘 죽음이 보이네

몰약9 향같이

산들바람 부는 날 차양 아래 앉아 있는 것같이.

오늘 죽음이 보이네

연꽃 향처럼,

술 취해 강둑에 앉아 있는 것처럼.

오늘 죽음이 보이네

비가 걷히듯,

탐험을 떠난 이들이 집으로 돌아오듯.

오늘 죽음이 보이네

하늘이 맑게 개는 것처럼,

자신이 무얼 찾아 헤매는지도 모르는 이와 같이.

오늘 죽음이 보이네

자기 집을 (다시) 보길 갈망하는

오랜 세월 포로로 잡혀 있는 사람같이.

마지막 다섯 번째는 그가 직접 자기 바에 맞서 주장하길, 자살하면
형편없는 내세를 마주하는 게 아니라, 죽은 이들이 신들과 함께 지내
거나 스스로 신이 될 것("저기 있는 자가 / 살아 있는 신이 될 것이다")
이라고 아니면 좋은 사람, 혹은 적어도 이번 생보다 더 나은 사람이 될
것이라고 한다. (이는 흥미롭게도 소크라테스의 말과 이어진다. 소크

---

9   Myrrh, 감람과 미르나무속 나무에서 나오는 수지. 향수나 향료의 원
료로 사용된다.

라테스는 평범한 사람은 죽음을 피해야 하지만, 철학자라면 죽음을 추구할 수 있고, 죽어서는 우리보다 먼저 세상을 떠난 위대한 마음을 지닌 이들과 대화할 수 있을 거라고 했다.) 대화의 마지막에는 바가 저자에게 논쟁에서 패배했음을 인정하고 그의 자결을 허락하면서 그가 어떤 결정을 내리든 자신도 함께하겠다며 안심시킨다.

내가 이 대화로 이번 장을 시작하고 싶었던 이유는 두 가지다. 우선 두 글 모두 사람들이 실제로 자살을 고민할 때 자기 자신과 하는 일종의 언쟁을 보여 준다는 점이 마음에 든다. 물론 내 경험도 여기저기 녹아 있다. 누구든, 내가 그렇듯, 어떤 상황에서도 자살은 피해야 한다고 생각한다면 운이 좋은 것이다. 왜냐하면 논쟁이 계속되는 한 우리는 이유를 발견할 가능성이 있고, 설득당할 수 있기 때문이다. 이미 자살을 결심했다고 해도 아직 제대로 실행한 건 아니지 않은가.

이윤 리는 자신의 자살 기도에 대한 회고록에서 논란의 소지가 있는 말을 남겼다. "인간은 하나같이 제대로 알고 이해해서가 아니라 늘 제정신이 아닌 상태에서 자살한다." 이것은 매우 중요한 사실이다. 특히 끔찍한 정신적 고통을 급하게 피하기 위한 자살이라면 더욱 그렇다. 하지만 사람들이 왜 자살하는지에 대한 리의 설명을 인정한다 해도, 자살하면 '안 되는' 이유의 여지 역시 여전히 남아 있다. 어쩌면 제대로 알고 이해하기 때문에 자살하지 않는 길을 선택할 수 있을 것이다.

데이비드 흄이 "이성은 열정의 노예여야 한다"라고 했을 때 그는 물론 옳은 말을 한 것이다. 하지만 이성이 열정을 바꿀 수 있고 실제로 그렇게 변화시킬 때도 많으며, 열정을 표현하는 방식을 바꿔 놓기도 한다. 나는 맹렬히 죽기를 바랄 수 있지만 이성적으로 나 자신에게 이야기함으로써 그런 생각에서 벗어날 수 있다.

다른 철학자들처럼 나 역시 논쟁을 좋아한다. 나는 자살 도구를 손에 든 채 지하실로 연결되는 계단을 내려가는 나 자신과 논쟁했고, 목에 밧줄을 두르고 의자의 양쪽 팔걸이에 발을 하나씩 올린 채 기이한 자세로 균형을 잡는 나 자신과 논쟁했으며, 나이키 신발을 신은 채 마이애미의 20층짜리 호텔 지붕에 매달려 있는 나 자신과도 논쟁했다. 또 한밤에 고속도로에서 운전석에 앉아 최대한 빠른 속도로 달리면서도 논쟁했다. 하나하나 말하자면 끝도 없다. 그리고 비록 나 자신과 논쟁을 이어가던 와중에 자살을 기도한 적도 있지만, 내 인생에서 아주 많이 훨씬 더 여러 번 논쟁은 효과가 있었고, 나 자신과 이야기함으로써 자살 생각에서 벗어날 수 있었다. 마찬가지로 나는 학생들과 친구들, 그 밖의 지인들에게 자살과 관련한 이야기를 들려줄 때 논쟁을 하나의 도구로 활용한다.

이번 장을 로빈 윌리엄스와 무명의 고통받는 이집트인으로 짝을 맞춘 두 번째 이유는 이 두 이야기가 놀라울 정도로 비슷하기 때문이다. 이들의 어조는 믿을 수 없을 만큼 유사하다. 4000년이라는 시간과 극도로 다른 문화, 신념 체계로 분리되어 있는데도 그러하다. 이 두 사람이 절망에 빠져 어떤 것이 가장 본질적인 질문인지, 혹은 알베르 카뮈가 "단 한 가지 진지한 철학적 문제"라고 강조한 것, 즉 인생은 살 가치가 있는지를 고민하는 모습을 볼 수 있다. 이들 중 누구도 이 질문에 대해 제대로 된 답을 하지 못하며 이 또한 아주 흥미로운 유사성이다. 두 이야기는 서로 닮은 불확실성의 긴장 상태를 공유한다. 이집트인 작가는 자신이 죽어야 한다고 믿고 싶어 하지만 흔들림 없는 확신을 가진 것은 아니다. 윌리엄스를 보면 "인생 참 엿같네"라고 말하는 게 말이 안 되는 거라 믿고 싶어 하지만 자신이 왜 총을 사지 않았는지는 여전히 의아해하고 있다.

이집트인 작가가 어쩌면 윌리엄스보다 있는 그대로 인정하고 조금 더 정직했는지 모른다. 그가 자살을 더 강하게 원해서라기보다 자신의 두려움과 외로움에 솔직했기 때문이다. 윌리엄스는 자살 욕구를 미끄러지듯 꽤 빠르게 언급(아마도 그가 팟캐스트에 출연하는 유명인으로서 자신을 과도하게 노출할 만큼 어수룩하지 않았기 때문일 것이다)하고 넘어간다. 하지만 윌리엄스의 실제 모습과 그가 말하지 않는 것 사이의 균열을 통해 그의 두려움이 어둡게 표출된다. 진행자인 마크 매런은 이를 알아차리고 윌리엄스가 삶의 욕구를 북돋워야 한다고 생각한 것들(집 두 채, 여자 친구, 꽤 여유로운 삶)은 정말 중요한 게 아니라고 반복해서 말한다. 우리는 4년 후 윌리엄스가 자기 목숨을 끊으리란 사실을 알지 못했지만 예리한(매런처럼) 청취자라면 그를 걱정했을 것이다.

이 두 대화문 사이의 가장 큰 차이를 보면, 이집트인 작가는 죽음을 낭만적으로 직접 묘사한 반면, 윌리엄스는 과감히 생략하는 화법으로 "죽음에 관한 이야기"를 하니 "무척 자유로운 느낌"이 든다며 다소 이해하기 힘든 발언을 한다. 무엇이 자유롭다는 것일까? 보통은 언급하기 두려워하는 것을 이야기할 수 있어서? 더 급진적인 해방을 생각해서? 때로 견딜 수 없이 힘겨운데도 왜 계속 살아가야 하는지 명확하게 볼 수 있다는 게? 스스로 목숨을 끊는 일이?

또 다른 커다란 차이점은 이집트인 작가는 겉으로는 자기 생명을 끊을 의향이 있는 것 같으면서도, 죽음이 그의 눈에 어떻게 보이는지 예를 든 것처럼 삶의 아름답고 매력적인 측면을 일관되게 언급한다. 지나간 비, 연꽃 향, 맑게 갠 하늘, 집으로 돌아가기. 삶의 가장 매혹적인 면은 죽음으로 이끄는 선동이며, 그가 삶을 얼마나 깊이 체험하고 있는지, 그것이 삶을 떠나는 일에 얼마나 심오한 양가감정을 불러오는지 보여주고 있다.

자살할 권리에 대한 가장 설득력 있는 근거는 자유와 죽음의 밀접한 연관성일 것이다. (3장에서 살펴본 스토아학파의 "문은 늘 열려 있다"는 말 또한 이를 강력히 뒷받침하는 주장이다.) 이런 견해는 우리에게 항상 자살할 권리가 있다고 인식하는 한, 또한 우리가 살아 있는 한 우리의 자유는 타협의 대상이 아니라는 것이다. 하지만 이런 식이라면 상황은 복잡해진다. 그렇다면 우리가 죽으면 그와 동시에 당연히 이렇게 질문하게 될 것이기 때문이다. 우리는 이제 자유로운가? 아마 아닐 것이다. 자살은 자유에 대한 가장 근본적인 거부(존재와 사후 세계의 성격에 대한 시각에 따라)일 수 있다. 만약 사후 세계가 없다고 가정한다면 자유의 기본적인 실행이 자유의 포기가 되어 버린다고 해야 이치에 맞지 않겠는가?

이윤 리가 암시한 바에 따르면 자살과 같이 심각하고 격정적인 문제에 관해서는 철학적 논쟁이 그다지 소용없다. 나 역시 가끔은 그렇게 생각한다. 만약 절망에 빠진 내가 손에 바르비투레이트 한 병을 든 채 집에 홀로 앉아 있다면, 절대로 자살에 대한 철학자의 찬반 논증을 찾아볼 것 같지는 않다. 그 순간 내가 자살을 결심했는지 여부와 상관없이 나를 뒤흔들 만한 논거가 정말 철학의 역사에서 나온 것인지에 대해 의문을 가질 것이다(내 이성이 아무리 그럴듯하더라도 여전히 이성의 바람에 휘둘리고 말 것이다). 그 순간 나의 욕구와 두려움은 사랑에 맞서 싸우는 고통, 의무에 맞서 싸우는 두려움과 같이 꽤 원초적이고 직접적인 것이어서 내가 하는 일이 완전히 비이성적이거나 심지어 부끄러운 일이라 해도 별로 개의치 않을 것 같다. 어쩌면 그 순간에는 자살 욕구에 대한 비합리성과 수치심으로 인해 오히려 더 자살에 마음이 끌릴 수도 있다. 내가 스스로 목숨을 끊고 싶어 할 만큼 비루한 인간이라면 더더욱 내 생을 끝내야 하는 확실한 이유가 되는 것이다. 그렇게 이 절망적이고 역설적인 생각의 끈은 끊임없이 이어진다.

그러나 자살에 대한 내 철학적 논의는 이와 같은 순간에 놓인 사람을 염두에 둔 것이 아니다. 조금 다른 인물, 즉 광기가 덜한 일상적인 '나'를 겨냥한 것이다. 그 사람은 여전히 늘 자살을 생각하는(혹은 적어도 평소에 자주 이성적으로 또 비이성적으로 자살을 생각하는 데 인생의 많은 시간을 보내는) 사람이다. 가끔 절망이나 공황 상태에 빠져 이성적 사고를 하지 못하고 어떤 말도 귀에 들어오지 않을 때가 있다. 하지만 내가 좀 더 제정신일 때는 건전한 사고와 논쟁에 설득되기도 한다. 자제력을 잃지 않은 사람은 충분히 생각할 수 있다. 나는 그런 사람의 마음에 질문을 던지고 싶다. 자살이 좋은 생각일까? 그는 수년간, 아니 수십 년간 마음 깊숙한 곳에서 자살을 바람직한 일로 여겼을 것이다. 나는 이런 생각을 바꾸고 싶다. 바꿀 수 있

4장. 철학자들은 대체로 자살하지 않았다

다고 믿기 때문이다.

분명한 사실은 이 책을 쓰고 나서도 내 마음이 확실히 달라진 것은 아니다. 하지만 변화는 시작되었는지도 모른다. 차라리 죽는 게 더 낫다는 오랜 믿음 대신 살다 보면 죽어서 할 수 없는 좋은 경험을 하게 될지 모른다는 의문이 피어나기 시작한 것이다. 그리고 살아 있을 때보다 스스로 목숨을 끊는 행위가 주변에 더 많은 폐를 끼칠지 모른다는 생각도 하기 시작했다. 생각해 보면 살아서 많은 문제를 해결할 수 있지만 죽으면 문제를 더 악화시키는 일만 남을지도 모른다. 무엇보다 근본적으로 내일이 오늘보다 더 나아질지도 모른다. 알코올 중독에서 점차 회복되는 것처럼 이것은 매일 계속되는 과정이겠지만, 어쨌든 마침내 시작된 과정이다.

우울증에 관한 저술로 유명한 작가 앤드루 솔로몬Andrew Solomon은 이렇게 희망적으로 말한다. "이성적인 자살이라는 개념을 더 잘 받아들일수록 비이성적인 자살로부터 더 안전할 수 있다." 즉 스스로 목숨을 끊는 것이 충동이 아닌 이성에 기반을 둔 것이어야 한다는 점을 이해하면 충동과는 다른 방식으로 생각할 기회가 생긴다는 의미다. 그리고 어쩌면 이성을 통해 자살 충동을 방지하는 데 도움이 될 수도 있을 것이다. 낙관적인 생각이기는 하지만, 나는 여기에 진리가 있다고 믿는다.

클랜시라는 이름의 변덕스러운 악당은 평소 아주 많은 생각을 한다. 다른 사람들과 함께 있을 때 그가 하는 생각 중 일부는 매우 부끄러운 것이다. 끔찍하고 가증스러우며 폭력적이고 심지어 사악한 생각이 그의 머릿속을 관통한다. 하지만 그는 그런 생각이 들 때(그러니까 '나'는 그런 생각이 들 때) 대부분 그 생각들을 떨쳐 버린다. 그는 자기 의무를 팽개치고 도망가거나 어떤 어두운 생각이든(어두운 생각일 때가 더 많다) 떠오르는 대로 행동하지는 않을 것이다. 그것은 훈련, 습관, 교육, 논쟁의 효과가 나타난 덕이다. 옳고 그름에 대한 신념이 작용했기 때문이고, 이런 신념은 미래의 생각과 행동을 결정하거나 적어도 그에 큰 영향을 미칠 것이다.

어떤 이들에게는 이 말이 당연하게 들릴 것이다. 하지만 나에게는 계시 같았다. 이 발견은 내가 알코올 중독에서 더디지만 서서히 회복한 결과였다. 다른 많은 술꾼처럼 나는 술 한잔 마시고 싶은 생각이 수시로 드는 것을 나쁠 것 없고 유쾌하며 행복한 일이라고 여겼다. 지금 이 순간에도 예컨대 코로나19 바이러스도 사라진 어느 멋진 오후, 아내와 함께 뉴욕이나 로마의 카페 테라스에 앉아 잔잔히 부는 산들바람과 살갗에 닿는 햇살을 느끼며 옆에는 사람들이 지나다니고 배기가스 냄새가 커피 내음 속에 있는 모습을 그려 보면 '그래, 가볍게 레드 와인 한잔하면 좋겠군' 하는 생각이 든다.

하지만 과연 그럴까? 수년간 나는 그렇다고 생각했다. 그래서 나 자신이 알코올 중독자라고 생각할 수밖에 없었다. 심지어 나는 '그래, 지금은 아닐지 모르지만 예순이 되면(혹은 일흔 아니면 어느 때든) 다시 그렇게 될 수 있을 거야'라는 생각까지 들었다. 그러나 최근 들어 마치 좋은 무언가를 잃은 사람처럼 조금은 겸연쩍고 난처한 마음으로 고백하자면 이제는 그렇지 않다. 요즘 나는 술 한잔하는 게 좋다는 생각이 들지 않는다. 아내가 한 잔 마시면 좋을 것 같지만 나는 오히려 커피나 탄산수를 더 마시고 싶다. 그냥 더 이상 와인을 특

4장. 철학자들은 대체로 자살하지 않았다

별히 원하지 않는다. 그런 생각조차 들지 않는다.

바로 이 이야기를 덧붙여야겠다. 슬며시 봄이 찾아온 어느 날, 내가 만약 파리에 혼자 있다면 지난날 그 도시에서 느낀 젊음과 활기, 그 모든 오래된 기분을 되살려 줄 보졸레 누보 와인 반병을 기대하며 카페를 찾아가는 일은 없을 것이라고 확신할 수 없다. 충분히 그럴 수 있다. 하지만 지난 몇 년간 내 생각에 반하는 수많은 논쟁 덕에 술 마시는 일은 천천히 그 임무를 다하거나 그 대부분을 마친 것 같다. 내 신조도 바뀌었다. 전부는 아니어도 깊이 있고 자유로운 방식으로 바뀌고 있다. 꼭 술을 마셔야 한다거나 술에 의지하거나 적어도 술이 내게 유익하다고 여기거나 하는 확신은 이제 없다.

스스로 어떤 징크스를 만들 생각은 없지만 나는 자살에 관해서도 같은 사고를 하게 되었다. 적어도 가끔은 그렇다. 그리고 아직도, 마치 때때로 수면이 그러하듯, 죽음이 그날의 힘든 일에서 완전히 벗어나는 방법이라는 상상이 들 때면 한숨을 내쉬고 어깨의 긴장을 풀며 이렇게 생각한다. '그만큼 얻는 게 있으니까.' 마치 《소크라테스의 변론The Apology》에서 소크라테스가 사형 선고를 앞두고 남긴 죽음에 관한 유명한 말처럼.

> 자, 만약 의식은 없고 꿈에도 방해받지 않는 사람의 잠과 같은 잠만 있다면 죽음은 이루 말할 수 없는 이득이 될 것이다. 만일 어떤 이가 잠을 자도 꿈에 방해받지 않는 밤을 선택할 수 있다면 그래서 그날을 자기 인생의 다른 낮과 밤에 비교하고, 인생에서 얼마나 많은 낮과 밤이 이 하룻밤보다

더 좋고 즐거웠는지 말한다면 내 생각엔 어떤 이도, 일반인은 말할 것도 없고 위대한 왕이라 해도 다른 이들보다 그다지 많은 낮과 밤을 이야기하지 못할 것이다. 죽음이 그런 것이라면 죽음은 이득이라고 할 수 있다. 영원이라는 것이 그저 단 하룻밤이니.

그러나 소크라테스도 지적했듯 우리는 죽으면 어떻게 되는지 알지 못하고, 따라서 살거나 죽는 것이 맞는 것인지, 어떻게 살고 또 죽어야 하는지, 만약 더는 살지 않고 죽어야 한다면 언제 죽어야 하는지 잘 생각해야 한다.

이와 관련한 또 다른 층위로 '자살을 원하는 것'과 '자살하고 싶은 상태를 원하는 것' 간의 차이가 있다. 철학자들은 이것을 일차 욕구와 이차 욕구의 차이라고 한다. 이차 욕구는 일차 욕구에 대해 갖는 느낌이다. 이를테면 햄버거를 먹고 싶다는 욕구는 일차 욕구이고, 햄버거를 먹는 것과 햄버거를 먹고 싶어 하는 감정이 좋다는 느낌은 이차 욕구가 된다. 하지만 최근 인간의 소고기 소비가 환경에 미치는 악영향에 대해 알게 되고, 가축들이 얼마나 끔찍한 고통을 겪는지를 보여 주는 다큐멘터리를 보거나 기사를 읽는다면 어떨까? 햄버거와 감자튀김을 먹으러 파이브 가이즈Five Guys10에 가고 싶은 일차 욕구가 있다 해도, 이차 욕구는 사라질 것이다. 오히려 햄버거

10 　1986년 개업한 미국의 햄버거 프랜차이즈

를 꺼릴 수 있다.

나는 오랫동안 자살하려는 일차 욕구와 이차 욕구를 모두 가지고 있었다. 비틀스Beatles의 〈너의 블루스Yer Blues〉(특히 이 가사 'Yes I'm lonely / wanna die 그래, 나는 외로워 / 죽고 싶어')나 핑크 플로이드 Pink Floyd의 〈안녕히, 잔인한 세상Goodbye, Cruel World〉을 들으면, 혹은 내 영웅인 아쿠타가와Akutagawa11, 미시마Mishima12, 버지니아 울프Virginia Woolf, 닉 드레이크Nick Drake13, 사라 코프만Sarah Kofman14의 자살에 대한 몽상에 젖으면 '그래, 맞아, 아주 정확해. 이곳에서 바로 벗어나길 원하는 건 좋은 생각이야'라고 여기게 된다. 말하자면 나는 자살하고 싶은 상태를 원하는 이차 욕구를 생각한다.

하지만 최근 들어 나는 이러한 시각이 적어도 내 경우엔 잘못임을 알았다. 그렇다고 자살에 대한 일차 욕구가 없어졌다는 게 아니다. 햄버거를 먹고 싶은 욕구가 온당하지 못하다는 판단을 내리자마자 햄버거를 먹고 싶은 욕구가 사라지지 않는 것과 같다. 그래도 햄버거를 먹는 행위에 대한 정신적 관계는 달라졌다고 할 수 있다. 햄버거를 먹지 않는 사람이 되는 길에 서는 게 당연한 것이다. 그리고 나도 운이 좋다면 자살하길 원하지 않는 사람이 되는 길에 서 있을 것이

---

11   1892~1927, 아쿠타가와 류노스케(芥川龍之介), 일본의 소설가

12   1925~1970, 미시마 유키오(三島由紀夫), 일본의 소설가·극작가· 수필가

13   1948~1974, 영국의 싱어송라이터이자 음악가. 우울장애를 앓았고, 약물 과다복용으로 사망했다.

14   1934~1994, 프랑스의 철학가. 니체의 150번째 생일에 자살로 생을 마감했다.

다. 자살에 대한 철학적, 비철학적 논쟁 덕에 내가 매일 하던 생각에 변화가 왔기 때문이다.

철학자들은 자살에 관한 생각을 하는 데 많은 시간을 보낸다. 20세기 독일의 실존주의자인 파울 루트비히 란츠베르크Paul-Ludwig Landsberg15가 쓴 《죽음의 경험과 자살의 윤리적 문제The Experience of Death and the Moral Problem of Suicide》는 주제를 다룬 훌륭한 책 가운데 하나이며, 여기서 란츠베르크는 "죽음을 자유롭게 선택하는 문제는 모든 중요한 윤리 철학에서 가장 근본적인 문제에 속한다"라는 정확한 분석을 내놓는다. 유명한 윤리 철학자라면 자살해야 하거나 자살하지 말아야(허용되지 말아야) 하는 이유가 무엇인지 어느 정도 글을 써봤을 것이다. 더구나 나 같은 철학자들은 단지 영적 지도자와 현시대에 그에 상응할 만한 존재로 정규 교육을 받은 정신 건강 전문가들만 자살과 같은 주제에 접근해야 한다는 생각이 우려스러울 것이다. 다행히 제임스 힐먼과 같은 심리치료사는 "신학도 의학도 아닌 제3의 영역인 철학에서 연구자의 죽음이라는 체험을 가장 가깝게 묘사한다"라고 말한다.

서양 철학 전통에서 자살에 대한 문제는 꽤 일찍부터 제기되었다. 자살로 생을 마감하는 소크라테스의 죽음을 묘사한 플라톤의 대화

---

15 1901~1944, 유대계 독일인 실존주의 철학자. 제2차 세계대전이 끝날 무렵인 1944년 오라니엔부르크 강제 수용소에서 숨을 거뒀다.

편 《파이돈》에서 케베스는 그날 늦은 시각 헴록hemlock16을 마시는 소크라테스에게 "선생님께서는 왜 인간이 자살하면 안 된다고 하면서 철학자는 죽음을 따를 준비가 되어 있을 거라 하는 겁니까?"라고 묻는다. 이것은 곧 대다수 보통 사람은 자살이 용납되지 않지만 철학자와 같이 인생의 의미를 아는 몇몇 사람은 자살해도 괜찮다는 상당히 희한한 이중적인 기준이다.

플라톤에게 인간이 자살할 수 있는가 하는 문제는 그 의도와 관련이 있다. 만일 자살의 목적이 삶의 문제에서 벗어나거나 불합리한 고통을 끝내기 위한(즉 도피하기 위한) 것이라면 자살은 금지된다. 그러나 소크라테스처럼 건전하고 합리적인 목적이라면(아테네의 법을 지키기 위한) 자살은 정당화된다. 그런데 자살을 고려하는 사람에게 좋은 이유라는 게 있을까? 우리 중 공정하고 분별 있는 이들이 납득하는 이유라는 게 가능할까? 이 문제는 자살 성향이 있는 사람의 의도를 옹호할 수 있는지 여부와 연결된다.

현대에 비교적 유명한 철학자들의 죽음을 살펴본 결과, 자살로 생을 마감한 이들은 30명이 채 되지 않고, 그중 절반은 극도의 신체 질병으로 인한 자살이다. 심지어 인간이 스스로 목숨을 끊을 도덕적 권리를 옹호하는 깊이 공감 가는 훌륭한 글을 남긴 데이비드 흄조차 친구의 자살 앞에서는 그 죽음을 돕지 않고 재빨리 친구를 살리기 위한 행동을 취했다.

---

16 독미나리에서 추출한 독약

자살에 관한 글을 쓰고, 자살한(우리는 그 멜랑콜리한 이집트인 저자가 결국 자기 의도대로 생을 마감했는지는 알지 못한다) 우리가 아는 최초의 철학자는 중국의 외교관이자 시인인 굴원屈原[17]이다. 전통에 따라 굴원은 유서로 〈회사부懷沙賦〉라는 짧은 시를 남기고 커다란 바위를 끌어안고 지금의 후난성湖南省을 가로지르는 멱라수汨羅水에 몸을 던져 익사했다.

굴원이 자살을 택한 이유는 외롭고 주변 사람들이 부도덕하거나 자신을 이해하지 못하며, 대체로 세상은 불쾌하고 악한 곳인 데다 어쨌든 결국 죽게 될 것이라 생각했기 때문이다. 이는 이집트인 작가의 자살 이유를 떠올리게 한다. 굴원은 극도로 불행한 상태로 이런 나쁜 상황이 바뀌리라 기대하지 않는다. 이집트인 작가와 마찬가지로 불행을 자신의 결함이 아닌 주변 사람들의 결함 때문이라 여긴다. 사망할 당시 굴원은 예순두 살이었지만, 내가 볼 때 그의 글은 젊은이의 투정처럼 읽힌다. 그의 마음을 대변하자면 이러하리라. '좋은 사람이 되려고 무던히 노력했건만 이렇게 저급하고 천박한 사람들에 둘러싸인 채 어떻게 내 장점을 인정받고 성공할 수 있겠는가.'

> 견뎌야 하는 무게가 어마어마하고, 지어야 하는 짐이 무겁네.
> 그런데도 난 속절없이 진창에 빠지고 갇혀 벗어날 길 없네.
> 가슴에 보석을 달고, 손에는 보물을 잡고 있어도

---

17 BC 340~BC 278, 중국 전국시대 초나라의 왕족 출신 정치인. 학식이 높고 정치적 식견이 뛰어났으며 외교적 수완도 좋았다고 알려져 있다. 모함을 받아 신임을 잃고 자살했다.

어쩔 수 없네, 알아보게 할 도리 없으니.

굴원의 무력감은 상대적인 것이다. 그는 자신의 상황을 자책하지 않고, 오히려 자신이 가진 재능의 가치 때문에 부담을 떠안았다고 여기지만, 자신이 옴짝달싹할 수 없는 무력한 상태라는 점을 인정한다. 굴원이 시대의 부패에 항거하며 의례적 자살을 한 것이라는 주장도 일부 있으나, 이 시는 그가 절망에 빠져 자살한 지극히 평범한 사례임을 명징하게 드러낸다. 그래서 굴원이 앞선 시대의 이집트인 작가처럼, 그리고 현대의 로빈 윌리엄스처럼 우리에게 친근하고 친숙한 모습으로 다가온다. 그의 마지막 시는 응답 없는 구원의 외침이다.

한편 철학자 중 가장 유명한 자살을 한 이는 꽤 다른, 어쩌면 덜 공감 가는 인물일 수 있는 로마 스토아학파의 세네카다. 철학 역사상 세네카 아닌 어떤 이도 그토록 철저하고 설득력 있게 자살을 옹호하는 글을 쓰고 스스로 목숨을 끊은 경우는 없었으며, 그는 자신이 결국 스스로 삶을 끝내고 말 것이라 생각할 만한 이유가 전혀 없던 시기에 이 글을 썼다. 세네카의 사연이 조금 색다른 이유는 그가 자살할 자유의 중요성을 주장한 데 반해, 결국엔 강압에 못 이겨 자살했기 때문이다. 또한 그의 자살은 내가 가장 주목하는 자살 동기인 불행 때문이 아니라 정치적 필요성과 자신의 철학적 원칙에 대한 존중에서 비롯되었다.

세네카는 철학 교육을 받았고 정치와 법률 분야에서 초기 경력을 쌓았다. 기본적으로 단순하고 신중하며 균형 잡힌 삶의 미덕을 주장하는 윤리학자이던 그는 일상의 세속적 쾌락과 고통의 제약으로부터 정신이 자유로워야 한다고 강조했다. 세네카의 정치적, 철학적 견해를 내심 못마땅해하던 칼리굴라 황제는 그를 처형할 생각까지 했다. 그러다 칼리굴라가 암살되었지만 세네카의 평판은 나아지지 않았고, 다음 황제인 클라우디우스는 41년에 그를 코르시카섬으로 추방하고 말았다.

세네카는 코르시카섬에서 철학 공부를 이어갔고 흔히 '위로the Consolations 3부작'으로 불리는 에세이 가운데 두 편을 집필했다. 8년이 지나 로마로 돌아온 후에는 상당히 성공적인 정치 경력을 쌓았으며 미래에 황제에 오르는 네로의 가정교사가 되었다. 클라우디우스가 살해되고 네로가 황제가 되자 세네카는 로마 사회의 정점에 선다. 그는 네로의 첫 연설문을 썼고 이후 '네로의 해결사'라 불렸다. 세네카는 어마어마한 부를 쌓았으며, 이는 아마도 옛 제자 네로 황제의 범죄와 그의 세네카를 향한 총애의 결과였을 것이다. 세네카는 네로의 모친 율리아 아그리피나Julia Agrippina 살해를 비롯해 로마 정치의 근간을 뒤흔든 많은 부정한 음모에 연루됐다. 네로가 원로원에 보내는 편지를 세네카가 대필하기도 했다. 편지에는 아그리피나가 자기 아들을 죽이려 한 음모가 발각되어 자살한 것이라는 거짓 주장이 담겨 있었다. 네로 통치기 중 가장 성공적이던 다섯 해는 세네카가 네로에게 영향을 미치던 시기였다. 세네카가 네로의 최고 고문 중 한 명으로 물러난 이후 예의 '끔찍한 9년'이 시작되었다.

62년이 되자 세네카는 네로 황제의 신임을 잃었고 귀족의 삶에도 염증을 느낀 것으로 보인다. 그는 로마 외곽의 호화로운 저택으로 물러나 희곡과 철학 에세이를 집필했다. 그러다 65년 세네카는 네로 살해 모의에 가담했다는 혐의를 받았다. 네로의 근위병들이 세네카의 집을 둘러쌌고 세네카는 간단한 취조를 당했다. 그는 자신에게 씌워진 혐의를 부인했지만 그럼에도 불구하고 자살하라는 명을 받게 되었다. 자기 집을 에워싼 병사들에게 처형당하는 것에 비하면 바람직한 대안 같았다. 사회 특권층에 속하는 죄인에게 자기 신변을 정리할 (그리고 스스로 목숨을 끊는 '옳은 일을 할') 시간을 주는 이런 개념은 이후로도 수 세기에 걸쳐 이어진다.

처형당하느니 자살하는 편이 더 명예롭다는 생각은 이상하고 흥미로운 위선이다. 이때 자살은 용기의 한 형태로 칭찬받는 것처럼 보이지만 자살할 용기를 낸다는 것은 단지 누군가의 손에 죽는 것의 대안이었기 때문에 조금 이상하다. 하지만 이런 시각은 역사적으로 많은 문화에서 볼 수 있다. 즉 대안이라고는 죽음밖에 없는 운이 다한 사람에게 스스로 자기 목숨을 끊을 수 있도록 허용하는 것은 어떤 명예로운 출구를 주는 것이었다. 세네카는 어떤 죽음이 명예로운 자살인지에 대해 광범위한 글을 남겼다.

어떤 이의 인생에서 문제를 일으키고 마음의 평화를 깨뜨리는 사건이 여러 번 일어나면 그 사람은 스스로 자유로워진다. 이 특권은 위기가 닥쳤을 때뿐만 아니라 행운의 여신이 그를 기만할 때도 그의 것이다. 그는 곧 주변을 신중하게 살피고 그런 이유로 자신의 삶을 끝낼지 말지 판단한다. 그는 이렇게 떠나는 일, 즉 죽음이 자연스럽게 이루어지든 자초한 것이든, 더 나중이나 더 이르게 도래하든 어떤 차이도 없다고 생각한다. 커다란 상실이라도 되는 듯 두려워하지도 않는다. 생이 거의 남지 않았을 땐 잃을 것도 많지 않은 탓이다. 일찍 죽느냐 늦게 죽느냐 하는 건 문제가 아니다. 잘 죽느냐 좋지 않게 죽느냐 하는 것이 문제다. 잘 죽는다는 건 좋지 않게 살 위험에서 벗어남을 의미한다.

세네카는 그 이전과 이후 세대 다수가 그랬듯 자살이 생각보다 상당히 어려운 일이라는 사실을 깨닫게 되었다. 우선 그는 손목의 동맥을 끊고 발목을 찔렀지만 피가 계속 응고됐다. 이번에는 자살해야 할 경우를 대비해 미리 준비해 둔(로마 귀족들에겐 흔한 일이었다) 헴록을 마셨으나 경련과 구토가 일고 어지러울 뿐 죽는 데는 실패했다. 마지막으로 세네카는 노예들의 손에 이끌려 뜨거운 욕실로 옮겨졌다. 타키투스Tacitus[18]의 글에 따르면 그곳에서 "세네카는 증기에 압도됐고 열기에 휩싸였다". 사실 세네카가 '증기'로 죽었을 것 같지는 않지만 그 안에서 확실히 무슨 일이 있었는지는 아무도 알지 못한다. 아마도 세네카의 하인들이 주인의 요청에 따라 그를 질식사시킨 것으로 보인다.

만약 세네카가 스스로 죽는 데 실패할 경우 네로의 손에 훨씬 더 불쾌한 죽음을 맞을 것이라는 사실을 잘 모르는 상태였다면, 자살 시도에서 보여 준 이런 집요한 면은 무척 놀랄 만한 일이었을 것이다. 이런 이유로 자살을 연구한 몇몇 철학자는 세네카의 자살이 강요되

---

18   56~117, 고대 로마의 역사가. 《타키투스의 역사》, 《타키투스의 연대기》 등의 저서가 현대까지 전해지고 있다.

지 않은 다른 경우보다 덜 존엄한 것으로 평가한다. 세네카의 자살이 말하자면 네로 통치의 부도덕성에 대한 항의였거나 자신이 더는 로마 시민들에게 어떤 도움도 주지 못할 거란 확신 때문이었다면(즉 세네카 자신의 말을 인용하자면 "좋지 않게 살 위험"에 대한 두려움에서 비롯된 자살이었다면) 더 영예로웠으리라는 뜻이다.

현대의 세네카를 찾자면 2장에서 살펴본 장 아메리를 꼽을 수 있다. 시인인 파울 첼란Paul Celan19이나 프리모 레비Primo Levi20처럼 아메리 역시 홀로코스트와 나치 강제 수용소에서 살아남았으나 자살로(수면제를 과다 복용했다) 생을 마쳤다. 아메리는 1974년 자살을 시도했으나 살아남았다. 2년 후(궁극적으로 그가 사망하기 2년 전), 방송에서 일련의 강의를 했고 이 강의 내용을 토대로《자유 죽음On Suicide: A Discourse on Voluntary Death》이라는 책을 출간했다.

아메리의 책은 이 책에도 많은 영향을 끼쳤으며 주제에 접근하는 방식도 유사하다. 아메리는 자살로 이끌 수 있는 사회적 상황보다는 자살 성향이 있는 사람들의 내적인 삶에 더 많은 관심을 가졌다. 그는 한 편지에서 이 주제에 대해 '작가가 완전히 자살이라는 닫힌 세

19 1920~1970, 루마니아에서 태어난 유대인으로 독일어를 사용한 시인. 제2차 세계대전 중 가족의 끔찍한 죽음과 강제 수용소를 경험하고 가까스로 살아남지만, 결국 1970년 파리의 센강에 몸을 던져 생을 마감한다.

20 1919~1987, 이탈리아 태생의 유대인으로 아우슈비츠 강제 수용소에서 겪은 일을 세상에 알려야겠다는 책임감으로 겨우 살아남아《이것이 인간인가》를 비롯해 유명한 회고록을 남기지만, 끝내 자살로 생을 마친다.

계로 들어가기 위해… 내면으로부터' 고찰하고 싶다고 썼다.

아메리는 자살에 찬성하거나 반대하는 철학적 논쟁을 검토하지는 않았다. 그는 개인의 현상학(자살 충동을 느끼는 사람의 경험)과 그가 도약 직전의 순간이라고 했던, 계속 살아갈지 죽을지를 결정하는 순간에 관심을 가지고 있었다. 아메리는 3장에서 다룬 에밀리 디킨슨이 쓴 시에서 그랬듯 자살에 본질적으로 역설적 측면이 있음을 깨달았다. 그에 따르면 죽음, 죽음이라는 사실, 죽음의 필연성은 삶의 원초적 모순이라는 것이다. 아메리는 "자살은 단지 죽는 것(혹은 죽으려는 준비)뿐만이 아니라 스스로 자신을 자기에게서 떼어 냄으로써 훨씬 더 깊은 모순의 구렁텅이로 빠져든다"고 주장한다.

아메리에게 자살로의 도약은 병이 아니고 근본적으로 고통에 대한 반응도 아니다. 그는 나치에게 고문당한 경험으로 극도의 고통이 어떤 것인지 개인적으로 잘 알고 있었다. 아메리는 고문에 대해 "도구를 휘두르는 자가 가하는 약간의 압력만으로도 머릿속에 칸트와 헤겔, 그리고 아홉 편의 교향곡과 《의지와 표상으로서의 세계The Wolrld as Will and Representation21》가 저장되어 있는 상대방을 도살장에서 꽥꽥대는 새끼 돼지로 만들어 버릴 수 있다"라고 썼다.

아메리의 주장에 따르면 자살은 더는 자신으로 존재할 수 없을 때(아메리가 의미하는 바는 자신으로 존재하는 고통이 그야말로 견딜 수 없는 지경일 때) 선택할 수 있는 유일한 방법이다. 어떤 다른 고통은, 예를 들어 나치의 손에 고문당하는 것과 같은 고통은 언젠가 끝

---

21 쇼펜하우어의 저서

날 것이라는 희망을 가질 수 있다. 그러나 자기 자신으로 존재하는 고통은 스스로 끝내기 전까지 끝나지 않는다.

아무래도 아메리 자신이 자살 시도에 실패한 후 쓴 글이어서 그런지, 자살 시도에 이르는 순간을 상세히 묘사하는 대목에서는 글에 힘이 무척 넘친다. 아메리는 여러 페이지에 걸쳐 죽기로 결정한 사람

의 생각을 도표로 기록하면서 자살의 순간이 다가올수록 과거의 문제들이 사라져 가는 점에 주목한다. "주체는 더는 그런 일들에 저항하지 않게 된다. 더 이상 감당할 필요가 없어진 것이다. (시간이 몇 분이나 남았겠는가?) 하지만 주사위는 아직 던져지지 않았다. 아마 10분은 자신한테 더 줄 수 있을 것이다. 이 몇 분간은 여전히 기만적인 영원 속으로 팔을 뻗쳐 볼 수 있을 것이다. 이미 죽기로 선택했으니 이제는 마지막 몇 초가 끝날 때까지 그 논리와 삶의 매력에 휩싸인다."

《자유 죽음》은 삶을 계속 이어 나가야 한다는 시각으로 끝을 맺고 있으며, 이는 그래야 한다는 의무 때문이 아니라 "모든 인간이 기본적으로 자기 자신에게 속해 있으므로" 우리에게 자기 목숨을 끊을 권리도 있지만, "자신을 '자기 자신'으로 유지할" 기회 또한 있기 때문이다. 다시 말해 자살은 나만의 특별한 세계(내가 버릴 수 있으므로 나의 세계다. 그러나 얼마나 더 이런 나의 세계를 살아가는 선택을 해야 할까?)를 통제하는 방식이다. 이런 면에서 보면 삶이 새롭게 열린다. 우리 앞에 어떤 것이 주어지든 스스로 허용하는 것이기 때문이다. 요컨대 아메리는 삶의 자유가 죽음의 자유보다 훨씬 더 많은

것을 의미한다는 결론을 내린다. 자살 성향이 있는 사람의 생각에 대한 세밀한 분석에도 불구하고,《자유 죽음》은 근본적으로 삶을 긍정하는 책이기 때문에 2년 후 벌어진 저자의 자살이라는 선택이 더욱 충격적이고 안타깝다.

아메리가 자살에 관한 글을 쓴 다른 철학자보다 더 강조한 것은 자살을 고려하는 시점에서 자유의 중요성이라 할 수 있다. 이런 맥락에서 나는 유명한 지성인들, 하인리히 폰 클라이스트Heinrich von Kleist22와 연인 헨리에테 포겔Henriette Vogel, 라우라 마르크스Laura Marx23와 남편 폴 라파르그Paul Lafargue, 슈테판 츠바이크와 부인 로테 츠바이크Lotte Zweig, 아서 케스틀러Arthur Koestler24와 아내 신시아 케스틀러Cynthia Koestler의 동반 자살suicide pact에 관해 이야기해 보려 한다. 이 네 쌍의 기이한 이야기에는 공통으로 동반 자살의 강압적 성격, 심지어 강요당하는 이가 자기 자신이 될 수도 있다는, 동반 자살에 대한 유익한 경고 메시지가 담겨 있다.

내가 이 책을 쓴 2020년 가을은 또다시 코로나19 바이러스가 급증하는 시기였다. 뉴스에서는 둘 중 한 사람 혹은 두 사람 모두 코로나19에 걸렸거나 팬데믹으로 인한 트라우마에 빠져 고통받을 것이 두렵다며 동반 자살을 약속하고 함께 자살한 몇몇 커플의 소식이 보도되

22 1777~1811, 독일의 시인·극작가·소설가
23 1845~1911, 카를 마르크스의 딸이자 사회주의 운동가
24 1905~1983, 헝가리 태생의 영국 작가. 파킨슨과 백혈병 진단을 받은 뒤 아내와 동반 자살을 했다.

었다. 그러나 동반 자살과 이중 자살은 극도로 드문 사례다. 누구도 동반 자살이 좋은 생각이라고 여기지 않지만, 어쨌든 이를 실행하는 사람들이 있으며, 불행히도 인터넷을 통해 동반 자살이 더 활성화되고 있고, 심지어 어떤 이들에게는 매력으로 다가가는 것 같다. 늘어나는 모방 자살은 소위 '연쇄 자살suicide clusters'이라 불린다. 이는 대략 같은 시간과 장소에서 세 건 이상의 자살 사건이 발생하며 그 죽은 이들이 서로 영향을 주는 것으로 보이는 경우를 말한다. 내가 사는 곳에서 차로 몇 시간 거리에 있는 미주리주 커크스빌Kirksville의 트루먼 주립대학Truman State University에서는 몇 달 사이에 다섯 건의 연쇄 자살이 있었다.

자살에 관한 오래된 기록에서 연인 사이의 동반 자살은 어렵지 않게 찾아볼 수 있다. 세네카가 자살했을 때 역시 그의 아내도 함께했다. 여기서 흥미롭고 조금 놀라운 점은 세네카의 자살은 강제적이었던 반면 아내의 경우 그렇지 않았다는 것이다. 세네카는 아내의 자살을 말렸지만 소용없었다. 다만 아내는 자살을 시도했으나 실패했다. 일본어 '신주心中'는 '이중 자살'을 뜻하는데, 항상 그런 것은 아니지만 연인들의 열정이 세상과 양립할 수 없을 때 발생하며, 매우 불운하다는 면에서 셰익스피어의 《로미오와 줄리엣》에서 일어난 우발적 이중 자살과 상당히 비슷하다. 독일의 개념인 리베스토트Liebestod25('사랑의 죽음love death', 대개 자살과 관련 있지만, 늘 그런 건

---

25 연인의 자살을 기념하는 오페라에서 공연되는 아리아 또는 듀엣. 리하르트 바그너의 오페라 <트리스탄과 이졸데>의 클라이맥스로 유명하다.

아니다)는 바그너의 오페라 〈트리스탄과 이졸데Tristan und Isolde26〉에서 그 절정에 이른다.

나는 사람들과 여러 번 자살하지 '않겠다는' 약속("내가 진지하게 자살하고 싶은 마음이 생기면 전화할 테니 당신도 꼭 전화하겠다고 약속해요" 같은)을 한 적 있다. 당장 오늘 아침에도 나에게 자신의 자살 충동을 고백하며 연락해 온 이에게 이메일을 보냈다. 하지만 다행히도 나는 다른 누구와 함께 죽자는 약속을 해본 적은 없다. 운 좋게도 내가 연애한 상대는 모두 내가 아는 한(보통 내게 그렇게 말했다) 자살에 강한 반감을 가지고 있었다. 그래서 종종 나는 나의 자기파괴적인 생각에 대해 솔직할 수 없었고, 돌이켜 보면 그게 반드시 나쁘진 않았던 것 같다. 만약 내가 잘못된 상대에게 자살하고 싶다는 말을 했다면 지금의 내가 이 글을 쓰고 있을 수 있을까? 확실히 에이미와 결혼하기 전 그리 멀지 않은 과거의 나의 자살 시도 중 한 번은 내게 질린 애인이 자살로 협박 좀 그만하고 그렇게 자살에 확신이 있으면 그냥 죽어 버리라고 말한 것이 동기의 일부가 되었다. 그가 내 자살 기도에 책임이 있다는 말은 아니다. 그의 좌절과 짜증과 분노는 분명 이해할 수 있다. 어쨌든 목숨을 끊으려는 욕망에 연인을 연루시키는 게 좋은 생각이라고 할 수는 없지만, 또 내가 굳게 믿는 것은 자살 충동을 느끼는 사람은 할 수만 있다면 누군가에게 반드시 도움을

---

26 트리스탄과 이졸데의 사랑과 고통, 죽음의 이야기를 담은 중세 유럽의 유명한 전설에 바탕을 둔 3막의 오페라

청해야 한다는 것이다.

다시 철학자들의 동반 자살 이야기로 돌아가 보자. 불치병에 걸린 말기 환자였던 헨리에테 포겔을 만났을 때 하인리히 폰 클라이스트는 유명한 젊은 작가이자 지식인이었다. 그들은 교제 기간이 짧았으나 동반 자살을 약속했다. 베를린의 클라이너 반제Kleiner Wannsee 호수로 죽으러 가는 두 사람은 모두 분명 기분이 좋아 보였다. 클라이스트가 포겔의 심장을 총으로 쏘았고, 두 번째 권총의 총구를 입안에 넣고 방아쇠를 당겼다. 예비로 가져간 세 번째 권총은 필요 없었다.

클라이스트가 자살 파트너로 특별히 포겔을 택한 건 아마도 그가 죽음이 임박한 상태여서 마음을 바꿀 가능성이 적고, 그런 면이 자기의 결심을 굳히는 데 도움을 주었기 때문이었을 것이다. 아쿠타가와는 유서 중 하나에 "클라이스트는... 친구들에게 도움을 요청했다"며, 자살의 두려움을 없앨 방법을 제시한 후 자살 시행을 도울 발판을 찾았고 "그 역할을 할 수 있는 건 늘 그렇듯 여성"이었다고 기록했다. 클라이스트와 포겔이 연애편지를 주고받긴 했지만, 확실히 둘 중 누구도 서로의 감정 때문에 자살한 것은 아니었다. 두 사람은 자신들의 죽음을 수월하게 해줄 계약을 맺은 것으로 보이며, 연애 감정은 그 생각에 따른 것이었다. 상대 없이는 살 수 없는 감정이 절대 아니었다.

그래도 클라이스트가 포겔에게 보낸 편지에는 포겔을 유혹하는 것으로 보이는 다른 내용으로 우리는 별로 알고 싶지 않은 그의 성격(그리고 이런 면에서의 기술)도 담겨 있다. 여기 1810년에 포겔에게 보낸 편지 중 하나를 소개한다.

나의 소중한 아이이며 진주이고 보석이자 왕관, 나의 여왕, 나의 황후여. 그대는 내 사랑이고 가장 높고 소중한 나의 전부이자 모든 것, 나의 아내. 내 아이들의 세례식, 내 비극적인 연극, 사후의 명성. 아! 그대는 나의 더 나은 두 번째 자아, 나의 미덕이고 장점이며 희망, 죄의 용서, 미래의 거룩함이라네. 오 하늘의 어린 딸, 신의 아이, 내 중재자이며 수호천사, 케루빔Cherubim27과 세라핌Seraphim28, 나는 당신을 얼마나 사랑하는지!

포겔은 클라이스트에게 보내는 편지에 그가 자신에게 선사하는 '숭고한 죽음'에 감사하다고 썼다. 포겔로서는 단순히 하나의 안락사, 즉 좋은 죽음에 대한 합리적 바람이었을 것이다. 클라이스트의 동기는 그보다 더 미스터리한데, 서른네 살의 그는 죽기 직전 여동생에게 "표현할 길 없는 평온함"으로 죽음을 앞두고 있다는 내용을 담아 편지를 보냈다. 이 죽음의 동기를 놓고 학자들은 수백 페이지에 달하는 추측을 내놓았다.

여러 해 동안 클라이스트 작품의 팬이었던 나 역시 그의 글에서 자살의 단서를 찾으려 했지만, 죽음과 자살이 반복되는 주제라는 사실 외에 어떤 실질적 결론을 얻지 못했다. 클라이스트가 사망 당시

---

27 지품천사(智品天使). 구약 성경과 요한 계시록에 등장하는 초자연적 존재. 가톨릭 신학에 나오는 구품천사 가운데 치품천사 다음인 두 번째 계급의 천사다.

28 치품천사(熾品天使). 옛 히브리어 성경에 등장하는 초자연적 존재. 치품천사의 개념은 고대 유대교, 가톨릭, 개신교, 이슬람교에까지 영향을 미쳤다.

4장. 철학자들은 대체로 자살하지 않았다

재정적 어려움을 겪고 있었고, 자신이 바라던 만큼의 명성(그의 막대한 명성은 대부분 사후에 주어졌다)을 얻지 못했다고 하지만, 괴테를 포함한 동시대 몇몇 최고의 작가에게 존경받고 있었다. 클라이스트와 포겔이 죽기 전날 밤 묵었던 여관의 직원은 그가 기분이 매우 좋아 보였다고 전했다. 우리가 최대한 생각해 볼 수 있는 가정은 클라이스트가 오늘날 우울증이라 부르는 병을 수년간 앓았으리라는 것이다.

아내와 동반 자살을 한 슈테판 츠바이크는 클라이스트의 젤프스트모르트Selbstmord29를 그리 마음에 들어 하지 않으며 이렇게 표현했다. "클라이스트는 사륜 역마차(클라이스트의 34년 인생에서 유일하게 진정한 집이라 할 수 있었다)에 올라탔고 포츠담으로 가 반제 호수 옆에서 자기 머리를 날려 버렸다. 그리고 길가에 묻혔다."

츠바이크는 어느 정도 자신의 모습을 투사했을 것이다. 클라이스트는 성인이 된 후의 짧은 삶을 끊임없이 여행을 하며 보냈고, 츠바이크 역시 자기 죽음의 원인 가운데 하나를 돌아갈 집이 없는 느낌이라고 고백하면서 유서에 "여러 해 동안 집 없이 방랑 생활을 하는 데 지쳤다"라고 썼다. 클라이스트는 떠돌아다니는 삶을 살면서 다양한 직업을 가졌고, 여러 곳에서 살았지만 어디에도 온전히 정착한 적이 없었다. 아마도 이것이 그의 우울증을 낳은 원인인 동시에 악화 요인이었을 것이다. 분명 자살을 옹호하는 다른 철학자와 작가들도 어디에도 속하지 못하는 느낌을 언급할 때가 많다.

29 독일어로 '자살'을 뜻한다.

폴 라파르그와 아내 라우라 마르크스의 사례는 좀 더 복잡하다. 라파르그와 마르크스 또한 클라이스트와 포겔처럼 동반 자살을 했지만, 이 부부는 둘 다 건강한 상태에서 청산가리 주사를 맞았다. 나이는 각각 69세, 66세였다. 이들은 43년간 이어진 결혼 생활 끝에 함께 자살했다.

라파르그가 자살 이유로 든 것은 좋은 죽음에 대한 바람이었다. 그는 유서에서 이렇게 밝혔다. (마르크스는 유서를 남기지 않았지만, 사람들은 라파르그의 유서를 같이 작성했을지 모른다고 생각한다.)

> 몸과 마음이 건강한 상태에서 나는 생을 마치려 한다. 가차 없는 노년에 내 즐거움과 기쁨이 하나씩 사라지기 전에. 몸과 마음의 힘이 없어지며 에너지를 마비시키고 의지를 꺾어버리며 나 자신과 다른 이들에게 짐이 되기 전에 삶을 마감한다. 지난 몇 년간 나는 일흔 살을 넘기지 않기로 다짐했고, 인생을 내려놓고 떠나는 정확한 날짜를 정해 놓았다.

레닌은 이 부부가 자살한 것은 그들에게 "사회주의 운동에 기여할 게 남아 있지 않아서"라고 주장했지만, 라파르그의 조카 말로는 그들이 실제로 자살하기로 결심한 것은 10년 전이었다고 한다. 라파르그와 마르크스에게 해마다 지급되는, 그들이 죽는 날까지 사용할 돈 (일부는 프리드리히 엥겔스Friedrich Engels의 재산을 물려받은 것이다)은 충분히 있었다. 하지만 부부는 막상 사망했을 때 무일푼이었다. 라파르그는 일흔 살을 넘기지 않겠다는 자신의 다짐을 강조했지만,

이상하게도 아내의 나이가 예순여섯 살밖에 되지 않았다는 사실은 그다지 신경 쓴 것 같지 않다. 사실 따지고 보면 라파르그는 자신에게 약속한 것이지 아내에게 한 것이 아니었고, 아내 마르크스 역시 스스로 자신의 마지막 날짜를 자유롭게 설정할 수 있었을 것이다.

라우라 마르크스의 유명한 아버지 카를 마르크스는 자살에 관한 글에서, 일반적으로 자살의 동기를 재정적 어려움과 재산권 분배의 부당함으로 생긴 다른 형태의 불평등으로 보았다. 물론 카를 마르크스가 자신의 딸과 사위가 결국 자살을 선택하리라는 생각 같은 건(실제로 그런 사례에 대한 언급은 전혀 없다) 하지 않았을 것이다. 그렇지만 그가 이 부부의 계획에 어떤 영향을 미치긴 했을 것이다. 카를 마르크스는 자살을 개인의 도덕적인 실패라고 보지 않았고, 자살은 개인이 비난받을 일이 아니며 사회가 그 책임을 져야 한다고 주장했다.

그러나 나는 라파르그와 마르크스의 동반 자살은 이해하기 어렵다. 아마도 우리가 모든 세세한 사항은 자세히 모르는 게 아닐까 생각한다. 카를 마르크스처럼 라파르그 부부 모두 완전히 철학적 유물론자(그들은 물질과 움직임 외에는 어떤 것도 존재하지 않는다고 믿었고, 인생의 의미는 행복을 찾고 고통을 피하며 다른 인간들도 같은 일을 할 수 있도록 돕는 데 있다고 믿었다)였다. 이러한 생각이라면 인생에 내어 주고 인생에서 물러가는, 합리적으로 볼 때 가장 적합한 순간을 탈출구로 삼는 것도 이해가 간다. 영화 〈인디아나 존스: 크리스탈 해골의 왕국Indiana Jones and the Kingdom of the Crystal Skull〉에서 짐 브로드벤트Jim Broadbent가 연기한 찰스 스탠포스는 "이제 우리도 삶이 주는 것을 멈추고 앗아가기 시작하는 나이가 된 것 같군요"라는 멋진 말을 한다. 이러한 종류의 자살은 많은 고대 철학자가 늙음과 질병이 죽음을 강요하도록 내버려두는 대신 자유롭게 죽음의 시간과 방법을 결정하는 방식이라며 지지한 것이다.

라파르그 부부의 자살이 내게 당황스러운 이유 중 하나는 내가 아는 한 그들이 행복하고 건강한 상태였다는 점이다. 임박한 재정적 어려움(이것도 그들이 돈을 어떻게 썼는지를 감안하면 어느 정도 자초한 일이다)을 빼면 여러 면에서 볼 때 앞으로 더 좋은 나날을 보낼 수 있었다. 하지만 이 부부는 삶이 줄 수 있는 모든 것을 자신들이 이미 받았다고 느끼고 그 사실에 좌절한 것으로 보인다. 제임스 힐먼은 "노인의 경우 (자살이) 여전히 배고픈 영혼에 더는 경험을 통해 자양분을 주지 못하는 삶"에 대한 반응일 수 있다는 글을 썼다. 그는 자살하지 않는다면 "죽은 것과 다름없는 느낌이며 영혼은 이미 세상을 떠난 것이며 몸만 색을 칠한 판지처럼 움직인다"라고 표현한다. 이런 경우 자살의 동기가 되는 고통은 거의 없어 보인다. 지는 태양 아래 그림자가 되는 데 지친 그들은 밤을 선택한다.

아마 지난 100여 년 사이 일어난 가장 유명한 지성인의 동반 자살은 슈테판 츠바이크와 로테 츠바이크의 자살(이들은 일반적으로 철학자로 여겨지지 않지만, 내가 이 책에서 언급하는 많은 인물처럼 작가와 철학자 간의 구분은 좀 어리석은 것 같다)일 것이다. 로테는 모르겠지만, 슈테판 츠바이크는 자살에 집착했다고 말해도 과한 표현이 아닐 것이다. 슈테판 츠바이크 사망 80주기를 맞아 〈뉴요커〉 편집자 리어 케리Leo Carey는 츠바이크가 왜 자살했는지 질문을 던졌다.

그의 훌륭한 에세이에서 케리는 "자살은 츠바이크의 작품 어디에나 있다"라고 적었다. 츠바이크 작품 속 등장인물은 자살하는 경우가 많다. 그러나 불행히도 그는 자살을 분석하는 데 많은 시간을 쏟지는 않는다. 소설에서 자살이 비합리적이지 않은 것으로 보이더라도 달리 해결하기 힘든 어려움을 마무리하는 명백히 바람직하지 못한 방식으로 표현되곤 한다. 삶이 너무 힘들면 끝내 버려라. 츠바이크 자신도 자살에 대해 자주 이야기했고, 첫 번째 부인인 프리데리케Friderike에게 동반 자살을 제안하기도 했으며, 평생에 걸쳐 우울증과 싸운 것으로 보인다.

츠바이크는 제2차 세계대전 중 유럽에서 브라질로 이사했고, 그곳에서 그의 고립과 우울증이 더 심해진 것 같다. 츠바이크의 자살(바르비투르산 과다 복용에 따른)은 어쩌면 놀랄 것도 없는 일이었지만, 그래도 정확히 어떤 일이 촉매제가 되었는지는 알지 못한다. 더 이해하기 힘든 점은 왜 아내인 로테가 서른네 살 밖에 안 된 나이에 츠바이크의 자살에 함께했는가 하는 사실이다. 츠바이크는 자신의 유서에 이런 글을 남겼다. "내 모든 친구들에게 인사를 보낸다! 그들은 그래도 긴 밤 이후의 새벽을 볼 수 있기를! 나는 너무 성급해 먼저 간다네."

확실히 20세기에서 1942년이 암울한 해이기는 했다. 히틀러가 이끄는 독일의 기세가 올라가고 있었고 많은 이가 앞날을 절망했다. 이윤 리는 슈테판과 로테가 주고받은 편지들을 읽으며 이들 부부의 삶이 점점 더 울적해졌다고 언급한다. 그리고 이 부부가 자신들과 인류에 대한 모든 희망을 잃고 "암흑 같은 우울감 속에 빠져들었다"는 결론을 내린다.

츠바이크는 결혼한 지 2년 반 정도 지났을 무렵 리우데자네이루에서 북쪽으로 차로 한 시간가량 걸리는 독일 식민지 산악 마을 페트로폴리스Petrópolis에서 아내와 함께 스스로 목숨을 끊었다. 이 사례는 클라이스트와 불편할 정도로 유사한 면이 있다. 나는 이 두 남성이 모두 평생 자살 성향이 있었고 동반 자살은 그저 그 성향의 연장선이거나 심지어 그런 욕구의 도구였다는 생각을 지울 수 없다. 그리고 이들의 파트너인 두 여성은 그들과 달리 신체적으로 아픈 상태였으며, 특히 포겔은 질병이 죽음의 주요한 원인이었던 것으로 보인다.

1983년 3월 4일 금요일 〈뉴욕 타임스〉 1면에 실린 케스틀러 부부의 죽음을 알리는 기사는 다음과 같이 시작한다.

> 아서 케스틀러와 그의 부인이 런던에서 자살했다
> 중부 유럽 지식인의 전형이며 자신의 공산주의자 이력을 활용해 반전체주의 소설인 《한낮의 어둠Darkness at Noon》을 쓴 아서 케스틀러가 부인과 함께 어제 런던 자택에서 숨진 채 발견됐다. 케스틀러는 백혈병과 파킨슨병을 앓고 있었지만 그의 부인은 어떤 심각한 질병이 있었다고 알려진 바 없었다. 경찰은 바르비투르산 알약을 과다 복용해 숨진 것으로 보인다고 전했다.

아서 케스틀러는 77세였고 아내 신시아는 56세였다. 그들은 18년간 결혼 생활을 했다. 이들이 죽은 지 약 일주일 후 피터 오스노스Peter Osnos가 〈워싱턴 포스트The Washington Post〉에 다음 기사를 게재했다.

1940년대 말 신시아 제프리즈Cynthia Jeffries가 신문에 난 유명 작가 아서 케스틀러의 비서 임시 채용 광고를 보고 지원했을 때 그는 스물두 살의 젊은 여성으로 파리에 살고 있었다.

이후 두 사람은 결혼했다. 그리고 지난주 신시아 케스틀러는 남편과 함께 그들의 런던 아파트에서 사망한 채 발견됐다. 유서로 보아 그들은 확실히 자살한 것으로 보인다. 케스틀러는 일흔일곱 살로 파킨슨병과 백혈병을 심하게 앓고 있었다. 안락사를 오랜 기간 옹호해 온 그의 죽음은 그런 의미에서 타당해 보인다.

그러나 신시아 케스틀러는 쉰여섯 살의 건강한 여성이며 여전히 충만하고 생산적으로 남은 여러 해를 살 수 있는 나이였다.

신시아 케스틀러는 어떤 사람이었을까? 왜 인생의 마지막에 이런 행동을 했을까?

〈워싱턴 포스트〉에서 언급했듯 케스틀러 부부는 두 사람 모두 '에그짓EXIT'이라는 존엄하게 죽을 권리를 위한 모임The Society for the Right to Die with Dignity의 회원이었다. 이 조직은 여전히 존재하며 세계 곳곳의 50개가 넘는 안락사 옹호 조직 중 하나다. 케스틀러는 에그짓에서 발행하는 소책자의 서문을 썼으며, 그 글에서 가장 좋은 자살 방법에 대한 실질적인 조언까지 했다. 그의 신체적 상황과 나이, 파킨슨병의 진행과 백혈병 말기 상태를 보아 그의 죽음은 쉽게 이해 가는 면이 있다.

하지만 신시아의 경우는 설명하기 힘들다. 아마 그는 사랑 때문에 죽었을 것이다. 남편의 죽음이 임박한 사실에 슬픔이 지나쳐 버거웠을 테고 남편 없이 사느니 자살을 원했을 것이다. 그러나 행복한 결혼 생활을 하는 부부라면 모두 조만간 둘 중 한 사람이 나머지 다른 이를 앞세우고 더 오래 살 가능성을 직시해야 한다. 이런 이야기는 길버트 오설리번Gilbert O'Sullivan이 자기 아버지의 죽음을 노래하는 곡 〈다시 혼자Alone Again〉(자살하겠다고 위협하는 내용의 노래)를 떠올리게 한다. "그리고 예순여섯 나이에 / 엄마의 명복을 비네 / 엄마는 평생 사랑한 단 한 명의 남자가 / 왜 죽어야 하는지 이해할 수 없었지." 그럼에도 "그렇게 심하게 상처받은 마음으로" 엄마는 삶을 이어간다.

약 20년 전 내 새아버지 블레어는 이례적으로 공격적인 희귀한 형태의 백혈병으로 돌아가셨다. 그분은 70대였고 아주 건강해 보였는데 어느 날 허리가 아프다고 했다. 병원에 가서 진단을 받던 중 병원 직원이 그에게 백혈병이 있음을 발견했고 치료를 받지 않으면 몇 달 안에 사망할 수 있다고 알려 줬다. 그러나 병원에서는 치료 자체가 워낙 위험해 치료 도중에 돌아가실 수도 있다고 했고, 결국 그들 말대로 그분은 진단받은 지 몇 달 만에 운명을 달리했다(이 이야기를 들으니 현대 의학이 끔찍하게 엉망이라는 생각이 들지 않는가? 나도 같은 느낌을 받았다).

나는 그분이 돌아가시기 며칠 전 뵈러 갔다. 호스피스Hospice30 시설에서 새아버지를 위한 병원 침대를 집에 설치해 주었고, 호스피스

---

30 더는 치유의 가능성이 없는 말기 환자와 죽음을 앞둔 환자들이 편안한 임종을 맞을 수 있도록 돕는 의료 활동과 시설

간호사가 임종을 앞둔 마지막 며칠 동안 우리 집으로 출근했다. 당시 새아버지가 내게 한 말은 내가 들은 가장 슬픈 말 중 하나다. "클랜시, 나는 그저 딱 10년만 더 살고 싶구나."

나는 그분에게 이렇게 말해야 할 판이었다. '아버지는 일주일 안에 돌아가실 텐데 10년만 더라고요?!' 죽음을 며칠 앞두고 여전히 어떻게든 10년 더 살고 싶다는 생각을 붙든다는 사실이 참으로 마음 아팠다. 새아버지는 앞으로 일어날 일에 대해 준비가 전혀 안 된 것 같았다.

하지만 나는 내가 느끼는 감정을 그분에게 제대로 잘 전달할 수가 없었다. 그래서 그러는 대신 이불 밖으로 삐져나와 있던 발을 다정하게 꽉 잡으며 어찌 보면 참 바보 같은 말을 했다. "좀 쉬세요."

"쉬라고?" 그분은 대답하며 이맛살을 찌푸렸다. "앞으로 얼마나 많이 쉴 텐데."

가장 힘든 건 새아버지가 돌아가시고 며칠 후 화장을 하기 위해 찾아간 장례식장 주차장에서 겪은 일이었다. 어머니는 남편의 죽음 이후 크나큰 충격에 빠진 상태였는데, 내 차 쪽으로 함께 걸어가다 갑자기 오열하며 내 쪽으로 쓰러졌다. 나는 어머니가 그렇게 울 수 있을 거라고는 상상조차 해본 적 없었다. 우리 집은 우는 것을 막는 분위기였고, 어머니가 우는 모습도 내 인생에 고작 한두 번, 그것도 눈물 한두 방울이 다였다. 어머니는 지금도 여전히 남편의 죽음이라는 상처에서 회복 중이며, 아마 당신의 죽음을 맞을 때도 남편을 그리워하며 돌아가실 것이다.

그리고 이것이 케스틀러의 사례가 그토록 불편한 이유다. 나는 심하게 아픈 새아버지와 내 어머니가 다음과 같이 시작하는 대화를 한다고는 상상도 할 수 없다. 어머니가 "당신 없이 어떻게 살지 모르겠어요"라고 하면, 새아버지가 "그럴 필요 없소. 호스피스 간호사가 내 목숨을 끊는 데 얼마나 많은 약이 필요한지(호스피스 간호사들이 전국을 다니며 흔히 하는 이런 일을 일반 간호사들은 보통 담당하지 않는다) 이미 말해 줬잖아. 우리에겐 두 사람이 사용하기에 충분한 약이 있소. 그러니 함께 그 약을 씁시다."

사랑하는 사람에게 이런 제안을 하는 건 정말 괴이하고 애정이라곤 없는 행동으로 여겨진다. 어머니가 그 제안을 수락한다고 생각해 보라. 나는 새아버지라면 어머니에게 그러지 말라고 하거나 적어도 말로 설득하기 위해 최선을 다했을 거라 확신한다. 나 같으면 사랑하는 상대방이 그러지 못하도록 하고 제안을 받아들이지 못하게 할 것이다. 하지만 이건 '내'가 만드는 사례일 뿐이며, 내 배우자나 애인을 잃는 끔찍하고 고통스러운 상황을 직면하는 대신 그냥 모든 걸 끝내고 싶은 근본적인 호소는 온전히 이해할 수 있다.

케스틀러의 경우를 포함해 지금까지 언급한 네 가지 사례 중 하나라도 한 명이 다른 한 명에게 자살하지 말라고 설득했는지 사실 우리는 알 수 없다(클라이스트와 포겔 사이에 그런 이야기가 오갔음을 보여 주는 글들은 남아 있는데 클라이스트의 말에는 상당한 설득력이 있다). 아마도 사랑에 얽힌 이 모든 동반 자살은 마침내 논쟁을 멈추고 자살을 실천에 옮기기까지 연인 간에 수많은 말이 오갔을 것이다. "죽음으로써 당신의 사랑을 보여 줘!" "살아남아 당신의 사랑을 증명해 줘!" 역사적으로 사랑하는 이들의 자살은 그들 사이에 끊임없이 오가는 이 두 가지 요구였을 것이다.

자살을 다룬 일본의 훌륭한 고전 희곡 중 하나인 지카마쓰 몬자에 몬近松門左衛門31의 《아미지마에서의 정사情死 心中天網島》에서 두 연인 지헤이와 고하루는 자살하기 위해 분투하고 서로의 팔에 안겨 울면서 뒤에 남을 가족들을 생각한다. 그런데 마지막 순간 지헤이가 갑자기 현기증이 심해져 고하루의 목을 베지 못하자 고하루는 그에게 "서둘러요. 계속 이러면 안 돼요"라고 말한다. 결국 지헤이가 고하루의 목을 베지만 느리고 고통스러우며 피투성이의 처참한 과정이다. 그리고 그는 목을 베며 "이치렌타쿠쇼一蓮托生"라고 말한다. 대략 "우리가 극락에서 영원히 더없는 행복을 누릴 수 있길"이라는 뜻이다.

지헤이가 고하루를 죽이는 순간까지 두 사람 모두 자신들이 죽어야 하는지 의심한다. 하지만 둘 중 한 명이 의문을 제기하면 다른 이가 답을 주고, 한 명이 망설이면 다른 이가 마음을 다진다. 그러다 이들 중 한 사람이 목이 베인 채 죽자 살인자가 된 이는 이제 자살에 대해서는 마음을 바꿀 수 없는 상황에 처하게 된다. 클라이스트가 연기 나는 권총을 들고 포겔의 시체를 지켜본 것처럼 이제 지헤이는 자기와의 약속을 지킬 수밖에 없다.

자살의 유혹에 끌리는 사람이라면 누구든 동반 자살을 제대로 검토해 봐야 한다. 동반 자살은 특히 반복적으로 자살을 시도한 경험이 있을 때, 자살하려는 이가 스스로 죽음에 관여하는 변증법적 방식의 생생한 예시를 보여 주기 때문이다. 자기 목숨을 스스로 끊으려 하는 사람은 율리시스Ulysses가 세이렌(그를 원치 않는 죽음으로 꾀어

---

31 1653~1724, 일본 에도 시대의 극작가

낼)에 맞서기 위해 자신을 돛대에 묶은 것처럼 자기파괴를 향한 의지를 북돋울 방법을 찾는 게 얼마나 어려운 일인지 알고 있다. 그래서 자신과 약속하고, 유서를 몇 장씩 쓰고, 밧줄이나 총을 구매하고, 날짜를 정하며 일부러 술에 취하거나 누군가에게 전화해 자살하겠다고 위협하거나 아니면 사랑하는 이들과 연을 끊는 등 이제 돌이킬 수 없다고 느낄 만한 행동을 한다. 자신과 삶과 죽음에 관한 논쟁을 하고, 마치 자기 손으로 죽인 여성의 시체를 옆에서 바라보는 연인처럼 논쟁에서 지는 선택, 마음 한쪽이 다른 쪽을 설득하는 선택을 원하지 않는다. 말하자면 장 아메리가 자신을 죽일 권리라 주장한 자유와 정확히 반대되는 것을 바라는 것이며, 자신을 자유롭게 죽이기보다 그 외의 선택지를 없애 버리길 원하는 것이다.

동반 자살이라는 사랑의 협약은 스토아학파와 장 아메리가 자살에 관한 성찰에서 충분한 깨달음을 얻는 데 실패했음을 보여 준다. 다시 말해 적어도 어떤 경우에는 자살이 자유의 표현이 아니라 자유의 포기가 되는 것이다.

〈〈〈

로빈 윌리엄스와 스스로 생명을 저버린 철학자들을 생각하면 나는 자살이 나쁜 생각이라 주장하거나 적어도 그렇게 가정하게 된다. 그래도 공정을 기하기 위해 살펴보자면 자살에 관한 가장 오래된 기록은 자살을 옹호하는 것처럼 보인다. 수많은 아프리카 기원 신화에서 신들이 죽음 자체를 만든 이유가 인간들이 삶이 견딜 수 없을 만큼 힘들어 신들에게 삶을 끝낼 수 있게 해달라고 요청했기 때문이라는 믿음이 보인다. 이와 유사하게 고대 이집트인 작가의 〈인간과 그 영혼 간의 대화〉를 보면 개인이 자신의 생명을 끊을 권리에 대해 당연하게 여기고 작가도 자살을 지지하는 쪽으로 마음이 기울어 있는 것 같다.

서양에서 기독교 시대에 자살이 비난받는 행위가 되기 전까지 그리스, 로마 작가와 철학자들에게 자살은 인간이 숙고하고 다른 이들에게 설명할 수 있는 침착하고 분별 있는 선택이자 합리적 결정이었다. 여기에서 한발 나아가 삶을 끝내고자 하는 이에게 사회가 자체적으로 그 수단을 제공해야 한다고 주장하기도 했다.

그 예로 로마의 여행가 발레리우스 막시무스Valerius Maximus는 마실리아인들Massilians(오늘날 프랑스 마르세유Marseille에 사는 주민들)에 관해 다음과 같이 기록했다.

> 독미나리가 함유된 독은 공동체의 공공 지도자가 관리하며, 원로원이 소집된 가운데 600명의 원로원 의원 앞에서 자신이 죽는 게 왜 바람직한지 이유를 분명히 제시하는 사람에게 그 독을 내어 준다. 심사는 고통받는 주체가 무모하게 삶을 끝내는 일은 막으면서 합리적으로 출구를 바라는 이에게는 신속하게 죽음이라는 수단을 제공하도록 자비심을 지닌 채 엄격하게 진행한다. 이렇게 과도한 불운이나 행운을 마주한 이들(어느 쪽이든 삶을 끝내는 이유가 될 수 있다. 한쪽은 삶이 이어지지 않게, 다른 한쪽은 삶이 더 나빠지지 않게)에게 일탈을 허가하고 인생을 끝내

게 해주는 것이다.

마찬가지로 현대의 자살 관련 사상가들로 오늘도 자살을 줄이기 위해 최전선에서 투쟁하는 이들 또한 자살에 대한 선택권을 합법적·사회적으로 용인된 형태의 통제된 방식으로 사람들에게 제공하면 인간적이고 도덕적으로 정당할 뿐 아니라 실질적 자살률을 줄일 수 있으며, 현재의 대처 방식에서 자주 나타나는 많은 유해한 결과를 줄일 것이라고 믿는다.

자살할 권리에 대한 철학적 옹호는 다음과 같은 형태로 나타나곤 한다.

(1) 삶이 살 수 없을 지경이 되고 자살하지 않더라도 조만간 끝나는 상태에서 흔히 MAiD^{Medical Assistance in Dying, 의료 조력 사망}라 부르는 안락사를 옹호하는 주장
(2) 자살을 법으로 처벌해서는 안 된다는 주장
(3) 자살에 반대하는 논쟁은 실패한다는 주장

(1) 의료 조력 사망에 대한 주장과 관련해 나는 어떤 돌봄 문화든 계몽된 의료 정책에 따라 사려 깊게 통제하는 의료 조력 사망이 합법적이고 투명하게 포함되어야 한다고 강하게 믿는다. 그러나 이 주제는 이 책의 관심사가 아니다. 나는 매년 수업에서 일정 시간을 의료 조력 사망 문제에 할애한다. 이 주제에 관심 있는 독자들에게 마거릿 배틴과 로버트 영^{Robert Young}, 피터 싱어^{Peter Singer}의 책을 추천한다.

불행히도 많은 경우, 특히 생명 연장술의 발전과 함께 어떤 이에

게는 어차피 곧 죽음으로 끝날 남은 삶이 단지 점점 심해지는 고통일 뿐이다. 이와는 다른 경우, 나만 보아도 심각한 신체적 질병이나 고통은 없고(적어도 아직까지는) 자살하지 않는 한 장수할 가능성이 높은 이들도 있다. 내가 이 책에서 관심 있는 사람들은 나처럼 이성적이고 객관적으로 보면 인생에 여전히 누릴 수 있는 좋은 일이 너무나 많을 텐데, 그래서 자살을 막는다면 상당 기간 계속 살아갈 수 있을 텐데 스스로 생명을 끊으려 하거나 실제로 그렇게 죽는 이들이다.

나와 내가 이야기를 나눈 많은 사람은 전에 자살을 기도했던 경험을 되돌아보며 그 시도에 실패해서 정말 다행이라고 진심으로 이야기한다. 그래도 우리는 이렇게 말하면서도 언젠가 자살에 다시 끌릴 수 있음을 안다. 자살 기도에 실패한 이후 우리 삶에서 무엇과도 바꿀 수 없는 좋은 일들(나로서는 내가 자살에 성공했다면 절대 생기지 못했을 아이들의 출생)이 생겼지만, 그래도 우리는 여전히 자신이 다시 그런 우울증과 자기혐오에 빠져 자살을 유일한 탈출구로 볼 수 있음을 안다.

이렇게 흥미로운 중간 입장에 있는 사람은 신체적 고통은 약하거나 아예 없지만, 정신적 고통은 만성 질환처럼 참을 수 없을 만큼 심각하다. 그렇다고 곧 죽는 것은 아니다(실제로 이 점이 문제가 될 수 있는 이유는 만약 머지않아 삶이 끝날 것을 안다면, 조금 더 고통을 견딜 수 있을 것이기 때문이다). 이들은 남은 삶의 여정에서 정신적 고통은 심해지기만 할 거라 확신한다.

여기 버지니아 울프가 남편 레너드 울프Leonard Woolf에게 보낸 마지막 편지이자 유서를 보아도 알 수 있다.

여보,

나는 다시 미쳐 가는 게 틀림없어요. 이런 끔찍한 시간을 다시 겪을 순 없죠. 이번에는 회복되지도 못할 겁니다. 누군가의 음성이 들리기 시작하고 집중을 할 수가 없어요. 그래서 최선으로 보이는 일을 하려 합니다. 당신은 내게 가능한 최고의 행복을 주었어요. 그리고 모든 면에서 가능한 모든 존재가 되어 주었죠. 이 끔찍한 병이 덮치기 전까지는 우리 두 사람이 그보다 더 행복할 순 없었을 겁니다. 저는 더 이상 병에 맞서 싸울 수 없어요. 내가 당신 삶을 망치고 있고, 나만 없으면 당신이 일도 할 수 있으리라는 걸 압니다. 당신은 그럴 수 있다는 걸 알아요. 내가 이 글조차 제대로 쓰지 못한다는 걸 알겠죠? 읽지도 못합니다. 내가 말하고 싶은 것은 내 삶의 모든 행복은 당신에게서 비롯됐다는 거예요. 당신은 나에 대해 전적으로 인내해 주고 믿을 수 없을 만큼 잘해 줬죠. 모두가 다 아는 일이지만 이 말을 하고 싶었어요. 누군가 나를 구해 줄 수 있었다면 그건 당신이었을 겁니다. 내게서 모든 게 사라졌지만, 당신이 좋은 사람이라는 확신은 남았습니다. 더는 당신 삶을 망칠 수 없어요.

우리보다 더 행복한 부부도 없었을 겁니다. - V.

울프는 앞서 적어도 두 번 이상 자살 기도를 한 적 있고, 이번에도 실패한다면 다시 시도할 것을 알고 있었을 것이다. 울프는 자신의 유서를 통해 모두가 아는 그의 '끔찍한 질병'인 정신질환이 육체적 고통만큼 심하며 때로는 그보다 더 가혹함을 스스로 인정했다. 우리 모두 직관적으로 이 점을 이해할 수 있다. 고령으로 정신이 황폐해지는 것을 죽음에 이르는 신체적 질병만큼 두려워하지 않을 사람이 어디 있겠는가? 만약 의식이 또렷한 채로 자신을 애처로워하는 사랑하는 이들의 위로를 받으며 극심한 육체적 고통 속에 죽어가는 것과 극도의 정신질환으로 인한 끔찍한 소외감 속에 외로이 죽는 것 중 하나를 선택해야 한다면 대부분의 사람들은 신체의 질병을 선택하지 않을까? 나는 확실히 그럴 것이다.

하지만 일부 정신질환은 안락사의 합법성을 따지기 쉽지 않다. 지난 100년에 걸친 정신의학의 상당한 발전에도 정신질환은 여전히 많은 면에서 설명하기 힘들며 아주 다양한 형태와 정도로 나타나기 때문이다. 누가 어떤 이의 정신상태를 적법하게 판단할 수 있는지 알기란 매우 어렵다. 극단적인 경우, 정신과 의사는 어떤 이의 정신적 고통이 절대 끝나지 않고 악화하기만 할 거라고 장담할 수 있을 것이다. 그러나 그런 경우는 드물다. 현재 정신의학 분야에서 어느 수준의 정신적 고통이 안락사를 정당화하기에 충분한지를 두고 벌이는 논쟁은 안락사가 법적으로 허용되는 두 나라인 벨기에와 네덜란드에서 첨예하게 진행 중이다.

자살의 정신의학적 정당화가 어째서 그토록 논란이 많은지는 사실 쉽게 이해할 수 있다. 정신적 고통은 육체적 고통만큼 자신 있게 평가하기가 상당히 어렵다. 모든 종류의 신체적 고통은 단기간의 결과로 죽음을 예상할 수 있지만, 정신적 고통에 똑같은 기준을 적용할 수 없다. 사람들은 자살이나 준자살 행위가 아닌 한 정신적 상태 때문에 죽지 않기 때문이다.

더구나 정신적 고통은 공포와 도피 욕구를 불러일으키며 그럼에도 살아 있음에 감사하면서도 결국 자살 욕구로 이어진다. 학생들이 나를 찾아와 극심한 정신적 고통으로 자살을 생각하고 있다고 하면 나는 보통 그들에게 자신의 정신 건강에 대한 이해가 부족한 것이며, 이 위기를 극복하면 대부분 감사하며 삶을 살아갈 것이라고 짐작한다. 그리고 그들은 자신의 경험을 되돌아보며 '그래, 스스로 목숨을 끊지 않아서 다행이야'라고 생각할 것이다. 이는 통계적으로 입증됐다. 자살을 기도하는 사람 중 열에 아홉은 이후 자살 기도에서 죽지 않으며, 자살을 숙고한 이는 다시 그런 시도를 하지 않는 경우가 많다. 따라서 학생들이 계속 살아가야 할 타당성이 드러나는 그들의 정신 건강에 대해 이성적으로 내가 특별한 관점으로 바라볼 수 있었다고 생각한다. 그 학생들은 당시에는 고통이 워낙 심해 필요한 장기적 시각으로 상황을 바라볼 수 없었다. (그리고 나는 당연히 그들에게 정신 건강 전문가를 찾아가 도움을 구하고 필요한 지원을 받으라고 권한다.)

정신적인 고통과 공황 상태가 지나갈 것이라는 생각은 소위 '5150[32]' 또는 '72시간 자살 유예'라 불리는 정신과 치료의 이면에도

32 5150 HOLD, 비자발적 보호. 미국에서 정신 건강 위기 경험이 있는 성인이 타인 혹은 본인에게 위해를 가할 수 있는 상황일 때 72시간 동안 비자발적으로 정신과 입원이 가능한 조치

4장. 철학자들은 대체로 자살하지 않았다

담겨 있다(이 3일 유예는 병원과 교도소에서도 시행되고 있다). 자살 충동을 느끼는 사람이 스스로 목숨을 끊는 것만 막아도 심각한 순간이 지나간다는 오래된 개념이다. 소포클레스Sophocles33의 《아약스 Ajax》(기원전 442년)에서 친구들이 아약스가 자살하는 것을 '단 하루만' 못 하게 하면 그의 기분이 나아지고 살 수 있을 거라 말한다. 이를 위해 친구들이 아약스 곁에 머물며 그를 온종일 지켜봐야 하는데 아약스가 그러지 못하게 한다(그리고 아약스는 칼로 자결한다). 아메리카 원주민인 미크맥족Micmac 또한 이와 유사하게 자살 성향이 있는 이들이 일시적 위기 상태에 있는 것으로 보고, 그들이 "때때로 아주 어두운 비애에 젖고 그 정도가 극도로 심해 잔인한 절망에 온전히 빠져들어 스스로 자기 목숨까지 끊으려 한다"고 여긴다. 자살 충동을 느끼는 이들은 슬픈 노래를 부르는데 이때 누군가 그들 곁에 머물면서 노래 부르기를 멈출 때까지 실제로 자살하는 것을 막으면 이들이 다시 삶을 이어갈 수 있다고 보는 것이다.

그러나 동정심 많은 외부 관찰자가 자살 당사자의 정신 건강 상태를 더 정확히 파악할 수 있다 쳐도 버지니아 울프처럼 자기 마음을 두려워하거나 데이비드 포스터 월리스처럼 자신의 우울감을 견딜 수 없다고 주장하는 경우에는 어떻게 해야 할까? 이런 이들을 강압적으로 가두고 자기 고통을 끝낼 한 가지 일을 못 하게 막는 방식은 대부분 원치 않을 것이다. 하지만 이것이야말로 우리가 자주 하는 일이다.

---

33 BC 497~BC 406, 아이스킬로스(Aeschylos), 에우리피데스(Euripides)
    와 함께 고대 그리스 3대 비극 시인 중 한 명으로 정치가이기도 했다.

특히 삶에서 내가 겪었듯 만성적으로 자살 충동을 느끼는 이들은 자신을 아낀다고 여긴 믿을 만한 이에게 솔직하게 말한 것뿐인데 바로 끌려가 72시간 동안 구금 상태에 처한다. 그리고 그것이 그 시간 동안 삶의 다른 모든 것을 망가뜨리는 일이라는 것을 알게 된다.

모든 미묘한 차이를 여기서 정리하려는 것은 아니다. 다만 내가 주장하고 싶은 것은 육체적 고통이 심할 때 의료 조력 사망을 지지하는 입장이라면, 참을 수 없는 정신적 고통에 대해서도 똑같이 배려해야 한다는 것이다. 나는 앤드루 솔로몬의 "자기 고통에 한계를 설정하는 것은 개인에게 달린 일이다"라는 말에 전적으로 동의한다. 육체적이든 정신적이든 가장 끔찍한 고통을 겪다가 살아난 사람조차도 나중에 살아서 기쁘다고 말할 수 있다. 그렇다면 왜 누군가의 죽고자 하는 바람이 다른 누군가의 살아 있음에 대한 감사보다 덜 적법하게 취급되어야 하는가? 이런 질문은 바람직하다고 생각한다.

(2) 자살을 법으로 처벌해서는 안 된다는 주장을 살펴보자. 매우 인도주의적인 이 주장은 흥미롭고 여전히 실질적 가치(자살은 아직도 많은 나라에서 불법이고 말레이시아와 사우디아라비아에서는 보통 기소된다)도 있지만, 여기서 직접적으로 언급하진 않겠다. 최근까지도 미국과 유럽에서 자살은 범죄(그리고 미국의 일부 주에서는 여전히 범죄로 여기지만 기소로 이어지진 않는다)로 취급되었고 이상하고 혼란스러운 방식으로 처벌했다. 어떤 이가 자살하려다 실패하면 투옥되거나 강제로 여러 야만적인 정신과 치료를 받아야 했다. 자살에 성공하는 경우 시체를 처참하게 처리할 때가 많았고, 남은 유

가족에게 기함할 만한 재정적 처벌이 가해졌다. 이런 조치는 일반적으로 자살 억제책으로서 효과가 있다며 정당화되었다. 그로 인해 사실상 많은 자살이 비밀리에 이루어졌고, 많은 사람이 사랑하는 가족의 실제 사망 원인을 숨겨야 했다.

나는 자살이 불법이 되어서는 안 된다고 생각한다. 또한 경찰이 자해 위협을 하는 사람이 있다는 신고를 받고 그 사람 집에 강제로 들어가는(미국과 다른 곳에서도 흔히 있는 일이다) 행위의 적법성에도 의문을 품고 있다. 심지어 나는 72시간 강제 구금에 따른 피해도 우려스럽다. 그럼에도 이런 주장을 하지 않는 이유는 나는 총기 금지와 같은 사회 개혁을 직접적으로 옹호하지 않기 때문이다. (자살에 성공하는 경우의 절반 가까이가 권총에 의한 것이며, 미국 총기 사망의 약 3분의 2가 자살로 인한 것이다.) 다시 말하지만, 이 책을 통해 내가 대화하려는 상대는 총구를 입에 넣고 방아쇠를 당길지 말지 고민하는 사람이다. 이들은 그 순간 자살이 합법적인지 아닌지, 혹은 합법적이어야 하는지 아닌지, 혹은 자살의 사회적·경제적 이유 같은 문제에는 크게 관심이 없다. 그 반면에 방아쇠를 당겨야 하는지 말아야 하는지에 대한 논쟁이라면 여전히 마음에 와닿을 것이다.

마지막으로 (3) 자살을 옹호하는 논거 중 실제로는 자살의 불가변성에 대한 논거들이다. 철학자들은 악의적이게도 자기 입장을 옹호하기보다 다른 사람의 입장에서 약점을 찾아내는 데 훨씬 능숙하며, 자살에 반대하는(특히 종교적인) 주장에서 뚜렷한 결점을 발견한다. 나는 자살에 반대하는 어떤 주장도 데이비드 흄과 아르투어 쇼펜하우어의 공격을 견뎌낼 수는 없을 것으로 생각한다. 흄과 쇼펜하우어는 두 사람 모두 자살에 반대하는 입장에 대해 철저하고 압도적인 비평을 남겼다.

자살할 권리를 옹호하는 철학적 논쟁의 핵심은 늘 단순하게 무엇이든 자기 자신이 바라는 바를 해야 한다는 것이며, 자기 삶 역시 그래야 한다는 것이다. 인간이란 무엇인가 하는 서구의 표준적 개인주의 개념에 반박하는 논쟁을 하기란 쉽지 않다. 이 개념은 우리가 인권이라 생각하는 것의 핵심이자 친근한 개념이지만 아리스토텔레스와 이후의 많은 철학가가 이의를 제기한 대상이기도 하다. 삶은 주변인에게 의존적이라는 것이다. 삶은 본질적으로 여러 가지 면에서 상호적이라 할 수 있다. 우리는 서로를 위해, 서로와 함께 살아가며 우리 중 누구도(특히 부모와 자녀가 생존해 있는 사람들은) 진정으로 혼자 사는 사람은 없다. 따라서 우리 삶은 당연히 우리 것이지만, 이와 동시에 다른 이들과 깊이 얽혀 있고 이 주변인들 또한 우리가 계속 살아가는 데 서로 영향을 주고받고 있는지 궁금해질 수 있다. 나는 양심상 내 아내나 아이들에게 "나를 위해 계속 살아야 해"라고 말할 수 없을 것 같다. 하지만 내가 그들에게 그렇게 해달라고 애원하는 모습을 떠올릴 수는 있다. 그리고 나는 내 지속적인 존재 역시 그들에게 속해 있음을 잊고 스스로 목숨을 저버리려 했던 것이 실수라는 것을 알고 있다.

　　　　　　　　4장. 철학자들은 대체로 자살하지 않았다

5장.

정신병원에서

언젠가 아쇼카 대학 학부 구내 식당에서 인도 달리트(불가촉천민) 계층의 유명한 문학 번역가인 친구 리타 코타리와 아침을 먹으며 이야기를 나눴다. 나는 '자유롭고 행복하기 위한 방법'이라는 새 강의를 구상하고 있었다. 행복에 관한 로리 산토스Laurie Santos의 상당히 인기 있는 예일 대학 강의를 어느 정도 모델로 하면서, 산토스의 잘 엄선된 심리학 에세이 모음에 철학을 조금 더 가미할 생각을 했다.

"저는 이제 '행복'이라는 단어가 참을 수 없이 지겨워요." 리타가 말했다. "누가 그렇게 행복하길 바라나요? 행복을 좇는 게 정말 가치 있을까요? 저 같으면 차라리 불행에 관한 수업을 듣겠어요."

나는 동의하며 웃었다. 내가 여전히 그런 강의를 하면서도(학생들도 좋아하는 것 같았다), 그의 말이 무슨 뜻인지 이해했다. 행복을 추구하는 건 괜한 일일 뿐만 아니라 문제의 일부이기도 하다. 심지어

5장. 정신병원에서

평화나 휴식조차 삶에서 지나치게 요구되는 면이 있다. 그러고 보니 나도 진정한 평화 상태라는 게 무엇인지, 진정한 안식이란 어떤 모습일지 아주 어렴풋이 알고 있을 뿐이었다.

그 반면에 모두 그렇듯 나는 불행이 어떤 느낌인지는 분명히 알고 있다. 그리고 불행은 내가 피하고 싶은 것이기도 하다. 때로는 극도로 불행해 참을 수 없다고 느끼고, 그런 시기는 당연히 내가 자살 충동에 깊이 사로잡히는 때와 상관관계가 있다.

2008년 12월 31일, 새해 전야에 자살 기도를 한 이후 나는 재발 없이 2년 줄곧 금주했다. 하지만 2009년과 2010년은 술을 마시지 않았는데도(어쩌면 술을 마시지 않았기 때문인지도 모르겠다) 결국 내 인생에서 가장 힘든 두 해였다. 나는 의사들이 치료를 위해 사용한 향정신성 약물로 인한 어린 시절의 심각한 우울증보다도 훨씬 더 심한 우울증과 씨름하고 있었다. 그 시기에 나는 한 번 이상 자살 기도를 했고, 그런 시도를 하고도 중간에 포기하거나 실패하면 그냥 말없이 혼자 없었던 일로 하면 된다는 걸 알고 있었다.

금주를 시작한 지 6개월이 지난 2009년 여름, 나는 익사를 시도했다. 아내 리베카와 세 딸, 장모님과 함께 멕시코의 푸에르토 바야르타Puerto Vallarta1에서 한 달간의 긴 휴가를 보내던 중이었다. 당시 나는 체중이 꽤 빠졌다. 음식이 대부분 입에 맞지 않아 주로 우유와 요구르트를 땅콩버터에 섞어 끼니를 때우고 있었다. 이유는 알 수 없지만 그나마 그게 당시 내 입맛에 맞는 유일한 음식이었다.

---

1   멕시코 중부 서해안에 위치한 휴양 도시

우리는 비에호 바야르타^{Viejo Vallarta}의 바닷가 위 절벽에 있는 집에 머물렀고, 나는 저녁 시간이 되면 해변에서 800미터 정도 떨어진 괜찮은 레스토랑에 가서 식구들이 먹을 음식을 포장해 오곤 했다. 때로는 바에 앉아 음식이 나오길 기다렸는데, 그곳의 바텐더는 내가 술을 마시지 않는다는 걸 알고 항상 내게 다이어트 콜라를 가져다주었다. 나는 해 질 녘 서퍼들이 서핑을 마치고 바로 들어오는 모습을 지켜봤다. 아침에도 그들을 봤다. 아침에도 똑같이 언덕을 내려와 가족들이 아침을 시작하는 동안 나는 카페에서 커피 한 잔을 마시며 한두 시간 글을 쓰곤 했다. 그리고 때때로 가던 길을 멈추고 방파제에 앉아 새들과 서퍼들을 바라봤다.

그러던 어느 날 밤, 유난히 기분이 가라앉고 심리적으로 한없이 고통스러웠던 나는 해가 지는 모습을 바라보며 생각했다. '더는 이대로 계속할 수 없어.' 해결 방법은 간단했고, 바로 내 눈앞에 있었다. 나는 어두운 태평양 바다로 뛰어들었고, 내가 할 수 있는 만큼 헤엄쳐 나가기 시작했다. 물에 빠져 죽을 때까지. 그야말로 순전히 이기적인 생각이었다. 당시 나는 가족들에게 아주 쓸모없는 존재였다. 가족들은 나와 함께하기 위해 부단히 노력하면서도 나를 불안하게 바라봤다. 아이들도 예전에는 행복했던 아빠가 슬픈 얼굴로 약을 먹고 종종 방향을 잃은 채, 어떤 것에도 온전히 기뻐하지 못하는 사람이 되었음을 알고 있었다.

그럼에도 나는 내가 적어도 아내에게 일상에서 아이들을 돌보는 일과 같은, 어떤 도움이 되고 있다고 생각했다. 그때 나는 아내에게 유일한 수입원이기도 했다. (나는 내 생명 보험금을 늘리려 했지만,

최근 정신병원에 입원했던 병력 때문에 엄두도 못 낼 만큼 보험료가 비쌌다. 이후 보험금은 한 번 이상 올랐다.)

하지만 내가 겪은 우울증은 극도로 고통스러웠다. 나는 날이 갈수록 증상이 악화되기만 할 거라 확신했다. 또 내게는 끔찍한 확신(살면서 늘 맞서 온 아주 익숙한 느낌)이 있었다. 알 수 없는 개인적인 재앙이 곧 덮칠 것이며 치욕스럽거나 용납할 수 없거나 어쨌든 용서받을 수 없는 일로, 거기서 나는 회복하지 못할 것이며 누구도 그 일로 나를 용서하지 않으리란 거였다. 자살보다 더 나쁘고 자살로만 막을 수 있지만, 일단 일어나면 스스로 목숨을 끊는다 해도 이 일을 지워 버릴 순 없다고 믿었다.

그날 밤 가족들에게 식당에서 포장해 온 저녁을 올려다 준 후 나는 요구르트와 땅콩버터가 더 필요하다고 거짓말을 했다. 무언가 눈치를 챈 리베카는 아침까지 기다렸다가 사러 가면 안 되냐고 물었다. 내가 아이들을 재워야 할 시간 안에 돌아오지 못할까 봐 걱정하는 건지, 아니면 몰래 술 마시러 나가려 한다고 생각한 건지(내 금주 의지가 얼마나 진지한지 아내도 알고 있다고 믿지만 아내는 전에도 이 일로 분노한 적이 있었다) 헷갈렸다. 아니면 진실을 의심한 건지도 모르겠다. 아마 아내는 무언가 내가 거짓말하는 건 알았지만 그게 무엇이고 왜 그래야 하는지는 알지 못한 것 같다.

깜깜한 밤이었다. 내 마음에 자살하느냐 마느냐 하는 갈등은 없었다. 그저 하고 싶은 게 뭔지 알고 있었고, 이번에는 꼭 해내겠다는 생각뿐이었다. 돌계단을 내려가 해변으로 갔고 사각팬티만 남기고 옷은 전부 벗었다. 파도에 휩쓸려 가지 않고 사람들이 찾을 수 있도록 옷가지는 접어서 신발 옆, 해변 높은 곳에 두었다. 리베카는 진실을 알 테지만 자신과 딸들에게 내가 늘 밤에 바다에서 수영하는 걸 좋아했다고 할 것이다. 이건 맞는 말이다. 아내는 또 내가 수영을 퍽 잘하는 사람은 아니었다고 말할 것이다. 이것도 맞는 말이다. 안경은 옷무더기 맨 위에 올려놓았다. 나는 아주 심한 근시다(이 상황에 이 말을 하는 게 우스꽝스럽기는 하지만 초등학교 때부터 그랬다). 그리고 당연히 안경은 물속에서 쓸 수 없다. '그게 오히려 더 편할 거야. 얼마나 멀리까지 갔는지 알 수 없을 테니까. 다시 돌아오고 싶어도 그럴 수 없고.'

자살을 기도했던 다른 때와 마찬가지로 유서를 남길 생각은 하지 않았다. 달리 뭐라 말하겠는가? 사랑해. 미안해. 남은 이들도 그 사실은 이미 다 안다.

나는 고요한 밤바다를 향해 헤엄쳐 나아갔다. 나는 밤에 바다에서 수영할 때면 늘 상어 생각이 났다. 육지에서 한참 떨어진 검은 물속에서 뭔가 스치기라도 할 때면 동물적 두려움이 전기 흐르듯 온몸에 퍼졌다. 그럴 때마다 몇 번이고 이렇게 생각했다. '어쨌든 해결책은 있겠지.' 나는 횡영[2]만 하기 때문에 장시간 수영을 할 수 있었다. 나는 계속 힘겹게 헤엄쳤다. 즐기는 범주의 일이 아니었다. 물은 시원하지만 차가울 정도는 아니었다. 해변을 등진 채 한참 멀어질 때까지 헤엄쳤는데 어딜 향해 가고 있는지는 전혀 알 수 없었다. 그저 푸에르

---

[2] 옆으로 누워서 헤엄치는 방법. 수상 인명 구조 요원 자격증을 취득할 때 배우는 측면 영법이다.

토 바야르타의 불빛에서 멀어지고 있다는 것만 알 수 있었다. 돌아보면 그 빛이 저 멀리 노란 공의 형체로 흐릿하게 보였다. 나는 지칠 때까지 헤엄쳤다.

가능한 한 멀리 가야 성공할 수 있다는 걸 알고 있었다. 더는 수영할 수 없는 구역이라는 표시를 지나쳐 계속 헤엄쳤다. 그러다 어느 순간 더 이상 팔도 뻗을 수 없을 것 같은 기분이 들었다. 숨을 헐떡이는 동시에 팔다리가 아프고 온몸의 에너지가 다 빠져나가는 느낌이었다. 나는 몸이 가라앉도록 했다. 팔을 휘저어 몸을 아래로 아래로 밀어 넣었다.

막상 물 밑으로 내려가니 공포가 밀려와 다시 올라왔다. 그리고 스노클링 강습에서 배우는 잭나이프 다이브 방법을 사용했다. 허리를 구부려 물과 90도가 되게 해 다리를 위로 들어 올린 뒤 그 무게를 이용해 밑으로 가라앉는 동시에 어둠 속으로 수영해 들어가는 방식이다. 나는 가능한 한 더 깊이, 물이 차가워지는 게 느껴질 만큼 바닷속으로 들어갔다. 더는 숨을 쉴 수 없었다. 그러나 질식사를 시도했던 다른 때와 마찬가지로 곧 공황 상태에 빠졌고 공포에 사로잡힌 동물처럼 허둥지둥 물 바깥으로 올라오고 말았다. 이번에도 성공하지 못했다고 확신하며 자포자기해 숨을 몰아 쉬었다. 살았다는 기쁨이나 안도감이 들진 않았고, 내가 아이들과 아내한테 얼마나 용서받을 수 없는 끔찍한 일을 저지른 건지 생각할 틈도 없었다. 그저 이 모든 과정에서 이기적인 절망과 수치심을 느꼈다. 그리고 패배하고 좌절한 채 해변으로 헤엄쳐 돌아왔다. 집에 도착했을 때 가족들은 모두 잠들어 있었다. 다음 날 아침 나는 아내에게 사과했고 "그냥 수영을 좀 해야겠어서"라고 했다. 아내는 화를 내긴 했지만 내 말을 믿었다.

그런데 이 이야기에는 약간의 교훈도 있다. 다음 날 나는 열네 살 딸 젤리와 해안의 깎아지른 듯한 낭떠러지 아래 만에서 수영을 즐겼다. 바로 전날 밤 내가 옷과 안경을 쌓아 둔 곳이었다. 파도가 조금 거셌고, 파장 시간을 앞둔, 수영하기에 조건이 최상인 해변은 아니었다. 수면 밑 물살이 강했다. 그래도 젤리와 나는 둘만 남은 바닷가에서 재미있게 헤엄치며 놀고 있었다. 그러다 갑자기 딸아이가 해류에 휩쓸려 떠내려갔다. "아빠!" 딸이 외쳤다. 아이는 울며 공포에 휩싸였고 물속에서 허우적대고 있었다. 나는 가까스로 아이를 붙잡았다. 젤리는 내 어깨에 매달렸다. 우리는 해변까지 헤엄쳐 돌아왔다. 모래사장까지 오는 데 섬뜩한 10분이 걸렸다. 젤리는 울고 있었지만 무사했다.

딸아이는 내가 같이 있지 않았다면 절대 그렇게 물결이 거센 낯선 곳에서 수영하지 않았을 것이다. 그래도 다행히 내가 바로 그 순간 내 아이 생명을 구했다. 나 자신이 자랑스러운 건 아니지만 말로는 다할 수 없는 안도감을 느꼈다. 그리고 나는 혼자 되뇌었다. "알겠지, 여기 있어야 해. 가족들한테 네가 언제 필요할지 모르는 거야. 꼭 네가. 가족들도 네가 언제 필요할지 알지 못해." 나는 가끔 그날 수영하던 때의 내가 생각난다. 빠져 죽으려 했던 다음 날. 또 때때로 내 딸도 그 일을 내게 상기시킨다. (딸아이는 전날 밤 무슨 일이 있었는지 전혀 알지 못했다. 이 책을 읽지 않는 한 끝내 모를 것이다.)

그때가 2009년이었고 앞서 말했지만, 2011년에는 초반부터 상황이 무척 나빠졌다. 나는 외도하기 시작했고 술도 다시 마셨다. 우울증, 자살, 완전한 혼돈과 방향 감각 상실, 이런 게 일상이 되었다. 그 시기에 마구 들떠 즐기며, 그저 하루하루도 아니고 심지어 시간 단위 나 분 단위로 그때그때 문란하고 무책임한 기분으로 살아갔다. 나는 비합리적인 환희와 똑같이 비합리적인 절망 사이를 오갔다.

그리고 앞으로 계속하려는 이야기, 이 책의 서두에 꺼낸 내가 막 자살을 시도한 부분부터 다시 시작하려 한다. 나는 또 실패했고 정신병원에 입원했다. 2011년 11월이었다. 이어지는 몇 개월의 시간 동안 나는 한없이 추락했고 일곱 번째 지옥의 두 번째 고리[3]로 떨어졌다. 거기서는 자살한 이들이 나무에 갇힌 채 하피Harpy[4]들에게 갈가리 찢겨 조각났다. 그리고 나서야 다시 햇빛이 비치는 곳으로 돌아올 수 있었다.

∧∧∧

정신병원 입원 절차가 마무리되었다. 직원들이 나를 데리고 몇 개의 복도와 몇몇 철제 보안 문을 지나갔고 내가 머물 방을 보여 주었다. 침대가 두 개 있었고 침대마다 탁자가 하나씩 있었다. 두 개의 작은 서랍장, 양변기 하나와 샤워 부스 한 개가 있었다. 싸구려 모텔 방 같았다. 그저 조금 더 깨끗하고 장식이 없었으며 그 대신 모텔 방에서 느낄 수 있는 오래된 안락한 분위기는 없었다. 나는 욕실 쪽 침대가 아닌 문 쪽 침대를 선택했다. 정신병원에서 같이 방을 쓸 땐 문 쪽

---

3   단테《신곡》중 <지옥> 편에 등장하는 자살하고 자해한 사람들이 가
     게 되는 곳
4   그리스 로마 신화에서 바람과 폭풍을 상징하며 여성의 얼굴과 새의
     몸의 형상을 가진 존재로 묘사된다.

침대가 욕실 쪽 침대보다 서열이 위인 법이다.

바닥은 회색 비닐 타일이 깔려 있었는데 전부 회색인데 방의 가운데 부분에만 커다란 사각형 모양으로 두 개는 노란색, 한 개는 빨간색이 섞여 있었다. 나는 바닥 시공을 한 타일공이 어떤 사람인지 궁금해졌다. 그는 자기가 살던 집을 그리워한 걸까? 그곳엔 어쩌면 노랗고 빨간 과일이나 꽃이 달린 나무가 있었을까? 아니면 그도 알다시피 이 방에 있게 될 겁먹은 슬픈 사람들을 위해 단순히 색감을 약간 더하고 싶었던 걸까?

간호사가 들어와 내 혈압과 심장 박동을 확인하고 혈액을 채취해 갔다. 간호사들이 악마처럼 느껴지는 이유이자 그들이 매일 밤새도록 하는 일이었다. 두 시간마다 환자들을 깨워 두꺼운 바늘을 팔에 꽂고 혈액을 채취하는 것이다.

"이제 곧 아침 식사를 하고 약을 드실 시간이에요. 다른 환자분들과 함께 가서 기다리시면 됩니다."

정문 쪽에는 더 많은 사람(남자와 여자, 더 젊거나 더 나이 많은 사람들)이 있었다. 원형의 접수처를 기준으로 우리가 있는 구역과 위험할 정도로 미친 사람들이 있는 구역이 나뉘어 있었다. 반대쪽 구역은 극도로 위험한 일을 했을 때 보내졌다. 듣기로는 그곳에는 영화에서나 나올 법한 완충재를 두른 방[5]이 있고, 여러 종류의 구속 장치를 사용해 환자들을 통제한다고 했다.

사람들은 그곳을 '개인 안전실Personal Safety Rooms'이라 불렀다. 올더

---

5   보통 정신병원에서 환자의 자해를 막기 위해 방에 완충재를 설치한다.

스 헉슬리Aldous Huxley6도 그토록 불길한 이름은 생각해 내지 못할 것이다. 나는 한 번도 개인 안전실이라는 곳에 가본 적 없지만 만약 병원에서 나를 그곳에 가둔다면 완전히 미쳐 버릴 것이다.

사람들은 홈디포The Home Depot7에서 볼 수 있을 법한 완만한 곡선 모양의 공구 상자 같은 두 개의 이동식 약품 매대 중 한 대 뒤로 줄지어 서 있었다. 나는 막 풀려나는 여자 옆 바닥에 앉아 아침 식사를 하러 들어가는 순서를 기다렸다.

"약 받는 줄 서실 거죠? 하루 중 이때가 그나마 제일 좋죠." 그 여자가 내게 말하며 미소 지었다. 부드럽게 뭔가 체념한 양 어깨를 으쓱하는 듯한 미소였다.

"아직 제 처방은 안 나왔을 겁니다." 내가 말했다.

여자는 빨간 머리에 핼쑥하기 이를 데 없는 얼굴이었고 비쩍 마른 모습이었다. 여자는 내가 왜 입원했는지 묻지 않았고, 나도 그 여자가 왜 퇴원하는지 묻지 않았다. 여자는 내게 자신이 고등학교 수학과 과학 과목 선생님이었다고 했다. 그리고 아직 이혼 전이지만, 남편이 집을 나갔고 자신이 아이들을 만나지 못하게 한다고 했다.

"제 아내도 아직 저와 이혼하진 않았습니다. 하지만 따로 산 지는 좀 됐죠. 아내는 내게 아이들을 보여 주기도 하지만 막기도 하죠."

"그 사람들은 늘 그런 식이죠." 여자가 답했다.

---

6 1894~1963, 영국의 소설가. 세계의 암울한 미래를 그린 소설 《멋진 신세계》로 유명하다.
7 집 안팎에 쓰는 자재나 공구부터 인테리어와 조경용품, 가전·가구 등을 판매하는 미국 기업의 매장

"엄밀히 말하면 아내이니, 뭐 어쨌든 전 부인은 아니죠. 곧 전 부인이 될 테고요. 이런 말을 해 죄송합니다. 제가 말이 너무 많았군요. 제가 지금 좀 예민해서요."

정신병원은 늘 나를 말로 표현할 수 없을 정도로 비참하게 만든다. 그래서 그곳이 싫고 두렵다. 직원들이나 정신과 의사들이 어떻게 환자들을 통제하고 조종하고 품격을 떨어뜨리는지, 또 입원과 퇴원 결정이 얼마나 쓸모없고 뻔한 기준에 따라 이루어지는지 잘 알기 때문이다. 그나마 정신병원에서 한 가지 좋은 점이 있다면 다른 환자들이다. 그들에게는 대부분 자신이 느끼는 감정을 솔직히 이야기해도 괜찮다(AA 모임에서는 있는 일이긴 하지만 일상에서는 쉽지 않은 일이다). 정신과 의사들에게는 어떤 기분이고 무엇을 생각하는지 절대말할 수 없다. 의사들은 그 말을 환자에게 불리하게 적용할 테니 말이다.

하지만 이 환자와 아이들에 대해 이야기를 이어가다 보면 둘 다 울게 될 게 뻔했다. 그래서 그 여자가 화제를 바꿨을 땐 고마웠다.

"밖에 나가 담배를 피우실래요? 병원에서는 약도 나눠 주고 담배도 밖에서 피우게 해주죠. 이제 아침 식사 시간이고요. 두 시간마다담배 피울 시간을 줄 거예요. 제 담뱃갑에 남은 걸 다 가지세요."

"저는 담배를 안 피웁니다. 그래도 같이 나가죠. 그나마 바깥이 여기서 유일하게 좋은 곳이니까요."

"맞아요. 저는 늘 왜 아무도 울타리를 넘어가지 않는지 의문이었죠." 여자가 말했다.

"그러니 말입니다. 누군가 그랬어야죠."

"저는 다시 프로미시스 병원으로 가고 싶었는데 제 보험으로는 한 번밖에 안 되더라고요. 여긴 얼마나 오신 거죠?"

"몇 번요." 내가 답했다.

"네, 다 그렇다니까요. 저는 이번이 세 번째예요. 사실 제가 보기에는 프로미시스 병원으로 가실 분 같은데요."

나는 한 번도 프로미시스 병원에 가본 적 없었다. 그래도 칭찬으로 하는 말이라는 걸 알 수 있었다. 프로미시스 병원은 캔자스시티의 재활원과 병원 중 제일 고급으로 여겨지는 곳이다.

"그런데 여긴 왜 오신 거죠? 아니, 제가 상관할 일이 아니죠. 저기, 데비 씨." 여성이 간호사 중 한 명에게 말했다. "우린 담배 피우러 갈게요. 제 서류가 올라올 거거든요. 제가 거기 가 있는 줄 아세요. 금방 올게요. 잊으면 안 됩니다. 바깥에 나가 있을게요!" 그러더니 내게 "외투 없이 나가면 추우실 거예요"라고 말했다. (나는 병원 옷 말고는 없었다. 응급실로 실려 오는 과정에서 어찌어찌 옷을 다 잃어버렸다.) "자, 여기 제 외투를 그냥 좀 걸치세요. 저는 안에 스웨터를 두 벌이나 껴입고 부츠까지 신었거든요."

우리는 일어났고 여자는 자신의 커다란 비취색 파카를 내 어깨 위로 둘러 주었다. 오래 신은 것 같은 비싸 보이는 갈색 가죽 승마용 부츠를 신고 있었다. 우리는 다시 바닥에 앉았다.

"마틴? 클랜시 마틴님?" 간호사가 약을 나눠 주는 이동식 매대 옆에서 주변을 둘러보며 내 이름을 부르고 있었다.

"접니다. 제가 클랜시 마틴입니다." 내가 답했다.

"다음엔 다시 찾지 않게 해주세요." 간호사가 말했다. 그는 매끈하게 생긴 얼굴에 〈양들의 침묵The Silence of the Lambs〉에 나오는 공감해 주는 정신과 간호사 바니를 닮았다.

"죄송합니다."

"아니요, 그냥 농담입니다." 간호사가 말했다. "첫날이신 거 알고 있습니다. 그런데 외투는 어떻게 된 거죠?"

나는 과학 선생님을 바라봤다. 그 여자는 여전히 3미터쯤 떨어진 바닥에 앉아 있었다.

"저 여자분 겁니다." 내가 말했다. 우리는 모두 선생님을 보았다. 그 여자는 움직이지 않았다. 바니가 미소를 짓고 작게 손을 흔드니 그 여자도 미소로 답하며 손을 흔들었다.

"로절린드요? 제 친구죠. 알겠습니다. 그럼 어떤 약이 있나 볼까요?"

약은 여섯 가지였다. 내가 보통 때 먹는 항우울제와 항우울제 촉진제, 그리고 전에 먹지 않던 새로운 약이 세 가지였다. 또 나한테 맞지 않는 리튬lithium8도 다시 포함되어 있었다.

나는 바니에게 이 새 약들이 왜 처방된 건지 물었다. "정확히 어떤 약이죠? 저는 이 약이 전부 필요하진 않은데요. 그저 바리움과 졸로푸트Zoloft9만 있으면 됩니다. 바리움은 꼭 필요하고요."

"바리움은 처방이 안 돼 있어요." 바니가 말했다. "아티반Ativan10은

---

8 불안, 흥분, 긴장을 수반한 조증과 양극성조울증 등 정신질환에 효과가 있는 항조증제

9 항우울제로 세로토닌의 재흡수를 막아 준다.

10 불안·긴장·우울 증상 완화 목적의 항불안제. 벤조디아제핀계 약물인 로라제팜이 주요 성분이다.

여기 있습니다. 중독성이 덜하죠."

나는 아티반을 끊는 데 몇 달이 걸렸다. 한 해 전 바리움으로 용량을 줄여 온 터였다. 바리움은 벤조디아제핀 복용량을 줄이는 데 흔히 쓰이는 약이다.

내가 약을 사용한 이력은 다음과 같다. (1) 1985~2009년: 술 그리고 때로 약간의 코카인, 스피드 Speed11 혹은 마리화나, (2) 2009~2010년: 바클로펜Baclofen12, 아티반, 리튬, 웰부트린Wellbutrin13, 졸로푸트 그리고 기타 화학적 이름을 가진 두세 가지 약물들, (3) 2011~2015년: 바클로펜, 아티반, 졸로푸트, (5) 2015~2016년 12월 31일: 바리움, (6) 2017년~현재: 거의 약을 끊은 상태. 가끔은 여전히 예전에 처방받은 바리움을 비행기나 택시를 오래 탈 때 멀미 때문에 먹기도 한다. 약을 줄여 나갈 땐 필요하면 자살하는 데 쓰려고 3000밀리그램까지 모아 두기도 했다.

"아티반은 먹겠습니다. 적어도 바리움을 받을 때까지는요. 바리움은 꼭 있어야 합니다." 나는 벤조디아제핀이 필요할 때 생기는 팔다리로 전기가 흐르는 것 같고 입이 마르는 증상이 시작됐다. "다른 약들은 왜 있는 거죠? 새로 많은 약을 쓰고 싶진 않은데요. 그걸 끊으려면 무척 힘드니까요."

---

11 메스암페타민, 속칭 필로폰의 미국식 은어

12 중추성 근이완제

13 항우울제

"담당 의사분께 여쭤 보시는 게 좋겠습니다. 누가 약 처방을 해주셨는지 볼까요? 엘리스 선생님이시네요. 참 좋은 분이죠. 마음에 드실 겁니다."

"제 선생님이세요." 로절린드가 바닥에 앉은 채 말했다. "잘됐네요. 그분은 며칠 이상 입원시키는 거 좋아하지 않으세요. 소아과 의사시고요. 모든 환자를 조울증과 기분장애라고 진단하죠. 리튬도 처방해 주실 겁니다."

"맞아요, 리튬은 들어 있네요. 하지만 전 좋아하지 않습니다. 전에 먹어 봤거든요."

"그래도 부작용은 없어요. 3년째 먹고 있는데 어떤 변화도 못 느끼죠."

"어떤 변화도 못 느낀다고요?"

"맞아요."

로절린드는 농담조로 받아친 내 질문을 이해하지 못했다. 뇌의 화학 작용을 조절하기 위해 정신과 약을 복용하면서 아무 변화도 없는데 계속 먹는다니. 그는 퇴원한다는 사실에 기쁜 나머지 아이러니를 알아채지 못했다.

"좀 겁나긴 하죠. 그래도 오히려 정상적인 느낌이 들 거예요. 기분이 확 좋아지거나 그런 건 없어요. 조심해야 하는 건 도취감을 일으키는 거죠."

"그건 그래요." 내가 말했다. 지난 1년 정도 나는 더 강한 벤조디아제핀 계열의 약물은 피하려 했다. 그러나 AA 모임에서 처음으로 술을 끊은 후 아티반 비슷한 알토이즈Altoids를 먹었다. 그 맛을 무척 좋아하게 됐다. 작은 사탕이다.

"클로노핀Klonopin14이 저한텐 최악이었어요." 로절린드가 말했다. "다시 클로나제팜 금단 현상으로 망가지느니 옥시콘틴Oxycontin15에 다시 중독되는 게 낫죠."

"한 정신과 의사는 제게 하루에 알코올은 와인 세 잔, 약물은 클로노핀 두 알 정도로 줄이라고 권하더군요." 그는 이집트에서 온 재밌는 친구로 우리 대학 근처에서 의사로 일했다. 그는 자신이 벤조디아제핀과 메를로merlot 와인을 정확히 배합하면 내 알코올 중독을 서서히 고칠 수 있다고 믿었다. "그 의사가 하라는 대로 하다 한 달 됐을 때 자살을 시도했죠."

"너무 재밌네요. 자, 이제 담배 피우러 가죠." 로절린드가 말하며 웃었다. "우리 학교 교장 선생님이 저를 데리러 올 거예요. 좋은 분이죠. 오늘 밤엔 아마 그분 집에서 묵을 것 같아요."

나는 놀라 눈썹을 치켜올렸다.

"아니, 결혼한 분이에요. 전혀 그런 사이가 아니죠. 저도 그렇단 뜻은 아니에요. 저는 맞거든요. 그분은 아주 매력적인 사람이에요. 하지만 결혼했으니 안 되죠. 저는 늘 이런 식으로 시작했어요. 유부남이요. 헤로인보다 더 나쁘죠. 그게 바로 제 문제랍니다. 우울하게 만드는 사람들이요. 두고 보세요. 3개월 안에 다시 마약을 할 거예요. 6개월 안에는 이곳으로 돌아올 거고요."

"자, 자 로지, 그런 말을 하면 안 되죠." 바니가 말했다. "네, 네, 우

---

14   항경련제로 공황장애, 발작 등에 쓴다.
15   오피오이드 계열의 마약성 진통제

울하게 만드는 분. 제가 이래서 싱글보다 유부남을 좋아하는 것 같다니까요." 로절린드가 내게 어깨를 으쓱하며 웃었다.

"저는 결혼했는데요." 바니의 말에 나는 웃음이 났다. 무언가가 정말 재밌어서 웃는 건 참 오랜만이었다. 제대로 된 웃음이었다.

로절린드가 담배를 피울 수 있는 마당으로 나왔을 때 내가 바니의 말을 반복했다. "저는 결혼했는데요." 그도 웃었다.

마당에는 나무 두어 그루가 있었고 키가 3.5미터 정도 되는 나무로 만든 울타리가 있었다. 울타리 저편으로 나무로 만든 문도 하나 있었다. 만약 나무 중 하나를 타고 올라가면 나뭇가지 위로 걸어 울타리 바깥으로 뛰어내릴 수 있을 것 같았다. 하지만 4.5미터 아래로 떨어지는 건 각오해야 했다. 나는 발목이 잘 부러진다. 아이였을 때 나무를 오르거나 차고 위에서 자갈밭으로 뛰어내리다가 양 손목과 양 발목이 적어도 한 번씩은 부러졌다. 롤러스케이트장에서 팔꿈치를 다치기도 했다. 성인이 된 뒤에는 높이 1미터가 넘는 창문 끝에서 발을 헛디뎌 발이 부러지기도 했다.

아무튼 나무를 타고 올라가 담 바깥쪽에 무엇이 있든 뛰어내린다는 건 현실적인 도피 계획은 아니었다. 그곳이 경찰관들의 주차장일지도 모를 일이었다.

"발이 다 젖어 버렸네요." 내가 말했다. 슬리퍼가 진흙투성이였다. 나는 로절린드가 담배 피우는 모습을 보는 게 좋았다. 그는 담배를 마치 비밀이라도 되는 양 손 아래 감추고 피웠다. 나는 눈을 한 번 발로 찼다. 젖은 포석과 잔디가 깔린 마당에 눈은 거의 다 녹아 있었지만, 그래도 건물의 벽돌담 아래로 얇은 얼음이 남아 있었다. 로절린드가 어깨너머를 한 번 보더니 담배를 잔디 위로 던지고 두 번째 담배에 불을 붙였다.

검은 양털 모자를 쓴 한 아이가 몸을 숙여 로절린드가 반만 태운 담배를 집어 들었다. 내가 자기를 보고 미소 짓자 아이는 재빨리 고개를 돌렸다. 그 아이는 정신병원 안에서 친구가 되려 해도 피차 누구도 알 수 없는 이유로 절대 제대로 가까워질 수 없는 그런 사람 중 하나였다. 다른 환자들은 대부분 공간을 내어 주지만 예외가 있는 법이다.

"여기로 오게 된 건 그래도 운이 좋으신 거예요." 로절린드가 내게 말했다. "보통은 꼭대기 층으로 보내거든요. 거긴 아주 끔찍한 곳이죠. 누군가의 악몽 속에 갇힌 것처럼요. 저는 일주일 동안 그곳에 있었는데 제 담당 의사도 제가 누군지 모르더군요. 약만 주고 그 사람에 대해선 잊는 거죠."

"제가 여기서 가장 걱정되는 게 그겁니다. 잊히는 거요."

"보험이 형편없으면 그리로 가는 거예요. 노숙자들은 전부 그곳으로 가게 돼 있죠. 거기선 심지어 폭력적인 사람들하고 우리 같은 사람들을 구별하지도 않아요."

나도 그 꼭대기 층에 간 적 있었다. 한마디로 끔찍한 곳이었다. 아버지 역시 우리가 방금 얘기한 그런 사람들처럼 그곳에서 돌아가셨다.

"꼭대기 층은 최악이죠." 내가 말했다. "그냥 눈을 떠보니 병원이었고 나를 여기 데려다 놨더군요. 맞아요, 얼마간 꼭대기 층에 있었어요. 사실 불과 몇 개월 전에 그곳에 있었죠."

로절린드가 놀란 얼굴로 나를 쳐다봤다. 해가 떴고 날씨도 조금 따뜻해지고 있었다. 그때 호루라기 소리가 나 우리는 안으로 다시 들어갔다. 로절린드의 서류는 준비돼 있었다. 그는 떠나기 전 내게 포옹했다. 그리고 스티커 메모지에 자기 이메일 주소를 써서 내게 건넸다. 그리고 커다란 노란색 캔버스 더플백을 뒤져 커피 얼룩이 묻은 리처드 예이츠Richard Yates의 《거짓말쟁이 연인들Liars in Love》 양장본을 꺼냈다.

"이 책 읽어 봤어요?"

나는 고개를 저었다. 사실 읽었지만, 로절린드가 내게 책을 소개해 준다고 생각해야 더 기뻐할 것 같았다. 나는 담배도 피우는 척하며 그가 내게 준 담배를 받았다.

"예이츠는 많은 시간을 정신병원에서 보냈어요. 알코올 중독이었거든요. 정신이상이기도 했어요. 정말 미친 거죠. 뭐, 사실 다들 그런 면이 있긴 하지만요. 예이츠에 대해 몰랐는데 지난번에 왔을 때 누군가 알려 줬어요. 그런데 정말 좋았어요. 다시 입원했는데 아직도 여기 있더군요. 그래서 제가 아예 가지기로 한 거예요. 기본적으로 이곳에 있는 책 중 유일하게 좋은 책이거든요. 나머지는 그냥 연애 소설이나 스티븐 킹 책, 아니면 성경이에요. 하긴 《샤이닝The Shining》은 좋죠. 어쨌든 이제 당신이 왔으니 여기 놓고 가야 할 것 같군요. 원하면 그냥 가지세요. 여기선 아무도 책을 안 읽어요. 다들 TV 채널을 뭘 볼지나 갖고 다투죠."

"감사합니다. 저도 무언가 읽을 책이 있었으면 했습니다."

나에게 책을 갖다줄 사람이 있을진 알 수 없었다. 처음 입원했을 땐 내가 리베카에게 셰익스피어 전집을 가져다 달라고 했었다. 양과 다양성 때문에 셰익스피어로 고른 건데 내 실수였다. 뭔가 멋지고 지적으로 보일 것으로 생각한 건데, 다 같이 쓰는 공간에서 셰익스피어 책을 읽는 건 바보같이 느껴졌다. 밤에 잠들기 위해 읽기에 딱 좋았다.

"어쨌든 이제 이 책은 서른 번쯤 읽었는데, 솔직히 제 회복에 그리 도움이 되는 것 같진 않더군요. 엘리스 선생님은 다른 중독자들이 쓰거나 다른 중독자들에 관해 쓴 책들은 좀 멀리해야 한다고 했어요. 아무리 회복에 관한 글이라도 재발의 계기가 될 수 있다고요. 하지만 〈헤로인Heroin16〉은 제가 가장 좋아하는 노래인걸요. 이제 루 리드Lou Reed17 노래를 다시 들으면 안 된다니 말이 되나요? 엘리스 선생님은 도대체 왜 이런 걸 이해하지 못할까요?"

"앨버레즈Alvarez의 《자살의 연구The Savage God》는 절대 읽지 마십시오." 내가 말했다. "저는 몇 년 전 스타이런이 쓴 《보이는 어둠Darkness Visible》을 시내 호텔 방에서 읽고 한 달 후 새해 전날 자살을 기도했죠."

그때가 내가 침실 드레스 룸에서 목을 매려 했던 때다. 당시 논픽션 책을 작업 중이었는데, 내가 전에 자살을 기도한 적이 있다는 사실을 몰랐던 담당 편집자가 내게 앨버레즈를 모델로 삼아 보라고 제안한 것이다. 여전히 술에 절어 있던 시절이었고, 그날은 유난히 심한 숙취로 힘든 날이었다. 나는 학교 수업을 빼먹고 시내의 좋은 호텔에

---

16   미국의 록 밴드인 벨벳 언더그라운드(The Velvet Underground)가
      1967년에 발표한 곡
17   벨벳 언더그라운드의 리드 보컬이자 기타리스트

들어 종일 침대에서 앨버레즈와 스타이런 책을 읽고 술을 마시며 하루를 보냈다. 그리고 오후 5시 반이 되어서야 리베카와 아이들이 있는 집으로 돌아갈 수 있었다. 하지만 앨버레즈(자살 성향이 있는 시인들에 대한 연구)와 스타이런(저자 자신이 술을 끊으며 겪은 우울증에 대한 연구)은 내 머릿속에 남았다. 앨버레즈와 스타이런이 자살을 미화한 건 아니지만, 자살이 피할 수 없는 일처럼 보이게 만들었다.

"어쨌든 서로 알고 지내고 싶군요." 로절린드가 말했다.

"저도 그렇습니다." 내가 답했다. "이런 곳에선 한 번도 진정한 친구를 만난 적이 없었어요." 이건 사실이다.

"여기서 나간 후 원한다면 메일을 보내 주세요. 사람들은 늘 서로 이메일을 하자는 말만 하고 절대 그러지 않죠. 우리도 꼭 그래야 하는 건 아니고요, 당연히. 저는 여기서 만난 남자와 데이트도 했어요. 네, 맞아요, 결혼한 유부남이었어요."

"자, 다 됐습니다, 맥스웰 부인. 이제 가실 시간입니다." 로절린드의 서류를 든 간호사가 말했다.

"끝났군요. 가야겠어요." 로절린드가 이렇게 말하고 나를 포옹했다. 그는 눈물을 흘리고 있었다. 나는 진정한 친구가 생긴 기분이 들었고 이대로 그와 헤어지기 싫었다. 로절린드는 자기 아이들을 볼 수 없는 엄마였다. 어쩌면 내가 여기서 나가면 그저 친구로서 아파트를 함께 얻어 살 수 있을 것이다. 서로 아이들을 기르며 도울 수도 있을 것이다. 그는 그렇게 떠났다.

나중에 로절린드의 이메일 주소가 적힌 노란 종이를 찾았지만,

5장. 정신병원에서

내가 그만 잃어버렸음을 깨달았다. 아마 그게 최선인지 모른다. 그 저 그 몇 분간 로절린드와 나는 이미 서로를 이해하고 용서했다. 만 약 한 팀이었다면 몇 주 만에 다시 그는 헤로인으로, 나는 예거마이 스터Jegermeister18로 돌아갔을 것이다.

나는 모범적인 환자로 지내려 노력했다. 규율을 지키고 그룹 활동 에 참여하고, 약을 복용하고, 내 몫으로 나오는 음식을 모두 먹었다. 그들이 원하는 대로 행동했고 최대한 거기서 빨리 나갈 수 있도록 무 엇이든 했다.

내 또 다른 걱정은 병원 바깥에 있는 모든 사람이 만약 내가 완전 히 미쳤다고 생각하면 뺏어 갈 수 있는 아빠, 형제, 철학과 교수 등의 모든 역할을 다 할 수 있다고 계속 믿게 해야 한다는 거였다. 나는 내 가 아는 한 미친 게 아니었다. 심지어 내 담당 의사들도 그렇게 생각 했다. 나는 그저 우울하고 극도로 불안한 것뿐이었다. 의사들은 약 으로 이런 증상을 없앨 수 있다고 믿었다. 하지만 바깥세상에 있는 사람들에게 이 사실을 알리려면 그들에게 말을 해야 했다. 바깥에 있는 그들에게 말하지 않으면 내가 진짜로 미쳐 버릴까 봐 걱정됐다.

더 작은 오락실 쪽 벽에는 전화기 세 대가 걸려 있어, 거의 언제든 환자들이 원할 때(오전 10시부터 오후 8시까지) 사용할 수 있었다. 교도소와 달리 항상 전화를 사용할 수 있다. 전화는 내게 중요했다.

---

18 식후주, 감기약으로 쓰이던 비터스(bitters)에서 유래한 독일 술. 56가지 허브와 향료를 사용해 만든다.

전화 덕분에 폐소공포증이 생기지 않을 수 있었다. 병원 안에서 전화는 우리가 원할 때 걸 수 있었지만, 체계가 조금 복잡했다. 우선 간호사에게 전화기를 켜달라고 요청해야 했고, 상대방이 전화를 받자마자 보통 연결이 끊어졌다. 그러면 상대 쪽에서 다시 전화를 걸어야 했다. 그들이 다시 전화를 걸었을 때 수화기를 든 환자 중 일부는 통화해야 할 사람을 찾으려 노력하지만, 어떤 경우에는 그저 "어딨는지 보이지 않네요"라든가 "여기 없는데요" 혹은 "클랜시 누구시라고요?" 하고는 끊어 버리기도 했다.

그러는 사람들에게 화를 낼 수도 없는 노릇이었다. 우리 중 많은 사람은 어떤 것이든 진짜 세상에서 온 말을 간절히 원했지만, 이미 지칠 대로 지쳐 그냥 잊어버리는 것이 최선이기도 했다. 그러고 보니 나는 다른 미친 사람에게 화를 낸 적은 한 번도 없다.

나는 내가 전화할 수 있는 상대가 딱 두 사람뿐임을 잘 알고 있었다. 리베카(여전히 어떤 면에서 나를 존경하던 첫 번째 아내에게는 하고 싶지 않았다)와 대런 형(형은 늘 어머니에게 이야기했고, 어머니는 모든 사람에게 말했다)이었다. 전에 나는 다니던 대학 학과장이나 그 시절 우연히 데이트하던 상대에게도 전화했다.

교도소에서 걸려 오는 전화에 사람들은 대부분 응답한다. 그러나 이상하게도 정신병원에서 걸려 오는 전화는 받고 싶어 하지 않는다. 어쩌면 병원에서는 전화를 쉽게 걸 수 있다 보니 지나치게 많이 한 까닭일 수도 있다. 교도소와 정신병원 두 곳의 공통된 문제는 이성을 잃지 않고 공황 상태에 빠지지도 않은 채 시간을 허비하는 것이다. 따라서 전화가 생명 줄처럼 느껴지기도 한다. 심지어 전화로 대화하는 걸 싫어하는 나 같은 사람조차.

나는 대런 형에게 전화해 캘거리에서 이곳으로 와줄 수 있는지, 나를 여기서 내보내 줄 수 있는지 물었다.

"난 모르겠다, 클랜시. 지금은 네 상태가 좀 위험해 보여. 네 목소리에 날이 서 있지. 폭력적인 생각이 들고 그러니?"

"이봐, 형. 나를 잘 알잖아. 지금 리베카와 이야기하고 있는 기분이야." 리베카는 어떤 커다란 신념을 가지고 이해할 수 없는 이유를 들며 나를 정신병원에 가둬야 한다고 했다. "형, 난 위험하지 않아. 나 자신이나 다른 누구에게도 위험하지 않다고. 난 자살을 시도하지도 않았어. 술에 취해 정신이 혼미해졌고 여자 친구에게 전화를 걸었을 뿐이야." 당시 여자 친구는 리베카와의 결혼 생활을 끝내게 만든 외도 상대였고, 형은 내 여자 친구를 무척 싫어했다. "전화 도중에 여자 친구가 내가 죽기를 바라는 것 같았어. 그래서 죽겠다고 협박하기 시작한 거야. 술에 취해 협박을 실행에 옮긴 게 문제고. 어리석은 행동이었지만 실제로 자살을 기도한 건 아니었어."

이건 거짓말이지만, 전적인 거짓말은 아니었다. 내가 술에 취하지 않았다면 바리움을 모두 먹는 일은 없었을 것이다. 그리고 내가 바리움을 다 먹어 버리지 않았다면 손목을 긋거나 물이 가득 찬 욕조에 들어가지도 않았을 것이다. 그러니 분명 계획된 일은 아니다. 밤에 바에서 몇 잔 마시러 밖으로 나왔을 때만 해도 내가 그날 밤을 병원에서 마무리할 거란 생각은 물론 하지 못했다.

"넌 응급실에 있었어. 지금 수용소에 있고, 클랜시!"

"수용소는 아니잖아." 내가 말했다. 대런 형은 이런 식의 예스럽고 거창한 단어를 좋아했다.

"어느 시점에 자살을 선택했어. 맞아, 그렇지만 깊이 생각한 것도 아니고 고의도 아니었어. 순간의 충동이었다고. 다시 정신 차릴 거야. 믿어 줘. 다신 술 마시지 않을 거야."

수화기 너머에서 한숨 소리가 들렸다.

"그건 사실이 아니잖아, 클랜시."

"부탁이야 형. 여기 계속 있다간 정말 미쳐 버릴 거야. 머릿속이 화학 물질로 가득 찬 기분이야. 형은 하루 종일 머릿속에서 화학 물질이 윙윙거리는 게 어떤 건지 모르잖아. 정말 끔찍하다고."

전화 맞은편에 긴 침묵이 흘렀다.

"클랜시, 병원에선 니힌테 72시간 자살 유예라는 걸 적용하는 거야."

"그만해. 제발 지금 자살이라는 말 좀 나한테 하지 마. 그 '자살'이란 말 아주 지긋지긋해. 자살 안 한다니까."

형이 내게 단도직입적으로 말했다. "그 후엔 너를 퇴원시켜야 할 거야. 너만 별일 안 일으키면. 내가 아는 한 너만 3일 동안 잠자코 잘 지내면 돼. 그러면 거기에서 나오는 거지."

"무한정 늘릴 수도 있다고. 6개월째 있는 사람들도 있어. 한 번만 부탁할게. 형 변호사한테 전화 좀 하라고 해줘. 변호사한테 내 담당 의사한테 전화하라고. 그가 나에 관한 모든 일을 맡고 있어. 여기 의사는 엘리스 박사라는 사람이야. 아니면 다른 의사들한테 해도 돼. 그 의사들한테 그레이스 케터먼 박사님한테 전화하라고."

침묵이 더 길어졌다.

"여보세요? 형? 내 말 들려?"

"알다시피 이런 건 리베카하고 의논해야 해, 클랜시. 어쨌든 난 지금 고객 때문에 가봐야 해."

"리베카는 해결할 수 없어. 날 절대 용서 안 할 거라고. 내가 필요한 건 형…."

형은 이미 전화를 끊은 상태였다.

나는 아버지가 정신병원에서 전화했을 때 내가 전화를 끊어 버렸던 일이 기억났다. '이런 기분이었겠구나' 하고 생각했다. 형에게 화가 나는 건 아니었다. 아버지도 내게 그랬을 거라 확신한다. 형이 왜 인사도 없이 전화를 끊었는지 이해한다. 나는 형이 아니라 나를 탓했다. 비난하거나 배신감을 느끼거나 그런 건 없었다. (다시 말하자면, 이런 감정은 지난 수년간 아버지가 내게 느꼈을 거라 확신하던 거였다.)

일종의 확인을 받은 느낌이었다. 그러니까 대런 형조차, 언제나 날 믿어 주던 한 사람조차 나를 포기했다는, 형마저도 나와 끝냈다는 것. 나도 이제 이해할 수 있었다.

병원 생활은 점차 익숙해졌다. 나는 환자 중 일부가 그냥 체념하고 받아들이는 모습을 보고 '나도 저렇게 될 수 있을까? 저렇게 그냥 여기서 살 수 있을까?'라는 의문이 생겼다.

'어항'은 가장 큰 오락실이었다. 환자들은 식사 시간 중간이나 흡연 시간에 밖에 나가지 않을 때 이곳에서 TV도 보고 퀴즈를 푸는 보드 게임인 '트리비얼 퍼슈트Trivial Pursuit'도 했다. 어항이라는 이름이 붙은 건 간호사와 잡무를 보는 직원들이 우리를 감시할 수 있게 오락실을 둘러싼 벽의 위쪽 반이 유리로 되어 있었기 때문이다.

며칠 동안 나는 어항에 가는 걸 피했다. 여성 환자 몇 명이 자꾸 추근댔기 때문이다(이런 일은 이 병원 말고 다른 곳에선 한 번도 없던 일임을 밝혀 둬야겠다). 그러던 어느 날 나는 결국 안경 낀 중년 여성(철학과 교수 같아 보이는 무해한 사람이었다)에게 거칠게 화를 내며 소리 지르고 말았다. 그리고 이 모습을 모두 지켜본 핼러윈 때 쓰는 가발 같은 샛노란 머리의 여성이 저 사람을 가만히 내버려두라며 이성을 잃고 성질을 부리는 바람에 그 이후론 정말 대부분의 사람들이 나를 멀리했다.

"그 여자 이름이 베로니카예요." 열여덟 살쯤 되어 보이는 어린 여자애가 말했다. 필로폰 중독과 여러 번의 자살 기도로 입원한 아이였다. "저는 베로니카 금발 아줌마라고 부르죠. 그 아줌마 완전히 큰 충격을 받았대요. 아이들은 죽었고. 머리카락도 ECT로 그렇게 돼버렸고요." ECT는 일반적으로 충격요법이라고 알려져 있는 전기충격요법Electro Convulsive Therapy이다. 소녀는 목과 손목, 다리에 자해로 생긴 흉터가 있었다. 자기 말로는 정신병원에 적어도 열 번은 왔었다고 했다. 목소리 어조를 보아 쎄로켈Seroquel19을 복용하는 것 같았다. 그 때문인지 식사를 하기 위해 복도에 줄을 서 있다가도 그대로 죽은 듯이 잠들어 버리곤 했다. 그냥 땅바닥에 주저앉아 몸을 웅크린 채 마치 옷이 옷걸이에서 흘러내린 것 같은 모습으로 있었다.

"아주 깊이 베었네." 내가 말했다. "용감하죠." 나는 내 손목도 보

---

19   조현병이나 우울증 치료에 쓰이는 향정신성 약물

여 주었다. 흐릿한 게 소녀의 흉터에 비하니 그냥 긁힌 자국 같았다.

"저는 제가 힘줄을 자른 다음 깨어났는데 손도 쓸 수 없거나 어떤 끔찍한 기형이 될까 봐 늘 걱정돼요." 소녀가 말하며 웃었다. "제 운이겠죠. 그러다 생각해요. '아니, 나는 자살하지 않고 누군가 부를 거야.' 그런데 어떤지 알죠? 완전히 엉망진창이 되어 자살을 기도할 정도일 때 간절히 누군가한테 전화를 하고 싶은데 실제로 전화할 수 있는 한 사람은…."

"절대 전화할 수 없는 사람들, 아니면 하지 말고 관둬야 하는 사람들이지." 내가 말했다. "너를 구해 줄 수 있는 사람은 괜히 엄포 놓는 게 아니라는 건 알아야 하지. 나도 무슨 말인지 알아. 그때 전화할 수 있는 사람은 또 다른 결과로 이어지게 만들 테니까. 전화할 수 있는 사람은 확실히 우리가 원치 않는 어떤 일이든 일어나게 하지. 또 만약 전에 자살을 기도했거나 그러겠다고 협박한 적이 있다면 전화할 수 있는 사람들은, 아마도 우리가 전에도 전화했을 거야. 다시 전화한 거지. 아무튼, 한마디로 누군가에게 전화하면 상황이 더 악화된다는 거야. 어떻게든."

"당연하죠. 자살하려는 사람은 워낙 자기중심적이라 살 가치가 없다고 그냥 알려 주려는 건데 말이에요." 소녀가 말했다.

"맞아. 또 하나의 역설이지."

우리는 자살이 아주 좋은 잠과 같다는 햄릿의 생각에 관해 이야기했다. 사실 좋은 잠 같을지 아닐지야 누가 알겠는가?

"악몽일 수 있죠." 소녀가 말했고, 나는 고개를 끄덕였다. 나는 나처럼 자살에 반복해 실패한 어떤 젊은 여성이 내게 얘기해 준, 자살할 때 사실 우리가 생각하는 방식대로 죽는 건 힘들다는 이야기를 소녀에게 해주었다.

"자기가 붙들고 있는 건 모든 나쁜 것이라고 하더군. 그런데 자살할 때 그냥 없애 버리는 건 좋고 행복한 부분이라는 거야."

"그런 사람들을 봤어요." 소녀가 말했다.

"그래, 괜히 들러붙는 사람들이지. 우리 같은 사람들은 알아볼 수 있거든. 우린 죽고 싶은 사람들이니까. 맞아, 그들이 우리보다 훨씬 더 안됐어. 그러니까 만약 우리가 누군가 다른 사람을 죽이거나 자기 자신을 죽인다면 사실 똑같은 거야. 어떻게 하든 둘 다 살인과 같은 거지. 살인자가 되는 거야. 그런 사람이 되고 싶진 않잖아?"

"전 자살이 자위행위 같다고 생각해요." 한번은 다들 약을 타려고 줄을 서 있는데 소녀가 갑자기 나한테 가깝게 몸을 숙이더니 이렇게 말했다. "자살하려는 사람들에게 죽음은 자위 같은 거예요."

전에 담배꽁초를 발견했던 아이가 우연히 이 말을 들었다. "그래서, 죽음이 진짜 섹스라고?" 그가 말했다. "보통의 죽음이 진짜 섹스하는 것 같다고?" 그는 소녀 말에 관심이 생겨 어떻게든 대화에 끼려고 했다. 그렇다고 공격적인 건 아니었다.

"그래, 내 생각엔. 뭐든 알 게 뭐야." 소녀는 이렇게 말하고 마치 아무 일 없었다는 듯 우리 두 사람을 외면해 버렸다.

또 한번은 어항에서 혼자 게임 프로를 보고 있는데 소녀가 내게 말했다. "시 같아요, 자살하는 거. 삶에 대해 어떤 기분이 드는지 완전히 압축해 보여 주잖아요? 누가 그보다 더 나은 시를 쓸 수 있겠어요?"

나는 시는 무척 쓰기 힘든 것인데, 내가 보기엔 자살은 늘 아주 쉬워 보였다고 했다.

정신병원에서는 많은 이가 입원한 지 3일, 심하면 4일째에야 자기 담당 의사를 만날 수 있었다. 의사들은 차트를 보고 병력을 근거로 약을 처방했지만, 실제로 환자들이 잘 지내면서 준비가 되었다고 생각될 때까지 그들을 직접 만나지 않았다. 다른 환자들 말고는 누구도 이런 건 설명해 줄 수 없었다. 이런 면에서 감옥과 똑같다고 할 수 있다. 유일하게 믿을 수 있는 정보는 환자들에게서 나온 거다. 또 환자들은 거짓말을 할 때 고개를 피하는 유일한 사람들이기도 하다. 간호사들은 교도소의 교도관 같았다. 그들은 우리 눈을 뚫어지게 보면서 무엇이든 자신들이 원하는 것을 말했다. 마치 사람이 아닌 만화 속 인물에 대고 이야기하는 것 같았고, 그래서 소통의 평범한 규칙들은 적용되지 않았다.

"여긴 왜 오게 된 건가요, 클랜시 씨?" 엘리스 선생님이 내게 물었다. 그는 키가 작고 통통한 전형적인 캔자스 사람이었다. 한쪽 귀에 귀걸이를 하고 싸구려 회색 정장을 입고 반짝이는 구두를 신고 있었다. 짧게 깎은 검은색 머리엔 흰머리가 늘고 있었다. 그래도 30대 후반에서 40대 초반 정도로 보였다. 그는 참으로 볼품없고 도마뱀 같은 남자였다. 그의 입에서 나오는 모든 말이 이전 선생님의 말보다도 더 멍청했다. 그나마 그의 손은 뼈대가 가늘고 잘생긴 편이었다. 나는 그가 말할 때 책상 위에 손을 올려놓는 방식이 마음에 들었다.

"저는 이 약을 다 먹고 싶지 않습니다. 왜 이렇게 약을 많이 처방해 주셨는지 모르겠군요. 저는 이틀에 한 번씩 일곱 알을 먹어요. 리튬은 필요 없고요."

"왜 여기 오셨는지 얘기해 보죠. 자살하려 하신 겁니다, 클랜시 씨. 욕조에서 바리움과 술을 과다 복용하고 손목을 그었죠. 깨어나 죽을 뻔했다는 걸 알게 되면 어떤 기분이 드시나요?"

"그게 대체 무슨 뜻인지 설명을 좀 해주시겠어요?"

"클랜시 씨, 저한테 화내실 이유는 없습니다. 저는 그저 도와드리려는 겁니다." 의사는 책상에서 서류철을 꺼내 페이지를 넘기며 집중한 것처럼 보이려 했다. "여기 보면 그동안 잘 지냈다고 돼 있군요. 이번 주말에 퇴원하시도록 해보겠습니다. 하지만 안정된 상태라는 걸 제가 확신할 수 있어야 합니다. 음주에 관해 말씀하고 싶은 게 있을 수 있겠군요. 여기 계시는 동안 금단 현상은 없었나요? 몸을 떠는 증상은 없으시군요. 피부색도 밝고 눈도 맑고요."

"아뇨, 입원하면서 받은 검사에서도 금단 증상 같은 건 하나도 없었어요. 지금도 없고요. 음주한 걸 아니라고 하는 게 아니에요. 제가 알코올 중독인 건 압니다. AA 모임에도 갈 생각이 있고요. 전에 그리 도움이 되진 않았지만요. 이곳에 있는 12단계 모임에 참석하려 합니다."

이런 식으로 계속 설전을 벌이다 의사가 나를 제압했고 나는 그냥 조용히 "네, 네, 네"라고 답했다. 그는 자기가 하는 일이 무엇인지 나보다 훨씬 잘 알고 있었다. 무엇을 담당하고 있고 그래서 나를 어떻게 종속시킬지, 여기서 모두가 어떻게 해야 하는지. 퇴원하면 일주일에 한 번씩 그에게 외래 진료를 받기로 했다. 그렇게 모든 일이 잘 진행되면 전화 상담으로 바꾸기로 했다. 약은 필요한 만큼 조절할 것이다. 지금까지처럼 계속 잘 지내면 일요일이나 월요일에 퇴원시켜 준다고 했다. 엘리스 선생은 내가 전에 다니던 AA 모임에 다시 나가라고 권했다.

"그 모임에 나오는 분들은 아주 똑똑한 사람들이에요, 클랜시 씨. 저는 알코올 중독자가 멍청한 걸 본 적이 없답니다. 미주리 대학 교수님들도 그 모임에 많이 나가시죠. 거기 가면 꽤 환영받으실 겁니다."

나는 그동안 엘리스 박사를 의식해 복도를 서성이고 공용 공간에서 책을 읽음으로써 간호사들이 방에만 틀어박혀 지낸다는 말을 하는 일이 없도록, 그래서 병원에 갇혀 있는 시간이 늘어나지 않도록 손썼다.

같은 이유로 원하지 않으면 빠져도 되는 그룹 활동에도 참여했다. 이게 다 모두가 동의하고 참가하는 체스판이나 영화 세트장, 무서운 게임임을 다들 알고 있다. 회복이 목표가 아니었다. 목표는 환자가 지금 정신병원에 없는 다른 모든 사람처럼 말하고 행동하는 대로 똑같이 하게 하는 것이다. 병원 밖에 있는 누구도 사실 온전한 사람이 없고 그저 그런 척하는 이들이 있을 뿐인데도. 이곳의 목표는 정상적으로 보이도록 꾸며 내게 하는 것이다. 나는 간호사실로 가서 '5분간만 정상이 좀 되어 봅시다'라고 말하고 싶었다. 물론 내가 그 정도로 어리석지는 않다.

한번은 용기를 내 아니, 어쩌면 그냥 단순히 무모하게 이 문제를 엘리스 박사에게 제기했다. "어떤 양식 같은 거라도 있나요? 리스트라도요? 그냥 묻는 겁니다. 제 마음 상태가 더 나아졌는지 대체 어떻게 판단한다는 거죠?"

"클랜시 씨, 체크리스트 같은 건 없습니다. 그저 본인이 고통받고 있다는 사실을 인정하는지 보는 겁니다. 무언가 치료가 필요하다는 걸 인지할 수 있는지를요."

"그럼 그냥 의사들이 듣고 싶어 하는 말을 할 수 있다는 생각은 한 번도 해본 적 없나요?"

"저는 이 일을 아주 오래 해왔어요, 클랜시 씨. 누가 그런 걸 꾸며 낼 땐 알아볼 수 있죠. 퇴원 준비가 됐다고 보여 주기 위해 무언가 꾸며 내야 한다고 느끼시나요?"

나는 수년간 보석 판매 일을 했다. 다른 판매원들과 마찬가지로 누군가 내가 어떻게 하길 바라는 대로 해주는 기술에 특화되었다는 뜻이다. 게다가 엘리스 박사의 질문에 답하는 거야 솔직히 어린애라도 어렵지 않게 할 수 있을 일이다. 그는 내게 어떤 게 옳은 답인지 떠먹여 가며 주입하고 있었다.

"그런 말 마십시오. 저는 그저 우리가 다들 표현하기 어려운 것에 어떤 두려움이 있다는 말을 하는 겁니다. 가끔 다들 자기파괴적인 생각이 들고 그러잖아요. 그런데 이곳에서는 어떤 걸 솔직히 말할 수 있는지 알기 힘들죠."

"무엇이든 솔직히 말씀하시면 됩니다. 그게 치료 과정인걸요. 자기파괴적인 생각이 드시나요?" 내 입원 절차를 담당했던 간호사가 내게 한 질문하고 똑같았다.

"아니요, 다행히 그렇진 않습니다." 나는 거짓말을 했다. "하지만 다시 그럴까 봐 걱정이죠. 아시겠지만 일상적으로 다시 스트레스를

받으면 말입니다." 허튼소리가 심해졌다. "아마 그래서 퇴원 후에도
계속 치료를 받는 거겠죠." 내가 하는 말에 스스로 놀라 소름이 돋았
다. 거기 그냥 몇 시간이고 앉아서 회복에 관해 영화에서 볼 법한 상
투적인 말들을 지껄일 수 있을 것 같았다. 그러면 엘리스 박사의 나
에 대한 신뢰도 점점 커질 것이다.

"정확히 보셨습니다."

나는 침대에 누워 있었다. 복용 중인 새 약이 너무 강했기 때문이
다. 폭력적인 이미지가 자꾸 떠올랐지만, 엘리스 박사에게는 말하고
싶지 않았다. 정신이상으로 판단하고 나를 그 무시무시한 다른 병동
으로 보낼 거라 확신했기 때문이다(지금도 나는 자살 충동을 느낄
때 섬뜩하게 폭력적인 장면들이 마음속에 생생히 떠오르고, 내 의식
의 표면에 위태로울 정도로 가깝게 느껴질 때가 많다. 때로는 더없이
끔찍하고 실제 같아 이 책에 적는 일조차 망설이게 될 정도다). 그래
서 나는 엘리스 박사에게 공황장애 증상이 생겼다며 진정시켜 줄 약
을 부탁했다. 그는 곧바로 알겠다고 했지만 그가 준 알약을 먹으니
걷기만 해도 넘어졌다. 전화 메시지가 작은 쪽지에 쓰여 침대 옆 탁자
위에 쌓여 있었다.

어느 날 밤 전기 충격요법 치료로 머리가 샛노래진 베로니카가 오
더니 내 침대 끝에 앉았다.

"그럼 여기 계속 계시겠네요." 베로니카가 말했다. "전 여기 있는
게 좋고 괜찮아요. 안전하잖아요. 계속 계신다니 기뻐요."

"전 상관없습니다. 어디 있든 다 싫으니까요." 내가 말했다. "사람

들이 왜 사는지 모르겠어요."

"전 알아요." 베로니카의 눈이 커지며 더 진심이 담겼다. "두렵기 때문이에요."

어항 오락실에서는 또 다른 대화가 오갔다. TV가 요란하게 켜져 있었고, 그 앞에서 환자 네 명이 하트 게임을 하고 있었다.

나는 질문을 던졌다. "만약 지금 당장 다 끝낼 수 있다면 고통도 내세에 대한 두려움도, 섬뜩한 결과도 없다면 또 자신을 그리워할 사람은 아무도 없고 남은 이들은 다 잘 살거나 더 잘 지낼 게 확실하다면 그렇게 할 건가요?"

웃음소리와 함께 누군가 말했다. "그건 바보 같은 질문이에요."

나는 다시 물었다. "왜죠?"

"아무도 그런 거래는 안 할 테니까요. 그럴 수 있다면 그냥 자살할 게 뻔하죠. 왜 안 그러겠어요?"

쎄로켈을 너무 많이 복용해 잠들어 버렸던 소녀가 조용히 말했다. "저는 기본적으로 맞다고 생각해요. 아저씨가 설명한 게 정확해요. 딱 그렇죠. 고통이 없다는 것만 빼고요." 소녀는 자기 손목을 바라봤다. 아직 붕대가 감겨 있었다.

카드 게임을 하는 탁자에서는 전반적인 동의가 이루어졌다. 나는 의아했다. '단지 우리만 이런 건가, 아니면 모두 이런 식으로 느낄까? 모든 이가 이렇게 느낀다면 그저 죽기엔 너무 두렵고 게을러서 다들 그냥 살아가는 걸까? 실제로 모든 사람이 그렇게 비참한 걸까? 어쩌면 나와 함께 여기 있는 사람들이야말로 진정 용감한 이들일 수도 있다.'

그게 내가 마지막으로 정신병원에 입원한 때였다고 말하고 싶지만, 그렇지 못했다. 나는 다시 자살을 기도했고 실패했다. 그곳에 다시는 가지 않을 거라고도 하고 싶지만, 그렇게도 말 못 하겠다.

그곳에 마지막으로 간 지도 벌써 10년이 넘었고, 내 마지막 자살 기도도 5년이 넘었다. 나는 적어도 자살하려 할 때 정신병원에 가게 될까 봐 전화 같은 건 하지 말아야 한다는 걸 알게 됐다.

많은 학생이 자살 기도에 실패한 내게 이메일을 보낸다. 또 아직까지 병원에서 전화도 몇 통씩 받고 있다. 그런 전화는 나름대로 재밌다. 그 안이 어떤지 우리끼리 농담하고 그곳 문화에 대해 우리만 아는 상세한 것들을 이야기하고 불평할 수 있기 때문이다.

정신병원에 있던 학생들 면회를 가기도 했다. 그중 한 여학생이 기억에 남는다. 그는 특히 똑똑한 학생 중 한 명(키르케고르를 온전히 이해한 소수의 학생에 속했다)이었다. 스물한 살이고, 매력적이며 인기도 많았다. 그 여학생은 내게 병원에서 언제 퇴원시켜 줄지 확신을 못 하겠다고 했다. 내가 그를 만나러 갔을 때 나는 우리 모두 네가 필요하다며 푹 쉬어 보라고 했다. 여학생은 기분 나쁘고 실망한 눈빛으로 나를 바라봤다. 그럴 만했다. 내가 그렇게 뻔한 말을 했다는 사실이 믿기지 않는 것 같았다. 그는 내게 그보단 좀 더 나은 것, 진심으로 이해하는 눈길을 기대한 것이다.

이후 그 여학생을 만났다. 우리는 자살과 그로 인한 계속되는 투쟁에 관해 이야기했다. 그는 전에 우리가 마지막으로 함께 이야기한 뒤로 자기 친구가 자살했다고 했다. "저는 그 애가 그렇게 힘든 시간을 보내고 있는지도 몰랐어요."

"그런 일은 많아." 내가 말했다. "우울할 때 그걸 감추는 일은 힘들지 않으니까."

여학생이 고개를 끄덕였다. 우리는 잠시 말없이 차만 마셨다. 그리고 내가 그에게 자살하기 원하는 누군가에게 뭐라고 해야 한다고 생각하는지 물었다.

그가 답했다. "그냥 자기 이야기를 해주는 게 제일 좋은 것 같아요. 저는 그렇게 해요."

6장.

그들이 계속 살아가길 원한다

나의 자살 기도가 단 한 번이라도 성공했다면 어땠을까? 화장실로 가 목을 맸던 순간 혹은 욕조에서 손목을 그은 순간에 심장과 뇌가 멈췄다면? 그래서 꿈꿀 때 침대에서 잠들었다는 사실을 잊고 꿈을 현실로 느끼듯이 죽기 전 기억은 모두 잃은 채 깨어나 죽은 이들의 땅을 헤매고, 전혀 기억나지 않는 죽기 전 나와 가족에게 지은 죄에 대한 벌을 받고 있다면?

코로나19 바이러스가 한창 기승을 부리던 2020년 가을 어느 따스한 아침, 나는 카페에서 아내와 크게 싸웠고 상처 난 곳을 치료하러 화장실로 갔다. 내가 돌아왔을 때 근처 테이블에 앉아 있던 젊은 여성 둘이 나를 노골적으로 흘겨봤다. 나는 커피숍 밖으로 나온 뒤에야 그들의 시선을 이해했다. 화장실에서 얼굴과 손을 씻고 난 뒤 마스크를 다시 쓰는 걸 깜빡한 것이다(당시에는 팬데믹이 한창이던 때라 카페와 같은 실내에서 마스크를 써야 했고, 실제로 무언가를 먹거나 마실 때만 마스크를 내릴 수 있었다). 나는 햇빛이 내리쬐는 밖으로 나와 길을 걷기 시작했다. 길을 따라 걸어 올라갔다. 그러다 하얀 건물 위에 삶과 삶 사이의 악몽 같은 세계를 뜻하는 티베트어 '바르도BARDOT'라고 쓰인 커다란 검은색 간판을 보았다. (나중에 구글에서 검색해 보니 '호화로운 결혼식과 행사 공간'을 제공하는 업체였다. 내 삶에 절묘하게 어우러졌다.) 인도를 따라 올라가는데 내 앞뒤로 마스크 쓴 사람들이 있었다. 나는 '그래, 내가 영화 속 나를 보고 있는 거라면 적어도 지금쯤이면 내가 이미 죽은 거란 걸 알아차려야 하는 거 아냐?'라고 생각했다.

누군가 오토바이 시동을 걸면서 핑크 플로이드의 〈Breathe〉를 스테레오로 크게 트는 소리가 뒤쪽에서 들려왔다. 10대 시절, 내게 많은 영향을 준 노래였다. 1970년대 분위기가 흐르는 2020년 9월 13일 일요일, 미풍이 부는 화창한 캔자스시티 시내의 텅 빈 주차장에 서서 나는 이제 어디로 가야 할지 생각했다.

예전 같으면 이런 상황에서 맥주를 마시러 갔겠지만 술을 마시고 싶지는 않았다. 가끔 이런 상황이면, 특히 시내에 있을 때는 출입이 가능한 주변의 높은 건물들을 훑어보며 옥상 베란다가 있는지 살펴보곤 했다. 하지만 자살할 마음은 없었다. 나는 아내에게 전화해 미안하다고 말하고 이 싸움을 끝낼 첫발을 내딛고 싶었다.

2016년, 몇 년간 죽고 싶다는 내용의 이메일을 보내던 친구가 자살한 후 나는 죽음을 좀 더 자세히 들여다보기로 결심했다. 자살에 대한 생각과 시도에도 불구하고 나는 한 번도 죽음에 대해 깊이 생각해 본

적이 없었다. 자살 뒤 남겨진 시신에 대해, 심지어 사랑하는 사람의 죽음에 대처하는 남겨진 사람들에 대해 제대로 이해하지 못했다.

나는 일종의 죽음에 대한 조사를 시작했다. 죽음에 관해 좀 더 진솔하게 생각하기 위해 헌신하는 아주 멋진 단체인 '죽음 카페Death Café'에서 주최하는 모임에도 나갔다. 모임은 AA 모임과 비슷했다. 사람들은 다가올 죽음과 자기 자신 그리고 사랑하는 사람들에 대한 감정을 서로 솔직하게 이야기한다. 나는 아내 에이미와 큰딸 젤리와 함께 텍사스주 오스틴Austin에서 이 모임을 주최하기도 했다.

그리고 거기서 멈추지 않았다. 나는 시체 안치실 몇 군데를 방문하고 그곳 직원들과 이야기를 나눴다. 캔자스시티 지역 전문대학의 장의사 되는 법에 관한 수업에 참석해 학생들과 죽음 관련 사업에 대해 토론하기도 했다. 또 아주 나이가 많은 노파를 찾아가기도 했다. 그의 호스피스 간호사 말에 따르면 할머니는 공식적으로 몇 년째 언제 돌아가셔도 이상하지 않은 상태이며 코앞까지 온 죽음과 함께 살아가고 있는 셈이라 했다.

하지만 그 모든 일이 있은 후에도 나는 여전히 가장 두렵고 수년간 공포의 대상이었던 것, 의사가 될지 철학자가 될지 진로를 결정할 때 의과대학 지원을 포기하게 만든 원인이었던 시체 해부에 참여하지 못했다.

섭외는 그리 어렵지 않았다. 나는 우리 대학 의대 학과장에게 이메일을 보내(그는 내 친구다) 관련 교수인 캐럴라인 리날디Caroline Rinaldi 박사를 소개해 달라고 부탁했고, 리날디 박사와 전화 통화를 하게 되었다. 그는 당연히 나의 동기를 궁금해했다. 솔직히 그저 인체를 해부하고 싶다는 욕구는 이상할 수밖에 없을 것이다.

"저는 작가입니다." 내가 리날디 박사에게 말했다. "제가 최근 죽음에 관해 글을 쓰고 있어요. 그래서 죽음을 좀 더 제대로 이해해 보고 싶습니다." 나는 박사에게 내가 늘 시체를 두려워했고 그게 내가 의사가 되지 못한 중요한 이유였다고 했다. 우리는 30분 정도 죽음에 관해 이야기했다. 나는 내가 어떤 다른 조사들을 했는지도 설명하고, 개인적인 자살 충동과 기도로 죽음과 연결되었던 경험에 대해서도 이야기했다. 리날디 박사는 내가 어떤 실험실을 방문해야 할지 알려 주었고 방문 날짜를 정했다.

실험실에 들어갔을 때 이미 죽은 여성의 몸이 해부대 위에 놓여 있었다. 그의 귀에 'NB-14-514'라고 쓰인 커다란 판지로 된 노란색 꼬리표가 달려 있었다. 시체의 대부분은 여전히 한쪽 끝을 매듭지은 두꺼운 투명 비닐 백에 싸여 있었다. 시체를 넣어 옮긴 비닐 백이었다. 그리고 시체를 들어 올리고 옮기느라 팔 밑에서 묶었을 주황색과 검은색으로 된 밧줄이 시체 아래 있었다.

나는 리날디 박사와 인사를 나눴다. 빨간 머리의 의과 대학 교수는 젊고 열정적인 여성으로 죽은 사람의 몸을 해부할 것 같지 않은 타입이었다. 육안 해부학Gross Anatomy[1] 실험실에는 나이 든 여성 시체와 우리 두 사람만 있었다. 나는 인종을 구분할 수 없는(시체는 콘크리트 같은 회색빛이었다) 시체의 손등 피부를 사방 10센티미터의 정사각형 모양으로 절개했다. 그리고 메스로 피부와 지방을 분리하는 동

---

[1] 거시 해부학. 절개 등의 방법을 통해 별다른 장비 없이 맨눈으로 관찰할 수 있는 해부학적 구조물에 관한 학문

안 핀셋으로 피부를 잡아당겼다. 시체의 피부는 세게 잡아당기면 찢어지기 때문에 아래쪽에서 부드럽게 박리했다. 시체의 흉강(가슴안)이 열렸고, 나는 그 속의 심장과 허파를 잡고 대동맥(그것들은 사각거렸는데 이건 식습관이 좋지 못했다는 뜻이다)과 간을 만졌다. 나는 속이 메스껍고 어지러웠다. 죽은 여성은 체모가 모두 제거되어 있었지만, 머리와 음부에 머리카락과 음모의 흔적이 남아 있었다. 내 생각에 이 여성은 60대인 것 같았다. 턱은 둥글고 눈동자는 푸른빛이 도는 흰색이었다. 나는 뜻밖에도 이 여성에게 입 맞추고 싶다는 부드럽고도 섬뜩한 충동을 느꼈다.

"이건 정말 특별한 경우예요." 리날디 박사가 말했다. "우리가 지금 하는 해부는 사회적으로 용납되지 않는 일이죠. 의대에서는 관행적으로 하는 일이지만 사실 대부분 가르치지도 않아요. 학생들은 교실 밖에서 이 시간에 대해 이야기하는 것을 꺼리죠. 저는 강의 때 학생들에게 이게 그들에게 맡겨진 첫 번째 환자의 몸이라고 설명해요."

리날디 박사와 나는 죽은 여성의 온전한 몸을 여러 조각으로 잘랐다. 미주리 대학 캔자스시티 캠퍼스 시체 실험실에 우리 세 사람이 전부였다. 나와 리날디 박사와 나이 든 죽은 여성. 살면서 지금까지 시체 옆에 가장 가까이 다가간 순간이었다. 한번은 관에 든, 밀랍처럼 만든 시체를 본 적 있었고, 인도 갠지스강 가에서 붕대로 감싼 시신들을 화장용 장작더미로 옮기는 광경을 본 기억도 있다. 플로리다의 화장터에서 우편으로 보내온 상자에 담긴 아버지 유골을 갖고 있기도 했다. 하지만 실질적으로 내가 만질 수 있는 건 이때가 처음이었다.

"저희 어머니가 돌아가셨을 때…"

6장. 그들이 계속 살아가길 원한다

내가 핀셋으로 노란 조직을 분리하고 있는데 리날디 박사가 말했다.

"저는 초상집에서 밤샘하는 개념을 이해할 수 있었어요. 영혼이 몸에서 떠나는 거죠."

나도 지금은 그 개념을 이해하고 있다. 몸을 떠난 영혼이 며칠간은 자신의 몸을 찾아오는 거다. 아이라 할지라도 말이다. 그리고 영혼은 조금씩 변하는 시신을 보며 묻힐 시간이 다가왔음을, 더 이상 그곳에 자신이 없음을 깨닫게 되는 것이다.

"어머니가 돌아가셨을 때 저는 어머니를 보내 드릴 준비가 안 돼 있었어요. 온전히 느낄 수도 없었죠." 리날디 박사의 말은 우리가 자연스럽게 느껴야 하고 실제로 느끼고 있는 감정을 스스로 느끼게 놔두지 않는다는 뜻이었다. "우리는 죽은 이를 제대로 놓아주는 상황을 경험하지 못하고 있어요. 자, 한번 해보세요." 박사가 말하면서 내게 가위를 건넸다.

나는 죽은 여인의 손을 잡고 바느질용 가위 같은 작은 가위로 그의 정맥과 힘줄을 연결된 조직에서 분리했다. 오므린 가위 끝으로 조직을 누르고 살이 드러나도록 가위를 벌렸다. 죽은 여성의 손톱은 길었고, 따듯하지도 차갑지도 않은 손은 뭐랄까 시체의 손이라기보다 그냥 손처럼 느껴졌다.

"손은 가장 해부하기 어려운 부위 중 하나예요." 리날디 박사가 눈가에 주름이 잡힌 부드러운 표정으로 충고했다. "아주 세밀하고 또 인간적이죠."

죽은 여성의 몸에서는 어떤 냄새도 나지 않았다. 하지만 시체 실험실은 이제 막 연한 푸른빛이 도는 회색으로 다시 칠을 한 뒤라 페인

트 냄새가 강하게 났다. 물이 뚝뚝 떨어졌다. 나는 아쿠타가와 류노스케의 《어느 바보의 일생或阿呆の一生》의 한 구절을 떠올리려 애썼다. '그의 친구가 한 구의 시체 앞으로 몸을 숙이고, 능숙하게 메스를 휘둘러 시체의 얼굴 피부를 뒤로 벗겨 냈다. 피부 아래로 아름다운 노란 지방이 널찍하게 드러났다.'

내가 침을 너무 자주 삼키자 리날디 박사가 내 눈을 확인했다. "괜찮으세요? 그만할까요?"

"아닙니다. 저는 괜찮습니다." 나는 거짓말을 했다. 그리고 손가락 힘줄 분리 작업을 이어갔다. 나는 죽은 여성의 고요한 얼굴을 다시 한번 보고 그의 부드럽고 둥그런 턱과 목, 납작한 가슴을 봤다. 도구를 바꿔야 할 때는 메스와 가위들을 시체의 배 위에 얹었다.

"제가 대학원생일 때 시체 실험실에는 관리인이 한 명만 들어올 수 있었어요. 그들은 여기까지 들어오고 싶어 하지 않았죠." 박사가 말했다. "한 남성이 '안에 들어가려 하는 건 저밖에 없습니다. 베트남에 있었거든요'라고 한 기억이 나요. 저는 늘 그 말이 이상하다고 생각했죠."

나는 계속 죽은 여성의 심장과 신장이 있는, 횡격막의 커다란 구멍을 보고 있었다. 위는 제거된 상태였다. 나는 실신할 것 같았지만 내색하지 않으려 애쓰며 다시 메스를 잡고, 박사에게 댄 니컬러스의 이야기를 해주었다. 그는 내가 며칠 전 캔자스시티 지역 한 전문대학의 장례지도과 프로그램의 시체 방부 처리 이론 수업에서 만난 남성이었다.

"그는 해군이었어요. 그런데 어느 날 훈련 중 사고가 발생해 동료 여러 명이 폭파되는 일을 겪었다더군요. 그가 이렇게 말했어요. '저

6장. 그들이 계속 살아가길 원한다

희는 시체 조각들을 수거해야 했어요. 많은 사람이 시체를 두려워했죠. 그런데 저는 그런 게 전혀 없더라고요. 그래서 시체에 방부 처리를 하는 사람, 장의사가 되어 사람들 대부분이 도저히 못 하는 일을 하면 많은 사람에게 도움을 주는 길이라는 생각이 들더군요.'"

"육안 해부학도 교수들 대부분이 가르치려 하지 않아요." 리날디 박사가 말했다. "제 친구는 반복해서 꿈을 꿔요. 저도 그랬죠. 학생들을 데리고 해부하고 있는데 갑자기 시체가 벌떡 일어나 앉는 거예요. 살아 있는 거죠. 그러면 시체를 죽여야 하는지 어떻게 해야 하는지 모르겠더라고요."

내가 핀셋으로 힘줄을 잡아당겼다.

"자, 이제 해내신 거예요." 박사가 말했다. "잘하셨습니다. 원하신다면 외과 의사라는 두 번째 직업을 갖게 되셨네요. 충분히 하신 거죠?"

우리가 실험실에서 나왔을 때 페인트공 한 명이 전화 통화를 하고 있었다. "안에 시체가 있다니까." 리날디 박사가 페인트공에게 주의를 주니 그가 뒤돌아 재빨리 복도를 따라 걸어 나갔다.

밖으로 나오자마자 나는 잔디 위에 등을 대고 누워 햇빛을 쐬었다. 안에 있는 죽은 여성분에게 사과해야 한다고 느꼈고, 그분이 내게 무언가 기억해야 하지만 믿고 싶지 않은 말을 한 것 같았다. 내 머릿속에서 그 목소리는 이렇게 말했다. '죽는 게 그렇게 나쁘진 않아요. 고요하죠. 이제 다 끝났어요.'

나는 잔디에 누워 있었고 겨울 해라 그다지 따사롭지 않았다. 차 소리를 들으며 보통 하는 걱정거리를 생각했다. 아이들, 에이미, 돈,

커리어. 그 걱정이 얼마나 진지한지 의문이 들었다. 아니, 걱정하고 싶긴 한 걸까? 그저 휴대폰이나 보고 메일을 확인하고, 소설을 읽거나 아내와 사랑을 나누길 원하는지 알 수 없었다. 나는 살아 있는 게 운이 좋다고 느낀 걸까? 그 죽은 여성은 나만큼 운이 좋지 못했다. 내가 살아 있어서 행운이라는 건 무슨 뜻일까? 이 문제를 다 해결할 순 없었다. 하지만 나는 여전히 여기 살아 있으며 그는 저 안에 죽은 채로 누워 있다는 건 알 수 있었다. 나는 어쩌면 태어나서 처음으로 확고하게 생각했다. '나는 저렇게 되고 싶지 않다. 죽고 싶지 않아.'

∧∧∧

자살 성향을 가졌는지 여부와 상관없이 대부분의 사람들은 지하 세계로 떠나는 베르길리우스Publius Vergilius Maro[2]의 여행에 동행하고 싶지 않을 것이다. 그리고 나는 나 자신만이 아니라 다른 이들을 위해 계속 살아가야 할 이유를 몇 가지 제공하고 싶다. 이것은 굉장히 까다로운 일이다.

미국의 위대한 철학자이자 심리학자인 윌리엄 제임스William James 는 《삶은 살만한 가치가 있는 걸까Is Life Worth Living?》라는 자신의 에세이에서 이런 어려움을 언급한다. "나의 제안이 죽을 운명의 누군가를 설득한다고 생각해 보는 것이다. '죽고 싶을 때 죽을 수 있다'는

---

2   BC 70~BC 19, 고대 로마의 시인. 오비디우스, 호라티우스와 역대 최고의 라틴어 문학가로 꼽힌다. 베르길리우스는 단테《신곡》〈지옥〉 편에서 단테의 지옥 여행 안내자로 등장한다.

6장. 그들이 계속 살아가길 원한다

확신이 유일한 위안인 사람에게 어떤 이유를 들며 간절히 설득해야 그 형제 혹은 자매가 다시 기꺼이 짐을 짊어지려 할까?"

술을 마시지 말라고 설득하는 방식은 아주 효과적인 방법은 아니다. 그보다는 더 영리해야 한다. 그 사람이 술에 관해 이야기하게 해야 하고, 그러다 자신이 술을 원하지 않는다는 확신이 들게 해야 한다. 자살도 마찬가지다. 상대가 자살할 필요가 없다는 것을 스스로 납득할 때까지 대화로 풀어 가는 방법을 찾아야 한다. 알코올 중독자는 술이 섹시하지도 재밌거나 멋지지도 않고, 해방감을 주는 존재도 아님을 스스로 깨달아야 한다. 자살 성향이 있는 이들에게는 그들이 살아야 할 이유가 있고 지금의 고통보다 삶에서 얻어야 할 게 더 많다는 사실을 상기하도록 도움을 줄 수 있을 것이다.

윌리엄 스타이런은 자살 성향이 있거나 우울증이 있는 이들을 도울 수 있는 방법에 대해 다음과 같이 기술했다.

계속되는 병에 시달리는 이들이 처음으로 자신의 병이 자연히 사라질 것이며 회복될 것이라는 말을 듣는(정확히 말해 확신하게 되는) 일은 상당히 중요하다. 해안가 안전지대에 서서 물에 빠져 죽어가는 사람을 향해 "기운 내"라고 외치는 것은 매우 어려운 일이고, 듣는 이에게는 모욕적인 일이기도 하지만 헌신과 열정이 뒷받침되는 지속적이고 충분한 격려는 위험에 처한 사람을 구할 수 있다고 여러 차례 밝혀진 바 있다. 가장 끔찍한 우울감에 사로잡힌 이들 대부분은 어떤 이유로든 비현실적 절망감에 빠져 있고, 과장된 불행과 현실에서 완전히 동떨어진 치명적 위협에 시달린다. 스스로의 무가 치성과 그에 상충하는 삶의 가치를 놓고 괴로워하는 사람들은 친구, 애인, 가족, 그들을 지지해 주는 사람들의 종교적 수준의 헌신이 필요하고, 실제로 그런 헌신이 수많은 자살을 막아 왔다.

스타이런은 우울증과 자살을 시도했던 자기 경험을 토대로 글을 썼으며, 우울증이 있거나 자살 성향이 있는 친구 혹은 연인이 있는 사람들에게 그의 조언은 매우 유용하다. 또한 우울증, 자살 충동 또는 두 가지 모두에 시달리는 사람들에게 손을 내밀 수 있다면 그렇게 해야 한다고 일깨우는 좋은 글이다. 사람들은 당신에게 놀랄 것이다. 누군가에게 연락할 수 있다면 해라. 그 사람들에게 그들이 계속 살아가길 원하는 이들이 있음을 보여 줘야 한다. 그리고 이런 힘든 감정은 언제고 지나간다는 것을 상기시키자. 반박할 수 없고 피할 수 없는 느낌이지만 그저 또 하루를 견디면 자기 스스로 도울 길을 찾아 낼 거라고 말해 줘야 한다.

자살을 어떻게 방지할 것인가 하는 문제에 가장 영향력 있는 미국 작가는 에드윈 슈나이드먼일 것이다. 그는 사람들이 자살하지 않도록 설득하는 법을 연구하며 경력을 쌓았다. 우선 그는 단순한 세 가지를 하라고 조언했다. "고통을 감소시켜라, 눈가리개를 제거하라, 압박을 줄여라. 단 세 가지 모두 조금씩만." 친구나 치료사가 이런 일에 도움을 주는 것이 이상적이다. 그러나 우리 스스로도 실천할 수 있다.

고통을 감소시켜라

여기서 핵심은 감소라는 개념이다. 고통을 없애는 것이 아니라 단지 줄이는 것이다. 이 순간에는 자신을 아기처럼 다뤄도 좋다. 차 한 잔 마시는 것처럼 단순한 행동도 도움이 될 수 있다. 또 울음의 힘을 절대 과소평가하지 말자.

고통은 정신적인 것이다. 두려움이고 공포이며 회한이자 괴로움이다. 마음의 상처이고 과도한 분노와 수치, 참을 수 없는 자기 자신에게 느끼는 비참함이다. 하지만 내면의 생각을 바꾸는 것은 쉽지 않기 때문에 고통을 감소시키는 가장 손쉬운 방법은 물리적 변화를 주는 것이다. 우선 공간을 바꾸는 것부터 시작해 보자. 행동에 변화를 주자. 예를 들어 휴대폰이나 컴퓨터를 들여다보고 있었다면 다 접고 밖으로 나가자. 휴대폰으로 좋아하는 음악을 들으면 좋다(나는 이상하게도 아메리카 민속 음악과 블루스가 도움이 되는 것 같다. 조니 미첼Joni Mitchell과 지미 헨드릭스Jimi Hendrix는 강력한 효과가 있는 약과 같다). 값비싼 아이스크림도 몇 입 먹어 보자. 정원을 바라보고 물을 주거나 잡초도 좀 뽑아 보자.

고통의 직접적 원인이 아닌 소중한 사람에게 문자나 이메일을 보내고 전화를 걸어 보는 것도 도움이 될 수 있다. 좋아하는 영화를 한 편 보는 것도 고통을 줄이는 데 조금이나마 도움이 될 것이다. 다음에 자살하고 싶은 순간이 오면 무엇을 볼지 영화를 미리 골라 보는 것도 건강한 운동처럼 느껴진다. 좀 바보같이 들릴지 모르지만, 나는 나 자신에게 자주 이렇게 말한다. "네가 지금 자살하려고 하는 거 알아. 그런데 꼭 서둘러야 하는 건 아니잖아. 네 모든 게 곧 다 사라질 텐데 그 전에 영화나 한 편 보는 건 어때?"

눈가리개를 제거하라

"눈가리개를 제거하라"는 슈나이드먼의 말은 가장 어두운 생각은 우리 고통을 커다란 맥락 속에서 바라보지 않고 삶의 특별한 측면에 집중하는 데서 생긴다는 의미다. 고통은 눈가리개를 만들어 내고, 이것이 다시 고통을 강화한다. 마치 머리를 어딘가 부딪히거나 발가락을 찧을 때 순간적으로 그 고통만 떠오르는 것과 같다. 그러나 주의를 통증이 아닌 다른 곳으로 돌릴 수 있다면 고통이 어느새 덜 중요하고 덜 강력하게 느껴진다.

앤드루 솔로몬은 내게 위기의 순간을 통과하는 한 가지 비결은 이전에도 이런 일을 겪은 적이 있고 위기를 이겨 냈으며 반대편에서 기쁨을 발견한 경험을 기억하는 것이라고 했다(부록 1 참고). 위기 치료 전문가인 캔디스 비긴스Candice Biggins는 항상 사람들에게 관점을 넓히라고 조언한다고 했다. 눈가리개를 쓰고 있는 것은 사랑하는 사람과 격렬한 말다툼을 하는 것과 약간 비슷하다. 분노에 싸여 자신은 옳고 상대는 틀렸다는 점만 보인다. 하지만 상황은 늘 그보다 복잡하다. 또 분노에 찬 사고는 절대 문제를 해결하지 못한다.

눈가리개를 벗어 버리는 것은 쉬운 일이 아니다. 눈가리개를 쓰고 있으면 고통에 대한 내 사고가 몇 초, 몇 분, 어쩌면 몇 시간까지도 제한된다. 요즘 내게 눈가리개를 벗어 버린다는 것은 나 자신보다 다른 사람들을 생각하려고 노력하는 것을 의미한다. 내 아이들을 생각하고 그들과 행복하던 때를 기억하거나, 지금 아이들의 삶이 잘 굴러가고 있다는 것을 떠올리면 눈가리개를 없애는 데 도움이 된다. 내 형제인 대런과 팻을 생각하면 그렇다. 저 아래 텍사스에서 자신의 인생을 잘 살고 있는 형제들을 생각하는 것도 눈가리개를 내려놓는 데 조금 도움이 된다. 내 아내와 보내는 행복한 시간, 평화의 꽃병을 심을 삽을 사기 위해 쿠바의 작은 마을들을 뒤지고 돌아다닌 일이나, 밤에 아들이 잠든 후 침대에 누워 TV를 보는 시간, 이런 것도 눈가리개를 없애는 데 도움을 줄 수 있다. 때로는 내가 삶에서 이룬 작은 진전 같은 것, 예를 들어 우리 집 지하실 파이프에 문제가 생길 때 배관공을 부르는 대신 직접 파이프를 고치는 방법을 배운 일을 떠올리는 것조차 눈가리개를 걷어 내는 데 도움이 될 수 있다.

전에 이런 기분을 느낀 적 있으니 이번에도 기분이 좋아질 수 있을 거라 확신할 수는 없다. 언젠가 지금보다 고통이 줄어들 거라 믿기도 어려울 수 있다. 내가 만약 고통스럽지 않고 오히려 좋고 행복했던 기억으로 내 삶과 과거를 기억할 수 있다면 눈가리개를 없애는 데 조금은 도움이 될 것이다. 나는 내가 생각하는 것만큼 혐오스럽지 않다. 가끔은 다른 사람들을 웃기기도 한다. 때로 강의 내용이 좋으면 내 학생들은 수업에 만족하는 것을 넘어서 갑자기 오드리 로드와 제라드 맨리 홉킨스Gerard Manley Hopkins3, 쇠렌 키르케고르나 시몬 드 보부아르4, 라빈드라나트 타고르Rabīndranāth Tagore5를 좋아하게 된다. 지금 내 마음이 조금 불편하긴 하지만 내가 세상에 나쁜 영향만 준 것은 아니다.

---

3 1844~1889, 예수회 사제이자 영국의 시인. 20세기 시인들에게 많은 영감을 주었다.

4 1908~1986, 프랑스의 작가이자 철학가, 여성 운동가

5 1861~1941, 인도의 시인이자 사상가. 1913년에 아시아 최초로 노벨 문학상을 수상했다.

압박감을 줄여라

압박감은 세상이며, 세상에서 요구하는 모든 것이지만, 스스로 자신에게 요구하는 모든 것이기도 하다. 자기가 괜찮은 상태가 아니라는 시각은 끔찍하고 잘못된 것이지만 한편 매우 흔하고 이해할 만한 것이다.

압박감을 덜어내는 게 별거 아닌 것처럼 보일 수도 있다. 가끔 일의 압박으로 극도의 공황 상태에 빠질 때면 나는 절대 회신할 수 없을 것 같던 이메일에 답하는 행위만으로 갑자기 조금은 숨 쉬기 편안해지는 경험을 하곤 했다. 때때로 압박감 때문에 아무것도(일, 결혼, 육아, 아이들을 차에 태우고 다니기, 아기 때문에 새벽 5시에 일어나기, 글쓰기, 친구 관계 유지하기, 침대 정리, 빨래 개기… 정말 너무 많다) 못 하겠는 기분이 들기도 한다. 그러면 나는 오랫동안 연락하지 못한 친구에게 그냥 '잘 지내?'라는 문자를 보내 안부를 묻기도 한다. 아니면 세탁실 옆 소파 위에 쌓아 둔 깨끗한 옷가지 몇 벌을 접어 제자리에 넣을(전부는 아니지만) 수도 있다. 혹은 아내에게 연락해 '젠장, 당신도 혹시 지금 나처럼 다 버거운 기분이야?'라고 물을 수도 있다. 만약 아내가 그렇지 않다면 좋은 소식이다. 아내는 나를 도와줄 것이고 우리가 함께 이 상황을 잘 이겨 낼 수 있다는 사실을 환기시킬 것이다. 혹은 나와 같은 기분이라면 그것도 좋은 소식이다. 내가 혼자가 아니라는 이야기니까 말이다. 이런 건 작지만 삶을 구원해 주는 기술이다.

나는 최근 친구 한 명에게 이 책에 관해 이야기했다. 그는 내게 자살 생각을 하는 사람이 있다면 뭐라고 할 거냐고 물었다. 나는 자연스럽게 그 친구에게 혹시 그런 상황에 처해 있는지 물었다. 친구가 자신은 그저 논리적으로 그 질문이 생각난 것뿐이라고 단언했다. 나는 몇 가지 더 질문해 본 다음 그가 자살 성향을 가진 사람이 아니라는 사실을 확인하고 안심했다. 그리고 그에게 실제로 내가 그런 경우에 하는 말을 해줬다.

그리고 그 친구에게 그럴 때 뭐라고 하겠느냐고 물었다. 친구는 "글쎄, 아마 왜 자살하고 싶으냐고 물어볼 것 같아. 그리고 '그러지 마세요'라고 할 것 같고." 그 대답이 마음에 들었다. '그러지 마세요.' 자살 충동을 느끼는 사람에게 가끔은 이런 말이 가장 좋은 말일 수 있다. '그러지 마세요.'

만약 당신이 이 글을 읽고 있고 자살을 진지하게 생각하는 중이라면 지금 당신의 고통이 얼마나 극심한지 알고 있다고 말하고 싶다. 살 이유가 없고 죽으면 고통이 끝난다는(아니면 적어도 변화를 준다는) 그 두 가지 기분 모두 이해한다. 해결책을 바란다는 걸 안다. 전적으로 이해한다. 하지만 이 책을 쓴 사람으로서 자살하지 말라고 부탁하고 싶다. 적어도 오늘은. 문은 언제나 열려 있다. 그러니 오늘은 그 문을 열어 두기 바란다.

이윤 리의 소설 《이성이 끝나는 지점Where Reasons End》의 마지막 장면에서 화자인 엄마가 스스로 목숨을 끊은 자기 아이와 대화하고 있다.

"답은 말처럼 여기저기 떠다니지 않아." 내가 말했다.

"질문은 그래요, 그렇죠?" 그가 말했다.

"그럼, 질문은 그렇지." 내가 말했다.

우리는 절대 모든 답을 얻지 못하며 사실 그럴 필요도 없을지 모른다. 답은 하루를 지낼 수 있을 만큼 간단하게 갖고 있으면 된다. 너무 많이 생각하지 말자. 내일 무슨 일이 생길지 혹은 우리 자신에 대해서도 아주 많이 알아야 할 필요는 없다. 답을 찾는 일은 그저 부담을 가중시킬 수도 있다. 어쩌면 상황을 심각하게 받아들이지 말고 그 무게를 줄여 그저 질문들이 떠다니게 놔둘 수 있을 것이다.

나이 때문인지 어떻게 해야 잘 죽을지를 생각하는 사람들을 점점 더 많이 만난다. 2020년 여름, 인도에 있는 히마찰프라데시Himachal Pradesh6의 비르Bir 마을은 몇 달간 봉쇄됐다.

나는 그곳에서 매일 집주인과 AA 모임과 NA 모임을 가졌다. 집주인은 헤로인 중독에서 회복 중이었다. 그가 내게 자신이 매일 브라운 슈거Brown Sugar7를 사용하던 때 이야기를 들려주었다.

"조금 피우려고 화장실로 가곤 했죠. 그리고 돌아와 일하고요." 집주인은 부엌 바에 있는 갈색 가죽 의자에 앉아 있었다. 그의 뒤편으로 커다란 창문 밖엔 눈 덮인 다울라다르산맥Dhauladhar Mountains의 정상이 펼쳐져 있었다. "그런데 어느 순간 프리드리히 니체가 쓴《좋은 죽음A Good Death》을 우연히 보게 된 겁니다. 저는 좋은 죽음을 맞

---

6   인도 북부에 위치한 주로 중국과 국경을 맞대고 있다.

7   피우는 형태의 헤로인을 이르는 은어

으려면 어떤 삶을 살아야 하나 생각하게 됐어요. 좋은 경험이 필요했죠. 가족, 친구들과 이야기하고 사람들의 내적인 삶에 관해 의견을 나눴어요. 작은 일이 아니더군요. 저에게 없었던 거고요. 이전과 완전히 다른 삶이 필요했죠. 그리고 지금은 이게 제 삶이 된 것 같아요. 오늘과 어제, 이게 제가 제 아내와 아들 그리고 마을에서 만나는 몇몇 사람들에게 말하던 그런 하루였죠. 어떤 것도 당연시하고 싶지 않습니다. 저는 원래 감사를 표하거나 감사한 것의 목록을 정리하는 스타일은 아니에요. 그리고 내일 당장 끔찍한 일이 생길 수도 있어요. 그걸 예상할 때도 있고요. 하지만 오늘은 이런 생각이 드는군요. 이제 끔찍하고 섬뜩한 환경에서 죽을 필요가 없어요. 저는 좋은 죽음을 맞을 수 있을 것 같군요."

이 이야기는 내게 깊은 인상을 주었다. 나는 두렵고 비참한 상황에서 오직 회한과 불행만 남긴 채 죽어 버리거나, 이러한 불행한 죽음을 맞는 대신 내가 살아온 길을 돌아보며 행복한 죽음을 맞을 수 있도록 충분히 오래 살고자 노력하는 것을 두고 선택할 수 있는 일이다. 삶에서 도피하려고만 하지 않고, 삶을 이미 낭비한 기회가 아니라 계속 살아야만 얻을 수 있는 기회로 이해하게 되었다. 초감 트룽파 린포체는 죽음에 관해 "죽음에는 영예와 유머가 있다. 우리는 회한으로 가득 차 죽을 필요가 없으며 행복하게 죽을 수 있다"라고 했다.

나는 그저 살아가기만 하면 더 나은 죽음을 맞는다는 제안이 마음에 든다. 적어도 내가 아는 외롭고 수치스러운 죽음은 피하고 싶기 때문이다.

이 단락을 쓰고 있는 바로 이 순간, 에이미가 라트나를 팔에 안고 베란다에 있는 내 곁으로 걸어 나왔다. 라트나는 요즘 푹 빠져 있는 만화 영화 〈카Cars〉에 나오는 노래의 한 구절을 부르고 있다. "푸른 하늘이 있네 / 구름 바로 뒤에서 기다리고 있지." 이런 일을 그저 우연의 일치라고 생각하기엔 내가 너무 나이도 많고 미신적인가 보다.

집주인과 대화하고 얼마 지나지 않아 그와 나는 담요 하나로 크게 싸웠다. 그는 우리가 더는 그 담요를 사용하길 원하지 않았고, 결국 우리는 그의 아파트에서 이사 나왔다. 봉쇄로 인해 모두의 긴장감이 극에 달해 결국 버티고 있던 균형이 한순간에 무너지고 말았다.

이제 우리는 앞쪽에 세 개의 강철 셔터가 달린 긴 창고의 뒤쪽 절반 부분을 빌려 생활하고 있다. 밝은 노란색으로 칠한 강철 셔터에는 콘크리트 광고가 붙어 있다. 길 건너편에는 작은 주차장이 하나 있고, 지역 사업가 소유의 커다란 빨간 버스 몇 대가 세워져 있다. 보통 심라Shimla, 만디Mandi, 팔람푸르Palampur로 가는 사람들이 이용하는 버스다.

우리가 사는 건물 앞쪽 반에는 두 개의 차고가 있으며 건물 주인의 차와 그의 은색 마힌드라 SUVMahindra SUV가 주차되어 있다. 세 번째 셔터가 달린 곳은 그가 운영하는 작은 매점으로 내가 매일 아침 물과 차 재료인 카다몬cardamon, 주인의 벌통에서 나온 꿀, 그리고 양파, 감자, 쌀, 콩 같은 식품을 사러 들르는 곳이다. 오늘 아침에도 화장실 휴지가 떨어져 종이 냅킨과 톤드 우유toned milk(버펄로 젖과 분말 우유를 섞은 것)를 샀다. 매일 신선한 우유 1리터를 배달해 주는 사람이 아직 도착하지 않았기 때문이다. 나는 이제 인도 차를 썩 잘 끓이고, 우리는 하루 종일 그 차를 마신다.

전 집주인과는 나쁘게 끝난 게 아니길 바란다. 그와 나는 공통점이 참 많았다. 아빠이고 전직 사업가였으며 중독자다. 그는 내게 비르에 온 첫해 내내 자살하고 싶었다고 했다. 처음 몇 번 그가 내게 그 일을 말해 줬고 자신이 "자해의 위험에 처했다"고 했다. 나중에는 "자해를 피하기 위해 델리를 떠났다"는 말도 했다. 마침내 며칠 후 그는 자신이 이사한 이유를 "자살을 계획했기 때문"이라고 인정했다. 그래서 자신은 더 잃을 게 없다는 생각이 들었고, 여기서 보낸 첫해 동안 자살 생각으로 괴로워했으며, 한편으로는 처음으로 평화를 경험한 것도 이곳이고, 자살 충동을 느끼는 우울증 증세도 점차 그 빈도가 약해졌다고 했다. 나는 그가 분위기와 장소의 변화, 무엇보다 사람들의 변화, 다양한 가정생활의 문제와 "인도에서 두 번째로 좋은 경영 대학원 동기들"의 성공이 주는 압박감에서 벗어나려는 점이 걱정됐다. 그는 이 동창들에게 아직도 불만을 품고 있다. 이러한 변화로 인한 효과는 시간이 흐르면 사라질 것이고, 더 깊은 문제가 다시 수면 위로 떠오를 것이라고 생각됐다.

한번은 대런 형이 현재 형수인 크리스털에 대해 불평하며 말했다. "헤더(내 첫 번째 형수였다) 알지, 크리스털하고 아주 똑같았다니까. 딱 이랬어."(진짜 문제가 뭔지는 굳이 말하지 않겠다.)

내가 웃었다. "그래, 나도 그래. 서로 다른 세 명의 아내, 세 명의 다른 사람인데 문제는 완전히 똑같지. 진짜 문제가 뭘까 의아해진다니까."

"너에 대해 늘 말하고 싶었어. 완벽히 정상인 여자를 고르는데 다들 악마로 바뀌니까."

형은 내 말을 이해하지 못하고 있었다. "그럴 수도 있지." 내가 말했다. "하지만 사실 내가 세 명의 다른 사람하고 계속 똑같은 문제를 갖고 있다면 그들은 문제가 아닌지도 몰라."

이건 진부한 이야기이긴 하지만, 나는 정말 세 번을 결혼하고서야 그 문제가 무엇이든 누구와 관련 있든 바로 내 문제임을 깨달았다. 내가 아내에게 보이는 행동과 말, 아내에게 갖는 생각과 느낌을 바꾸지 못했다고 인정한 건 아니다. 그것도 사실일 순 있지만, 잘 모르겠다. 어쨌든 핵심은 내 문제는 아내가 아니고 나라는 걸 내가 이해해야 한다는 거였다. 아내는 이 문제에서 나를 도와줄 수도 있고 그러지 못할 수도 있다. (이건 어떤 문제인지에 달렸다) 내가 아내 문제로 아내를 도울 수도 있고 그러지 못할 수도 있는 것과 똑같다. 하지만 내 문제는 아내의 문제도 사실 우리 두 사람의 문제도 아니다. (내 문제에 대해 부부 공동의 문제로 만들며 책임을 회피하는 건 참 쉬운 법이다) 그건 그냥 내 문제다. 그러니 내가 그 문제들을 이야기하고 그에 관해 징징대고 나 자신에 대해 안타까워해도 괜찮다.

여전히 변화를 주는 건 도움이 될 수 있다. 집주인의 집에서 이사 나가는 것만으로 큰 문제가 해결됐다. (그는 공개적으로 나를 괴롭혔고 에이미에게 성적으로 외설적이고 강압적인 왓츠앱WhatsApp 문자를 보내기 시작했다.) 이 친구의 도시에서의 도피는 내가 처음 댈러스에서 노스캐롤라이나로 옮긴 후, 또다시 노스캐롤라이나에서 오스틴으로 이사 갔던 일을 생각나게 한다. 이 두 번의 이사를 할 때 나는 매번 걱정했다. '너는 네 문제에서 도망칠 순 없어, 클랜시. 어디를 가든 네 문제를 데려가는 거니까.' 그리고 정말 나는 많은 문제를 함께 갖고 갔다.

그래도 어떤 문제들은 뒤로하고 떠날 수 있었다. 어쩌면 그건 단순히 내가 다른 곳으로 갔기 때문에 생긴 결과이기도 하다. 텍사스를 떠난 건 보석 사업을 그만둘 수 있는 가장 좋은 방법이었기 때문이다. 보석 사업은 나를 비참하게 했고 텍사스를 떠난 건 효과가 있었다. 내가 만약 그 사업을 계속했다면 얼마 못 가 입에 권총을 넣던 단계가 다시 시작되었을 것이다. 하지만 나는 텍사스로 돌아갔다. 여섯 살이던 젤리가 사무치게 보고 싶었기 때문이다. 딸아이와 몇 달간 떨어져 있었는데, 나는 놀이터를 지날 때마다 죄책감으로 속이 울렁거렸고 딸아이가 걱정돼 눈물이 났다. 다행히 텍사스로 돌아가자마자 매주 아이와 함께 지낼 수 있었다.

니체는 자서전 《이 사람을 보라Ecce Homo》에서 살아야 할 적당한 장소와 함께 있어야 할 괜찮은 사람들, 읽어야 할 좋은 책들(니체는 정신적 영양분이라고 했다), 그리고 심지어 먹고 마셔야 할 좋은 음식과 음료에 관해서도 기록했다. 그는 커피, 맥주, 와인을 피하라고 권고하는데 이 음료들이 니체 자신에게 특히 좋지 않았기 때문에 어떤 대가를 치르더라도 최대한 피해야 한다고 말한다. 니체는 더 나아가 날씨까지 언급한다.

영양의 문제는 장소와 기후만큼 똑같이 중요하다. 누구도 모든 곳에 살 수 없고, 어떤 곳에서도 살지 않을 순 없다. 커다란 과업이 있는 사람이라면 전력을 쏟아야 하므로 아주 제한된 선택을 해야 할 수 있다. 성공하느냐 시들어 버르느냐에 결정적 역할을 하는 기후가 신체에 미치는 영향은 내

내 증대되었고, 장소와 기후를 잘못 선택하면 단지 자기 목표와 기회에서 멀어지기만 하는 게 아니라 그런 것들을 전혀 보지 못하게 될 수도 있다.

나는 10대 후반에 처음 이 구절을 읽었을 때 이렇게 생각했다, '이럴 순 없지! 내 삶의 의미, 목표, 꿈이라는 장엄한 문제가 날씨나 먹는 것, 이런 데 달렸을 리 없어!' 그래도 나는 니체를 좋아하고 존경했기 때문에(나는 여전히 그의 작품을 사랑하고 추천한다) 이 부분을 모두 비유적이라고 해석했다.

이렇게 읽을 수 있고 읽어야 하는 것이다. 니체는 지극히 일상적인 것만 이야기하는 게 아니라 어떻게 그리고 왜 그런 것들을 조금이라도 소중히 여기는지 또한 언급하고 있다. 그러나 여느 뛰어난 풍자 작가들과 마찬가지로 그 역시 자신이 말하는 것 그대로를 의미하기도 한다. 이는 자신의 몸과 환경, 심리, 정신을 신뢰하는 법을 배우는 것만큼 단순한 일이며, 어떤 것이 자신을 더 성장시키고 어떤 것은 성장을 방해하는지 구분하는 것 또한 마찬가지다. 니체는 이 문제를 친구를 신중히 고르는 일로 확장하고 있으며 운동도 언급하고, 니체 본인이 늘 최고의 사고와 글쓰기를 하고 있듯이 움직일 때, 이상적으로는 자연에서 걸을 때 최고의 사고를 할 수 있다고 주장한다.

지난 8~9년 동안 이치가 이렇게 단순하다는 것을 깨달았다. 나는 나 자신을 정원의 식물처럼 여겨야 한다. 식물은 해, 흙, 물, 장소 등에 의지해 생장하거나 죽는다. 그러나 초보 정원사로서 말하자면 절대 그렇게 간단하지만은 않다. 이 일에는 많은 연습과 시행착오, 끝없는 노력, 또 무엇보다 잘 자라게 하겠다는 의지가 필요하다. 내 정원을 아끼고 사랑하는 것은 쉽다. 매일 정원을 바라보며 새롭게 생장하거나 문제가 있는 곳을 알아차리고, 파릇파릇한 부분이 더 많아지고, 더 짙은 초록빛을 띠고, 꽃을 피우는 모습을 보면서 만족감을 느낄 수 있다. 그래서 장갑을 끼고 땅을 파고 문제를 바로잡으려 하며 덧가지를 잘라 내고 잡초를 뽑는 것이다.

하지만 그렇게 똑같이 나 자신을 돌보는 운동을 하는 건 훨씬 더 힘들다. 결과가 그만큼 빠르고 생생하게 눈에 보이지 않기 때문이다. 또 정원에는 죄책감과 수치, 회한이 없다. 험담을 하거나 다른 나쁜 습관을 드러내는 일이 없으며, 사람들에게 실망을 안기거나 약속을 어기지 않고 어떤 것 혹은 누군가를 망쳐 놓지도 않는다.

내가 한참 술을 즐기던 시절, 나는 가끔 내 동생 패트릭처럼 술을 마시지 않는 사람들을 보면 혀를 내두르곤 했다. '저 사람은 자기 냄새에 질리지도 않나?' 심각한 의문이었다. '자기를 내려놓고 싶다는 생각을 안 하는 걸까? 스스로에게서 벗어날 필요를 못 느끼나?' 나는 심지어 일종의 둔감함으로 치부하기까지 했다. 마치 내가 인간 클랜시를 못 견디는 것이 숭고하고 위대한 일인 양, 자기 경멸이 자축할 일이나 되는 것처럼.

나에게 음주는 무엇보다 나 자신에게서 벗어나는 길이었다. 나를 꺼두기. 나에게서 도피할 수 있다는 사실은 음주의 이점으로 내가 가장 그리워한 부분이며, 술이라는 진정제 없이 살게 된 처음 몇 년간 그 부재를 견디기 가장 힘든 부분이기도 했다. 내가 복용하는 다른 진정제를 먹으면 나라는 느낌을 억눌러 주고 내 냄새를 덜 자극적으로 만들어 주지만, 그래도 나는 아직 여전히 그곳에 존재했다. 하지만 술에 취하면 나는 의식을 잃었고 사라질 수 있었다. 가버리는 것이다.

그러나 술을 처음 마시기 전 어린아이였을 때 그랬던 것처럼 내가 다시 나로 살게 되면서 아주 서서히 나 자신을 거부하지 않는 법을 배웠다. 클랜시는 전보다 덜 겁을 주고 덜 공포스러웠으며, 덜 숨 막히고 덜 답답하게 했다. 사실 나는 예전과 똑같이 이기적이지만, 나에게서 도망가려는 습관이 차츰 없어졌다.

내 학생 중 한 명이 최근 내게 "선생님은 모든 걸 참 천천히 하시네요!"라고 했다. 지금껏 아무도 내게 이런 말을 한 적이 없었다. 사람들은 늘 내게 천천히, 더 신중하라고 했다. 따지고 보면 사실 지금도 그런 말을 듣는다. 그래도 이런 불평(그 여학생은 불평한 것이다)은 아주 큰 격려가 됐다. 어쩌면 내가 조금은 느긋해지고 있나 보다.

최근 두 살짜리 아들과 놀아 주는 내 모습이 담긴 영상을 보았다. 그걸 보니 '세상에 제정신이 아니네. 바보 같고 히스테릭하잖아. 심호흡 좀 해! 진정 좀 하라고!'라는 생각이 들었다. 이 역시 고무적인 일이다. 전에는 이런 깨달음을 얻은 적이 없었던 것 같으니 말이다. 아마 이렇게 생각했을 것이다. '그래, 좋은 아빠가 되려고 노력하고 있잖아. 놀아 주려 하는구나. 아들을 즐겁게 해주려고 얼마나 열심히 하는지 좀 봐봐!'

여전히 나는 늘 한바탕 공포와 절망을 느끼곤 한다. 이 책의 시작 부분에서도 언급했지만 최근에도 나는 한동안 심각하게 두려운 우울증을 겪었다. 다행히 한두 달 정도로 비교적 짧은 편이었다. 내가 정원을

6장. 그들이 계속 살아가길 원한다

가꾸고 영양을 챙기고 적당한 장소에서 적합한 사람들과 살아가는 일에 대해 거창하게 이야기할 수도 있겠지만, 꼭 말하고 싶은 건 화가 나고 절망감이 들 때는 사실 어떤 걸 한다고 해도 그리 도움이 되지 못한다는 점이다. 그래서 이럴 때 나는 차라리 아무것도 하지 않으려 한다.

볼테르Voltaire8는 "자기파괴 욕구에서 자신을 구할 확실한 방법은 늘 무언가 할 일을 갖는 것이다"라는 글을 남겼다. 맞는 말이다. 목표를 갖고 바쁘게 지내면 직면한 문제를 생각하고 과장된 행동을 줄이는 데 도움이 된다. 고통에서 주의를 분산하는 것은 고통을 피하는 한 가지 방법이며, 자살 생각에서 주의를 돌리는 것 역시 자살 충동을 느끼는 순간의 위기를 모면하기에 충분하다. 활동에 집중하는 것은 훌륭한 주의 전환 방법이다. 그런 다음 계속 활동적인 상태로 있으면 예전에 포춘 쿠키에 적혀 있던 "행동은 행운을 가져온다"라는 문구가 효과를 발휘한다. 이 말은 대개 사실이다.

하지만 무언가 할 일이 필요하고 무언가를 해야만 하는 것 또한 문제가 될 수 있다. 아무것도 하지 않고 기다릴 수 있다. 그렇게 기다리고 스스로 기다리는 법을 배울 수 있으면 무언가 변화가 생긴다. 기다림을 선택하고 그 선택을 고수하는 것도 정확히 내게 필요한 행운을 가져다주는 일종의 행동이 될 수 있다. 어쩌면 결국에는 심지어 기다리는 것조차 멈추고 그저 그대로 존재할 수도…. 하지만 이건 좀 과한 욕심인 것 같다.

---

8 1694~1778, 프랑스의 대표적인 계몽주의 작가이자 철학자. 대표작으로 《캉디드》가 있다.

〰〰〰

　실질적으로 정신적 영양분을 채우고 영혼을 보살피고 성장시킨다는 건 무슨 뜻일까?

　분노가 좋은 예다. 나는 어릴 때 성격이 불같고 짜증을 잘 부렸다. 하지만 대체로 수줍음이 많고 조용했으며 심지어 감정적으로 억눌려 있었다가 때때로 폭발했다고 하는 것이 가장 적확할 것이다. 이런 상태가 20대까지 이어지다 술을 지나치게 많이 마시게 됐고 술에 취하면 가끔은 형편없고 고약하며 맹렬하게 화내는 (아니면 끔찍하게 감상적이 되거나 혐오스러울 만큼 자기 연민에 빠지는) 사람이 되기도 했지만 그러면서도 나 자신이 내가 아는 사람 중에서 가장 화를 안 내는 편에 속한다고 믿었다.

　그러다 에이미를 만났고, 에이미는 수년간 여러 번에 걸쳐 내가 얼마나 자주 화를 내는지 지적해 주었다. 그제야 나는 내 우울증과 자살 성향의 일부 원인이 분노와 관련 있을지 모른다는 사실을 깨달았다.

　나는 화가 나면 그냥 화난 상태로 있고 싶을 때가 많다. 그리고 절망감을 느낄 때도 마찬가지라는 것을 깨달았다. 두 경우 모두 나는 내가 겪는 고통에 대해 완강한 편이다. 화가 나면 때로 의식적으로 나 자신에게 '계속 화난 채 있고 싶어'라고 말한다. 하지만 절망에 빠지면 절대 '계속 절망감을 느끼고 싶어'라고 하지 않는다. 여전히 이 두 가지 고통에는 모두 심리적으로 어떤 관성이 작용한다. 두 감정 중 한 가지를 겪을 때 이성에 심하게 맞서게 된다. 이성적으로 말하려 노력할 순 있지만 성공하진 못하는 편이다. 또 이런 감정들은 보

　6장. 그들이 계속 살아가길 원한다

통 연이어 생긴다. 분노와 절망이 섞이기도 하고, 분노가 절망이 되기도 하며 절망에 분노가 감춰져 있기도 한다.

대런 형은 "흥분하면 지는 거야"라는 말을 자주 한다. 에이미는 이런 감정들은 우리가 통제할 수 있는 게 아니니 그저 겪어야 하고 그에 대해 솔직해야 한다고 주장한다. 내가 내 분노를 감추고 15분 안에 진짜 분노를 표현하는 대신 일주일간 서서히 지질하게 표출한다고 경고한다. 아마 절망감도 마찬가지일 것이다. 계속해서 짧은 파동의 진짜 괴로움을 억누르는 탓에 이 고통스러운 감정이 균열이 생긴 부분을 통해 여기저기 모든 곳에 며칠간 새어 나오는 것이다.

하지만 분노와 절망 때문에 어떤 행동을 해야 하는 건 아니다. 나는 어릴 때 화가 나고 좌절하면 이따금 내 손에 상처를 입혔다. 손가락이 찢어지게 하거나 벽을 주먹으로 치기도 하고 손가락이나 손가락 관절을 갖다 대고 문을 닫았다. 이 중에서 최근 벌어진 사건은 서른세 살 무렵, 오른손 뼈 여섯 개가 부러진 일이다. 마치 두 살 아이가 폭발적으로 화를 내는 것처럼 여자와 헤어졌다는 이유로 벽돌 벽을 주먹으로 계속 내리쳤다. 하지만 사실 그럴 일은 아니었다. 다른 무언가를 함으로써 어떤 감정에서 도망치려 노력할 필요는 없다.

부처는 그의 많은 가르침을 "인생은 고통이다"라는 말로 시작했다고 한다. 이런 생각이 나는 늘 불편하다. 나는 이렇게 대꾸하고 싶다. '하지만 모든 게 고통스럽진 않죠. 행복한 면도 있잖아요?'라고.

또 고통이 욕구에서 비롯된다고 생각할 때(우리는 욕구가 좌절될 때 끝날 것 같지 않은 고통을 겪는다) 물론 고통은 욕구에서 나오지만, 그럼에도 우리에게 욕구가 필요한 것은 아닐까 걱정되는 부분이 있다. 다시 말하지만, 아마도 우리가 욕구에 의존하는 건 사실일 것이다. 하지만 꼭 그래야 하는 건 아니다. 어쩌면 또 다른 방법이 있을지 모른다.

분노, 절망, 욕구는 실제로 불교 전통에서 세 개의 독이라 불리는 미움, 탐욕, 무지의 세 가지 다른 이름일 수 있다. 내 분노는 그래서 다른 이들과 나 자신에 대한 미움의 표현이다. 이것은 나의 싸움 본능이다. 그리고 나의 절망은 나의 탐욕이며, 내가 행동으로 옮길 수 없는 나 자신의 작은 영역, 내 작은 세계와 감정을 보호하려는 욕구다. 이는 내 도피 본능이다. 또 나의 욕구는 나의 무지다. 나는 나와 나의 것을 위해 무엇이 최선인지 깊이 생각해 본 적 없다. 다만 유명해지고 싶다는 욕구가 없었다면 소설을 쓰지 못했을 것이다. 잠깐, 소설을 쓰는 것이 최선이었나? 정확히 그 소설과 그 임박한 출판 일정 때문에 2008년 말 내가 침실 드레스 룸에서 침대 시트로 목을 매게 된 것 아니었나? 만약 내가 유명해지려는 욕구가 아니라 다른 이유로 소설을 썼다면 어땠을까? 부자가 되고 싶은 욕구 때문에 보석 사업을 한 건? 아니면 세상의 힙하고 잘난 사람들처럼 힙스터가 되고 싶은 욕구는? 이 욕구 때문에 그 모든 부티크 호텔에 가고, 이미 오래전에 그만둔 호사스러운 음식과 옷, 차, 사치스러운 습관에 들인 온갖 종류의 낭비를 일삼지 않았나.

이에 대해서는 어떤 것도 확실히 모르겠다. 아마 욕구는 적어도 가끔은 좋은 것이며 좋은 것들로 이어질 것이다. 내가 첫 소설을 쓰지 않았다면 에이미를 만나지 못했을 것이다. 문제는 욕구보다는 욕구에 대해 질문하고 살펴보며 의문을 갖고 더 자세하고 철저하게 들여다보는 데 있을 것이다. 정직하게 나 자신에게 물어봐야 할 것이다. 어떤 것이 내 성장에 기여할까? 무엇이 그것을 방해하는가? 나는 정말 나에게 해가 되는 게 아니라 도움이 되는 일을 기꺼이 하려 하나?

종사르 켄체 린포체의 영화, 〈컵The Cup〉의 마지막 장면은 이런 생각을 이해하는 데 도움이 된다. 한 무리의 어린 승려들이 스승과 함께 앉아 있다. 스승은 맨발로 걸으면 발을 다치기 쉽다고 설명한다. 그럼 어떻게 해야 하는가? 세상을 가죽으로 감싸서 더는 발가락을 찧지 않도록 해야 할까? "아니요." 한 승려가 답한다. "저희 발을 감싸면 됩니다."

우리는 우리의 삶을 가죽으로 감쌀 수도 없고 감싸고 싶어 하지도 않는다. 삶은 우리의 모든 경험이며 여기에는 정서적 경험과 두려움, 희망, 욕구, 혼란이 다 포함된다. 만약 우리가 이런 것들이 고통스럽지 않다고 생각한다면 (만약 오롯이 이런 경험의 피해자이고 경험이 우리를 통제하게 놔두며 이런 경험들에 대해 생각하지 않는다면) 우리는 계속 발을 헛디디고 넘어질 것이다. 나라면 다시 술을 마시거나 차고 사무실의 삼나무 기둥에 목을 매는 것을 의미할 것이다. 헐벗은 발로 날카로운 것을 밟아 발가락이 찢어질 것이다. 그러나 나는 내 발을 적절히 보살필 방법을 생각할 수 있다. 내 발을 감싸면 되는 것이다.

어떻게 신발을 신어야 할까? 내가 시도한 여러 가지 방법이 있다. 어떤 것은 다른 것들보다 효과가 좋을 것이다. 이는 계속되는 과정이다. 모든 사람이 자신만의 방법을 찾아야 한다. 왜냐하면 환경도 역사도 취약성도 다 다르기 때문이다.

대부분의 시간 동안 나 역시 다른 사람들처럼 위기에 빠진 내가 아닌 좀 더 일상적인 나를 상대한다. 여기서 급히 덧붙일 말은 넬리 아르캉과 데이비드 포스터 월리스의 위기는 현재 진행 중이고 더 악화되고 있으며, 그들과 같은 경우라면 또는 만약 여러분도 그런 기분이 든다면 정신의학과 심지어 정신병원도 적지 않은 도움이 된다는 것이다. (월리스가 친구이자 작가이고 자살 생존자인 도널드 앤트림에게 묘한 투시력을 발휘해 전화를 걸어 전기충격요법의 가능성을 설명하고 앤트림을 안심시킨 일이 생각난다. 그때가 정신과 의사가 앤트림에게 전기충격요법이 남은 유일한 치료법인 것 같다고 무섭게 말한 지 단 몇 시간이 지난 뒤였다고 한다.) 최근 아주 친한 친구 한 명이 더는 자신을 신뢰할 수 없어 우버를 타고 응급실로 간다는 메일을 보내왔다. 나도 그가 힘들어하는 것은 알고 있었지만, 그렇게 위험한 상태인 줄은 몰랐다. 그는 일주일간 정신병원에 입원해 있다가 퇴원했다. 먹는 약을 조정했고 그 덕에 전보다 훨씬 잘 지내고 있다. 나는 이렇게 본인의 정신 건강과 취약성을 보살피고 책임지는 사람들을 깊이 존경한다. 이는 정확히 니체가 마음에 지녔던 생각과 일치한다. 우리 인간 개개인이 일반적으로 얼마나 민감하고 유약한지를 깨닫고 그에 따라 적절히 주의를 기울여야 한다.

이 문장을 쓰고 있는 지금 나는 아주 기분이 좋고 전반적으로 차분하며 조심스럽게 낙천적인 상태다. 캔자스시티의 봄날, 창밖에서는 새들이 지저귀고 내 아이들은 모두 잘 지내고 팬데믹은 어느 정도 수그러든 것 같다. 내면적으로는 익숙한 불안정이 있지만 그래도 차분한 가운데 쾌활한 기운 또한 느낀다. 삶은 대체로 감당할 수 있을 것 같은 기분이 든다. 점심은 적은 양의 스파게티 한 접시를 먹었다.

탄산수를 마시고 있고 사과 한 개를 가지러 부엌으로 갈까 생각 중이다. 지금 이 순간 내가 경험하고 있는 세계는 무언가 내가 대응할 수 있고 심지어 환영하고 살펴볼 만한 것이다.

∧∧∧

캐나다 사이먼 프레이저 대학Simon Fraser University 퍼트리샤 해더웨이Patricia Hadaway와 브루스 알렉산더Bruce Alexander, 그리고 그들의 동료인 심리학자들이 '쥐 공원 실험Rat Park Experiment'이라 불리는 중독에 대한 한 유명한 연구를 진행했다. 그들은 운 없는 쥐 몇 마리를 혼자 지낼 작은 우리에 넣었고, 또 다른 운 좋은 쥐들은 커다란 우리에 다른 쥐들과 함께 넣었다. 가능한 성적 파트너, 운동 시설, 사생활과 놀이 두 가지가 다 가능한 여유 공간이 있었다. 운 없는 쥐와 운이 좋은 쥐 모두 설탕을 넣은 모르핀 물을 원하는 만큼 제한 없이 마실 수 있었다. 양쪽 쥐 모두 평범한 물도 마실 수 있었다.

실험 결과 운 없는 쥐들이 운 좋은 쥐들에 비해 19배 많은 모르핀을 마셨고, 운 좋은 쥐들은 전부터 먹던 맹물을 선호했으며 심지어 모르핀이 든 물은 피하기까지 한 것으로 나타났다. 연구자들은 물에 접근하는 방법과 물의 당도와 모르핀의 강도로 여러 실험 조건을 조합해 보았지만, 전반적인 동향은 분명했다. 고통스러운 환경에 처한 쥐들은 대체로 마약 중독에 빠진 반면, 쾌적한 환경에 있는 쥐들은 그러지 않았다. 음주와 자살 생각도 이와 맥을 같이한다고 할 수 있다(적어도 자살 생각은 능동적인 선택이다).

이 책을 집필하면서 나는 내가 자살 생각에 중독되었다는 생각을 하게 되었다. 내가 클랜시에 중독됐다고 말하는 또 다른 방식일 것이다. 다시 말해 나 자신과 내 삶에 대한 어떤 생각에 중독된 것(삶의 고통, 어려움, 실패, 회한에서 도피하려는 희망에도)이 내 문제의 진정한 근원이라 할 수 있다. 내가 생각하는 것만큼 그런 것을 중요하게 여기지 않는다면 어떨까? 그렇다면 내 고통과 실패가 이 정도로 중요한 문제도 아닐 것이다. 결국 나로부터 도망가거나 나를 바로잡는 일 또한 그렇게 중요하지 않을 수 있는 것이다.

몇 년 전 내가 이 책을 쓰던 초기에 나는 우리 집에서 그리 멀지 않고 대학 캠퍼스 안의 내 사무실에서는 걸어서 몇 분 거리에 있는 동네 식료품점에 가서 가끔 커피를 마시며 글을 쓰곤 했다. 그곳 2층 실내 테라스에서 사람들은 친구들과 점심 식사를 하기도 했다.

글을 쓰기에 최고의 커피숍은 아니지만, 작업하기에 나쁘지 않은 곳이었다. 팔꿈치를 움직일 만한 약간의 여유 공간이 있고 컴퓨터 플러그를 꽂을 수 있는 빈자리가 늘 있었다.

한번은 부부 사이인 교수 친구 커플이 그곳에서 일을 하고 있었다. 나는 인사를 하기 위해 잠시 그들 자리로 갔다. 부부는 내게 무슨 일을 하고 있는지 물었고 나는 쓰고 있는 책에 대해 조금 설명해 준 다음 말했다. "문제는 내가 자살에 대한 어떤 해결책을 제시해야 할 것 같다는 거예요. 편집자가 최근에 제게 하루를 견디기 위해 무엇을 하는지, 어떻게 버텨 내는지 묻더군요." 편집자는 내 친구이며 유명한 회복 관련 웹사이트인 '작은 인사The Small Bow'를 개설해 운영하고 있는 A. J. 돌르리오A. J. Daulerio였다. "그런데 저는 잘 모르겠어요. 에이미와 딸들, 글쓰기, 금주, 아시잖아요. 그런 이야기는 사람들에게 잘 못 하겠더라고요."

독자로서 보기에 이렇게 간단한 게 당연하다고 생각할 수 있겠지만, 당시 자살에 관해 생각할 때 나는 여전히 사람들에게 제시할 삶의 이유가 더 필요하다고 느꼈다. 지금도 그렇지만 '아내와 아이들이 제 인생을 구해 줬습니다'라고 말하는 게 정말 괜찮을지 걱정됐다. 그래도 어쨌든 어떤 남성이 자기 입에 권총을 넣고 싶은 이유가 아내가 자신을 떠나고, 아이들이 자기하고 말하지 않기 때문이라고 한다면 그건 확실히 잘못된 일일 것이다.

"그래도 바로 그게 사람들에게 해줘야 할 이야기죠." 친구 부부가 입을 모아 그렇게 말했다. "자살을 막기 위해 실제로 하고 있는 걸 그대로 얘기하세요."

두 사람은 신뢰할 만한 이들이다. 잠시 그 생각을 하고 나니 니체와 앤드루 솔로몬과 이윤 리가 쓴 글이 떠올랐고, 나는 '그래, 이게 내가 해야 하는 일이다'라고 깨달았다. 나는 내면을 포함한 내가 속한 환경을 독방에서 쥐 공원으로 바꿨다. 어떻게 했느냐고? 우선 목록을 만들었다.

1. 고통에 담담해지기

실존주의 철학자인 파울 루트비히 란츠베르크는 "잘못된 것은 고통에 대한 투쟁이 아니라, 고통을 완전히 없애 버리겠다는 환상이다"라고 했다.

란츠베르크의 말은 우리가 고통을 겪을 것이고 그것은 힘든 일이라는 의미다. 우리는 심지어 고통에 대항해 투쟁해야 하며 이것은 아주 불쾌한 상황일 수 있다. 종종 우리는 마치 덫에 걸린 토끼가 필사적으로 빠져나오려고 할 때처럼 고통에 맞서 싸우는 과정에서 오히려 고통을 더 가중시킬 수 있다. 하지만 정말 위험한 건 고통에서 완전히 벗어날 수 있다는 생각이다.

사람들은 대부분 우리를 고통에서 해방시키는 개념을 불교와 연결한다. 사성제四聖諦라는 개념이 우리가 이런 혼란에서 벗어날 수 있는 방법이 아니겠는가? (1) 고통이 존재한다. (2) 고통에는 원인이 있다. (3) 고통에는 끝이 있다. (4) 고통의 끝으로 가는 길이 있다.

2015년 무렵, 나는 심리철학The philosophy of mind9 수업을 가르쳤다. 몇 주에 걸쳐 불교 철학가인 다르마키르티Dharmakirti10의 시각을 다뤘는데 수업에서 특히 뛰어난 학생 두 명(두 사람 모두 은퇴한 의사로 이 강의를 청강하고 있었다)이 강의가 끝난 후 나를 찾아왔다. 그들은 친구 한 명이 콜로라도에 있는 선불교 센터장이라고 했다. 학생들이 그 센터장에게 수업에 관해 이야기하니 그가 "꼭 교수님께 세 번째 고귀한 진리에 관해 물어보십시오"라고 했다고 전했다.

따지고 보면 두 사람의 친구는 불교 전공자가 아닌 내게 농담을 한 거였다. 나는 대부분의 교수들이 그렇듯 대학원을 졸업하고 오랜 시간 공부해 온 것들을 수업 시간에 가르친다. 어쨌든 질문이 상당히 고차원적이었기 때문에 그 센터장은 재밌는 방식으로 내가 내용을

---

9 정신, 의식, 무의식, 마음 등을 대상으로 형이상학적, 인식론적 논의와 연구를 다루는 철학의 한 분야
10 7세기경에 활약한 인도의 불교 사상가. 법칭(法稱)으로도 불리며, 디그나가(진나)의 지식론을 이어받아 이론으로 정립했다.

다시 정비하게끔 도와준 셈이다. 고통에 정말 끝이 있을까? 아니면 부처는 스승으로서 우리가 다양하게 펼쳐질 인생의 길을 따라 걸을 수 있도록 적절한 방편을 사용한 것일까?

비트겐슈타인은 자신의 철학을 한번 타고 올라가면 버릴 수 있는 사다리로 묘사한 것으로 유명하다. 부처의 가르침도 이와 어느 정도 비슷한 것 같다. 우리에게 한동안 믿어야 하지만, 그 믿음이 있어야만 할 수 있는 일을 끝마치고 나면 더 이상 그 사실을 믿을 필요가 없는 것들이다.

어쨌든 나는 불교 전문가가 아니며 세 번째 고귀한 진리의 위상 그리고 고통의 끝과 상관없이 우리가 고통에 어떻게 반응하는지에 따라 그 고통이 더 가중되거나 줄어들 수 있다고 생각한다. 그리고 이런 맥락에서 나는 부처가 말한 특히 유익한, 보통 '두 개의 화살The Two Darts'이라 불리는 가르침 하나를 발견했다. 여기서 부처는 우리가 고통을 겪고 (이것이 첫 번째 화살이다), 그다음에 우리가 그 고통의 경험에 반응하면서 상황을 훨씬 더 악화시킨다고 (두 번째 화살) 설명한다. 고통 때문에 투쟁 도피 반응의 기분을 느끼는 게 진정한 문제라 할 수 있다. 우리가 고통을 겪을 때 놀랄 필요 없으며 무언가 고장 났다고 느낄 필요도 없다. 어떤 것도 고칠 필요 없고 자신을 판단하지 않아도 된다.

언젠가 에이미가 "내가 첫 번째 고귀한 진리를 좋아하는 이유를 깨달았어. 나만 그런 게 아니라서 그런 거야. 나는 잘못한 게 아무것도 없었던 거야. 모든 사람이 나하고 똑같이 고통을 겪고 있는 거지"라며 개념을 단순하게 요약해 준 적이 있다. 에이미는 첫 번째 고귀한 진리의 핵심이 "VIP 룸은 없다"는 사실을 깨닫는 거라고 말하기도 한다.

이는 분명 나의 우울증과 자살 생각을 떨쳐 버릴 수 있는 해결책

중 일부다. '봐, 클랜시, 네가 고통받을 때 네가 잘못한 건 아무것도 없어.' 내가 상황을 파악하지 못하는 유일한 사람이라서가 아니다. 내가 특별히 얼간이라서 그런 것도 아니고, 뛰어난 사기꾼(데이비드 포스터 월리스가 자신이 그런 게 아닐까 걱정한 것처럼)인 것도 아니다. 내가 만약 필립 시모어 호프먼이나 오드리 로드 같은 위대한 예술가라면 더는 고통받지 않는다는 게 아니다. 혹은 내가 귀네스 팰트로Gwyneth Paltrow[11]처럼 생활 방식을 잘 관리하는 천재라면 더 이상 고통받지 않았을 거라는 말도 아니다. 데릭 파핏Derek Parfit[12]이나 이리스 머독Iris Murdoch[13] 같은 위대한 철학자라면, 아니면 멀린다 게이츠Melinda Gates[14] 같은 억만장자 자선가라면 이제 더는 고통을 겪지 않는다는 게 아니며, 지상에 내려온 신이라는 지미 헨드릭스라면 고통당하지 않는다는 말이 아니다. 내 고통이 그들이 겪는 것과 다를 수 있지만 어떻든 나는 고통을 경험할 것이다(그렇다고 그렇게 크게 다르지도 않을 것이다).

고통에 맞서 싸울 때, 고통이 다른 무엇인가의 신호라 여기거나 벗어나야 하는 것, 공포를 조장하는 것, 두려워하고 공격하고 도망쳐야 하는 것으로 여길 때 나는 내 고통을 더 가중시킨다. 최악의 고통, 절실히 자살하고 싶게 만드는 종류의 고통은 항상 두 번째, 멘털이 붕

---

11 1972~, 미국의 배우, 염증을 완화시키는 채식 위주의 디톡스 식단을 실천하는 것으로 유명하다.

12 1942~2017, 영국의 윤리 철학자. 20세기 후반과 21세기 초의 중요하고 영향력 있는 도덕 철학자로 널리 알려져 있다.

13 1919~1999, 아일랜드 출신의 영국 소설가이자 철학자

14 1964~, 미국의 기업인. 빌 게이츠의 전 부인이기도 하다.

괴롭게 만드는 고통이다. 때로 이런 고통은 자기혐오로 나타난다. 또 불안이나 절망으로, 혹은 끔찍하게 숨 막히는 공황 상태로 나타나기도 한다. 그러나 이것은 두 번째 화살이지 첫 번째 화살이 아니다.

그러므로 내가 첫 번째 화살을 맞을 때 그저 나 자신에게 '그 화살을 느껴 봐. 어떤 것도 더 하려고 하지 마. 그냥 그 화살이 너를 찌르게 놔둬'라고 해야 한다. 그러면 나는 목이 철사 올가미에 걸린 토끼처럼 될지도 모른다. 하지만 적어도 올가미에서 벗어나려다 내 목이 잘리는 일은 일어나지 않을 것이다.

2. 가족 떠올리기

나는 문자 그대로 모든 것을 잃은 AA 모임 선배들에게 늘 일종의 존경심을 느낀다. 이들이 들려주는 이야기는 여성과 남성을 막론하고 똑같다. 직장을 잃고 배우자 혹은 파트너, 자녀, 친구들을 잃었으며 완전히 밑바닥까지 경험한 데다 술친구나 마약 친구 외에는 모두에게 버림받았다. 하지만 이들은 술을 끊었고 그 상태를 유지했다. 그리고 이 중 많은 이가 가족은 돌아오지 않고 직장도 되찾지 못한다. 그런데도 금주 상태를 유지하는 것이다. 내게 이것은 기적 같은 일이지만 아직 잘 이해할 수 없는 일이다. 나는 사실 앞으로도 절대 이해하지 못했으면 한다. 직접 경험하는 것만이 진정으로 이해하는 유일한 길이라고 생각하기 때문이다.

나도 분명 아내, 친구, 동료, 애인을 알코올 중독과 정신병원에서 지낸 시간 때문에 잃었고, 내 경력도 거의 잃을 뻔했으며, 의심할 여지 없이 내 전문성 개발에 회복할 길 없는 피해를 입었다. 또 큰딸은 내게 몹시 화가 나 나와 말도 하려 하지 않았다. 다른 딸들인 마거릿과 포샤를 만날 권리를 되찾아야 하기도 했다. 그것은 내가 해 본 가장 어려운 일이라 해도 과언이 아니다. 모든 것을 감안할 때 나는 대체로 다정하고 사랑이 많은 좋은 아빠라는 스스로에 대한 믿음이 꽤 자랑스럽다.

하지만 꽤 최근까지도 나는 항상 중요한 일에서 가족을 두 번째로 두고 있었다는 사실을 깨달았다. 나는 가족들을 위해 일을 우선시한다고 믿었지만, 사실은 내 일과 삶의 의무를 다루는 방식을 다시 생각해 볼 수도 있었다. 이런 균형을 찾는 일은 모두에게 힘겨운 일이며 아마 누구도 정확히 딱 맞는 답을 찾진 못할 것이다. 하지만 최근 내 질문은 '어떻게 하면 가족들을 더 행복하게 만들어 그들이 나를 일하도록 내버려두게 할 수 있을까?'가 아니라 '어떻게 하면 가족과 더 많이 함께하고 가족을 내 관심의 중심에 두며 가족을 더 돌볼 수 있을까?'로 바뀌었다.

말하자면 내 우선순위를 조금이나마 다시 정리하려 한 것이다. 아내가 내게 불친절하거나 부당하게 구는 것 같아도, 혹은 아이들이 나를 미치게 만들어도, 아니면 누군가 내 관심을 간절히 필요로 할 때도 나는 '좀 있다, 그래, 도와주려 노력하겠지만 지금은 정말 아니야' 이런 식이었다. 나는 내가 가족이 아닌 세상에 별다른 기여를 하지 않고 있다는 사실과 나의 정서적 · 심리적 · 정신적 행복은 가족들의 행복과 서로 얽혀 있으므로 가족을 돕는 일과 나를 위하는 일이 완전히 분리될 수 없다는 점을 기억하고자 노력한다.

이제 하루가 시작되고 또 하루가 끝나며 어떤 일이 생기고 자기

6장. 그들이 계속 살아가길 원한다

생각대로 실행하는 것은 쉬운 일이 아니다. 장 폴 사르트르Jean Paul Sartre15는 《닫힌 방No Exit》에서 "타인은 지옥이다"라고 했다. 나는 항상 사르트르의 이 구절을 우리 삶에서 만나는 사람들이 존재를 엄청나게 도전적으로 만든다(사실 어떤 일도 가족만큼 어려운 건 없다)는 의미라 생각했다. 그리고 그 지옥이라는 것은 우리가 우리 죄를 태워 없애 버리는 장소이며, 이것이 바로 진정으로 우리 자신에 대해 배우고 어떻게 괜찮은 인생을 살 수 있을까 하는 그 전반적으로 엉망진창인 일을 제대로 배우는 길이라고 여겨 왔다.

내 친구 몇몇은 늘 이 점을 잘 이해하는 것 같다. 그들에게 가족은 힘의 본질적 원천이며 가족이 없다면 어쩔 줄 모르고 갈피를 잡지 못할 것이다. 내가 강조하고 싶은 것은 내가 이런 일에 성공했다는 말이 아니라 그저 내 태도가 조금 바뀌었고, 그런 평범한 태도의 변화로 세상에서 내 위치에 대해 조금은 공포를 덜 느끼고 아마도 조금은 덜 취약해지는 데 도움이 된다는 것이다. 혼자 하지 않아도 된다.

3. 회복탄력성 기르기

"유리는 깨지게 되어 있다"라는 프랑스 격언은 미시마 유키오가 자살하기 직전에 쓴 죽음의 시 중 "떨어지는 것은 꽃의 본질이다"라는 시구를 생각나게 한다. 이 두 가지 시각은 모두 실패한 기분이 들게 만든다. 마치 '너는 잠시 여기 있겠지만, 적응하지 못할 거야. 무너

---

15 1905~1980, 프랑스의 작가이자 실존주의 사상의 대표 격인 현대 철학자

지게 돼 있는 사람이니까. 네가 그런 사람이라 지금껏 그토록 존재에 대응을 못 한 거지. 그러니 어쩌면 이제 그만 다 끝내 버리는 게 나을 거야'라고 하는 것 같다. 사실 미시마가 말한 대로 자살은 끔찍하리만큼 낭만적으로 들린다.

그렇게 사느냐 죽느냐 하는 생각, 자신에 대한 모 아니면 도라는 식의 사고, 삶에 대한 영웅적 자기파괴적 접근, 이런 것이 오랜 시간 내 심리를 지배했다. 그것은 내가 지닌 하나의 특성이자 우주에 대한 극단적 윤리관이었다. 나는 아주 오랫동안 좋고 나쁨(혹은 심지어 선과 악), 옳고 그름 사이에 분명한 차이가 있으며, 비록 내가 능숙하지는 않아도 삶의 과제는 나 자신을 바로잡는 길이라고 진심으로 믿었다. 나는 내 생각에 심각한 잘못을 저지르는 것 같은 사람들을 판단하는 나 자신은 철저히 내버려뒀다.

남을 판단하는 즐거움과 틀린 것을 맞추는 이야기를 하다 보니 독자들도 내가 어린 시절 열정적으로 빠졌던 러디어드 키플링(3장에서 언급한)이 떠오를 것 같다. 키플링은 몇 가지 타당한 이유로 아주 유행에 뒤처지게 되었다. 나는 인도에서 수업하면서 키플링을 가르쳤고, 그곳 학생들과 함께 키플링의 인종주의와 식민주의에 관해 이야기했다. 나는 키플링의 세계관, 특히 생애 끝으로 갈수록 그가 가졌던 세계관을 존중하지 않는다. 하지만 키플링이 몇 가지 아주 훌륭한 작품을 쓴 것은 사실이다. 그리고 어린 시절과 10대 시절 내가 무척 좋아했던 "그저 소총을 향해 몸을 숙여 네 머리를 날려 버리라"라는 시구와는 대조적으로 요즘 가끔 내게 도움을 주는 그의 글은 자주 인용되는 시, 〈만약에If〉의 한 구절 "만일 네가 성공과 실패를 만나

더라도 / 그 두 사기꾼들을 그저 똑같이 대할 수 있다면"이다.

　나는 승리와 패배가 모두 사기꾼이라는 점을 이해하려고 노력한
다. 하지만 그러기 위해서는 내 생각을 사느냐 죽느냐로 가르는 사고
방식, 온오프 모드에서 해제해야 하는데 이는 내게 매우 자연스러운
투쟁 도피 반응으로 내 존재 특유의 기질이기도 하다. 나는 원래 행
복하거나 공포스럽거나 둘 중 하나다. 사람들이 나를 사랑하거나 아
니면 내게서 영원히 벗어나려 하고 나를 전혀 좋아하지 않거나 둘 중
하나다. 나는 성공하거나 실패하거나 둘 중 하나이며, 좋은 사람이거
나 나쁜 사람 중 하나다. 이런 사고방식은 삶과 삶을 경험하는 과정
에 특별한 방식으로 표현된다. 나는 독단적이고 모든 것을 아는 체하
며 완고하고 비타협적이고 융통성이 없으며 세상에 비창의적으로 접
근하는 모습으로 나타난다.

　넬리 아르캉은 《창녀Whore》에서 다음과 같은 멋진 구절을 남겼다.
"나는 돌아서는 법을 모르는 쥐와 같이 완고했으니 죽어야 마땅하
다. 너무 멀리 가버려 결국 죽게 된 눈먼 피조물의 무모함을 어떻게
만회해야 할지 모르겠다. 나는 타협하지 않을 것이기에 죽게 될 것이
고, 나를 사랑했을 모든 건강하고 안정적인 남자들에게는 참으로 애
석하게도, 무엇보다 다른 이들을 사랑했을 내게 특히나 안타깝게도,
우리는 모두 사랑의 불협화음 속에 결국 죽게 될 것이다." 내 경우 사
랑의 불협화음은 불일치를 존재의 방식으로 받아들이고, 내 경험을
타협할 수 없는 대립으로 특징짓는 데서 비롯된다. 그리고 그 대립을
파고들기로 다짐하는 느낌이다.

또 다른 사고방식은 다른 삶의 방식으로 나타난다. 이는 플라톤의 대화편 중 《국가》에서 소크라테스가 언급한 오래된 사고방식이며, 결국 자신과 자신의 신념, 삶을 너무 심각하게 받아들이지 말라는 내용이다. 소크라테스는 이런 생각을 자신의 타고난 역설로 표현했고, 오늘날 우리는 이를 '회복탄력성'의 미덕이라 부른다.

나는 여기서 명상 훈련에 관해 조금 이야기하고 싶다. 나는 명상이 나의 사고방식을 덜 극단적으로 만들고, 조금 더 아이러니하고 쾌활하며 어느 정도 회복탄력성을 갖는 데도 도움이 됐다고 생각한다. 요즘은 많은 사람이 명상을 잘 알려 주고 있고, 수천 개의 앱에서도 명상을 안내해 준다. 심지어 우리가 집에서 사용하는 가정용 운동 기구에도 명상을 선택할 수 있는 옵션이 있다. (나는 특히 유튜브에서 쉽게 찾을 수 있는 틱낫한의 명상 강의 영상에서 도움을 많이 받았다.)

따라서 명상에 관해 내가 무언가 이야기하기보다는 어떻게 하면 우리가 살아가며 사고할 때 덜 극단적이 되고 회복탄력성을 높일 수 있는지에 관해 이야기한 한 구절을 전한다. 명상의 대가인 켄체 린포체의 최근 강의의 편집본이다.

> 저는 여기서 회복탄력성을 높이기 위해 창의성과 진정성이라는 두 가지를 제안하려 합니다. 저는 사물을 보는 방식에서 창의성을 발휘하는 법에 대해 더 많이 이야기하고 있습니다. 외로움, 편집증, 불안이라는 도전에 직면했을 때 어떻게 하면 창의적으로 회복탄력성을 기를 수 있을까요? 어떻게 하면 우리가 불안을 극복할 수 있을까요? 여기서 저는 아주 단순한

방법을 공유하려고 합니다. 그저 바라보는 것입니다.

단순히 본인의 몸과 감정, 마음을 감지하세요. 그저 자기 몸, 감정, 마음을 의식하세요. 여러분에게는 몸이 있습니다. 여러분에게는 감정이 있습니다. 바로 지금 여러분은 무언가를 느끼고 있죠. 그리고 마음이 있습니다. 여러분에게는 생각도 있습니다. 그 생각, 감정, 마음이 어떤 것이든 그것을 알아차리세요.

몇 시간이고 집중하라는 것은 아닙니다. 하루에 1분 정도는 어떨까요? 자기 생각, 몸, 감정을 알아차리는 동안에는 판단하지 말아야 합니다. 아주 끔찍한 생각이 떠오르거나 감정이 극도로 격해지더라도 그것에 대해 판단해서는 안 됩니다. 좋은 생각이 들어도 들뜨지 말고 나쁜 생각이 들어도 곱씹을 필요가 없습니다.

여러분은 지독히 지루하고 외로울 겁니다. 이번 기회에 난생처음으로 자신의 지루함을 들여다보면 어떨까요? 한 명상의 대가는 이렇게 말했습니다. "지루함은 새벽과 같습니다. 지혜가 해돋이와 같다면 지루함은 새벽과 같습니다." 여러분이 지루함과 외로움을 온전히 인식한다면, 그저 바라보고 관찰할 수 있다면 지루함은 곧 지혜로 이어질 것입니다.

그러면 머릿속에서 많은 이야기가 그려질 것입니다. 끝없는 공상. 수많은 망상과 환상. 이런 것들이 그저 환영일지 환상에 불과한 것인지는 결코 알 수 없습니다. 사실 우리는 이것이 사실이거나 사실이 될 거라고 믿기도 하죠. 이것을 우리는 망상이라고 부릅니다. 여러분에게 이런 징후가 있다면 정상이 아니거나 냉철하지 못한 상태라는 뜻입니다. 술 취한 것이죠. 단순히 바라보는 것만으로도 이 모든 것을 미연에 방지할 수 있습니다. 여러분 중 상당수가 이건 어이없을 정도로 심하게 간단하다고 생각할 수 있습니다. 하지만 실제로 그렇습니다.

단순히 바라보는 법, 관찰하는 법을 배운다는 것은 더 창의적이고 진실되며 회복 탄력성이 있는 사람이 되는 법을 배운다는 뜻이기도 하다. 이는 물론 명상의 한 형태다. 자기 호흡 따라가기처럼 내가 훈련하고 추천하는 더욱 낯익은 기술 역시 그저 이렇게 바라보는 법에 도움이 된다.

내게 그것은 내 인생에서 상황을 이전만큼 통제하려고 하지 않는 것을 의미한다. 통제는 내가 죽을 것인지 살 것인지, 좋은 생각과 나쁜 생각에 거의 난폭할 정도로 집착한 주요 원인이었다. 내가 주변 세상에 대해 통제권을 갖는 느낌이 들었지만, 물론 실제로는 한 번도 그래본 적 없다. 그리고 내가 상황을 통제하려 했을 때는 오히려 일이 피할 수 없을 만큼 통제 불가능하게 돌아갔고 나는 공황 상태에 빠졌으며, 내 공포가 정점에 도달했을 때 나는 자살을 시도했다.

이런 일은 내게 낸시 보데인Nancy Bourdain이 본인의 전남편인 앤서니 보데인에 대해 한 말을 떠올리게 한다. "앤서니는 통제광이었어요. 그는 통제하길 무척 좋아했죠. 앤서니의 자살에 대해 제가 말할 수 있는 유일한 이유는 이것밖에 없어요. 통제하려는 면이요."

4. 운동하기

근대 정신과 의사인 장 에티엔 도미니크 에스키롤Jean-Étienne

6장. 그들이 계속 살아가길 원한다

Dominique Esquirol은 다음과 같은 글을 남겼다. "자살하는 이들은 모든 우울한 이들과 마찬가지로 생각을 지나치게 많이 한다. 따라서 이들이 생각하지 못하도록 막거나 습관적으로 하는 생각을 다르게 할 수 있게 해야 한다. 이성적으로 따지는 방법은 효과가 거의 없고, 도덕적으로 어떤 동요를 주는 편이 더 도움이 된다. 켈수스Celsus[16]는 자살 욕구를 지닌 개인은 해외로 가라고 조언했다. 그리고 어느 시대고 의사들은 운동과 체조, 승마, 경작, 여행 등을 권해 왔다."

우리 문화는 규칙적인 운동의 건강상 이점에 상당히 집착하며 그 심리적 이점에 대해서도 관련 근거가 문서로 아주 잘 정리되어 있어 내가 그런 이야기를 여기서 다시 하는 건 무의미한 일일 것이다. (하지만 오늘날 대부분의 정신과 시설에서는 규칙적으로 활발하게 운동하거나 정기적으로 햇빛을 쬘 기회를 환자들에게 제공하지 않고 있다. 이런 기회가 정신 건강에 유익한 증거는 역시 세밀하게 문서화되어 있는데도 그렇다. 내가 정신과 시설에 입소했던 여러 번의 경험 중에서 할 수 있었던 운동은 고작 복도를 걸어 다니거나 내 방에서 팔굽혀펴기를 하는 게 전부였다.)

하지만 우리는 무엇이 유익하다는 것을 알면서도 실천에 옮기지 못하기도 한다. 이는 아리스토텔레스가 아주 잘 설명한 오래된 철학적 문제, '아크라시아Akrasia' 혹은 약한 의지 때문이다. 나만 해도 운동을 규칙적인 습관으로 만드는 데 몇 년이 걸렸고, 아직도 여행을

---

16 BC 30?~AD 45?, 로마의 저술가로 히포크라테스 의학과 알렉산드리아 의학을 집성한 저서 《의학에 관하여》로 유명하다.

가거나 일이 버겁다고 느껴질 때, 다른 편리한 핑곗거리가 생길 때면 운동 루틴을 깨곤 한다.

운동하는 습관을 들이기 전에 나는 운동이 만병통치약이 아니며 항상 효과를 볼 수 있는 것도 아니라는 사실을 알지 못했다. 가끔 우울증을 완화하는 데 도움이 될 것이라는 생각에 자전거를 심하게 탔다가 운동하고 난 후 오히려 우울증이 더 심해진 적도 있었다. 이럴 때는 자전거보다 달리기가 기분 전환에 효과적이라는 사실도 알게 되었다. 니체가 우리에게 가르치고자 한 것 중 하나가 이런 것이다. 심리적 건강에 기여하는 것과 해가 되는 것에 대해 아주 작은 사항까지 세심한 주의를 기울이는 습관을 길러야 한다.

나는 몸매를 가꾸기 위해, 외모를 나아지게 하거나 더 건강해지고 오래 살기 위해 운동하는 게 아니다. 이 모든 것이 우리가 운동을 하는 지극히 현실적인 이유지만 단지 내가 그렇지 않다는 것이다. 나는 내 뇌에 대한 우려 때문에 운동한다. 우울감을 덜 느끼고 우울에 빠지는 빈도를 줄이기 위해 운동한다. 그리고 대개의 경우 효과가 있다.

5. 술, 마약 등 멀리하기

알코올 중독에서 서서히 회복되던 어느 시점에 그 과정의 일환으로 복용하기 시작한 정신과 약을 끊기 시작했다. 따지고 보면 술을 제외하고 내가 끊기 가장 힘들었던 건 벤조디아제핀이었고, 이 약을 완전히 끊어 버리기까지 몇 년간 계획적으로 천천히 복용량을 줄여 나가야 했다.

하지만 언젠가 자살 수단으로 쓸지 모른다는 생각은 여전해서 다량의 바리움을 캐비닛에 모아 두고 있었다. 그리고 실제로 한 번은 사용했지만 죽는 데 실패했다. 그럼에도 나는 다시 모아 두었다. 그 자체로 충분한 양의 독은 아닐지라도 어쨌든 나중에 다시 자살을 시도할 때 쓸모가 있을 거라고 막연히 생각했다.

나는 2017년 봄부터 에이미와 정기적으로 인도로 여행을 떠났고, 아주 가끔 장시간 운전을 하거나 비행할 때 바리움을 다시 먹기 시작했다. 원래 멀미가 심한 편인 데다 특히 교통 체증이 심할 때 우버 택시 뒷좌석에 타거나, 구불구불한 산길을 달릴 때 멀미가 더욱 심해졌다. 바리움은 멀미에 유난히 효과가 좋았고 아주 소량만 먹으면 다른 부작용은 전혀 없는 것 같았다.

쓰는 만큼 재고를 채워 넣지는 않았기 때문에 결국 다 쓰고 남은 게 없게 되었다. 필요하면 쉽게 채울 수 있을 거라 생각했지만, 갑자기 터진 코로나19 팬데믹으로 여행 횟수가 줄어들었고, 그러다 아예 여행을 하지 않게 되면서 채워 넣을 필요가 없어졌다. 이 시기에 우리는 인도에 있었는데 집으로 돌아가기 위해 공항으로 가는 마지막 장시간 여행길이 무척 신경 쓰였다. 얼마큼이든 여행 중 내 심각한 멀미를 달랠 정도의 바리움을 구할 수는 없다는 걸 알았기 때문이다.

2020년 7월 첫째 주 우리는 인도 다람살라Dharamsala에서 출발해 독일 뮌헨München과 시카고Chicago를 거쳐 캔자스시티로 이어지는 여정 끝에 집에 돌아왔다. 이후 몇 주간은 힘든 시간이었다. 대가족과 일이 주는 익숙한 압박에 다시 적응해야 했기 때문이다. 그해 가을 나는 '만약 지금 바리움을 다시 복용하면 도움이 되지 않을까?'라는 생각을 하기에 이르렀다. 나는 담당 정신과 의사에게 전화를 걸었다. 의사는 내게 "마지막으로 받은 처방 약으로 몇 년이나 버티셨네요!" 라고 했다. 나는 "네, 사실 잘 안 먹었거든요"라고 했고, 그가 곧바로 약국에 전화해 준 덕에 그날 늦게 약을 찾으러 갈 수 있었다.

내가 여기서 하고 싶은 말은 이런 정신과 약들이 때로는 매우 큰 도움이 될 수 있다는 것이다. 한때 내게 의료 전문가의 약학적 개입이 없었다면 위기를 극복하지 못했으리라 생각한다. 하지만 이 글을 쓰고 있는 바로 지금은 약 한 달간 끊었다 먹기를 반복하다 다시 끊은 상태다. 다시 약을 복용하면서 우울감이 더 심해졌기 때문이다. 약을 먹는 동안 효과가 있어서 매일 겪는 불안은 5밀리그램을 먹으면 15분 안에 사라지지만 약을 먹지 않을 때는 더 우울했다. 이런 현상은 훨씬 더 가벼운 편이기는 하지만, 내가 술 마실 때 경험하곤 했던 불안감, 우울증, 안도감 사이를 왔다 갔다 하던 일을 생각나게 했다.

몇 주 전에는 한 학생이 연락해 벤조디아제핀에 관해 물었다. 나는 그와 잠시 이야기를 나눈 후 그에게 무엇보다 약을 권하는 자기 정신과 의사를 신뢰해야 한다고 말했다. 내가 세상에서 가장 사랑하는 사람들 중 일부 역시 벤조디아제핀을 규칙적으로 복용하고 있으며, 벤조디아제핀은 가치 있는 방식으로 그들에게 도움이 되는 것 같다.

내가 바리움을 언급하는 것은 누군가에게 정신과 약을 먹지 말라고 설득하려는 것도 아니고, 어떤 약을 권장하려는 것도 아니다. 내가 최근에 바리움을 복용하며 얻은 교훈은 향정신성 물질이 내 즉각적인 감정뿐 아니라 전반적인 정서적 건강 상태와 기분, 태도에 어떻게 영향을 미치는지에 대해 매우, 매우 민감하고 신중해야 한다는 것이다.

어쩌면 이렇게 생각할지 모른다. '그런데 이 모든 게 견딜 수 없이 따분하잖아! 재미, 모험, 신나는 일은 어딨는데!?'라고. 몇 년 전 알코올 중독 재발을 겪으면서 나는 술을 끊었다 다시 마셨다 또다시 끊기를 반복했다. 당시 나를 좋아하던 한 여성과 사귀고 있었는데 그는 나를 도우려고 알코올 중독자 가족 모임AL-Anon에 참석했다. 이 모임에 오는 이들, 즉 자기 삶에서 알코올 중독자들과 함께 어려움을 겪으며 그들을 도우려 하는 사람들을 만나 보기 위해서였다. 그런데 모임을 마치고 나온 여자 친구가 울기 시작했다. 그의 몸은 떨렸고, 얼굴은 창백해 보이기까지 했다. "대체 무슨 일이 있었던 거야?" 내가 묻자 그는 자기는 이런 식으로는 살 수 없다고, 중독자를 돌보는 사람은 될 수 없다고 했다. 이건 한 사람이 다른 이에게 요구하기엔 과하다고 했다. "저 안에 있는 사람들은 너무나 불행해요." 그가 내게 말했다. 나도 그곳에 있던 많은 이가 불행했을 거라 확신한다.

술이든 바리움이든 자살이든 중독에는 기쁨이 없다. 그리고 그러한 중독으로 고통받는 누군가와 데이트하는 일에도 기쁨은 있다 한들 그리 크지 않을 것이다.

하지만 그러면서도 나는 이 중독에서 나 자신을 해방시키기 위한 일을 천천히 진행하면서 생각보다 훨씬 더 많은 기쁨을 발견했다. 그러니 포기하면 안 된다. 당신이 포기하지 않는다면 인생은 당신이 아직 발견하지 못한 비밀 장소에 온갖 종류의 기쁨을 숨겨 둘 것이다.

6. 생활비 줄이기

나의 또 다른 중독은 화려한 삶을 추구하는 것이다. 이는 내가 어떤 면에서 특별하다는 잘못된 인식에서 비롯된다. 아버지는 내게 항상 "너는 언젠가 유명해질 거다 아들, 네 이름에서 빛이 날 거야"라고 말씀하시곤 했다. 나는 아버지의 그런 말이 마음에 들었다. 내가 아버지의 말을 믿었는지 확신할 수 없지만 믿고 싶었고 75% 정도는 그 말을 믿었던 것 같다. 나의 첫 소설이 출간되고 언론의 주목을 약간 받았을 때 나는 '그래, 이제 진짜 시작되네! 아버지 말이 맞았어!'라고 생각했다. 내 편집자는 오래된 대사를 장난스럽게 되새기며 이렇게 메일을 보냈다. "꼬마야, 너는 스타가 될 거야."

애니메이션 〈인크레더블The incredibles〉에서 어느 날 대쉬가 학교에서 문제를 일으킨 후 엄마와 차를 타고 집으로 돌아가는 장면이 있다. 엄마는 대쉬의 반항심에 대해 이야기하며 아이에게 도움을 주려한다. 대쉬는 엄마에게 "아빠는 늘 '너의 슈퍼파워는 조금도 부끄러워할 일이 아니다. 그것이 너를 특별하게 만든다'고 말한다"라고 이야기한다. 엄마가 한숨을 쉬며 말한다. "모든 사람이 다 특별한 거란다, 대쉬." 그러자 대쉬가 뾰로통해져 재치 있게 대답한다. "그 말은 결국 아무도 특별하지 않다는 거잖아요."

나는 슈퍼히어로도 아니고 특별한 사람도 아니지만 모든 사람이 특별하다는 점, 말하자면 그 모든 어려움과 기회, 책임을 가진 의식적 존재로 살아간다는 것만으로도 꽤 흥미로운 일이다. 그리고 내가 그저 평범한 사람일 뿐이라는 사실을 받아들인다는 것은, 미국에 거주하는 중산층, 중년의 백인 캐나다 남성으로서 (물론 퍽 특권을 가진 편인) 전형적인 삶을 살고 있다는 것을 인정하고, 그런 사람으로 살아가는 것을 의미한다. 즉 원하는 모든 걸 다 가진 어느 상상 속의

6장. 그들이 계속 살아가길 원한다

특별한 사람처럼 비행기로 전 세계를 여행하고 비싼 옷과 차를 사고 호화로운 호텔에 머무를 수 없다는 사실을 받아들여야 한다. 이는 내가 실제로 가진 직업과 예산의 한계에 맞게 살아가는 것을 의미한다. 수입을 필사적으로 늘리려 하기보다 지출을 줄이려 노력해야 하는 것이다. 모든 문화의 철학자들에게 공통적으로 내려오는 아주 오래된 생각, 자기 형편에 맞게 살아가는 것, 그 형편보다 훨씬 더 검소하게 살아가려 노력하는 것이 자신과 자기 삶에 더욱 만족감을 느끼는 간단하고 실질적인 방법임을 이해해야 한다는 의미다.

'생활비', 이건 아주 강력한 표현이다. 마치 두 개의 화살에 관한 비유와 같다. 그렇다. 삶은 비용으로 다가오며 내가 그 비용을 높일 필요는 없다. 생활비는 내가 낮출 수 있는 것이다. 쉬운 일은 아니다. 나는 물건 사는 것을 좋아하고 잘나가는 사람들이 자녀나 애인, 자신을 위해 살 거라 생각되는 특별한 물건들을 구매하면서 나 자신이 특별하다고 느끼는 걸 좋아한다. 〈뉴욕 타임스〉에 올라온 아파트와 집들이 나오는 슬라이드 쇼를 보면 '나라고 안 될 게 뭐 있어?' 하는 생각이 든다. 하지만 이런 건 내가 아니라는 것, 불만과 혼돈의 원천이며 건강하고 만족스러운 길이 아니라는 것을 깨달으려 노력하고 있다.

7. 말을 줄이고 더 솔직해지기

어릴 때 나는 사회적 불안감이 심해 또래 아이들처럼 이야기해야 할 때마다 도대체 무슨 말을 해야 할지 전혀 떠오르지 않았다. 놀이터에서 혹은 같이 길을 걸으며 나누는 평범한 일상적인 대화조차 그랬다. 긴장한 나머지 뇌가 멈춰 버리는 것 같았고, 다른 사람들은 어떻게 자연스럽게 대화하는지 이해할 수 없었다. 나는 인기 없는 아이였고 잡담이나 농담, 재치 있는 말을 할 수 없는 내 능력 부족 때문이라고 생각했다.

열다섯 살 때 나는 대런 형과 보석 사업을 시작했고, 형은 나를 매장에서 일하게 했다. 그때부터 나는 사람들에게 어떻게 말해야 하는지 배워야 했다. 말로 사람들을 조종하는 법을 알아야 했다. 나는 데일 카네기Dale Carnegie[17]의 《인간관계론How to Win Friends and Influence People》을 공부했다. 많은 면에서 이 방법은 효과가 있었다. 지금 사람들에게 사실 나는 매우 내향적이며 여전히 수줍음이 많고 여러 사람들이 참석하는 모임이나 파티는 좋아하지 않는다고 털어놓거나 어린 시절 사회불안장애로 고통받았다는 이야기를 하면 내 말을 믿지 않거나 과장한다고 생각할 것이다.

하지만 아마도 나는 이 같은 생활이 부자연스러웠기 때문에(어쩌면 니체의 말처럼 내가 내 본연의 중요한 부분을 배신하고 있던 것일지도 모른다) 그 어두운 길은 나를 끔찍한 곤경으로 이끌었다. 말만 매끄럽게 하면 나의 문제를 해결할 수 있다고 생각했던 것은 서서히 내 인생에서 아주 해로운 것 중 하나가 되었다.

최근 들어 나는 말을 줄이고 다른 이들의 말을 더 많이, 더 주의 깊게 들으려 노력한다(잘 듣는 법을 배우는 것은 명상의 또 다른 형태이며, 나는 이런 기술에 대한 틱낫한의 방법을 추천한다). 또한 나

---

17 1888~1955, 미국의 작가이자 강사. 최초로 본격적인 자기 계발서를 쓴 작가로 꼽힌다.

6장. 그들이 계속 살아가길 원한다

는 내가 진실을 말할 수 있다고 느낄 때 그렇게 하려고 한다. 내 말을 나와 다른 사람들에게 기쁨을 주는 말로 다듬기보다 되도록 진실을 있는 그대로 말하려 노력한다.

내가 말을 줄여도 사람들은 별로 신경 쓰지 않는 것 같다. 보통은 내가 같은 말을 반복하면 처음에는 내 말을 듣다가 그저 예의 있게 무시한다. 말을 반복한 것이 불쾌하고 배려 없는 행동이기 때문이다. 그래서 나는 누군가 실제로 그렇게 해달라고 요청하기 전에는 말을 되풀이하지 않으려 애쓴다. 최근에 나는 나의 말이 대부분 전적으로 불필요하며 거의 도움이 되지 않는다는 사실도 깨달았다.

이 실험은 현재 진행형이며 나도 이에 대해 할 수 있는, 도움 될 만한 이야기는 많지 않다. 많은 노력이 필요하지만 그래도 성공했을 때 기분이 더없이 좋다.

8. 조금 더 참고 기다리기

내게 인내심의 미덕이 있던 적은 거의 없었다. 수년간 나는 1967년에 나온 핑크 플로이드의 앨범 〈새벽의 문에서 피리 부는 사람The Piper at the Gates of Dawn〉에 나오는 노래, "변화하면 성공이 돌아와 / 자유로이 드나들고 / 행동하면 행운이 찾아오지"에서 따온 포춘 쿠키식 믿음에 전적으로 공감했다. 따지고 보면 이 가사는 《주역周易18》의 영향을 상당히 많이 받은 것 같고 〈24장Chapter 24〉은 아주 멋진 철학적인 노

---

18   유교의 3대 경전 중 하나. 세상의 모든 것이 변화하나 그 안에 질서가 있어 인간의 길흉화복까지 미리 알 수 있다고 본다.

래다. 그러나 이 앨범이 내게 매력적으로 다가온 가장 큰 이유는 타고난 내 게으름과 미루는 습관을 질책했기 때문일 것이다. 나와 다른 사람들, 세상을 향해 계속되는 내 심각한 조급증 또한 확인시켜 주었다.

조급증은 자살 성향이 있는 이들의 특징이다. 기다리지 못하거나 기다림을 나쁘게 보는 건 자살 충동의 중요한 핵심에 속한다. 심리학자 제임스 힐먼은 "자살은 성급한 변화에 대한 욕구다"라고 했다. 음악가 앨리슨 모스하트Alison Mosshart는 친구인 앤서니 보데인에 대해 이렇게 말했다. "그의 성급한 성미는 정말 재밌었어요. 모두를 즐겁게 했죠. 그렇게 대스타인 사람한테는 조급증도 허용되더라고요. 기다릴 필요 없이 사람들이 다 맞춰 주니까요. 그러다 꼭 기다려야 할 때가 생기면 머리가 폭발할 지경이 되는 겁니다."

여기 도스토옙스키Dostoevsky가 조급증과 자살에 관해 쓴 구절이 있다.

> 여기 목숨을 내건 한 소녀의 매우 전형적인 편지가 한 통 있다. (…) 이것은 참을성이 결여된 채 으르렁대는 편지다. "그렇게 하고 전 좀 내버려두세요! 전 지쳤어요, 지쳤다고요! (…) 내 새 셔츠와 스타킹을 빼내는 걸 잊지 마세요. 침대 옆 탁자에 오래된 셔츠와 스타킹이 있을 거예요. 제게 그걸 입혀 줘야 해요." 이 소녀는 '벗기다take off'라는 단어를 쓰지 않고 '빼내다pull off'라고 썼다. 이런 끔찍한 조급증은 어디서든 드러난다.

이윤 리는 자신의 자살 기도에 대해 이렇게 기록했다. "너는 너 자신과 네 일, 타인에 대해 인내심이 없어. 이 무렵 한 친구가 내게 이렇게 말했다. '너는 세상에서 가장 성급한 사람이야. 조급증은 무언가 바꾸거나 강요하려는 충동이고, 사람들은 잘 모르지만 자살 역시 일종의 조급증이지.' 나는 친구에게 나를 변호하기 위해 엘리자베스 비숍Elizabeth Bishop[19]의 편지를 인용해 답했다." 그리고 에두아르 르베는 《자살》에서 "당신의 조급증은 지루함으로 얻을 수 있는 성공의 기술을 빼앗아 갔다"라는 구절을 덧붙였다.

나는 이런 관점에서 많은 위안을 받는다. 이 글을 읽고 그저 나 자신으로 있어도 된다는 믿음이 생겼기 때문이다. 어떤 것도 통제할 필요도 없고, 바꿀 필요도 없고, 아무것도 할 필요가 없는 것이다. '이 모든 요지경을 너무 걱정하지 마. 아마도 상당히 어설프고 유치하게 계획했을 목표를 위해 미래를 조작해 뭔가를 만들어 내려는 시도는 그만둬.'

나는 조급하게 내가 아닌 사람이 되고자 했고, 바로 그게 정확한 문제점이다. 이 책 전체에 내 조급증과 자책, 자신에 대한 분노의 쓰레기 냄새가 여전히 풍길지 모른다.

불교 철학자 샨티데바Shantideva[20]는 자신의 걸작 《입보리행론The

---

19 1911~1979, 미국의 시인이자 작가. 1956년에 퓰리처상을 수상했다.

20 685~763, 적천(寂天). 8세기 인도의 승려이자 학자. 남인도의 왕자로 태어나 출가했고, 인도 나란타사에서 정식 승려가 되었다. 지은 책으로 《대승집보살학론(大乘集菩薩學論)》, 《제요경집(諸要經集)》, 《입보리행론(入菩提行論)》이 전해지고 있으며, 특히 《입보리행론》은 보살의 길을 담은 대승 불교 입문서이자 아름다운 게송으로, 불교 문학의 최고봉으로 손꼽힌다.

Way of the Bodhisattva》에서 인내라는 미덕과 분노라는 악덕을 특히 자주 대조한다. 그는 우리가 분노를 통제하지 못할 수도 있지만, 분노가 타인을 향하든 자신을 향하든 그것에 대응하는 태도를 갈고닦을 수 있는 선택권은 우리에게 있다는 점을 강조한다. 분노는 최악의 경우 증오로 응결되는데, 이러한 증오는 다시 말하지만 그것이 타인에 대한 것이든 자신을 향한 것이든 상관없이 어떠한 대가를 치르더라도 피해야 한다(나는 자기혐오가 자살의 가장 주요한 원인이라고 본다). 샨티데바는 "증오만큼 악한 것은 없다. 인내와 같은 영적 수행도 없다. 따라서 여러 방법으로 많은 노력을 기울여 인내심을 길러야 한다"라고 말한다.

샨티데바처럼 인내를 바라보면 자살은 도로 위 난폭 운전과 비슷하다고 할 수 있다. 누구도 운전 중에 분노를 표출하고 싶은 사람은 없을 테지만 우리 중 많은 이가 그렇게 하고 있다. 도로에서 평범하게 운전하다가 갑자기 폭발해 분노하고 심지어 폭력적으로 변하는 일이 일어나는 것이다. 나 역시 고속도로에서 말 그대로 일면식도 없고 어떤 사람인지 전혀 알지 못하는 누군가 다른 이를 '미워한(잠깐이었지만)' 적이 있다. 이런 게 바로 조급증이 증오와 어떤 관련이 있는지, 그리고 인내심이 우리를 어떻게 분노에서 해방시킬 수 있는지 보여 주는 사례다. 어떤 사소한 사건이 갑자기 자신과 삶 전체에 대한 정신적 분노로 가득 차게 만들고, 그러다 끝내 자기 자신을 '죽이고' 싶다는 생각에 도달해 버리고 마는 것이다.

최근 자살 성향이 있는 한 친구가 내게 "우리가 문제라는 걸 상기시켜 줘서 고마워"라며 이메일을 보내왔다. 나는 분명 그런 뜻으로 한 말이 아니다. 나는 우리에게 적어도 한 가지 해결책이 있고, 그건 기본적으로 인내심이라는 말을 하려는 것이다. 하지만 문제를 해결할 힘이 우리에게 있다는 말을 조금만 틀면 '내가 내 문제를 풀지 못하는 것이니 문제에 대한 책임은 내게 있어'라든가, 심지어 '내가 문제야'라는 등의 왜곡된 사고로 변질될 수 있는 것이다. 이것은 AA 모임의 오래된 회원 몇 명을 내가 신뢰하지 못하는 이유다(심지어 지금은 여러 기준에서 나 자신이 그 오래된 회원 중 한 명이 되었는데도 그렇다). 그 회원들은 왠지 항상 말없이 나를 판단하는 느낌을 준다. 오랜 시간 고통받으며 얻은 인내와 체념의 시각으로 특히 내 어린애 같은 조급증과 욕망을 판단하는 것 같다.

'자신에게 문제가 있다'는 입장에서는 나 자신에 대해 바꿀 필요가 전혀 없다는 생각을 받아들이기가 매우 어렵다. 또는 뭔가 바뀌더라도, 그저 기다리며 지켜봐야 한다. 이것이 내가 배우고 개발해야 할 유일한 특성이다. 내게 영역이라는 게 존재하지 않는다면? 보호하기 위해 싸워야 할 것이 아무것도 없다면? 그러면 내 조급증과 두려움도 별 소용 없는 것이 될 것이다.

내게는 책임이 있고 최선을 다해 이를 신경 써야 한다. 그러나 미래는 내가 속도를 높이든 말든 다가온다. 굳이 내가 밀고 나갈 필요는 없다. 그저 가만히 있어도 되는 것이다. 노자老子는 말했다. "자연은 절대 서두르는 법이 없지만, 그래도 모든 게 이루어진다."

인내와 미루는 습관에 관해 이야기하다 보니 마고 제퍼슨이 이메일로 내게 해준 몇 가지 훌륭한 조언이 떠오른다. "우울증과 자기파괴의 악화에 관해… 저는 실제 삶에서 그런 계기가 되는 것들을 확인하고 이야기해 보려 합니다. 몇 년 전 알코올 중독에서 회복 중이던 한 친구가 AA 모임의 "한 번에 하루씩만"이라는 구호를 우울증에도 적용할 수 있다고 하더군요. 말하자면 '한 번에 한 가지 슬픔 혹은 고통만'인 거죠. 이런 방법은 우울감에 완전히 압도당하지 않는 데 도움이 됩니다. 저는 제가 평소에 자주 하는 말을 되뇝니다. 그러니까 이건 제가 하는 혼잣말로 우울한 생각의 개연성을 와해하려고, 아니면 적어도 재편성하려고 어떤 의식처럼 읊는 것입니다. 자기파괴는 한층 까다롭습니다. 만약 자기파괴가 실질적 행동의 형태를 띠면 저는 되도록 행동하지 '않으려' 애씁니다. 자기파괴적 행동은 미루는 습관이 도움 되는 몇 안 되는 것 중 하나입니다. 필요하다면 물러나 편안한 마음으로 일을 마무리합니다. 혼자 살면 그러기 더 쉽죠. 때로는 메모를 해 이에 대해 의사와 이야기할 수도 있습니다. 저와 비슷한 감수성을 가진 친구가 몇 명 있는데, 가끔 그 친구들과 함께 그 문제를 이야기하는 것이 도움이 됩니다. 그러면 자기 비난도 줄일 수 있죠."

9. 멀티태스킹 하지 않기와 긴장 푸는 습관 기르기

이 마지막 기술은 생활비를 줄이고 인내심을 기르는 것과 관련 있다. 내가 운동을 추천하는 것이 어쭙잖은 것처럼 전화가 필요하지 않은 일을 하면서 전화 사용이나 멀티태스킹에 반하는 조언을 하는 것도 좀 어리석은 일이다. 나는 한때 내가 거부하던 습관, 이를테면 세탁을 하거나 매일 밤 자기 전 에이미와 컴퓨터로 한 시간 동안 TV를 보면서 빨래를 개키는 것처럼 어떤 일정에 따라 사는 걸 좋아하게 되었다. 나는 전에도 일정과 예산(예산은 사실 그냥 재정적인 일정이라

할 수 있다)을 아주 싫어했다. 그런 건 상상력이 부족하다는 걸 보여 주는 일이며, 내 생각에 나는 그런 세속적인 일에 신경을 쓰기에는 아까운 잘난 사람이라 생각했다. 사실은 아마도 내가 그런 것을 두려워한 것 같다. 내게 예산과 스케줄을 따를 만한 의지가 없을 거라 의심한 것이다.

그리고 멀티태스킹은 한때 내게 아주 큰 문제였다. 한 번에 여러 가지 일을 하려 하는 것만큼 조급증이라는 문제를 확실하게 보여 주는 징후가 있을까?

나는 대학 시절 내내 웨이터로 일했지만 한 번도 좋은 웨이터인 적은 없었다. 일을 체계적으로 하는 게 힘들었기 때문이다. 좋은 웨이터가 되려면 기나긴 자기 훈련과 인내가 필요하다. 그러나 나는 늘 내 멀티태스킹을 좋은 웨이터들이 "통합"이라고 부르는 기술이라며 정당화했다. 말하자면 주방에서 한 가지 물건만 들고 나오지 않고 쟁반 가득 담아 나오고, 바에는 고객 한 명을 위한 맥주 한 잔만 들고 가는 게 아니라 반드시 가능한 한 많은 음료를 준비해 가고, 부엌에 돌아갈 땐 더러워진 접시 한 개만 갖고 가는 게 아니라 옮길 수 있는 최대치의 접시를 챙겨 가는 것이다.

그러나 통합은 한 번에 모든 것을 처리한다는 의미가 아니다. 사실은 정반대다. 한 가지 목표나 필요에 집중하면서 목표와 관련해 노력을 극대화할 수 있을 때까지 기꺼이 기다리는 것이다. 서로 끌어당기는 방향이 다를 수 있는 작은 요구에 즉각적으로 대응하기보다 큰 그림을 보고 다른 방향으로 나아가는 것을 뜻한다. 한 번에 하나씩 하는 법을 배운다는 의미다.

이 목록이 이 글을 읽는 누군가에게 도움이 될 수 있을지 모르겠다. 니체가 우리에게 가르쳐 주듯 우리 모두는 각자의 강점과 약점이 있고, 이런 점들은 우리의 심리적 행복이나 고통에 아주 많은 부분 기여한다.

그래도 나로서는 이 목록이 조금은 도움이 되었다. 사실은 내게 성장하려는 열망이 있고 나를 죽이지 않고 발전하는 방향으로 나아갈 수 있는 일들을 스스로 할 수 있음을 상기시켜 주었다.

죽음에 관해 조금 더 이야기해 보자. 자살 성향이 있는 이는 삶과 죽음의 문제에 관해 다른 사람들보다 더 많이 생각하기 때문에 어떤 특별한 위치에 있다고 할 수 있다. 장 아메리는 이 점을 이렇게 표현한다. "답 없는 질문이지만, 그럼에도 두려움에 가까운 감정을 느끼면서 던지는 질문, 이건 자살 충동을 느끼는 이들이 더 잘 알지 않는가?" 단지 삶뿐 아니라 죽음에 관해서도 말이다.

마르틴 하이데거Martin Heidegger[21]는 "나 자신은 내가 죽을 것이기에 존재한다"라고 말했다. 즉 나 자신으로 존재한다는 것은 내가 아닌 것으로도 존재할 거란 사실을 깨닫는 것이다. 우리는 자신을 위해 언제, 어떻게, 무엇을 할 것인지 방대하고 당황스러운 여러 선택에 직면한다. 하이데거는 이를 "가능성의 자각the consciousness of possibility"(키르케고르의 개념을 취해)이라 칭했다. 이는 독일어로 우리가 자유로

---

21 1889~1976, 독일의 철학자. 키르케고르의 영향을 받고 후설의 현상학을 바탕으로 인간의 존재 현상에 관한 실존주의적 존재론을 주창했다. 《존재와 시간》, 《근거의 본질》을 비롯해 수많은 저서를 남겼다.

우며 이 자유는 어렵고 고통스럽기도 하다는 것을 기술적으로 표현한 말이다. 자신의 자유를 예리하게 의식하는 것은 매일 매 순간 우리가 말 그대로 죽음을 향해 달려가고 있다는 사실에 대한 인식과 매우 긴밀하게 연결돼 있다. 우리에게 항상 이러한 선택권이 있는 것은 아니다. 사실 언제 갑자기 이 자유가 끝나 버릴지 아무도 알지 못한다. 어쩌면 자신의 자유에 대한 두려움을 감당하는 최선의 방식은 그저 자기 죽음을 서두르는 것이라고 생각할지 모른다. 특히 나처럼 자신이 이미 결정한 모든 선택으로 인한 책임과 불안, 실패가 알다시피 자기 미래에 영향을 미치고, 그러한 선택으로 부여받은 일들을 감당하기에 자신이 부족하다고 느낀다면 더욱 그럴 것이다.

적어도 자살 성향이 있는 이들은 더 이상 자신이 불멸의 존재인 척하지 않는다. 이들이 죽음을 원한다는 점에서 자기 삶은 대수롭지 않게 여길 거라 생각할지 모른다. 그러나 자살 충동을 느끼는 이들에게 가장 확실한 공통점은 자기 죽음을 당연하게 여기지 않는다는 것이다. 하이데거에 따르면 이와 정반대로 죽음을 단지 '그 사람들'에게만 일어나는 일로 이해하는 것, 즉 죽음이 모든 이에게 일어나지만 자신은 예외라고 생각하는 것이 훨씬 더 흔하다. 더구나 죽음에 관해 이야기를 피하거나 죽음을 순전히 추상적 언어로 논하는 방식은 죽음이 우리 삶을 이해하기 위한 필수적 측면임을 인식하는 데 방해가 된다. "죽음은 본질적이고 대체 불가능한 나만의 것이지만, 다른 이들에게 공적으로 일어나는 사건처럼 왜곡되어 있다." 하이데거는 이러한 사고의 습관은 아주 흔하고 해로우며 우리가 심지어 "종종 죽어 가는 사람에게 죽음에서 벗어나 세상의 고요한 일상으로 빨리 돌아와야 한다고 설득하려 할 때가 많다"라고 했다. 이 역시 우리 자신의 임박한 죽음과 자기만의 '착각'이라는 사실에 대해 우리 자신을 기만하는 세련된 방식이라 할 수 있다.

틱낫한 역시《죽음도 없이 두려움도 없이No Death, No Fear》에서 비슷한 주장을 한다. 죽음을 의식함으로써 삶의 경험에 다시 초점을 맞춰 집중해야 한다고 말한 것이다. 우리는 사람이 죽는다는 사실을 회피하려는 경향이 있기 때문에 이러한 일반적인 불교적 신념은 기억할 만한 가치가 있다. 가끔 죽음을 갈망할 때조차 삶에서 벗어나는 것에 대해 생각하는 것만큼 죽음 자체를 깊이 생각하고 싶어 하지는 않는다.

니체는 죽음에 관한 그의 몇 안 되는 명상록 가운데 하나인《즐거운 학문The Gay Science》에서 이런 두 가지 입장, 즉 삶에 집중해야 할 필요성과 동시에 죽음을 잊지 말아야 할 필요성, 이 두 가지를 종합하는 데 눈부신 통찰력을 발휘했다.

> '죽음에 대한 생각'. 여러 갈래의 길, 필수품, 목소리로 혼잡한 가운데 나는 우울한 행복을 느낀다. 얼마나 많은 기쁨, 다급함, 욕망, 삶에 대한 목마름과 도취가 매 순간 이곳에 드러나는가! 하지만 이 모든 외침과 삶을 사랑하는 활기찬 사람들도 조만간 아주 고요한 상태가 될 것이다! 모든 이의 그림자, 그 어둑한 여행의 동반자가 그들 뒤에 서 있는 걸 보라! 마치 이민자들을 실은 배가 출발하기 전 마지막 순간처럼 사람들은 어느 때보다 서로에게 할 이야기가 많고 시간

은 촉박하다. 외로운 침묵의 바다는 이 모든 소음 뒤에서 조바심을 내며 기다린다. 너무나 탐욕스럽게, 자신의 먹잇감임을 확신하며! 그리고 모든 사람은 과거는 아무것도 아니거나 별일 아니며, 다가오는 미래가 오직 모든 것이라 생각한다. 그래서 이렇게 서두르고 소리 지르고 자기 귀가 먹먹해질 정도로 무리하는 것이다! 모든 이가 미래를 이끌어 가고 싶어 하지만, 죽음과 죽음의 고요함만이 미래의 모두에게 공통적이고 확실한 유일한 것이다! 모두에게 확실하고 공통된 이 한 가지가 사람들에게 거의 어떤 영향도 행사하지 않고, 사람들도 자신들을 전혀 죽음의 동지로 여기지 않는다! 사람들이 죽음에 대한 생각 같은 건 전혀 하고 싶어 하지 않는 모습을 보니 기쁘다! 나는 삶에 대한 생각을 백배도 넘게 주목할 가치 있는 것으로 만들기 위해 무언가 하고 싶다.

여기서 니체는 죽음에 대한 우리 태도에서 역설적 희극을 포착한다. 즉 죽음이라는 확실성에도 불구하고, 그 확실성 때문에 죽음에 관한 생각은 우리 관심을 도로 삶으로 향하게 할 수밖에 없다. 우리에게 언제 죽음의 공격이 닥쳐올지 모른다. 하지만 안다고 뭐가 달라지겠는가? 죽음을 곱씹지 말고(걱정 안 해도 된다. 어떻게든 죽음의 기회는 올 것이다. 얼마나 빠를지 알 수 없지만) 삶을 고집해야 한다. 우리가 하면 안 되는 것은 삶을(혹은 죽음을) 당연시하고, 일을 미루고 페이스북이나 하는 얼빠진 세상으로 슬쩍 들어가며, 사랑하는 이들에게 오늘이 아니라 내일 그들을 사랑할 거라고 보여 주는 너무나 익숙한 상태에 빠지는 것이다.

니체의 말처럼 죽음에 대한 생각이 마치 자석의 양극이 서로를 밀쳐 내듯 우리를 그것으로부터 밀어내 삶의 가치와 삶을 옹호하는 것만 생각하게 된다면 좋지 않을까?

그러나 자살을 시도하려는 사람들은 우리에게 다른 이야기를 들려준다. 그들이 원하는 것은 죽음이지만, 그러면서도 죽음 이외의 것을 이야기하고 싶어 한다. 자신은 스스로 찾을 수도 없고 믿지도 않지만 그래도 살아야 할 이유가 있다고 믿고 싶어 한다. 알베르 카뮈는 자살에 대해 "'삶은 그렇게 고통받을 만큼의 가치가 없다'는 고백일 뿐이다. 삶은 당연히 절대 쉽지 않다. 우리는 여러 가지 이유에서 존재 자체로 끊임없이 의사 표현을 한다. 그 첫 번째가 습관이다. 자발적인 죽음은 이 습관의 우스꽝스러운 특징과 삶의 어떤 심오한 이유의 부재, 일상의 격동, 고통의 쓸모없음을 본능적으로 깨달았다는 뜻이다"라고 언급했다.

삶의 무의미함이 우리를 자극해 죽음의 합리성에 고집스럽게 저항하도록 해야 한다는 카뮈의 말이 전적으로 만족스러운 것은 아니다. 물론 계속 살아간다는 것은 우리에게 관심조차 없어 보이는 우주에 대고 '엿이나 먹으라'고 외치는 일일 것이고, 우리를 포기한 채 자살하겠다는 말은 이제 그만하고 차라리 빨리 죽는 게 좋겠다고 생각하는 사람들에게 '꺼져'라고 외치는 일이 되긴 할 것이다.

그러나 카뮈가 "시시포스가 행복하다는 것을 생각해야 한다"고 주장할 때 우리에겐 의문이 생긴다. 사실 그 행복은 시시포스가 심판의 신들이 자신을 지켜보고 있다는 사실을 알고 좌절과 마지못한 경의를 담아 그 빌어먹을 바위를 한 번 더 산등성이를 따라 밀어 올리는 데서 비롯되는 것이 아니냐는 것이다. "냉소로 극복하지 못할 운명은 없다"는 카뮈의 말처럼 그들은 시시포스를 꺾을 수 없다. 그러나 우주에서는 시시포스가 우주에 대고 망해 버리라고 외치는 것을 모르며, 또 그는 여전히 여기서 고통받고 있기 때문에, 카뮈의 해결책은 말하자면 늘 짜증을 내는 웨이터가 그럼에도 일을 그만두지 않는 이유가 고객들이 참을 수 없이 싫기 때문이라고 하는 느낌이다. 고객들은 그 웨이터가 왜 그렇게 투덜거리는지 알지 못한다. 아니, 혹시라도 고객들이 그 웨이터를 신경 쓴다 해도, 그는 도대체 누굴 벌주고 있는 것일까?

그래도 어쨌든 완고함은 계속 살아남는 문제에서 중요한 것이다. 나 같은 사람들, 자살 위협, 자살의 유혹에 시달리는 작가들이 쓴 책 중 특히 기억에 남는 한 권이 있는데 작가가 완고함의 장점을 강조하기 때문이다. 세라 데이비스의 《한 번 또 한 번A Time and a Time》이라는 책이다.

세라 데이비스는 필명이며 본명은 로즈메리 매닝Rosemary Manning이다. 혁신적인 레즈비언 작가이자 어린이 도서 작가로 알려져 있다 (메리 보일Mary Voyle이라는 필명으로 글을 쓰기도 했다). 《한 번 또 한 번》은 데이비스 자신의 두 번의 자살 기도를 시간순으로 기록한 것이다. 내가 유독 이 책에 끌린 이유 한 가지는 작가가 결국 자살로 사망하지 않았기 때문이다. 나처럼 데이비스도 작가이고 자살 기도자였지만 그의 이야기는 해피엔드였다.

하지만 그렇지 않을 수도 있었다. 그의 두 번째 자살 시도는 바르비투르산 과다 복용이었다. 시도는 거의 성공할 뻔했고, 며칠간 병원에서 무의식 상태로 있다가 깨어났다. 데이비스는 이 경험에 대해

"나는 죽음과 만난 그 짧은 순간에 대해 아무것도 말할 수 없다. 틀림없이 죽음의 문턱 아주 가까이에 있었고 그곳에서 다시 돌아온 사람이 맞지만, 어떤 것도 기억할 수 없다"라고 말했다.

'저 역시 그렇습니다.' 나는 이 말을 전하고 싶다. 하지만 나 역시 의아하다. '그게 진짜일까요, 세라? 우리가 정말 이곳에 없었던 때를 기억하지 못해서 아무것도 생각나지 않는 걸까요?' 데이비스의 말은 자신이 무의식의 어둠으로부터 무언가를 전달할 지혜가 없다는 뜻이다(죽음에 최대한 가까이 다가갔어도 사후 세계를 보진 못한 것이다). 그런데 과연 이것이 사실일까? 그가 떠났다 돌아온 데서 배운 것 중 하나가 내가 말하는 책, 《한 번 또 한 번》이 아닐까?

데이비스가 이어 말한다. "볼 수 있는 것은 아무것도 없었다. 나는 죽음을 완전한 망각이라고 생각한다. 만약 내가 틀린 거라면 달리 알 만큼 충분히 모험하지 못한 탓일 것이다."

확실히 데이비스가 달리 알 수 있을 만큼 충분히 모험을 하지 못했을 가능성이 있다. 아무것도 경험하지 못했을 가능성도 있다. 약을 너무 많이 먹어 무언가를 경험하기에는 약에 취한 상태였기 때문이다. 데이비스의 결론은 사후 세계가 있는지 없는지는 그리 중요하지 않다는 것인 듯하다. 어느 쪽이든 데이비스는 자신이 이제 삶을 떨치지 못하게 되었음을 깨닫는다. 그리고 자신이 살고 있는 특별한 삶에 새롭게 더 깊어진 흥미를 느끼게 된다.

"이제 내 걱정은 전적으로 삶에 있고 그 삶을 어떻게 살아가는지에 있다. 아주 운 좋게도 나는 삶을 거의 잃을 뻔했다는 꽤 색다른 각도로 내 삶을 평가할 기회를 갖게 되었다."

6장. 그들이 계속 살아가길 원한다

이 말은 내게도 해당된다. 데이비스는 이제 자기 삶을 새로운 각도에서 달라진 관점으로 평가한다. 분명 데이비스는 자신이 더는 어떤 정신적 고통도 겪지 않을 거라 말하고 있지 않으며, 죽을 뻔한 경험에 비추어 자기 삶을 전적으로 긍정하지도 않는다. 하지만 삶을 다르게 가늠한다. 데이비스에게 행운인 것은 이 재평가의 기회라 할 수 있다.

켄체 린포체는 회복탄력성에 대한 강연을 하며 이 점을 강조한다. 데이비스의 새로운 주안점은 정확히 어떻게 그가 자기 삶을 가늠하고 평가하는가 하는 문제다. 데이비스는 삶의 가치에 대해 일반적인 고민을 하기보다 자신이라는 특정한 존재의 의미에 대한 단순하고 기본적이며 실질적인 문제를 생각한다. 그리고 이런 점은 내가 나를 생각하는 방식에도 커다란 변화를 가져왔다.

《한 번 또 한 번》은 다음과 같은 문장으로 시작한다. "나는 인생에서 두 번 자살을 시도했음에도 불구하고 50대 초반에 이르렀다." 데이비스는 자신이 아직 살아 있는 게 "나 자신에 대한 진지함이 부족해 그런 시도들이 성공하지 못했기 때문은 아닐까"라며 계속 걱정한다. 이것이 내가 이 책을 좋아하는 두 번째 이유다. 당시 데이비스는 내 또래이고, 자살할 만큼 진지하지 못하다는 자기 회의와 불안을 겪는다. 자살 시도자들은 자신이 자살에 성공한 사람들과 달리 제대로 해내지 못했다는 생각에, 그리고 동시에 삶의 시험대 앞에서 자살을 떠올린 것은 비겁했기 때문이라는 생각에 스스로를 비웃게 된다. 살기를 원하는 걸까? 죽기를 원하는 걸까? 어쩌면 나는 너무 완고해서 어느 한쪽으로도 결정을 내리지 못하는 것일지 모른다. '날 그만 좀 재촉해!'

데이비스는 자신을 살리기 위한 한 가지 전략을 세운다. "쉰 살이 지나고 맞이한 여름, 루미날Luminal22 과다 복용에서 회복 중이던 나는 세 가지 목표를 세웠다. (...) 12개월, 그리고 또 12개월, 그리고 6개월. '한 번 또 한 번 그리고 그 반을 또 한 번.'" 이 목표는 데이비스에게 하나의 기술로 작동한다. 자기 자신에게 인생 전체를 살아야 하는 게 아니니 그리 버거운 일이 아니라고 말하는 것이다. 데이비스는 그저 또 한 해를, 심지어 그저 6개월을 더 살면 된다고 스스로에게 말한다.

그가 말을 잇는다. "나는 인생 대부분을 이런 식으로 보낸 것 같다. 한 걸음 한 걸음 조금씩 앞으로 나아가면서 그 발걸음 사이의 심연을 늘 억지로 내려다보게 한다. 때로는 그것에 극도로 사로잡혀 결국 넘어질 뻔하기도 하고, 또 어떤 때는 무모한 위험을 감수하며 조심스러운 내 자아가 놀랄 만큼 대담해지기도 하지만, 이렇게 살아 있다는 것의 기쁨을 황홀하게 즐길 수 있게 되었다. 벼랑 끝에 서 있더라도 존재할 수 있는 특권을 얻은 것이다."

데이비스의 말은 앞서 윌리엄 제임스가 단순히 계속 살아가겠다는 선택만으로도 깜짝 놀랄 만한 활력의 표현이라고 한 주장을 떠올리게 한다. 언제라도 자살할 수 있음을 깨달으면 살아 있는 모든 순간이 믿기지 않는 승리가 된다. 이런 관점은 우리 모두에게 생존의 장점뿐 아니라 승리를 확인시켜 준다. 게다가 데이비스는 결국 자살하지 않았고 76세의 나이에 자연사했다.

앞서 나는 내 자살 동기를 이혼 동기와 비교했다. 마치 모든 것에서 도피하는 것처럼. 하지만 삶을 헤어질 수 있는 동반자처럼 여기는 건

---

22 최면제, 진정제로 쓰이는 독일 바이엘사에서 출시한 약품명

6장. 그들이 계속 살아가길 원한다

지나치게 쉽게 생각하는 것이다. 실제로는 그렇지 않다. 나는 내 삶에서 분리될 수 없다. 내가 곧 내 삶인 것이다.

몇 달 전 나는 샤워를 하면서 다가올 내 생일을 생각했다. 올해로 나는 55세가 되었다. 수년간 나는 누구나 어릴 때 하는 것처럼 내 생일을 고대했다. 그러다 20대 후반에는 생일을 두려워하는 단계로 접어들었고 아직 박사 학위를 받지 못하고, 백만 달러를 벌지도 못하고, 소설을 쓴 것도 아니라는 식으로 나 자신을 비판했다. 이 단계는 오래 지속되었고 내가 이루지 못한 일들은 쌓여 갔다.

그리고 이제 나 자신을 비판하기도 하면서 나이 들어 간다는 사실을 실질적으로 애석하게 여기는 단계가 왔다. 활력이 떨어지고, 소파에서 일어나는 속도가 느려졌으며 전에는 없던 통증이 생기고 성욕도 줄어들었다. 계산 능력과 기억력도 저하된 것 같았다. 나는 나의 그리 대단치 않은 배짱과 자신감, 별것 아닌 것 같았던 세상을 대하는 여유 같은, 어쨌든 그리 많지도 않은 장점이 점점 줄어들고 있다는 생각이 들었다.

나는 아직 이 단계에 있고 이 상태는 죽을 때까지 지속될 것이다. 내가 나보다 나이 많은 친구들에게 내가 늙는 것 같다고 말하면 그 친구들은 웃으며 말한다. "그냥 기다려." 하지만 샤워하면서 드는 생각은 '아니, 또 1년을 산 거네'이다. 아마 나는 새의 관점으로 내 시야를 넓힐 수도 있을 것이다. 어쩌면 더 큰 서술 기법과 더 길고 완전한 이야기를 이해하고 나쁘지 않은 좋은 죽음으로 마무리할 수 있을 것이다.

피부와 두피에 닿는 뜨거운 물이 기분 좋게 느껴졌다. 목을 뒤로 젖혀 샤워기 물이 얼굴에 쏟아지게 했다. 참 웃긴 건 그런 내 자기파괴적인 욕구와 노력에도 불구하고, 이렇게 쭉 지내다 이제 55세가 된 것이다. 이렇게도 말할 수 있을 것이다. '잘했어, 클랜시'라고. 어쩌면 한 번 더 할 수 있을 것이다. 나는 삶 자체에서 즐거움을 발견했다. 바로 여기 이 세상에서, 비록 그래, 가끔은 데이비스처럼 벼랑 끝에 서 있겠지만. 그래도 더 많은 순간 나는 내 가족과 직업, 내 집이 있음에 진심으로 감사한다.

나는 해냈다. 또 한 해를. 56세는 어떨지 한번 보자. 한 번 또 한 번. 이건 모두에게 마찬가지다. 데이비드 포스터 월리스가 위로하듯 우리는 원하는 만큼 얼마든지 울 수 있고, 마음을 바꿔도 되며, 그렇다고 우리가 사기꾼이 되진 않는다. 스스로 마음을 바꾸게 놔두는 건 어쩌면 더 건강하고 실질적인 정직함으로 나아가는 한 걸음일 것이다. 아마 나는 자살 관련한 이 모든 것을 그냥 천천히 흘러가게 놔둘 수 있을 것이다. 책의 말미에 괜스레 감상적이 되진 않으려 하지만, 그래도 우리 모습을 한번 보자. 우린 지금 여기 함께 있다. 해낸 것이다. 죽고 싶지 않다. 아직까지는.

6장. 그들이 계속 살아가길 원한다

위기를 피하기 위한 도구

영원히 살 필요는 없다는 사실을 기억하자. 이 공포의 순간만 넘기면 모든 것이 이전보다 더 쉬워질 것이다. 반드시 자살해야 한다면 언제든 내일 해도 된다. 하루만, 하루만 기다려라. 가능하다면 친구 한두 명에게 전화나 문자를 해보는 방법도 있다. 모든 것을 다 말할 필요는 없고, 그냥 '안녕, 답장해 줄래?' 정도면 어떨까? 처음 보낸 사람에게 답장이 오지 않으면 몇 번 더 시도하자. 그리고 다음 중 하나를 고려해 보자.

1. 밀폐된 공간을 벗어나 산책을 나가 폐에 신선한 공기를 불어넣어 보라. 그러고 나서 잠시 멈춰 서서 주변을 둘러보는 여유를 가져 보자.

2. 다음 웹사이트를 방문해 몇 가지 이야기를 읽어 보자. 도움이 많이 될 것이다.
Live Through This https://livethroughthis.org

3. 부록 2의 인터뷰 내용을 훑어보는 것을 추천한다.

4. 6장으로 돌아가서 마음에 드는 내용, 특히 나에게 유용했던 아홉 가지 습관 목록을 읽어 보는 것도 좋다.

5. 한국에 있다면, 자살 예방 상담 전화 109 혹은 생명의전화 1588-9191로 전화하자. 도움이 필요하면 365일 24시간 언제든 이용할 수 있다. 그 외 다른 고민이 있다면 청소년 고민 상담 1388(24세 이하

대상)과 여성긴급전화 1366에 도움을 요청할 수 있다.

생명의전화 https://www.lifeline.or.kr

청소년 1388 https://www.1388.go.kr

6. 전화 상담이 내키지 않으면 자살 예방 SNS 상담 '마들랜'으로 연락
   하는 방법도 있다. '마들랜' 앱을 다운로드하거나 카카오톡 메인 화
   면에서 '마들랜'을 검색한 뒤 말풍선 아이콘을 터치하면 상담을 시
   작할 수 있다.

자살 충동에 사로잡힌 것 같은 누군가가 당신에게 전화를 했다면 지금
어떤 상황인지, 어떤 기분이 드는지 물어보고, 이에 대해 이야기를 나누
자. 통화를 하거나 직접 만나서 가능한 한 오랫동안 그 사람의 이야기를
경청하고 곁에 머무르며, 대화가 끝난 후에는 반드시 확인해야 한다.

자살 충동으로 어려움을 겪는 사람이거나 주변에 그런 사람이 있다면
제이슨 처키스Jason Cherkis의 '자살로부터 사람들을 구하는 가장 좋은 방법
The Best Way To Save People From Suicide'이라는 훌륭한 글을 읽어 보기 바란다.

1. 자살로부터 사람들을 구하는 가장 좋은 방법
   https://highline.huffingtonpost.com/articles/en/how-to-help-
   someone-who-is-suicidal

2. 다음은 자살 예방, 자살 충동 치료, 자살로 사랑하는 사람을 잃은
   이들의 상처 치유에 도움이 될 신뢰할 수 있는 한국의 온라인 사이
   트와 자료다.
   자살예방교육 https://edu.kfsp.or.kr

한국생명존중희망재단 https://www.kfsp.or.kr

STAY-생명지기 http://edu.suicide.or.kr

서울시자살예방센터 http://seoulymind.org

자작나무(자살 유족 자조 모임) https://blog.naver.com/maum2eum

자살예방전국학교연합회 www.yebang.org

3. 다음은 인류의 역사와 문화에 지대한 영향을 미친 위대한 철학자와
   작가들의 자살에 관한 생각을 정리한 방대한 자료를 모아 둔 아카이
   브다.
   자살 윤리 디지털 아카이브The Ethics of Suicide Digital Archive
   https://ethicsofsuicide.lib.utah.edu

위에서 언급한 위기 대응 자료와 전략은 모든 연령대의 사람들에게 유
용하다. 자살을 시도했거나 자살 위기에 처한 청소년의 부모라면 다음의
내용을 기억해야 한다.

1. 수많은 연구에서 청소년을 돕는 가장 효과적인 방법은 직접적이고
   진솔하며 공감 어린 대화를 나누는 것임이 입증되었다. 현재로서 위
   기에 빠진 청소년을 위한 최고의 치료법은 변증법적 행동치료이며,
   훌륭한 변증법적 행동 치료사는 매우 귀중한 자원이지만, 핵심 인지
   행동치료와 마찬가지로 핵심은 위기의 청소년과 대화를 시작하는 것
   이다. 청소년 혹은 20대 초반의 청년이라면 친구와 대화하고 중장기
   적 대처 전략으로 일기 쓰기, 운동, 명상 등을 고려하라.

2. 청소년의 정신 건강을 탐구하는 〈뉴욕 타임스〉가 진행 중인 여러 프

로젝트도 적극 추천한다.

https://www.nytimes.com/spotlight/inner-pandemic

3. 다음은 내가 정리한 청소년을 비롯해 위기에 처한 젊은 세대와 그 부
모들에게 도움이 될 만한 책 목록이다.

《뷰티풀 보이Beautiful Boy》, 데이비드 셰프David Sheff

《핀치 & 바이올렛All the Bright Places》, 제니퍼 니븐Jennifer Niven

《Growing Up Sad: Childhood Depression and its Treatments》,
Donald H. McKnew and Leon Cytryn, New York: W. W. Norton
& Co., 1998

《Girl in Pieces》, Kathleen Glasgow, New York: Ember, 2018

《Solutions and Other Problems》, Allie Brosh, New York: Gallery,
2020

4. 다음 목록은 특히 청소년과 청소년기 자녀를 둔 부모에게 유익한 책
이다. 다음은 내게 도움이 많이 되어 준 책 목록이다. 자살을 주제로
하는 이 책들은 결코 완전하다고 할 수 없지만, 자살 충동을 효과적
으로 관리하는 데 도움이 될 수 있다.

《모든 것이 산산이 무너질 때When Things Fall Apart》, 페마 초드론Pema Chödrön

《한낮의 우울The Noonday Demon》, 앤드루 솔로몬Andrew Solomon

《자살하려는 마음The Suicidal Mind》, 에드윈 슈나이드먼Edwin S. Shneidman

《왜 사람들은 자살하는가Why People Die by Suicide》, 토머스 조이너Thomas Joiner

《자살의 이해Night Falls》, 케이 레드필드 제이미슨 Kay Redfield Jamison

《젊은 시인에게 보내는 편지Letters to a Young Poet》, 라이너 마리아 릴케
Rainer Maria Rilke

《One Friday in April: A Story of Suicide and Survival》, Donald Antrim,
New York: W. W. Norton, 2021

《A Time and a Time: An Autobiography》, Sarah Davys, London:
Calder & Boyars, 1971

《You Are Here》, Thich Nhat Hanh, Boulder, Colo.: Shambhala, 2010

《Suicide and the Soul》, James Hillman, Woodstock, N.Y.: Spring, 1965

《Dear Friend, From My Life I Write to You in Your Life》, Yiyun Li,
New York: Random House, 2018

《Where Reasons End》, Yiyun Li, New York: Random House, 2019

위급한 상황에서 살아남기 위한 인터뷰

새로 사귄 친구 하나가 얼마 전 내게 편지를 보내며 한 말이 마음에 오래 남는다. 자신은 여러 번 자살을 기도한 적이 있으며 그런 생각이 다시 들 수 있다는 것도 알지만, 이제는 세상에 단단히 뿌리를 내린 것 같다고 했다. 나는 "세상에 단단히 뿌리를 내렸다"라는 표현이 마음에 든다. 이 말 덕에 나는 인간이 어려움 속에서도 살아갈 힘을 낼 수 있다는 것을 깨달았다. 우리는 삶이라는 이상하고 혼란스러운 난장판 속에 뿌리를 내리고, 일상을 살아 내며 정신적으로, 영적으로 성장하고 가정을 꾸려 나간다.

그럴 수 있다고 하더라도, 우리는 종종 붙잡을 밧줄이나 도움의 손길 하나 없이 물에 빠지거나 우주로 떨어지는 것 같은 기분, 뿌리가 없는 듯한 기분이 들 때가 있다. 그러다 자살을 기도하거나 실행하게 되기도 한다. 앞서 밝힌 대로 이 책에 대한 나의 야심 찬 바람은 자살에 대해 생각하는 누군가가 이 책을 읽고 굳이 이를 실행에 옮길 필요가 없다는 것을 깨닫거나 자살하려는 욕구가 조금이나마 누그러졌으면 하는 것이다. 또한 이 책이 자살 충동을 느끼는 이들의 절실한 순간에 그 주변 사람들에게 도움이 되길 바란다.

내가 책을 통해 자살 충동을 가진 사람과 속 깊은 이야기를 할 방법은 없다. 그리고 눈앞에서 누가 자살하려 하는 경우, 이를 말리는 것 외에는 그들의 삶에 대해 어떤 조언도 하지 않을 것이다. 하지만 내가 자살 관련 전문가(본문에서 언급한)들을 대상으로 한 몇몇 인터뷰는 독자들과 공유할 수 있다. 이어서 소개할 예정이다. 모든 인터뷰에서 내 목표는 적극적으로 자살을 생각하는 사람에게 도움이 될 이야기를 찾는 것이었다. 절망적인 상황에 처해 있다면 앞으로 나오는 이야기를 훑어보기 바란다. 이 분야의 진정한 전문가들이 들려주는 이야기에 귀 기울일 이유는 충분하다.

1. 세계적으로 권위 있는 미국자살예방재단AFSP에서 권하는 6가지

이는 자살 예방에 도움이 되는 효과적인 조언이라고 입증되었으며, 나
또한 이 방법으로 사람들을 도운 적이 있다. 미국자살예방재단은 기본적
으로 자살 충동을 느끼는 사람과 '솔직한 대화'를 하라고 권장한다. 그리
고 이때 다음의 여섯 가지를 염두에 두라고 조언한다.

1) 대화는 비공개를 전제로 한다.
2) 이야기를 듣는다.
3) 당신이 상대방을 신경 쓰고 있다는 사실을 알려 준다.
4) 자살을 생각하고 있는지 직접적으로 물어본다.
5) 치료를 받거나 의사 혹은 상담사에게 연락하라고 권한다.
6) 삶의 가치에 대해 논쟁하거나, 그들의 문제를 대수롭지 않게 여기거
   나, 함부로 조언하는 등의 행동을 하지 않는다.

2. 종사르 켄체 린포체, "오디의 절묘한 맛을 음미하라"

2012년 선선한 어느 한여름 날 아침, 에이미와 나는 중국 국경에서 그
리 멀지 않은 인도 쪽 히말라야산맥의 스피터 계곡에 있었다. 우리는 작
은 절을 향해 산 중턱을 오르고 있었다. 이미 수목 한계선보다 높이 올라
갔지만, 바위와 자갈과 흙 사이로 이끼와 잡초, 하얗고 노랗고 파란 작은
여름꽃들이 보였다.

절이 있는 고원에 도착했을 때, 별안간 확성기에서 남자의 목소리가 들
렸다. 그 목소리는 티베트어로 염불을 하고 있었다.

"린포체예요." 발걸음을 재촉하며 에이미가 말했다. 마침내 절에 도착

하니, 수행자들과 함께 문밖으로 걸어 나오는 린포체가 보였다. 그는 에이미를 보고 미소 지었고, 나를 보자 매섭게 얼굴을 찡그렸다.

　제자들에게 린포체 스승으로 알려진 종사르 켄체 린포체는 1961년에 부탄에서 태어났고, 현재 세계적으로 존경받은 티베트 불교의 큰어른이자 학자 중 한 명이다. 흥미롭게도 그는 베르나르도 베르톨루치 감독과 함께 영화를 공부한 영화감독이며, 젊은 승려이던 시절에 베르톨루치의 영화 〈리틀 부다〉에 출연한 적도 있다. 나는 2012년 8월 5일 비르에 있는 그분의 학당에서 수계(불제자가 되는 공식 절차)를 받으며 정식으로 그의 제자가 되었다. 린포체는 에이미와 내가 결혼하던 날, 불교에는 별도의 결혼 예식이 없다는 사실을 유쾌하게 다시 알려 주었다.

　학생 하나가 내게 "만약 선생님이 바넘 앤드 베일리 서커스단 공연에서 사랑에 빠졌다면, 선생님은 아마 서커스 광대가 되었을 거예요"라고 말한 적이 있는데, 그 말이 맞는 것 같다. 어쩌면 내가 에이미와 전화 통화를 한 날 그저 운이 좋아 그에게 캔자스시티로 나를 보러 와달라 설득한 것이 통했고, 우리는 사랑에 빠졌으며 에이미는 이집트나 인디아로 둘이 함께 여행을 가자고 제안했다. 우리는 인디아로 여행을 갔고, 그 뒤로는 여러분이 다 아는 이야기다.

　본문 1장에서, 나는 습관적 자살 충동 문제에 관한 린포체의 저서 《리빙 이즈 다잉》의 구절을 인용한 바 있다.

> 자살은 아주 쉽게 몸에 배는 습관이며 끊기가 극도로 어렵다. 마치 알코올에 중독되어 술을 뿌리치지 못하는 상태와 어느 정도 비슷하다고 할 수 있다. 습관은 우리의 내세를 결정하는 데 지대한 역할을 한다. 사는 게 힘들어질 때마다 삶을 끝내 버리려는 습관을 한번 들이면, 다음 생에서 점점 더 자살에 의지하

게 될 것이다. 업보와 윤회에 대한 가르침을 받은 불교도라면 이를 알아야 한다.

물론 불교도가 아니고 윤회를 믿지 않는다면 이 주장은 통하지 않을 것이다. 하지만 죽음이 모든 것의 끝이라 생각하는 경우에도, 자살은 아무것도 해결해 주지 못한다.

경전을 문자 그대로 해석하는 관점에서 보면, 많은 불교 철학자들은 한 번 자살한 사람은 내세에, 혹은 죽음과 내세 사이라 할 수 있는 중유中有 상태에서 500번의 자살을 한다는 뜻이라고 주장한다.

나는 이런 관점이 아주 유용하다고 보는데, 이는 내가 불교 신자이기 때문이 아니라 이런 시각 덕에 내가 선택할 수 있는 사항이 아니라, 아예 선택지에 없는 것으로 생각할 수 있기 때문이다. 나는 나쁜 습관이 많고, 그런 습관을 바꾸기 위해 노력을 많이 한다.

세 살짜리 아들과 놀아 줄 때 휴대폰을 보는 습관을 예로 들어 보자. 우리는 탁자 위에 브리오 기찻길을 조립하거나 장난감 자동차를 주인공으로 이야기를 만들며 재미있게 노는 중이다. 그러다 아들이 잠시 놀이를 멈추고 다른 자동차를 가지러 가거나 트램펄린에서 뛴다. 그러면 나는 나도 모르는 사이 소파 옆 협탁에 놓인 전화기로 이메일을 확인하거나 〈뉴욕 타임스〉 기사를 훑어보고는 한다. 전화를 다른 방의 충전기에 꽂아 두거나 전화기로 손이 갈 때마다 이를 의식적으로 멈추고 아들에게 돌아가는 전략을 세우지 않는 한 이런 행동은 거의 반사작용처럼 바로 나타난다.

이와 마찬가지로 내게 자살이란 특정 공포에 대한 무조건반사와 같다는 것을 깨달았다. 하지만 이런 반응을 피하기 위한 전략을 세울 수 있다는 뜻이기도 하다. "그래, 클랜시, 너는 이런 나쁜 습관이 있지. 하지만 이건 습관일 뿐이지 괜찮은 선택이 아니야. 그리고 이 습관도 바꿀 수 있어.

나쁜 습관은 그게 뭐든 바꿀 수 있거든. 자살하지 않으려고 노력할 때마다 너는 나쁜 습관을 버리기 위해 하나씩 실행하는 셈이지. 비닐봉지를 머리에 쓰고 테이프로 감는 것처럼." 그렇다. 나는 이 방법도 시도해 봤다. "엉성하기 이를 데 없는 시도라도 한 번 할 때마다 이는 자살 습관을 강화하고, 상황을 더 나쁘게 만들 뿐이야."

하지만 우리 모두 알다시피, 나쁜 습관을 없애기는 어렵다. 최근, 특히 코로나19 팬데믹 기간 동안 젊은이들의 자살이 증가하면서 린포체는 자살에 대해 더 많이 이야기하고 있다.

Q 린포체 스승님, 자살에 대한 선생님의 경험을 말씀해 주시겠습니까?

A 저는 자살이 점점 늘고 있다는 사실, 특히 젊은이들의 자살이 증가하는 점이 많이 걱정됩니다.

Q 누군가 자살 충동을 느낀다면 어떤 조언을 해주시겠습니까?

A 나는 모든 이에게 우리가 너무나 자주 잊는 단순한 진리를 하나 알려드리고 싶습니다. 사물을 바라보고, 듣고, 냄새를 맡고, 맛을 보고, 느낀다는 것이 얼마나 놀랍고 아름다운 일인지를요. 우리는 그걸 삶이라 부르지요.

Q 하지만 살다 보면 참으로 많은 어려움과 고통을 마주하는걸요. 삶을 끝낸다면 모든 고통에서 벗어나지 않을까요?

A 당연히 살다 보면 어려운 일을 맞닥뜨립니다. 완벽하지 않더라도 이런 게 그 자체로 우리 삶입니다. 우리는 내세에 어떤 일을 마주칠지 몰라요. 만약 우리가 죽은 뒤 만나는 모든 것의 존재는 알지만 이를 보고, 듣고, 느끼고, 맛볼 수 없다면 어떨까요? 아마 그 상황을 잘 헤쳐 나가지 못할 겁니다. 우리는 불확실한 것을 싫어하고, 내세에 무엇이 있을지 아무것도 모르거든요.

Q 남들은 그저 잘 지내는 것 같아 보입니다. 자기는 더 이상 버틸 수 없을 만큼 불행한데 남들은 어려울 것 하나 없이 잘 풀리는 것 같으면 억울하지 않을까요?

A 당신이 여기저기서 한 푼 두 푼 버느라 애쓸 때 또래 친구들은 어처구니없이 비싼 정장을 입고 BMW를 타고 다니며 인터넷 스타트업을 운영하는 것처럼, 눈앞의 일들이 아무리 고통스럽고 억울해 보이더라도 우리는 삶이 주는 단순한 것들을 감사히 여길 수 있습니다.

Q 만약 고통이 너무 클 때는요? 자기를 부정하거나 경멸하게 될 때는요?

A 누구나 자기 삶이 만족스럽지 못할 때가 많을 테지요. 하지만 그 와중에도 할 수 있는 게 있어요. 그리고 할 수 있는 일이란 건 변한다는 사실을 기억하세요. 현재 수년째 고통스러운 시간을 보내고 있을 수도 있지만, 앞으로 15년 뒤에는 삶이 아주 행복하고 기쁨과 활력이 넘칠 수도 있습니다.

Q 저는 자살에 대한 생각을 떨칠 수가 없어요. 제 도움이나 조언을 필요로 하는 많은 이들도 그렇고요. 우리가 이런 생각에서 벗어날 수 있는 특정한 행동이 있을까요?

A 나무에 목을 매려던 한 남자가 나뭇가지가 부러지면서 불현듯 삶이 얼마나 경이롭고 아름다운지 깨닫고 오디의 절묘한 맛을 음미하는 이야기를 담은 이란 영화 〈체리향기 The Taste of Cherry〉를 여러분이 보게 되기를 바랍니다.

Q 고통이 극에 달해서 하루도 견딜 수 없다고 느끼는 사람들에게 마지막으로 해줄 수 있는 지혜의 말씀이 있을까요? 특히 젊은이들에게요.

A 포기하지 마세요. 이 삶이 여러분에게 무얼 줄 수 있는지 찾아내고 인생의 작지만 놀라운 일들 이를테면, 보이고, 들리고, 느껴지고, 맛보게 되는 것들을 감사히 여기세요.

3. 데즈래 L. 스테이, "가장 필요한 건 주의를 흐트러뜨리는 것"

많은 사람이 자살을 생각할 때 포털 사이트에서 검색한다. 자살과 자살 욕구에 대해 논의하는 레딧Reddit 1 포럼을 발견할 수도 있고, 다양한 자살 방법을 소개하는 사이트를 찾을 수도 있다(당연한 이야기지만, 대개 가장 실행하기 쉽고 고통이 적은 방법을 알고 싶어 한다). 검색 결과에는 위태로운 상황을 해결하고 극복하는 데 도움을 줄 수 있는 전화번호나 이메일 주소가 뜨기도 한다. 자살에 대해 인터넷에서 검색하다가 자살에 관한 내 글을 우연히 읽고 마음을 바꿨다는 사람들에게서 이메일을 종종 (아주 기쁜 마음으로) 받는다.

그런데 어느 순간 이런 생각이 들었다. '자살에서 살아남은 이들의 이야기를 접하며 도움을 받을 수 있지만, 중년의 백인 남자 철학 교수가 구구절절 늘어놓는 긴 글을 읽을 엄두가 나지 않는 사람들은 어떻게 해야 할까? 그래서 생각해 낸 방법이 '자살에서 살아남은 사람들, 모든 연령대와 다양한 환경에 걸쳐 있는 수많은 사람의 길고 짧은 이야기를 생생하게 들려줄 사이트가 있어야 한다. 여기서 벼랑 끝에 몰린 위기의 사람들에게 최대한 다가가고 도와야 한다.'는 것이다.

그러던 중에 찾은 것이 데즈래 L. 스테이지라는 여성과 그가 운영하는 놀랍도록 멋진 사이트 '리브 스루 디스'(Live Through This, https // livethroughthis.org)이다.

스테이지는 자살에 관한 '생생한 경험 문학.' 즉 자살 시도에서 살아남아 자살에 대해 이야기하는 이 가운데 독보적으로 의미 있는 목소리를 내는 작가다. 그는 내가 앞서 말한 목적, 자살에서 살아남은 사람들의 이야

---

1   토론과 콘텐츠 공유를 주로 하는 SNS

기를 읽으면 기분이 나아지며(우리로서는 완전히 이해하지 못할 이유로), 자살 가능성이 훨씬 줄어들고, 다른 이들과 다시 연결될 수 있기 때문에, 가능한 한 모든 배경의 자살 생존자를 찾아내어 그들의 이야기를 그들의 언어로 생생하게 정리하는 길고 고통스러운 작업에 헌신해 왔다.

아마 우리가 덜 외롭다고 느끼기 때문일지도 모른다. 어쩌면 터널 저 끝에 희미하게 비치는 빛을 보게 되기 때문인지도 모른다. 아니면 부끄러워할 일이 아니라는 것을 깨닫기 때문일 수도 있다. 작가 필립 로페이트Phillip Lopate는 일반적으로 문학 작품을 읽으면 인간이 "우리의 나약함, 실수, 비극적 결함 등을 더 잘 이해하게 되고, 그 결과 타인과 스스로에게 더욱 너그러워진다"라고 말한다.

이 책을 쓰는 나를 도와주는 한 대학원생이 내게 이런 편지를 보냈다. 자살에 관한 이 많은 이야기가 자신에게 영향을 끼치지는 않을까 걱정하던 학생이다. "이 책은 이 모든 사람과 이들에게 일어난 일들은 부당했고, 다른 이들에게 이런 일이 일어나서는 안 된다는 걸 보여 줍니다. 이 이야기를 읽으며 저는 괴로운 경험에 대해 이야기하는 것이 왜 중요한지를 맨 앞줄에서 깨닫는 중입니다. 이 책은 실제로 제게 도움이 되고 있습니다. 예전에 제가 왜 죽고 싶었는지 기억도 나지 않아요." 이 학생의 말이 내게 큰 위로가 되었음은 말할 것도 없다.

어쨌든 이 방법은 대단히 효과가 있으며, 현재 이 방법이 제대로 효과를 내도록 만드는 데 크게 공헌한 이가 스테이지다.

Q 자살 문제를 다루게 된 계기가 무엇인가요?
A 언제부터 이 일을 했느냐고요? 평생이요. 제 아주 어릴 적 기억 중 하나는 가족의 가까운 친구가 자살로 죽은 사건이었어요. 어머니에게 "그 친구분이 돌아가셨을 때 나는 몇 살이었어요?" 하고 물은 기

억이 나요. 어머니는 "아마 두세 살"이라고 대답했죠. 그리고 그 사건이 무슨 일인지 정확히 모르는 채 상황만 제 머릿속에 입력되었어요. 사람들이 이야기하는 분위기 때문에 그랬던 것 같아요. 제 할아버지의 자살도 그랬어요. 이 역시 아주 오래된 기억인데, 할아버지는 아내와 예쁜 딸을 두고 당신 집 차고의 역도 벤치에서 자살하셨어요. 우리 식구들은 하나같이 자살 충동을 가지고 있었어요. 할머니는 툭하면 죽어 버리겠다며 위협했고, 삼촌들도 정도의 차이는 있었지만 모두 그런 성향을 보였어요. 제 어머니는 최근 몇 년 동안 그랬고요. 저도 열네 살 때, 그러니까 중학교에서 고등학교로 올라갈 즈음에 우울증이 찾아왔고, 너무도 외롭고 아무도 나를 이해하지 못한다는 느낌에 괴로웠어요. 자해를 하기 시작했고 자살에 대해 생각하기 시작했죠. 잠을 자지 못했고요. 그 이후로 평생 만성적으로 자살 충동을 느꼈어요.

열네 살 때 처음 우울증이 시작됐어요. 자살하고 싶다는 생각이 든 것도 그때가 처음이었어요. 그 뒤 9년 동안 수도 없이 자해를 했어요. 스물세 살 이후로는 그런 적이 없지만 2016년까지도 1년에 한두 번은 자해하고 싶다는 충동이 일었어요. 이 방법이 더 이상 효과가 없다는 걸 깨닫는 데 10년이 걸린 셈이죠.

열다섯 살에 처음으로 친구를 자살로 잃었어요. 그 시절의 일기장을 찾았는데, 그 친구가 죽었을 때 저는 이미 자살에 대해 생각하고 있었더라고요. 그때 어마어마하게 겁을 먹었던 것 같아요. 그 공포는 너무나도 생생했고, 열일곱 살 때는 실제로 자살을 시도했더라고요. 그 일에 대한 기억이 전혀 없었는데, 일기장을 보며 기억을 되찾았어요. 전화기 줄로 목을 감아 조르려 했던 일을 일기에 묘사했더라고요. 그런 사소한 시도가 계속되다가 한번은 '안 돼, 결국 이런 일이 일어나고 말았구나' 하며 깨달았어요. 나는 죽고 싶었어요. 사라지고 싶었어요. 그런 작은 시도로 죽기 직전까지 간 적이 몇 번 있었어요. 자살 시도를 하도 많이 해서 일일이 셀 수 없을 정도예요.

Q 스스로 생을 마감하고 싶을 만큼 절실한 위기에 처해 있지만 도움을 줄 만한 이를 만나지 못하는 사람이 있다면 어떤 말을 해주시겠어요?

A 사람에 따라 다르다고 생각해요. 명확한 해법은 없습니다. 문제의 큰 부분 역시 이 점이에요. 우리는 사람을 몇 가지 유형으로 분류하고 같은 방식으로 대하려고 합니다. 그러면서도 우리가 서로 다르다는 사실을 잘 알아요. 결국 문제와 마찬가지로 해법도 개개인에 따라 다르죠. 많은 전문가들이 활용하는 평가 도구 역시 그 효율은 50% 정도에 불과하거든요.

Q 참으로 답답한 일이네요.

A 우리는 예측해야 한다는 강박을 가지고 있어요. 요즘은 자살 성향에 관여하는 유전자가 있는지 확인하려고 합니다. 이 또한 치료를 강요하려는 또 다른 방법일 뿐이겠죠. 도움이 되어야 하는데 말이에요. 치료 이야기가 나와서 말인데, 자살 예방 분야에서는 자살을 정신질환의 하나로 보는 관점에 집착하는데, 저는 이 점이 무척 실망스러워요. 자살은 정신질환이 아니에요. 자살 충동이 정신질환으로 발전할 수는 있지만요.

Q 그럴 수 있겠군요. 하지만 자살 충동을 느낀다고 해서 정신질환을 앓는 건 아니죠.

A 자살 충동과 정신질환이 공존할 수는 있어요. 아마도 그럴 가능성이 더 높겠죠. 정신질환을 가지고 있다고 진단받은 사람들이 대개 자살 위험이 높기는 합니다. 하지만 두 가지 문제는 같은 것이 아닙니다. 자살 충동은 역경에 대한 반응이자 대응입니다. 저는 자살 예방이라

는 영역이 사람들을 죽음으로 몰아간다는 결론에까지 이르게 됐습니다. 죽고 싶어 하는 사람들을 살리는 데 아무 역할을 못 하고 있어요. 오히려 사람들을 죽게 해요. 자살 예방이라는 분야가 위기에 처한 사람들로 하여금 자신에게 문제가 있다고 생각하게 만들어요. 필요한 도움은 주지 못하면서 치료 센터에 입원시켜 도리어 상태를 악화시키고요.

내가 만난 이 사람들은 대부분 자신이 지속적으로 죽고 싶어 한다는 사실을 많은 이들이 알게 되길 바라요. 자살 충동에는 일정한 사이클이 있는 듯해요. 꾸준히 돌아오거든요. 이 점이 이를 다시 극복할 수 있다는 희망을 갖게 합니다.

Q 앤드루 솔로몬과 대화를 나누던 중에 그가 비슷한 이야기를 해서 깊이 공감한 적이 있어요. 우울증에 관한 거예요. 그는 자신이 우울증을 겪은 적이 있고, 앞으로 또 겪을 수 있다는 사실을 인정하는 것이 중요하다고 했어요. 스스로 인정해야 우울증을 이겨 낼 수 있다는 말이죠. 자살에 대한 생각도 마찬가지입니다. 달리 아무 방법이 없다고 느껴서 자살 직전까지 갔을 때도 말입니다. 다른 사람들도 그렇게 느끼고, 그들도 자신이 어렵게 살아남았다는 사실을, 그리고 이 문제가 다시 돌아오기도 한다는 사실을 아는 것이 실제로 도움이 됩니다.

A 제 상담사와 이 부분에 대해 이야기를 나눈 적이 있어요. 그는 제게 자살 충동을 느끼는지 물었죠. 저는 아니라고 말했는데 어떤 경우에 그런 충동이 불쑥 이는지는 알고 있다고 했어요. 제 경우에 자살 충동을 일으키는 일은 대개 인간관계의 문제예요. 아내와 말다툼을 벌이다 보면 내가 이해받지 못한다고 느끼고, 아내는 절대 나를 이해할 수 없고, 아무도 나를 이해할 수 없을 거라는 기분에 사로잡혀요. 그냥 아무도 내 마음을 몰라주고, 나만 미운 오리 새끼가 된 기분이 들

죠. 10대 시절부터 가족과 함께 있으면 늘 그런 기분이 들었어요. 누구에게도 이해받지 못하고, 항상 감정이 앞서는 아이로 지낸다는 건 무척 힘든 일이에요.

그게 계기가 된 거예요. 그래서 아내와 다투는 경우, 사실 전 아내 이외의 사람과는 거의 다투지 않거든요. 전 아내 앞에서만 아주 나약한 사람이 돼요. 그래서 아내와 말다툼을 하면 그게 트리거가 돼요. 그리고 특히나 내가 나쁜 부모라는 생각이 들 때면 아이들에게 상처를 주는 나 같은 사람은 없어지는 편이 더 낫지 않을까 하는 생각도 하고요.

Q 그럴 땐 어떻게 하나요?

A 일단 잠을 자야 한다는 건 알아요. 만약 아내가 함께 있으면 낮잠을 자거나 아예 바로 잠자리에 들어요. 다음 날 아침에 일어나면 서로 화가 나 있더라도 자살 충동은 사라지고 없어요. 그러면 저는 스스로에게 자기 관리 목록을 일깨웁니다. '그래, 데즈래, 뭐가 필요해? 뭐가 네 관심을 흐트러뜨릴까? 뭘 하면 네가 기뻐질까?' 저는 스스로 그 답을 찾아야 했고, 그 일이 무언지 알아내야 했습니다. 제게 도움이 되는 방법 중 하나는 혼자 영화를 보러 가는 겁니다. 무엇보다 스스로에게 휴식을 주어야 해요. 그리고 자신이 나쁜 부모라는 생각에 자살을 생각한다면, 자살한다고 해서 나쁜 부모가 되지는 않겠지만, 아이들은 상처로 너덜너덜해지겠죠.

Q 그 순간에는 그런 생각이 들지 몰라도 더 나은 부모가 되지는 못할 텐데요.

A 가끔은 '젠장, 내가 여기 없으면 모든 것이 지금보다 더 나을 텐데' 하는 낮게 으르렁거리는 소리가 들려요. 하루 종일 계속되는 때도 있고 몇 분 정도로 끝나기도 하는데, 미치도록 짜증이 솟죠.

Q 낮게 으르렁거리는 소리는 저도 확실히 알아요.

A 그때가 바로 자기 관리 목록이라는 게 제 기능을 발휘하는 시점이에요. 예를 들어 제가 좋아하는 '위로 영화 목록'이 있는데, 슬픈 영화나 뭐 그런 것들이에요. 그럴 때는 그냥 그중 하나에 나를 맡겨 버려요.

Q 예를 한두 개만 들어 주실래요?

A 가장 좋아하는 영화는 〈당신 없는 일주일This is Where I Leave You〉이에요. 〈월플라워The Perks of beingA Wallflower〉도 수도 없이 많이 봤고요. 〈우리, 사랑해도 되나요?The Family Stone〉는 어머니와 관계가 원만하지 않은 사람들을 위한 영화예요. 영화를 보지 않을 때는 개와 함께 시간을 보내요.

Q 또 어떤 것을 하라고 권하시겠어요?

A 개별적인 자기 관리법은 대부분의 사람들에게 절대적으로 필요한데도 다들 놓치는 부분이에요. 저는 자살하고 싶다거나 친구가 자살하려 한다며 어디 가서 누구와 이야기를 하면 좋을지 묻는 사람을 많이 만나요. 치료 중에 끔찍한 경험을 했다는 사람도 많이 보았고요. 그러면 저는 묻죠. "당신의 상담사는 어떤 분야를 전문으로 하나요? 그분은 자살 충동을 가진 이들과 일해 본 경험이 있나요? 자해하는 사람들과 일해 본 경험은요? 입원 치료를 어떻게 생각하는지 상담사와 이야기해 본 적이 있나요?" 나 역시 서른둘, 서른셋 무렵에야 어떻게 해야 하는지를 깨달았어요. 며칠 전 저는 강박적인 자살 충동을 가진 사람에게 이 증상에 대해 이야기할 일이 있었어요. 그런데 문제는 강박적 자살 충동이란 게 존재한다는 사실을 저도 작년에야 알게 됐다는 거예요. 이건 실제로 자살 충동을 느끼는 게 아니에요. 그저 자신이 자살을 할까 봐 끊임없이 두려워할 뿐이에요. 그래서 저는 "이 문제에 대한 치료사의 입장을 모른 채 상담실에 들어가면 바

로 입원하게 될 수도 있다"고 설명했어요.

Q 진료실을 벗어나기도 전에 입원하게 되는 수도 있나요?

A 네. 그래서 적절한 치료사를 찾는 방법에 대해 고심하고 이야기를 나누어야 해요.

Q 어쩌면 가장 중요한 생존 기술은 자기 자신과 치료적 관계를 맺는 것일 수도 있겠군요.

A 그리고 내 정신 상태에 관한 이 상황의 주인은 내가 되어야 한다고 말할 수 있어야 해요. 그리고 내가 내 정신 상태에 관한 상황의 주인이 될 때까지는 많이 괴로울 거예요. 하지만 아무도 이를 대신해 줄 수는 없을 테니 본인 스스로 책임을 져야 하죠. 적어도 지금은요.

Q 자신의 정신 건강에 관해서 누구에게 의지해야 할지 아는 건 쉽지 않죠. 선생님은 좋은 정신과 의사를 만났나요?

A 네. 특히 의사 선생님 한 분이 많은 도움을 주었어요. 저는 "SSRIs[2]는 성욕을 떨어뜨리기 때문에 복용하고 싶지 않아요. 좀비처럼 느껴지거든요"라고 말했죠. 그러자 그분이 저더러 SSRIs에 내성이 생긴 것 같다고 했어요. 저는 놀랄 수밖에 없었죠. "뭐요, 그래도 되는 거예요? 그 약 싫다고 제가 거절해도 되는 거였어요?" 당시 저는 조울증 진단을 받았는데, 알고 보니 저는 조울증이 아니라 ADHD(주의력결핍장애)였어요. 그 선생님은 약 목록을 만들어서 하나하나 설명해 주며 제 의견을 물었어요.

Q 좋은 정신과 의사군요.

A 제 의견을 왜 묻느냐고 하니, 선생님은 원하면 처방을 써줄 테니 가서

---

2   선택적으로 세로토닌 재흡수를 억제하는 방식의 항우울제

조사를 좀 해보고 처방약을 탈지 말지는 나더러 결정하라더군요. 처음에는 이상했는데 생각해 보니 일종의 협업이 가능한 거였어요. 의사가 매니저처럼 내 정신 건강을 관리해 주되, 도움이 필요할 때는 제가 의사의 협조를 받고 책임져야 할 결정은 내가 내리는 거죠.

Q 때로는 다른 사람에게 맡기는 편이 더 쉬울 수도 있어요.

A 무슨 편집증 환자처럼 언제 어디서나 정신 건강만 생각하며 살 수는 없어요. 하지만 정보가 더 많이 필요한 건 사실이에요. 정신 건강 회복을 위한 실천 계획인 랩 플랜Wrap Plan이란 게 있어요. 방법은 대략 이렇죠. 자기 관리에 대해 생각해 보세요. 자신의 자살 충동을 유발하는 요인에 대해서도 생각해 보시고요. 그리고 이것들을 글로 적어 보세요. 저 또한 제게 위기의 순간에 개와 시간을 보내고, 위로가 되어 주는 영화를 혼자 보는 것이 도움이 된다는 사실을 이 과정을 통해 알게 된 거예요. 커다란 스타벅스 아이스커피를 하나 사서 어퍼 이스트사이드를 산책하는 게 도움이 될 수도 있고요. 제게는 구체적으로 이런 행동들이 행복해지는 방법이었어요.

Q 실제로 누군가가 자살하는 것을 막아 주는 방법이군요.

A 주의를 다른 데로 돌리는 게 핵심이에요.

Q 주의를 다른 곳으로 돌려 위기의 순간을 넘기는 거군요.

A 또 다른 방법이 있어요. 사회적으로 더 잘할 수 있는 방법이에요. 최근에 잭 조던Jack Jordan과 이에 관한 이야기를 했어요. 조던은 자살 방면에서는 대단한 임상 연구자인데 얼마 전에 그와 의사들이 죽음을 합법화하는 데 도움이 되는지 이야기했어요. 왜, 마거릿 배틴Peggy Battin이 항상 이야기하는 좋은 죽음의 개념이요. 조던이 그러더라고요. "나는 합법화해야 한다고 생각해." 누군가 자신의 삶을 끝내고 싶어 한다면 가족은 물심양면으로 도와야죠. 그리고 이를 합법화하

고, 행정 절차를 탄탄하게 갖추어야 한다는 것이 제 생각이에요. 합법적으로 죽음을 선택할 수 있게 하고, 이를 담당하는 기관도 만드는 거죠. 그런 곳을 찾아가면 이렇게 말해 주는 거예요. "위기에 처했다고 느끼시는군요. 알겠습니다. 저희 기관의 공식적인 결정은 다음과 같습니다." 이렇게 진행되겠죠. 하지만 그 죽음에 앞서 지원 서류를 꼼꼼하게 작성해야 해요. 여기선 귀찮은 서류 작성 과정과 행정 절차가 주의를 다른 데로 돌려 주죠. 그렇게 된다면 관료주의가 사람을 살리는 유일한 사례가 될 겁니다. 엄청나게 많은 서류의 빈칸을 채우다 보면 자살 신청자는 이미 위기의 순간을 벗어나게 될 테니까요.

Q 의학적 조력 사망이 허용될 경우에 대비한 통계학적 증거는….

A 대부분의 사람들은 안 쓴다 아닌가요?

Q 출구가 있다는 사실만으로도 그 출구를 굳이 쓰지 않아도 된다는 것을 아는 데 큰 도움이 되죠.

A 누군가의 도움을 받아 죽는 방법에 대해 오랫동안 많은 생각을 해 보았어요. 그리고 어떻게 죽을지 스스로 고를 수 있다는 사실이 얼마나 많은 사람을 살릴 수 있을지 생각해 보세요. 만약 아무도 당신 뜻에 동의하지 않더라도, 말리는 주변 사람에게 이렇게 말할 수 있을 테죠. "이 길은 내가 선택하는 거고, 내가 가는 거야. 그러니까 부디 내 편이 되어 줘." 이렇게 할 수만 있다면 얼마나 많은 사람들이 두려움에 떨며 죽지 않아도 될까요?

4. 앤드루 솔로몬, "두 종류를 모두 기억하기란 불가능하다"

2001년에 앤드루 솔로몬이 《한낮의 우울》을 출간했을 때, 나는 훗날 결혼한 리베카와 함께 텍사스 오스틴에 살고 있었다. 1994년에서 2000년까지 6년 동안 형제들과 보석 사업을 함께 하며 끔찍이 어려운 시절을 보내느라 마치지 못한 박사 과정을 마무리하기 위해 텍사스 대학으로 돌아온 시절이었다. 솔로몬의 책은 출간 즉시 수십 년 동안 나온 우울증 관련 연구 중 가장 뛰어난 책으로 인식되었다.

이 책을 처음 읽었을 때, 내 개인적 경험을 누군가 그대로 묘사한 것 같은 느낌을 받았다. 책의 내용은 그야말로 내 경험의 폭로라 해도 좋을 정도다. 나는 그때까지 많은 사람이 자신의 우울증 경험을 담은 기사, 단편소설, 회고록 들을 수도 없이 많이 읽었다. 하지만 이 책만큼 우울증을 앓는 기분을 생생하고 정확하게 담은 글을 본 적이 없다. 나는 위대한 현대 작가 마고 제퍼슨에게 우울증과 싸운 경험에 대해 물어본 적이 있는데, 그 역시 〈뉴요커〉에 실린 앤드루 솔로몬의 글을 읽고 우울과의 싸움을 어떻게 받아들이고 어떻게 다루어야 할지 처음으로 알게 되었다고 했다. 많은 사람이 비슷한 경험을 했을 거라 확신한다.

솔로몬은 이미 우울증과 자살 충동으로 고통받는 이들을 돕는 분야에서는 최고 실력자로 알려져 있었다. 〈뉴요커〉뿐 아니라 다른 매체들에 실린 기사들은 아무리 열성적으로 추천해도 부족할 정도인데, 자살이라는 화두와 가족 문제를 바라보는 데 혁명적 변화를 가져왔다. 나는 2020년 12월의 어느 따뜻한 날에 그와 화상으로 이야기를 나눴다.

Q 솔로몬 씨, 만약 당신의 독자나 학생이 찾아와서 더 이상 살아갈 수 없을 것 같다고 한다면 그들에게 어떤 말을 하나요?

A 실제로 많은 이들이 내게 와서 그런 말을 합니다. 자살에 대해 고민했고, 내가 쓴 글이 도움이 되었다는 이야기도 많이 합니다. 누구인지 기억나지는 않지만 이런 말을 한 사람도 있어요. "자살은 일시적 문제에 대한 영구적 해결책이다." 사람들에게 이 말을 많이 인용하

는 편이에요. 우울증은 매우 흔하고 대부분의 사람들이 실감하는 것보다 훨씬 흔하다는 이야기도 많이 해요. 우울증에 관한 책을 쓰다 보면, 만나는 사람마다 하나같이 자신의 우울에 대해 이야기하기 때문에 얼마나 많은 사람이 우울증으로 고통받는지 알게 돼요. 흔하디흔한 질병이지만 대부분의 경우에는 치료가 가능합니다.

나는 누군가가 육체적 혹은 정신적으로 아무 해결책이 없는 병에 걸린 경우처럼 특수한 상황에서는 자살할 권리를 인정해야 한다고 생각합니다. 하지만 죽고 싶다는 기분과, 실제로 고치기 어려운 병에 걸린 상황과, 삶이 도저히 감당할 수 없을 만큼 괴로운 정도의 사이사이에는 여러 단계가 있어요. 그리고 우울이 가져오는 슬픈 저주 중 하나는, 이게 영원히 지속될 것 같은 기분을 안긴다는 점이에요. 자신에게 우울하지 않은 시절이 있었다는 걸 기억하기 어렵고, 언젠가 우울하지 않을 수 있다는 것도 도통 믿기 어려운 거죠. 하지만 누구라도 과거에 우울하지 않은 시절이 분명 있었고, 충분히 다시 괜찮아질 수 있거든요. 세상에는 수천 가지 치료법이 나와 있고, 치료가 만만찮은 것도 사실이에요. 어떤 약을 써야 할지 쓰지 말아야 할지, 저주파 자극을 통한 치료를 해도 될지, 어떤 분석 방법으로 결과를 판독할지, 자신의 건강 보험은 어떤 종류일지, 관련된 궁금증이 수백만 가지일 테죠.

하지만 결국 대부분의 경우에 무언가가 우울증을 극복하는 데 도움이 돼요. 그리고 가장 큰 실수는 너무 일찍 포기하는 거예요. 사실 우리 삶은 너무나 귀하고 소중하죠. 일단 우울증에서 헤어날 수만 있다면 그다음엔 살아 있어야 할 타당한 이유가 많고 많아요.

Q 저는 가끔 우울증이 극단적 계절의 변화와 비슷하지 않나 생각해요. 겨울에 바깥 날씨가 엄청나게 추운 날이 길게 이어질 때면 여름의 더

운 날씨가 도무지 기억나지 않고 상상조차 되지 않잖아요. 이와 반대로 날씨가 아주 더울 때 어느 해변에서 겨울철 아주 추운 날씨를 떠올리려 해보세요. 기억을 어디서 가져와야 할지 모르는 거죠. 제가 진짜 하고 싶은 질문은 이거예요. 우울한 감정이 다가오는 게 느껴지거나 다시 찾아올까 봐 걱정된다면 어떻게 해야 할까요?

A 저는 제 나름대로 행동 지침을 세우고 이를 충실히 따릅니다. 취침과 기상 시간을 규칙적으로 유지하고, 가능한 한 잘 챙겨 먹으려 노력해요. 물을 충분히 마시고, 술을 멀리하죠. 술은 원래 많이 마시지 않았는데, 지금은 더 멀리해요. 운동도 중요해요. 기본적으로 운동하는 걸 끔찍이 싫어하지만, 반드시 하려고 노력합니다. 특히 팬스레 기분이 처지거나 우울할 때면 일부러 운동을 해요. 정신과 약을 전문으로 하는 약리학자를 만나서 내 상태를 개선하기 위해 조정할 수 있는 약이 있는지 알아보기도 하죠. 약을 조정하면서 어딘가 나아지는 때도 있고, 그렇지 않은 때도 있어요.

마지막으로 심각한 우울증이 발병한 게 3년 전이었어요. 8개월간 지속된 것 같아요. 그 여덟 달 동안은 정말로 아무것도 할 수 없는 자포자기 상태였고, 그 어떤 일도 해나갈 수가 없었어요. 그 와중에도 아이들에게 이 어려움을 안기지 말아야 한다고 생각했고, 아이들과 있을 때 우울한 티를 내지 않으려고 애를 많이 썼어요. 그러면서 엄청 스트레스를 받았는데, 나중에 보니 그게 제가 나아지는 데 도움이 되었더군요.

Q 조금 더 자세히 말씀해 주실래요?

A 억지로라도 미소를 지으면 기분이 나아진다는 연구 결과가 있어요. 입꼬리를 올리는 행위가 그 표정이 나타내는 밝은 기분을 만들어 낸다는 거죠. 버티기 힘든 고통 속에 있으면서 주변 사람들을 위해 우

359

울하지 않은 척 행동하는 건 그야말로 끔찍한 형벌이에요. 하지만 우울증에 완전히 항복해 버린다면 그 또한 물에 빠져 죽는 것 같은 기분이에요. 그 중간을 찾는 거죠. 그 길을 찾으면 억지로 입꼬리를 올리는 가짜 웃음이 스트레스가 아니라 구원이 될 수 있어요.

Q 말이 되네요.

A 이와 더불어 저 자신을 스스로 북돋웠어요. '이건 다 겪어 본 일이야. 과거에도 겪어 냈으니 언젠가는 이걸 다 견디고 이런 기분에서 벗어날 수 있을 거야' 하며 지난 일을 기억해 내려고 갖은 애를 썼어요. 그 와중에도 놀라운 일이 있었어요. 우울증 병력이 그렇게 길고 그 경험을 책으로 썼으면서도 한번은 우울증을 앓는 친구와 저녁을 먹다가 "그래, 너는 요즘 기분이 어때…?"라고 묻고는 제 기분을 그대로 말했죠. 그러자 친구가 "나는 우울증을 앓았고 그 기분을 겪어 봤어. 그리고 네가 우울증을 앓을 땐 그런 기분을 느꼈지. 하지만 언젠가는 거기에서 벗어나게 될 거야."

Q 그러니까 당신이 누군가에게 늘 하는 조언을 도리어 친구분한테 들은 거군요. 도움이 되던가요?

A 제 말이 바로 그거예요. 우울을 극복하기 위한 저만의 방법은 평상시라면 아주 잘 지낼 친분 관계를 조금 줄여 좀 더 적은 수의 사람들과 교류하는 거예요. 소수의 사람들과 교류하되 그 친구들의 응원을 받으며 마음 편히 지낼 수 있도록 내가 지금 어떤 상황을 겪고 있는지 아주 깊이 털어놓죠. 실제로 우울한 상황이 아닐 때에도 주변의 친분 관계를 이렇게 조직화해 둡니다. 우울증이 덮치면 친구들이 내게 도움이 되는 말을 해줄 수 있도록 대비하는 거예요. 내게 다시 한번 확신을 줄 수 있는 내가 사랑하는 사람들, 내가 비용을 지불하고 도움을 받는 이 분야 전문가들과 항상 가까이 지내고, 문제가 생기

면 아주 직접적으로 솔직하게 털어놓아요.

Q 최근에 친구 한 명이 제게 물었어요. "지금 네가 자살하지 않도록, 혹은 자살을 생각하지 않게 도와주는 건 뭐야?" 지금 선생님이 설명한, 일종의 조직화 비슷한 것을 설명해 줬어요. 가족, 공과금을 제때 내는 일, 운동, 이 모든 일상적이고 단순한 일들요. 하지만 청소년과 대학생 나이의 아이들이 가장 걱정입니다. 우리가 위기 상황에서 의지하는 이런 상황이 젊은 아이들에게는 생길 일이 거의 없어요. 젊은이들의 삶은 이런 일상을 조직화하기에 최적화되어 있지 않잖아요. (이 문제에 관해서는 부록 1의 '청소년의 부모라면' 부분을 살펴보기 바란다.)

A 우울증이 특히 무시무시할 때는 처음과 마지막에 겪을 때입니다. 처음에는 이걸 헤쳐 나갈 수 있을지 모르겠다 싶지만, 그런 일을 두세 번 겪은 다음에는 다시 우울해져도 어느 정도 스스로 컨트롤할 수 있죠. 감정적으로는 '이 끔찍한 상황에서 절대 벗어나지 못할 거야' 싶은 기분이 들더라도 적어도 이성적으로는 '그래, 지난번에도 여기서 벗어난 적이 있어. 내가 이걸 온전히 감당해 낼 수 있을지는 잘 모르지만, 벗어날 수 있을 것 같아'라고 생각할 정도로 돼요. 하지만 이런 상황이 자꾸만 반복되다 보면, 제가 버지니아 울프의 고통이라 부르는 지점, '더 이상은 버티지 못할 것 같아'라고 생각하는 순간이 오고 이 지점에서 사람들이 자살을 하는 것 같아요.

사람들이 마지막 우울증을 겪으며 자살하는 건 분명하죠. 자기 삶을 스스로 끝내면 더 이상 우울증이 발병할 일은 없으니까요. 하지만 제 생각에 가장 위험한 단계는 선생님이 말씀하신 대학생 또래 젊은 이들이 처음 맞닥뜨리는 우울증이 아닐까 싶어요. 그때가 지나면 이런 상황이 예전만큼 당황스럽지는 않고, 비통한 건 분명하지만 '도대체 내게 무슨 일이 일어나는 거지? 내가 어떤 사람인지 모르겠어. 나

361

는 누구일까?' 하는 생각이 들 정도로 최악은 아니에요.

이는 결국 내가 책에서 많이 언급한 내용, 우리가 해야 할 아주 중요한 일 중 하나, 우울증을 당신의 인생 이야기에 포함하는 것으로 이어집니다. 우울을 당신의 인생 서사에 포함하면 우울증이 다시 찾아왔을 때 이렇게 생각할 수 있어요, '아, 5년 전에 일어났던 그 일이 다시 일어나는구나. 그 뒤로 5년간 평온하게 잘 지냈으니 지난번처럼 이리이리 대처하면 될 것 같아.'

우울을 겪은 많은 사람이 거기에서 빠져나오면 너무나 끔찍해 그 기억을 닫아 버리고 싶어 해요. 여기에 우울에서 벗어나려는 의지가 작용해요. 그리고 역설적으로 이들이 과거에 겪은 우울의 공포에 가장 크게 영향을 받습니다. 왜냐하면 자신의 인생에 우울증을 포함하지 않았기 때문이에요. 그래서 우울이 다시 찾아오면, 피하지 못해 어찌 해야 할지 잘 모른 채 다시금 크나큰 곤경에 처하고 말아요.

그리고 첫 우울증, 이 역시 아주 괴로운 일이에요. 처음 우울증을 겪는 이들에게 이렇게 말해 주는 게 아주 큰 도움이 될 거예요. "있잖아, 나도 이런 일을 아주 많이 겪어 봤어. 많은 사람들에게 이런 일이 일어나는데 너한테는 처음으로 생긴 일이지. 말도 안 되는 일이야. 하지만 지금이 최악의 순간이야. 이때가 지나고 나면 이성적으로 생각하며 다시 조금씩 추스를 수 있을 거야."

Q 우울증을 인생의 한 부분으로 받아들이는 방법에 사람들이 어떻게 반응할지 상상이 가네요. 뭔가 말이 된다 싶으면서 크게 위안이 될 것 같아요. 선생님께서 쓰신 책에서 본인에게 지속적으로 크고 작은 자살 성향의 역사가 있다고 하셨어요. 지하철이 역에 도착하는 장면을 보면서 '아! 이 기차에 뛰어들어야 할 것 같아'라 생각할 수도 있다고 하셨어요. 그런 생각이 들 때 스스로를 제어하는 방법 같은 게 있을

까요?

A 글쎄요, 대단한 건 아니지만 나만의 방법이 있기는 해요. 한 가지는 내가 혹시라도 그렇게 뛰어든다면 다른 사람들에게 큰 피해가 갈 거라고 깨달은 점이요. 그 때문에 마음이 무거워졌고 결국 포기한 게 행운이라면 행운이죠. 예전에는 그런 일이 생긴다면 아버지에게 큰 피해가 될 것을 알았고, 이제는 남편에게 큰 상처를 남길 테고 무엇보다 내 아이들이 가장 큰 피해를 입겠죠. 부모가 되어 자녀를 둔다는 것은 자신을 스스로 더욱 감시하게 되고, 달리는 기차에 뛰어들고 싶은 순간이 와도 바로 실행에 옮기지 못하는 면이 있어요. 내게도 분명 그러고 싶은 순간이 몇 번 찾아왔지만, 더 이상 그럴 수 있는 처지가 아니라는 사실을 깨달은 거죠.

부모가 되기 전에도 나 자신에게 진지하게 이야기했어요. '안 돼, 사람들에게 끔찍한 경험을 안길 거야.' 부모가 자살한 아이들은 평생토록 심각한 트라우마에 시달리잖아요. 그래서 아이를 갖고 싶다면 (저는 간절히 원했어요) 스스로 삶을 마감할 가능성을 완전히 닫아야 한다는 걸 깨달았어요.

하지만 이 사실을 잘 아는 많은 사람이 절망적 순간이 오면 더 이상 단 1분도 살아 있기 힘들다고 판단해요. 어떤 방식으로든 그 사람들을 비판할 생각은 없어요. 흔히 말하는 것처럼 이기적이고 무책임하다고 생각하지도 않아요. 그 사람들의 절망이 얼마나 한없이 깊은지 보여 주는 거라 생각하고, 그런 절망 속에서는 자신이 입을 상처를 인식하는 방법이 왜곡된다고 생각해요. 이런 상황에서는 생각이 이미 자신이 모든 사람에게 짐이 될 뿐이라는 결론으로 움직였을 테니까요.

Q 짐이 되는 자신을 없애면서 주변 사람들에게 도움이 되려 한다는 뜻

이군요. 절망에 빠지면 얼마나 판단력이 왜곡되는지를 잘 보여 주네요.

A 하지만 항상 가능성이 열려 있다는 사실을 아는 것이 얼마나 큰 위안이 되나 생각하기도 해요. 종종 이런 생각을 합니다. '그래, 오늘 이걸 견딜 수 있다면 내일은 완전히 끝내 버릴 수 있을 거야. 앞으로 여섯 달을 버틴다고는 장담하지 못하지만 내일 점심시간까지는 견딜 수 있을 거야.' 그러고는 다음 날 점심시간이면 이렇게 생각하죠. 어쩌면 내일 점심까지 하루 더, 내 실제 상태에 따라 한 주, 어쩌면 더 길게도 견뎌 볼 수 있을 것 같은데.'

제 어머니가 쉰일곱 살에 암 진단을 받았고 18개월 뒤인 쉰여덟에 돌아가셨어요. 제가 지금 쉰일곱 살인데, 꽤 오랫동안 전 어머니가 그 나이에 돌아가셨으니 나도 그때 죽을 거라는 말도 안 되는 생각을 갖고 있었어요. 온갖 방법으로 이런 강박을 떨쳐 버리려고 했는데, 그런 생각이 없어지지 않더라고요. '만약 앞으로 내가 살 날이 1년뿐이라면?' 이런 생각을 하면 두 가지 감정이 뒤섞여 올라오죠. '끔찍한 비극이겠구나. 나는 아직도 살아야 할 이유가 많은데, 하고 싶은 일이 많은데.' 그러면서 한편으로는 '글쎄, 어찌 보면 참 안심이 되는구나. 죽음을 앞두고 있어 안심이 된다는 건 아직 살아야 할 이유가 많다는 생각과 정확하게 반대되는 거잖아요. 나는 이것이 우울 성향이라는 것을 알고 있고 자살하고 싶은 유혹을 끊임없이 느껴 왔기 때문에 죽음을 대하는 자세가 남들과 다른 부분도 있었어요. 지금 내가 비행기에 타고 있는데 무시무시한 난기류에 휩쓸려서 당장이라도 추락할 것 같다고 상상해 봐요. 아마 죽음의 공포에 휩싸이지, '후유, 차라리 잘됐어' 같은 말을 하지는 않을 거예요. 하지만 얼핏 비행기가 추락하는 상황이나 급작스러운 죽음에 대해 떠올린다면 나는 아마 '저런, 모두들 그리울 거야. 하지만 살아 있느라 기를 쓰는 것도 이젠 끝이네'라는 생각을 하지요. 자살 직전까지 여러 번 가본 터라 '그래, 오늘 하루도 나는 살아 있을 거야. 그리고 계속 살아 있기 위해 최선을 다할 거야' 같은 말을 하려면 매일매일 새로이 다짐해야 하고 마음의 준비가 필요하거든요.

Q 선생님은 책에서 죽고 싶다는 비이성적 욕망이 일어날 때를 대비해 스스로 자살 충동에 대해 이성적으로 준비한다고 하셨는데, 저는 그 부분이 아주 마음에 들더군요.

A 인간의 지성과 감정은 참으로 난해하게 얽혀 있는 것 같아요. 그리고 이를 명확하게 구분해 가는 건 정말 수고스러운 과정이죠. 많은 시간을 자살 생각에 빠져 보내면 종종 이를 두려워하지 않게 된다는 위험이 있어요. 그리고 일단 자살을 두려워하지 않게 되면 거부하기는 더욱 어려워지고요. 하지만 당신이 자살에 대한 생각을 수도 없이 여러 번 철저하게 했고, 아직 실행에 옮기지 않았다면 당신에게는 이런 순간을 생각할 여지가 있는 거예요. '이런, 내가 또 자살을 생각하고 있잖아. 지난번에 자살을 생각할 때는 실행에 옮기지 않았지. 지난번에 실행하지 않았는데 이번에는 꼭 실천해야 하는 특별한 이유라도 있을까?' 이런 사고의 과정은 당신에게 이성적 정보를 제공하고 '그렇지, 그렇다면 이번에도 안 할래'라는 생각으로 이어집니다.

Q 들어 보니 선생님이 설명하신 우울증의 특징과도 많이 비슷하네요. 격정적 감정에 대비한 이성적 준비 같아요. 자살에 대해 이미 심사숙고를 거쳤으니, 이에 대한 감정적 반응에 적절히 대응할 준비가 좀 더 되어 있다는 말이겠군요.

A 대학 시절 룸메이트가 10여 년 전에 자살했어요. 그 친구와 그의 자살 그리고 자살의 의미에 대해 동창회 회보에 글을 썼는데, 당시에

그 글이 동창들 사이에 많이 회자되었던가 봐요. 지금은 제 다른 글들과 묶여서 책으로 나와 있어요. 이상한 건 내가 정신 건강을 걱정하던 친구들이 제법 많았는데, 테리, 그러니까 죽은 친구에 대해서는 던 한 빈도 걱정한 적이 없었어요. 항상 활기차고 낙관적으로 보였거든요. 테리가 죽은 뒤, 저는 그가 죽기 1년 전 정도부터 제게 보낸 이메일을 찬찬히 다시 읽어 보았어요. 우리는 죽고 못 살 정도의 단짝은 아니었지만, 테리는 제가 많이 사랑하고 아끼는 친구였어요. 테리는 로마에 살았고, 나는 뉴욕에 살았으니 자주 보고 살지는 못했어요. 그가 보낸 이메일을 하나하나 다시 읽어 보니, 그걸 보내던 시점에 그가 참으로 힘든 시기를 겪었다는 게 고스란히 느껴지더라고요. 그런데 나는 밝은 분위기로 답을 했어요. "나는 네가 다 잘 이겨낼 거라고 믿어." 전 제 생각만큼 테리를 잘 알지 못했고, 그가 위험하다는 걸 몰랐어요. 그의 죽음으로 전 절망에 빠졌죠.

우리 집에 테리의 모습을 그린 그림이 하나 걸려 있어요. 대부분의 시간 동안 테리는 나와 함께하죠. 어떤 면에서는 살아 있을 때보다 죽어서 오히려 항상 내 곁에 있는 느낌이 들어요. 그리고 나는 때때로 깊이 후회해요. 내가 그의 죽음을 막을 수 있었을 거라고 생각하기 때문이 아니라, '만약 그가 무슨 일을 겪고 있는지 알았더라면 당장 로마행 비행기에 타고 그를 찾아갔을 텐데. 내가 할 수 있는 모든 걸 해보았을 텐데' 하는 생각 때문에요. 종종 외향적이고 매력이 넘치며 수다스러운 사람들은 우울한 성향이 온전히 밖으로 드러나는 사람에 비해 감정을 숨기는 경우가 많지 않은가 싶어요. 일상생활이 가능한 우울증이 여러 면에서 나아 보이는 건 사실이에요. 만약 우울증이 찾아오더라도 직장이나 가족 내에서 자신의 역할을 지속적으로 해낼 수 있다면 인생이 산산이 부서지지는 않을 테고요. 하지만 드러나게 삶이 망가지지 않는 사람들은 어찌 보면 뒤에 더 힘든 시기를 보내고 있을 수 있어요. 이들이 겪는 어려움은 쉽게 지나치고 무시당할 수 있거든요. 심지어 우울증에 관한 책을 쓴 사람의 눈에도 띄지 않을 수 있어요. 다른 사람을 제대로 감지하고 대응하는 일은 실로 어려워요. 테리의 경우에는 제가 그의 위기를 감지하지 못한 거예요.

또한 가끔은 제가 스스로의 감정 기복이나 변수를 감지하지 못하기도 해요. 그럴 때면 나도 '음, 나는 퍽 잘 지내는 것 같아'라고 생각하기 쉬워요. 자살의 유혹이 얼마나 가까이에 있는지, 얼마나 나를 갑자기 덮칠 준비가 되어 있는지, 그리고 인간은 얼마나 쉽게 이에 굴복하는지 잊기는 쉬워요. 선생님이 말씀하신 날씨의 비유가 딱 맞아떨어져요. 추운 날씨엔 더울 때 어떤 기분이었는지 상상이 안 되고, 더운 날씨에는 추위가 어떤 건지 떠오르지 않는 것처럼 자살 충동이 없을 때에는 그게 어떤 심정인지 상상이 안 되고, 자살하고 싶은 생각이 절실한 순간에는 자살을 원하지 않는 기분이 기억나지 않는 거예요. 두 종류의 기억은 동시에 존재하는 게 불가능한 거죠.

5. 존 드레이퍼, "당신은 선물을 받은 거예요"

존 드레이퍼John Draper는 미국에서는 '자살 상담 전화 아저씨'로 통한다. 자살 방지 분야에서 일하는 누군가와 조금만 긴 이야기를 나누다 보면 존 드레이퍼란 이름이 나오기 마련이다. 그는 25년째 미국의 자살 예방 분야에서 앞서가는 전문가 중 한 명이다. 그는 DDHDisaster Distress Helpline, 미국 제대군인부 위기의 전화, 전미미식축구협회NFL의 라이프라인 등 미국 내 수많은 위기관리 핫라인 네트워크 운영에 활발하게 관여하고 있다. 그는 또한 9·11 테러 사건 이후 사람들의 정신 건강에 대응하기 위해 생긴 라이프넷LifeNet의 초대 책임자였다. 존 드레이퍼와 나는 2020년 12월 4일 줌을 통해 이야기를 나누었다.

Q 드레이퍼 씨, 당신은 아마 지구상의 그 누구보다도 자살 충동에 시달리는 사람들과 이야기를 많이 나누고 그들을 도와주었을 거예요. 그들에게 어떤 이야기를 하나요? 함께 일하는 분들에게 어떤 이야기를 나누라고 교육하는지요?

A 엄청나게 힘든 일은 아니에요. 그들과 인간적으로 소통하면 돼요. 흔히 자살하려는 사람과 이야기할 때는 그들의 기분을 바꾸어야 한다고 생각하는 경향이 있는데, 그건 최선의 접근법이 아니에요. 그들이 자기 기분 그대로 느끼게 해주세요. 죽고 싶어 하는 사람 280명 중 한 명꼴로 실제로 죽어요. 그러니 죽고 싶은 그 기분 속에서 이야기를 풀어 나가도 돼요.

Q 어떻게 하면 가장 잘할 수 있을까요?

A 일단 누구나 할 수 있어요. 그리고 우리는 전문 상담사나 치료사가 아니기 때문에 그들이 못 하는 이야기를 할 수 있어요. 전문 상담사들은 직업상의 가이드라인, 보험, 규칙 등 고려해야 할 사항이 아주 많아요. 우리가 하는 일은 관계를 만들어 가는 거예요. 양질의 관계요. 물론, 처음에는 "자신을 해치고 싶은 생각이 드나요?" "자살에 대해 생각하세요?"라고 물어야겠죠. 연구 결과에 따르면 자해나 자살이라는 표현을 쓴다고 그 행동을 유도하지는 않는다고 해요. 이는 상대방을 안심시키려는 말이고, 자살 충동에 대해 이야기해도 좋다는 허가를 뜻해요. 상대방 때문에 걱정되고, 상대방을 신경 쓰고 있으며, 상대방이 겪고 있는 어려움에 대해 이야기하고 싶다는 뜻을 표현하세요. 그리고 그들이 무슨 이야기를 하든 그냥 듣고, 반응하고,

궁금해하세요. 절대 평가하지 말고요. 그들이 이 난관을 헤쳐 나갈 수 있다는 것을 알려 주어도 좋습니다.

이런 것들을 물어보세요. "어떤 방법으로 자살할지 생각해 보았나요?" 밧줄, 약물, 뭐 이런 방법을 이야기하겠죠. 그러면 이렇게 말하세요. "그걸 제가 대신 좀 가지고 있어도 될까요? 당신이 너무나 걱정돼서요. 이 상황에서 혼자일 필요는 없어요." 도와주려는 의도를 보여 주면 돼요. 혹은 관심을 보인다는 게 어떤 것인지 다시 일깨우는 방법도 좋고요.

이런 걸 물어볼 수도 있겠죠. "혹시 이 문제에 관련해 믿을 수 있는 사람이 또 있나요?" 그 사람을 아끼고 보살피는 사람들을 주위에 두는 것이 이상적이거든요. 그러고는 이게 가장 중요한데, 대화를 마친 다음의 후속 조치가 있어야 해요. 그들에게 앞으로 당신이 들여다보고 챙기겠다고 말해 주세요. 그리고 그 말을 꼭 지킬 수 있도록 자신과 약속하고 명심해야 합니다. 다음번에 언제 안부를 확인할지 알려주면 가장 좋겠죠. 그리고 할 수 있다면 규칙적으로 살피고 일상으로 만드는 거예요. 꼭 자주 살필 필요는 없어요. 그저 확인하는 거예요.

Q 친구나 가족 중 하나가 한다면 누구보다 잘할 것 같군요.

A 물론입니다. 의심할 여지 없이 맞는 말이에요. 우리는 사람들에게 자살 방지는 전문가에게 맡기라고 가르쳐 왔지만, 사실은 전문가에게 맡기기보다는 주변 사람들에게 방법을 알려 주고 할 수 있다는 걸 알려야 해요. 우리 중 누구나 할 수 있는 일입니다. 그리고 가능한 한 많은 사람이 해주어야 하는 일이에요. 우리가 마주하는 이 위기를 줄이려면 되도록 많은 사람이, 아주 능동적으로 함께 해야만 해요. 코로나19 팬데믹을 겪으며 상황이 훨씬 더 나빠졌다고 보거든요.

Q 자살 시도 이후에는 어떤가요? 그 사람들에게 특별히 해주어야 하는

말이 있나요?

A 특히 중요한 게 하나 있습니다. 저는 자살을 시도한 이들에게 이렇게 말해요. "당신은 이제 선물을 받았어요. 이게 무슨 말인지 싶을 수도 있지만, 한편으로는 남들이 이해하지 못하는 방향으로 이해할 수 있을 거예요. 그래서 당신은 남들이 할 수 없는 방향에서 위기에 빠진 사람들을 구할 수 있어요." 자살을 기도한 적 있는 사람들은 자살 성향에 대해 진정한 전문가예요. 자살에 대해 내가 배운 것 중 특히 중요한 것은 자살 충동을 가진 내 친구들에게 직접 들은 이야기예요. 자살을 생각하는 것의 문제는 고민을 거듭하다 잘못된 결론에 도달한다는 거예요. 우리가 고통을 겪고 있다는 생각에서 출발해 어느새 우리가 고통 그 자체라는 생각으로 옮겨 가요. 그러다가 '내가 사라지면 고통도 사라지겠구나. 그러면 나도 나아지고, 모두가 나아지겠구나' 이런 결론을 내려요. 하지만 현실은 안 그래요. 고통이 사라지지는 않아요. 더 심해질 뿐이죠. 고통의 유산을 남기는 거예요.

Q 어떤 철학자들은 자살이 고통을 끝내는 것이 아니라 그 고통을 영원하게 만든다고 주장하기도 해요.

A 저도 전적으로 동의해요. 누군가가 자살하려 한다면 그들이 끝내고 싶은 건 자기 삶이 아닙니다. 그들의 인생에서 바꾸고 싶은 부분이 있을 뿐이에요. 그 부분이 변한다면 인생은 어떻게 달라질까요? 바로 그 점에서 변화를 만들어 낼 수 있어요. 삶을 끝내고 싶어 한다는 의미는 바로 그런 뜻이에요. 우리가 겪어 온 모든 고통을 생각해 봐요. 무슨 뜻이 있을 거예요. 그 고통은 너무나 괴롭지만 또한 아주 중요하기 때문에 절대 낭비해서는 안 돼요. 자살 기도에 이르게 하는 모든 고통, 혹은 자살을 생각하게 하는 고통은 대단원의 막을 내리는 결말이 아니라 클라이맥스여야 해요. 그렇게만 된다면 이는 인생

의 진정한 의미를 찾고 삶의 고통을 상대로 승리하는 거예요. 에밀리 에스파하니 스미스Emily Esfahani Smith가 쓴 《삶을 가치 있게 만드는 의미의 힘The Power of Meaning》이라는 책이 있어요. 이 책을 꼭 읽어 보기 바랍니다.

Q 그야말로 벼랑 끝에 선 사람에게 해줄 수 있는 특정한 이야기가 있을까요? 예를 들어 딱 그런 심정의 어떤 사람이 이 인터뷰를 읽고 있다고 가정한다면요.

A 벼랑 끝에 선 자신을 되돌아보며 무엇 때문에 그러고 있는지(무엇이 당신을 벼랑 끝에 서게 했는지) 스스로에게 물어보라고 하겠어요. 자신을 괴롭히는 커다란 바윗덩어리가 사실은 돌멩이 더미라는 걸 알게 될 거예요. 그러면 그 더미에서 돌을 하나둘 덜어 낼 수 있겠죠. 그리고 어느 순간 자기 인생을 스스로 다시 제어할 수 있다는 걸 깨달을 거예요. 당신은 계속 살아갈 힘이 있어요.

6. 캔디스 비긴스, "이 순간부터는 시야를 넓혀 가도록 해요"

자살과 자살 충동 치료에 대해 캔자스시티에서 강의를 하면서, 나는 그 지역에서 존경받는 상담사나 치료사가 있는지 수소문해 보았다. 나는 백인 남성이고, 내 책에는 백인 남성의 색채가 가득하기 때문에 여성이나 나와 다른 사람, 즉 중년의 중산층 백인 남성이 아닌 사람들을 도울 수 있는 이들의 조언을 구하고 싶었기 때문이다. 한 이름이 자주 등장했는데, 바로 로즈 브룩스Rose Brooks의 캔디스 비긴스였다.

로즈 브룩스는 생명의 위협을 느끼는 사람들을 돕기 위해 설립한 캔자스시티 응급 피난처다. "우리는 수많은 성인, 어린이, 동물들을 보호할 뿐 아니라 양질의 심리학적 도움을 받지 못하는 이들도 보호합니다." 로즈 브룩스 홈페이지에 쓰인 문구다. 브룩스는 이곳의 치료사다. "캔디스는 엄청나게 바쁘고, 대중에게 본인을 드러내는 것을 극도로 꺼려요." 그와 대화를 나누기는 쉽지 않을 거라는 말을 익히 들었다. 하지만 몇 번의 전화 통화와 여러 통의 문자 메시지를 주고받은 끝에 그는 나를 만나는 데 동의했다. 아래의 대화가 그 결과다. 브룩스는 자신이 로즈 브룩스를 대표한다기보다는 사람들을 도와 온 자신의 경험을 위주로 이야기를 전하기를 원했다.

Q 누군가 선생님을 찾아왔는데 그 사람이 절망과 공황의 정점에 달해서 스스로를 다치게 하거나 자살할 위험이 눈에 보인다면 어떻게 하시나요?

A 그 위험이 항상 눈에 보이지는 않아요. 말하지 않으면 다른 사람이 무슨 생각을 하는지, 무얼 계획하는지 알 수 없죠. 그걸 알아낼 수 있는 유일한 방법은 적절한 질문을 하는 겁니다. 그리고 그 질문은 언제 어떻게 하는지가 중요해요. 솔직한 대답을 듣기 위해서는 상대방과 친밀한 관계를 맺는 것이 아주 중요해요. 그리고 제 경험으로 미루어 볼 때 친밀한 관계는 짧은 시간에 만들어지기도 해요. 질문자는 아무것도 모른다는 자세로, 능동적으로 이야기를 잘 들어준다면 단 몇 분 사이에도 친밀한 관계가 만들어진다는 뜻이에요. 그들에게 자신에 대해 물어보세요. 그리고 위험한 행동의 방아쇠가 된 계기를 찾으며 이야기를 들어요. "무슨 이유로 이런 상태에 이르게 되었나요?" 자살 충동이 일기 전에 전조 증상이 될 부정적 생각이 어디에서 왔는지 찾으며 이야기를 듣는 거예요. 저는 관계에 부정적 영향을 끼치거나 혹은 말을 꺼내기가 껄끄러워 주변 사람의 자살 충동을 감지하고도 언급하지 못하는 사람들을 제법 많이 봐왔어요. 하지만 그 껄끄러운 불편함을 받아들이고 이를 향해 기꺼이 다가가야 해

요. 그런 질문을 누군가에게 한다는 건 결코 쉽지 않죠. 그토록 큰 고통을 안고 사는 사람과 한 공간에 앉아 있는 것 또한 결코 편안할 수 없고요. 그리고 이런 과정이 편안하지 않을 거라는 사실을 받아들이고 인정하세요. 여기서 중요한 건 말하는 사람이 편안한지 그렇지 못한지가 아니거든요. 가장 중요한 것은 고통받고 있는 사람의 안전이에요. 그러니 그 사람의 안위를 챙겨야 해요.

Q 도움이 필요한 사람 위주로 판단하고 행동해야 한다는 뜻이군요. 그리고 기꺼이 그 불편함을 감수하고 다가가는 자세도 중요하고요.

A 위기에 놓인 이들과 함께 있어 주는 것이 제 활동에는 항상 도움이 되었어요. 특히 우리가 어릴 때에는, 이 말은 연령이 어리다는 뜻도 되지만, 경험이 적은 경우를 말하기도 합니다. 다른 사람의 경험을 들으면서 어떤 행동이 촉발되기 쉬워요. 하지만 아주아주 중요한 점이 몇 가지 있어요. 첫째, 관심의 끈을 놓지 않는 것. 둘째, 위기에 놓인 사람과 같은 공간에 있을 때는 그 상황을 꿰뚫고 있을 것. 일단 그 공간에 들어가면 모든 것은 의뢰인을 위해 돌아가야 하거든요. 상대방에게 연민의 마음을 가져야 해요. 무엇보다 그 사람의 절실한 감정에 공감할 수 있도록 최선을 다해야 하고요. 연민과 공감 사이의 균형 역시 필요합니다. 하지만 공감은 사실 당신이 주체예요. '이건 내 안에 내가 갖고 있는 거야. 그게 튀어나오는 거야.' 그래서 함께 일하는 대상에 연민을 가질 여지를 더욱 키워야 해요. 그들이 어떤 고난을 겪더라도 함께하며 도울 수 있도록 그들과 항상 함께하기 위해 연민을 키우는 거예요.

Q 제 파트너는 종종 연민이란 게 요구한다고 억지로 생겨나는 성질의 것이 아니라고 말하죠. 그건 스스로 다른 이를 위해 내밀 수 있을 뿐이라고요. 절망의 공간에 있는 이들을 위해 책에서 들려주고 싶은 구절

이 혹시 있을까요?

A 절망과 무기력의 늪에 빠진 이들을 위해 제가 자주 하는 일 중 하나
는 그들이 시야를 넓히도록 돕는 거예요. "지금 당장은 힘들죠. 하지
만 시야를 넓혀 현 상황보다 조금 더 멀리 볼 수 있으면, 이 기분이
방향을 바꾸고 상황은 변할 거라는 걸 당신은 알아요. 예전에도 이
런 상황에 처한 적이 있었지만 방향을 틀고, 상황이 달라졌잖아요."
저는 곤경에 빠진 이들에게 시야를 넓혀 이 순간 너머를 바라보라고
권하고 싶어요. 그건 결코 쉽지 않은 일이겠지만, 이 과정을 함께할
누군가가 있다면 큰 도움이 될 거예요. 항상 누군가가 함께해 줄 수
있는 게 아니라는 걸 알아요. 하지만 이 순간을 잘 넘기고 앞으로 나
가기 위해 할 수 있는 일들이 분명 있어요.

Q 어려운 순간에는, 할 수만 있다면, 우리의 시야를 조금이라도 넓히는
게 필요하다는 말씀이군요.

A 분명 어려운 일이에요. 제가 잘 쓰는 방법은 이걸 일상적인 일로 만
드는 거예요. 크고 심오할 필요는 없어요. 아주 미세한 방향 전환이
어도 괜찮아요. 아주 미미한 변화도 움직임을 바꿔 나갈 수 있거든
요. 할 수 있는 딱 한 가지가 뭐가 있을까요? 당신이 집중할 수 있는
단 한 가지, 혹은 살짝이라도 이 순간에서 당신을 건져 낼 수 있는
단 한 가지는요?

Q 최근에 자살을 시도했지만 살아남았고, 일상으로 돌아가려 노력하는
사람들에게는 어떤 이야기를 해주고 싶은가요?

A 그 사람과 나의 관계에 따라 다를 테죠. 나와 제법 탄탄한 관계를 맺
은 이들에게 이야기를 해줄 때도 있고, 자살을 시도한 적 있는 사람
여러 명을 집단으로 만나 평가해야 하는 경우도 있거든요. 일단 일대
일의 관계가 형성된 이들에게는 이렇게 묻고는 해요. "무얼 할 때 기

분이 나아지던가요? 그 상황에서 벗어나는 데 어떤 게 도움이 되었나요?" 그리고 대답에 살을 붙여 나가는 거예요. 삶과 그 사람을 연결해 주는 존재가 무엇(누구)인지 밝혀내는 거예요. 그리고 그 부분을 되돌아보도록 돕는 거죠. 질문해 보면 세상과 연결되어 있다고 느끼는 방법이 실로 다양해요. 그리고 그 방법이 우리가 전통적으로 흔히 생각하는 방식도 아니고요. "내 개를 사랑하니까요." "식물을 돌보는 일이 참 좋아요." 무어라도 될 수 있어요. "당신을 세상과 연결해 주는 끈은 무엇인가요?" 다시 강조하지만, 시야를 넓히는 거예요. 젊은 친구들에게는 잘 통하지 않을 수 있지만, 30대나 40대, 적어도 기억을 더듬을 삶의 경험이 있는 사람이라면 충분히 승산이 있어요. "맞아, 난 지난번에 이런 상황에서 살아남았어. 예전에 이걸 견뎌 낼 능력이 있었지. 이번에도 해낼 수 있어."

7. 위기의 클랜시와의 문답

클랜시와 나 사이의 문답으로 독자 여러분을 지루하게 할 생각은 없다. 하지만 이 부록의 말미에 자살 직전까지 갔던 끔찍한 순간에 나를 단념하게 한 방법에 대해 꼭 이야기하고 싶다. 내가 아주 주체적으로 자살을 계획하던 시절에 사용한 테크닉으로, 결국엔 성공했다.

이는 내가 스스로에게 묻는 10개의 질문 리스트다(에드윈 S. 슈나이드 먼의 저서 《자살하려는 마음》의 도움을 받아 만들었다). 이 중 몇몇 질문은 그에 상응하는 후속 질문들도 있다. 나는 누군가가 내게 와서 자살에 대해 생각한다고 말할 때면 여전히 이 질문들이나 이를 살짝 변형해서 애용한다.

이 질문에 대한 답이 반드시 대응 방안을 제시할 필요는 없다고 생각한다. 하지만 비록 내가 그 누구에게도 계획을 말하지 않더라도, 자살을 시도하기 전에 스스로를 설득하는 데는 도움이 되었다.

1) 현재의 공황 상태를 조금이나마 진정시키고, 공포감을 줄이고, 어딘가에 갇혀 버린 듯 답답한 기분을 해소하기 위해 내가 지금 당장 할 수 있는 것이 뭘까? 클랜시, 나가서 여유 있게 산책해 보는 건 어때? 불안과 공황 전문가라면 누구나 권하는 걸 해볼래? 진정하고 심호흡하는 거 말이야.

2) 나는 무엇으로부터 도망치려는 거지? 클랜시, 조금 더 구체적으로 알려 줄래? 이거 말고 도망칠 다른 방법은 없는 거야?

3) 내 정신을 완전히 꺼버리고 싶은 거야? 아니면 아픈 부분만 끄고 싶은 거야?

4) 내 정신적 고통을 아주 조금이라도 누그러뜨릴 방법이 없을까? 아니, 그걸 찾기에 앞서 내 정신적 고통은 견디기 어려운 거야?

5) 나를 기겁하게 하는 주된 좌절의 요인은 뭐야? 보이는 것만큼이나 실제로 큰 문제인 게 맞아?

6) 내가 희망을 가질 만한 것이 뭐라도 있을까? 내가 스스로를 돕기 위해 할 수 있는 것이 있을까?

7) 내가 관심을 두고 아끼는 것이 있을까?

8) 도망치더라도 내일까지 기다릴 수 있을까? 내일도 여전히 도망칠 수 있을까?

9) 클랜시, 오늘 죽을 계획이라는 걸 누구한테라도 말해 봤어? 말을 할 수는 있겠어? 마지막 전화 한 통 말야. 해봐, 할 수 있어. 제발 시도라도 해볼래? 문자만이라도. 그래, 문자는 보냈구나. 그 사람들이 뭐래?

10) 너 그냥 습관적으로 여기 이러고 있는 거야? 빌어먹을, 이거 너무

뻔한 거 아니야?

  위기의 끝에 몰려 있을 때면 나는 이 질문 중 적어도 몇 가지라도 짚어 보려고 노력한다. 만약 그럴 정신이 있다면 말이다. 그래서 내 컴퓨터 안에는 이 질문을 담은 문서가 저장되어 있다. 또한 휴대폰의 메모장에도 같은 질문들을 적어 두었다. 내가 심각하게 겁에 질려 정신이 거의 나간 상태가 되면 이 리스트도 너무 길어 숨이 막힐 지경이 된다. 그래서 나는 긴박한 순간이면 딱 하나의 질문만 읽으려고 스스로를 단련한다. 딱 하나의 질문을 크게 읽는 것이 도움이 된다.

  내가 이미 말했듯이, 최신 문헌들로 미루어 볼 때 누군가에게 도움을 요청하라는 내 아홉 번째 질문이 자살 시도를 막는 가장 좋은 방법이다. 그럼에도 내 리스트에서는 거의 마지막에 등장하는데, 왜냐하면 나는 여간해서는 그러지 못하기 때문이다. 다른 이의 도움을 청하는 것보다 중요한 것은 없다고 데즈래 L. 스테이지가 누누이 강조하는 것도 이 때문이다. 왜냐하면 우리는 대개 다음과 같은 생각을 하기 쉽기 때문이다. '그래, 도저히 연락을 못 하겠어. 마지막 희망도 안녕, 이젠 모두 버릴 시간이야.'

  여러분은 최악의 순간에 나와 스테이지처럼 쉽사리 남에게 도움을 청하지 못할 수도 있다. 글쎄, 어쩌면 스테이지가 말한 것처럼 다른 방법을 시도할 수도 있겠다(나의 1번 질문처럼). 예전에 스테이지가 그랬듯이 스타벅스에 가서 프라푸치노를 사고, 내가 예전에 하던 것처럼 맥도날드에 가서 아이스크림콘을 하나 사는 거다. 혹은 차를 한 잔 끓이거나, 특정 음악을 아주아주 크게 틀 수도 있겠다. 당신의 주의를 다른 곳으로 돌리는 거다. 유튜브에서 프린스의 노래 〈비둘기가 울 때When Doves Cry〉 비디오를 찾아서 볼 수도 있겠다. 카메라 앵글이 욕조 안의 프린스에게 서서히 다가가는 순간, 프린스가 일어나 손을 내미는 장면을 보다 보면 기분이 조금 나아질지도 모른다. 어쩌면 스스로의 고통을 향해 미소를 지을 수 있게 될지도 모른다.

네 번째 질문은, 좀 위협적으로 들리기는 하지만, 내 정신적 고통은 진정 견디기 어려울 정도로 지독한지 스스로에게 묻는 것이다. 하지만 거의 항상 나는 이 질문에 그렇다고 대답하며, 나의 고통은 숨 막히는 독약의 구름처럼 느껴질 정도로 지독하다고 생각했다. 하지만 견딜 수 있는 고통이었다. 이 경우에 괴로운 것은 고통 그 자체보다 고통에 대한 내 공포와 공황이며, 이 공황 상태가 새로운 문제를 만들어 내는 것이다.

내가 가장 좋아하는 것은 열 번째 질문이다. 하지만 다른 질문들을 시도해 보고 나서야 10번으로 넘어갈 수 있었다. 하지만 이 항목은 진짜 내게 와닿는 것이다. 나는. 정말. 빌어먹게. 뻔하다. 클랜시, 우리 진짜 한번 붙어 볼까? 이 모든 걸 겪은 뒤에 지금에 와서 자살하는 것보다 더 뻔하고, 개성 없고, 지질한 게 있을까? 그리고 결국 내 문제에도 이런 방식으로 공감해야 한다고 누가 그랬더라? 감정적으로 조금 창의성을 발휘할 자유 정도는 내게도 있는 거 아닐까?

감사의 글

에이미 바로데일, 젤리 마틴, 마거릿 마틴, 포샤 마틴, 라트나 마틴, 칼리 마틴, 수전 골롬, 데니즈 오즈월드, 리사 루커스, 대니얼 핼펀, 비키 무디, 팻 배로데일, 대런 마틴, 팻 마틴, 빌 마틴, 얼리샤 마틴, 리베카 마틴, 마거릿 링크, 조 링크, 맷 링크, 팀 컬버, 애덤 쿠퍼, 앤드루 솔로몬, 캔디스 비긴스, 데즈래 L. 스테이지, 드리시티 철라, 리티카 칼리타, 존 카그, 만시 배시츠, 그레이스 케터먼, A. J. 돌르리오, 조너선 프랜즌, 다지, 데이비드 베나타, 웨인 보트, 다이앤 윌리엄스, DJKR, 타시 콜먼, 짐 로리, 마고 제퍼슨, 마거릿 배틴, 존 드레이퍼, 엔리코 냐울라티, 러리 윌리스, 시드니 하비, 브루스 부바츠, 그웬 넬리, 벤 재스노, 알렉스 왓슨, 리타 코타리, 크란티 서랜, 아밋 처더리, 수마나 로이, 에이드리엔 밀러, 엘런 로즌부시, 데이비드 네이피어, 하리 해런, 샤론 베리, 타냐 T., 로코 캐스트로, 캐럴 헤이, 뎁 올린 언퍼스, 블레어 무디, 로버트 C. 솔로몬, 캐슬린 M. 히긴스, 짐 핸킨슨, 산제이 세걸, 피에르 라마시, 타티야나 코스타치카, 애덤 베어, 라필 크롤 자이디, 조 클록, 에픽과 허프포스트의 《나는 아직 여기 있다I'm Still Here》 편집자들, 하퍼스의 《술꾼의 클럽The Drunk's Club》 편집자, 하퍼스와 더 빌리버의 《빅마더Big Mother》 편집자들, 트라이시클Tricycle의 《우리의 작은 비극Our Little Tragedy》 편집자, 대니얼 소어, 내 학생들, 그리고 정신병원에서 나와 이야기를 나눈 많은 분, 이메일로 자신의 수년간에 걸친 자살 생각과 자살 시도에 대해 말씀해 주신 분들께 감사드립니다.

감사의 글

노트

서문

p13 그리고 이것이 이 책을 쓴 이유 중 하나다.

가끔 여기서 언급하긴 하겠지만 의료 조력 사망(안락사라 불리던 것)을 자세히 다루진 않을 것이다. 대체로 나도 이를 지지한다. 의료 조력 사망은 전형적으로 어떤 이가 극심한 육체적 고통 속에 있고 죽음이 임박할 때 제공한다. 이 책에서 내가 관심을 두는 사례는 이런 것이 아니라 자살 시도가 실패했거나 자살 성향이 있는 사람의 마음이 달라지고, 이후에는 살아 있는 상태를 더 선호하게 되는 경우다. 이런 경우는 실제로 사례가 훨씬 더 많고, 말기 불치병이나 고통스러운 질병에 시달리다 의료 조력 사망을 선택하는 사람들일 가능성이 있긴 하지만 매우 낮다.

p14 자살에는 어떤 비밀이 있다.

사랑하는 이가 자살하고 그 뒤에 남겨져 분노와 당혹감, 회한, 비통함을 감당해야 하는 이들에게 나는 이윤 리의 소설인 《이성이 끝나는 지점Where Reasons End》을 가장 합당한 책으로 추천했다. 자살하며 지인들에게 충격을 준 이들을 위한 뛰어난 연구로는 캘빈 트릴린의 《데니를 기억하며》와 친한 친구였던 실비아 플래스의 죽음에 초점을 둔 A. 앨버레즈의 《잔인한 신The Savage God》을 들 수 있다. 자살의 유형을 분류하고 자살에 이르게 하는 정신적·사회적 문제점을 진단하기 위해, 또 자살 성향이 있는 사람들을 연구하는 이들이 그 대상을 이해하도록 돕기 위해 여러 심리학자와 정신과 의사, 사회학자가 많은 책을 집필했다. 개인적으로 가장 선호하는 책은 케이 레드필드 제이미슨의 《자살의 이해》다. 자살하는 방법을 알려 주는 베스트셀러 책도 있다. (최근에는 사람들이 이런 목적으로 인터넷이나 자살 방법, 심지어 자살을 권하기까지 하는 다크 웹사이트dark website에 의존하는 경향이 있다. 그러나 유난히 자살 생각에 시달리는 사람들(아마도 나처럼 평생 그런 생각에 시달린 이들) 혹은 반복적으로 자살을 기도했다가 실패한 이들을 위한 책은 많지 않다.

p14 "나도 인정한다."

〈자살 유서〉, 앤 섹스턴, *TriQu-arterly 6, no. 79, 1966*

p16 자살은 오늘날에도 여전히 금기시되는 무거운 주제다.

다른 교수가 내가 책을 쓰면 "경력을 죽이는" 일이 될 거라고 경고할 정도로 자살은 금기시된다. 내가 아는 매우 재능 있는 한 젊은 철학자는 자살에 대한 논문을 썼다는 이유로 취업에 상당한 어려움을 겪었다. 자살이라는 주제는 사람들을 불안하고 불편하게 만든다. 그래도 나는 이미 경력을 충분히 쌓은 상태라 이 주제에 관해 이야기할 준비가 되었다는 게 어쩌면 참 다행이다. 내가 이 책을 쓰기 시작하자 많은 이가 내게 자신의 자살 시도 이야기를 메일로 알려 주었는데, 그때마다 늘 "철저히 비밀로 해

주세요"라는 주의 사항을 덧붙였다.

p17　그러나 자살은 우리를 둘러싼 모든 곳에서 일어나고 있으며

여기 통계 몇 가지가 있다. 미국에서는 평균적으로 매일 사망으로 이어지는 자살 시도가 발생한다. 아메리카 토착민(북미 원주민과 알래스카 원주민)은 미국에서 가장 높은 자살 시도율을 보이며, 충격적이게도 2019년에는 그 수치가 25.5%에 달했다. 세계적으로 토착민의 자살률이 두드러지게 높다. 자살은 특히 젊은 LGBTQI(레즈비언lesbian, 게이gay, 양성애자bisexual, 트랜스젠더transgender, 퀴어queer, 인터섹스intersex를 의미하는 약어), 난민, 이주민, 죄수, 전쟁 지역의 사람들처럼 차별과 지속적인 정신적·신체적 스트레스를 받는 경우 훨씬 더 흔히 나타난다. 리투아니아Lithuania는 현재 세계에서 가장 높은 자살률을 보인다. 카리브해Caribbean에 있는 섬나라인 바하마Bahamas, 바베이도스Barbados, 안티과Antigua 국민들의 자살률이 가장 낮게 나타난다는 주장이 있으나 누구나 이 말을 꼭 받아들여야 하는 건 아닐 것이다. 약 70만 명의 사람들이 매년 자살로 사망하며 매일 40초마다 1명이 사망한다. 그러나 수치심이 널리 퍼져 있고, 자살한 이의 가족에 법적인 결과가 따르는 나라가 아직 많으므로 실제로 자살하는 사람 수는 의심할 바 없이 이보다 훨씬 더 클 것이다. 세계보건기구WHO, World Health Organization의 추측으로는 결국 사망에 이른 모든 자살 건마다 약 스무 번의 자살 시도가 있었을 것으로 보고 있다. 세계적으로 자살은 15~19세 청소년 사망 원인 중 네 번째로 높다.

심지어 코로나19 팬데믹 이전에도 자살률과 자살 시도율은 상승 중이었다. 네브래스카 병원Nebraska Medical Center의 데이비드 케이츠 박사Dr. David Cates는 이를 두고 발생 가능한 "팬데믹의 팬데믹pandemic within pandemic"이라 지칭한다. 2020년 8월 질병통제예방센터Disease Control and Prevention의 조사에 따르면 미국의 성인 응답자 5470명 중 11%가 2020년 봄 30일의 기간 동안 '자살을 심각하게 고려한 적이 있다'고 답했다. 2018년 있었던 가장 큰 조사에서는 지난 12개월간 자살을 생각해 봤다고 한 응답자가 4.3%였다. 이전 비율의 3배까지는 아니지만, 2배가 넘는 걱정스러운 결과다.

응급실을 찾은 미국 젊은이들을 대상으로 한 조사에 따르면, 2019년 비슷한 시기에 자살 생각과 자살 행동 비율이 25% 이상 증가했다고 2021년 2월 26일에 〈뉴욕 타임스〉가 보도했다. 그리고 2020년 조사에서는 자살 건수가 살짝 감소해 많은 전문가들이 뜻밖의 결과라 여기면서도 안도했으나, 사실 특정 인구 단위에서는 그 수가 급등한 것으로 나타났다.

p17　말하곤 했다.

이런 관점 혹은 그 변형은 로버트 로웰의 것이지만, 나는 그의 작품에서 이 내용을 찾을 수 없었다. 사실 나는 이 말을 아주 오랫동안 해왔다. 내가 어딘가에서 로웰의 글을 읽고 그의 생각을 쓰게 된 건지 아니면 그저 우리 두 사람이 똑같은 신념을 지닌 건지는 나도 모르겠다.

p18　'익명의 자살 충동자들Suicide Anonymous'이라는 단체가 있다.

모임을 확인하려면, 특히 지금 힘든 상황이

라면 바로 이 웹사이트를 방문하기 바란다. https://suicideanonymous.net

p19 "방금 뛰어내린 행동만 빼면 말이다." '뛰어내리는 자들: 금문교의 치명적인 웅장함Jumpers: The Fatal Grandeur of the Golden Gate Bridge', 태드 프렌드Tad Friend, New Yorker, 2003 Oct. 6 최근 역사로 볼 때 29명이 자살하려고 금문교에서 뛰어내렸다 살아났다. 이들은 모두 "뛰어내리자마자 자신의 결정을 후회했다"고 말했다. '29번의 금문교 자살 시도에서 얻는 교훈A Lesson from 29 Golden Gate Suicide Attempts', 에드 뉴먼Ed Newman, 2019 Feb. 20, https://ennyman.medium.com/a-lesson-from-29-golden-gate-suicide-attempts-a42f4ef3f970 그러나 이 설명에 어느 정도의 중요성을 부여해야 할지 모르겠다. 기억이라는 건 희한하고 신뢰하기 힘들며, 특히 공포와 결합된 경우일 땐 더욱 그렇다. 자살을 시도한 사람들 대부분은 사망하지 않는다. 그들이 선택한 수단이 아무리 확실히 치명적인 것이라 해도 그렇다. (금문교에서 뛰어내린 이들처럼) 이는 자살로 인한 사망이 반드시 자살 성향이 있는 사람들의 불가피한 마지막 모습이 아님을 뜻한다. 이러한 논지를 강하게 믿는 내가 이 책을 쓴 것 역시 이 생각을 지지하기 위해서다.

p19 앤서니가 스스로 목숨을 끊었다는 사실에 압도당하는 기분이 들어요. 《보데인: 최고의 구술 전기Bourdain: The Definitive Oral Biography》, 로리 울레버Laurie Woolever, New York: Harper Collins, 2021, p421

p21 일곱 살 무렵 그가 가졌던 것과 크게 다르지 않아 보이기도 한다. 자살은 5세 이하에서 매우 드물게 나타나지만 미국 질병관리센터의 지난 10년간 보도에 따르면 아이들의 자살 시도 비율이 증가했으며, 이제 자살은 5~11세 어린이의 여덟 번째 사망 원인이 되었다. 〈어린 아이들 자살의 특징 이해하기Understanding the Characteristics of Suicide in Young Children〉, National Institutes of Mental Health, 2021 Dec. 14 nimh.nih.gov 이 통계는 불행히도 어쩌면 실제보다 더 낮은 수치일 수 있다. 어린이 자살은 사고사와 혼동되기 쉽기 때문이다. 아이들의 자살 생각과 자살 관련 용어 사용에 대한 최근 연구를 보면, 수년간의 정설과는 반대로 "자살 생각을 표현하는 아이들은 죽음이 의미하는 바를 이해하며, 또래들보다 더 잘 파악한다"고 나타났다. 〈우울증인 상태, 자살 생각, 유아기 때의 언론 노출로 인한 죽음의 개념 변화Changing Conceptions of Death as a Function of Depression Status, Suicidal Ideation, and Media Exposure in Early Childhood〉, 로라 헤네필드Laura Hennefield 외, Journal of the American Academy of Child and Adolescent Psychiatry 58, no. 3, 2019, p339~349 상당히 우려스럽게도 현대 정신의학 문헌을 더 자세히 살펴볼수록 아이들의 자살 생각과 자살 시도가 자살 충동을 느끼는 성인과 별 차이 없음을 확인할 수 있다.

p21 인생을 바꾸려는 심리치료사인 제임스 힐먼은 1965년 펴낸 자신의 책 《자살과 영혼》에서 이 자살 동기

를 '급격한 변화 욕구'라 불렀다.

p21 알코올 의존증에 빠져
'알코올 의존증'이라는 현대식 표현을 생각
하니, 내 만성적인 자살 생각도 '죽음 사용
장애'라 부르고 싶다. 이런 병명이 그다지
쓸모는 없겠지만 두문자로는 DUD^death use
disorder라 하기 좋을 것이다.

1장. 죽음에 가까이 가려는 사람들

p33 추천하고 싶진 않지만.
한 친구가 내게 물었다. "그 책을 추천하지
그래?" 이런, 이 책은 어떻게 하면 자살을
잘할 수 있는지 알려 주는 책이다. 특히 나
처럼 자살 생각을 자주 하는 사람이라면
이런 지식은 없는 게 낫다고 생각한다. 게
다가 이 책은 적어도 내가 보기에 자살을
이상할 정도로 매력적으로 보이게 만든다.
자살 성향이 있는 사람들에게 마치 삶(행
복한가 아니면 너무 괴로운가?)과 영원한
평화 사이의 선택만 있는 것처럼 보게 하
는 것 같다. 그러나 나는 우리가 그렇게 확
신을 갖고 선택하지 않는다는 점을 이 책을
통해 설명하려는 것이다.

p36 나는 귀신의 존재를 믿는다.
아메리카 원주민인 크로족Crow Tribe은 자
살한 이들이 귀신이 된다고 믿었다. '죽은
이들 중 가장 낮은 지위에 놓는 건 자살자
와 살인자였다. 그들의 영혼은 '저세상Other
Side Camp'에 들어가지 못하고 이 세상에서
귀신으로 배회했다.' 〈원주민 크로족의 의
술 보따리Crow Indian Medicine Bundles〉, 윌
리엄 윌드슈트William Wildschut, *New York:*
Museum of the American Indian, Heye
Foundation, 1975, p35 나바호족Navajo
은 자살한 귀신들이 다른 귀신들보다 더
위험하다고 믿었다. 한 나바호족은 인터뷰
에서, 일반적으로 사람들은 "자살한 이들
을 더 두려워합니다. 그들은(자살한 이들
은) 늘 미친 상태죠. 자살하려 할 때 미치
게 된 겁니다. 살아난다 해도 이미 미친 상
태인 거죠"라고 했다. 〈나바호족의 자살
에 대한 기록〉, 리랜드 C. 와이먼 & 베티
손, *American Anthropologist 47, no. 2,*
1945, p278

p37 "나는 늘 삶과 죽음, 존재하는 자와
더는 존재하지 않는 자 사이에 어떤
비밀이 있으며, 죽음에 가까운 사
람들이 이 비밀을 이해할 수 있다고
믿는다."
《친애하는 친구에게, 내가 쓰는 나의 삶이
너의 삶의 너에게*Dear Friend, From My Life I*
Write to You in Your Life》, 이윤 리, *New York:*
Random House, 2018, p54

p37 캐나다의 의사이며 중독 전문가인
가보 마테
마테는 티베트의 불교 신앙을 언급하며 인
간의 영역 옆에 다른 여러 영역이 있고, 그
중 한 영역이 굶주린 귀신들이 사는 곳이
며, 그곳에서는 피조물들이 자신들의 탐욕
때문에 고문받는다고 설명한다.
《굶주린 귀신들: 중독과의 가까운 만남*In*
the Realm of Hungry Ghosts: Close Encounters
with Addiction》, 가보 마테 박사, *North*
Atlantic Books, 2010

p44 "무언가를 명예롭게 논하려면 그것
이 공감 가는 것이어야 한다."

요한 볼프강 폰 괴테의 책 《젊은 베르테르의 슬픔》에 나오는 구절로 이 단편 소설은 독일에서 1774년 출간되었다. 책이 큰 인기를 끌면서 수많은 젊은이들이 주인공을 따라 죽는 모방 자살의 원인이 되었다. 지금도 '베르테르 효과'로 불린다.

p44 적어도 성 오거스틴Saint Augustine이 5세기에 자살에 반대한다는 입장을 표명한 이후 서구 문화에서는 매우 다양한 사회적, 법적 선고가 주를 이루었다.

수세기 동안 자살한 이들의 시체와 가족에 행해진 끔찍한 일들이 잘 정리된 목록을 원한다면 《자살의 역사: 자발적 죽음 앞의 서양 사회History of Suicide: Voluntary Death in Western Culture》, 조르주 미누아Georges Minois, Baltimore: Johns Hopkins Press, 1999를 참고하기 바란다.

p45 게다가 어떤 자살로 인한 죽음이든

한 가지 이유는 우리가 자살을 부끄러운 것으로 여기기 때문이다. 또 다른 이유는 자살로 인한 죽음임을 발표하는 것이, 특히 유명하고 영향력 있는 사람인 경우 자살률을 높이는 경향이 있기 때문이다. 이 책 3장에서 이와 같은 자살 전염 문제를 다룬다.

p45 "자살은 경시되며… 거부, 두려움, 반감의 혼합체"

《죽음Death》, 셸리 케이건, New Haven, Conn.: Yale University Press, 2012, p318

p47 수년간 정신과 의사들 사이에 정설로 받아들여지기도 했다.

아이들에 관한 정신의학 분야에서 어이없이 오래 지속된 또 하나의 정설은 아이들은 6세 전까지 거짓말하지 않는다는 거였다.

(이 정설은 아주 최근에 바뀌었고, 현재는 폐기됐다.) 1979년만 해도 장 베슐레르가 《자살론》에서 아이들은 자살하지 않는다는 것을 정설로 주장했다. 그러나 내가 서문에서 언급하고 책 후반부로 가며 밝혔듯 이런 주장은 안타깝게도 사실이 아니다.

p50 스스로 목숨을 끊은 아버지를 둔 쇼펜하우어

사고일 수도 있지만, 그의 가족들은 자살로 보았다. 쇼펜하우어의 아버지는 우울하고 불안했고 나이가 들며 정신적 고통이 심해졌다.

p51 "자살은 아주 쉽게 몸에 배는 습관이며 끊기가 극도로 어렵다."

《산다는 건 죽어가는 것이다: 어떻게 죽어가고 죽음과 그 너머를 준비할 것인가Living is Dying: How to Prepare for Dying, Death and Beyond》, 종사르 켄체 린포체, Boulder, Colo.: Shambhala, 2020, https://www.siddharthasintent.org

p52 아마도 충동적이었던 것 같다.

〈초등학생과 초기 청소년기 아이들의 자살Suicide in Elementary School-Aged Children and Early Adolescents〉, 아리엘 H. 셰프톨Arielle H. Sheftall & 린지 아스티Lindsey Asti & 리사 M. 호로비츠Lisa M. Horowitz & 에이드리엔 펠츠Adrienne Felts & 신시아 A. 폰타넬라Cynthia A. Fontanella, 'Pediatrics(2016)' 138(4)

P55 '나 자신을 더는 견딜 수가 없어'라는 버전으로 마무리된 거라 할 수 있다.

나는 "아무것도 아닌 존재라는 생각이 살아갈 가장 타당한 방식으로 보이곤 했다"라는 이 관점이 마음에 든다. 《친애하는 친구에게, 내가 쓰는 나의 삶이 너의 삶의 너에게》, 이윤 리, New York: Random House, 2018, p67

p61   내 어린 시절의 다른 많은 비참하고 모욕적인 사건

어린 시절의 트라우마는 이후 자살 생각의 원천이 되고 자살 시도의 예측 변수가 되며, 이에 관련된 많은 증거들이 있다. 〈중국 남부에서의 어린 시절 트라우마의 확산, 그리고 어린 시절 트라우마와 자살 생각, 우울증 환자에 대한 사회적 지지, 조울증, 조현병 사이의 상관관계Prevalence of Childhood Trauma and Correlations Between Childhood Trauma, Suicidal Ideation, and Social Support In Patients with Depression, Bipolar Disorder, and Schizophrenia in Southern China〉, 펑셰Peng Xie 외, 'Journal of Affective Disorders' 228, 2018, p41~48, 〈어린 시절 트라우마와 자살 생각 간의 관계: 학대의 작용과 잠재적 중재자The Relationship Between Childhood Trauma and Suicidal Ideation: Role of Maltreatment and Potential Mediators〉, 박용천Yong-Chun Bahk 외, 'Psychiatry Investigation' 14, no. 1, 2017, p37

엄마도 나와 내 형제들의 어린 시절은 그나마 내 의붓형제들의 사뭇 끔찍했던 상황보다는 훨씬 덜 폭력적이었다는 점을 인정한다. 분명 트라우마가 생길 만한 어린 시절의 사건들이 내가 자살에 경도되는 중요한 원인이었겠지만, 부모님의 이혼과 재혼 이전에도 나는 자살에 대해 어떤 환상을 지니고 있었다(부모님은 아빠가 엄마에게 폭력을 휘둘러 이혼했다. 우리 집은 아주 불행한 가정이었다). 하지만 불행하고 폭력적인 어린 시절을 보낸 사람이 이후 자살을 생각하고 실제로 시도의 가능성이 더 크기는 하지만, 어린 시절의 기억이 성인기의 자살에 대한 이유의 전부는 아니다. 자살을 생각하고 시도하는 내 성향은 어린 시절 학대의 결과로 시작되었을지 모르지만, 내가 이 책에서 하려는 이야기는 그것이 아니다. 내가 어떻게 자살 충동이 있는 청소년에서 젊은 이로 성장하고, 30~40대에는 반복적으로 자살 시도를 하게 되었는지를 말하려는 것이다.

p61   형제자매 중 둘이 내게 자살에 관한 이야기를 한 것

'자살을 범하다commit suicide'라는 표현은 도리스 소머 로텐버그Doris Sommer-Rotenburg의 논문 이후 논란거리가 되었다. 〈자살과 언어Suicide and Language〉, 도리스 소머 로텐버그, 'Journal of the Canadian Medical Association' 159, no. 3, 1998 Aug. p239~240 아들이 스스로 목숨을 끊은 아픔이 있는 소머 로텐버그는 "범하다"라는 말에 범죄의 뜻이 담겨 있으며 '자살을 범하다commit suicide', '누군가를 범하다having someone committed'와 같이 다른 부정적 의미도 함축되어 있다고 지적했다. 나는 이 책에서 스스로 자기 생을 끝내는 행동을 가리키는 아주 다양한 용어와 표현을 사용한다. 다시 말해 그중 어떤 말도 부정적으로 쓴 것이 아니라는 뜻이다. 나는 누구든 이런 방식으로 사망한 이들을 존중하는 표현을 하기 원한다. 그리고 한편으로 대부분의 경우 스스로 목숨을 끊는 행동은 피할 수 있는 실수였다고 생각한다.

p61   나의 친형제인 대런 형은

대런 형은 수년간 준자살 유형의 고전적 사례에 해당했다. 자기파괴적인 생활 방식으로 교도소에 가기도 하고 여러 번 죽을 뻔하기도 했다. 나는 이어지는 페이지에서 준자살에 관해, 또 준자살이 더 명백한 자살 유형들과 어떻게 관련 있는지에 대해 더 논의하려 한다.

p61 자살이 가족 간에 퍼질 수 있다는 점
자살에 경도되는 성향이 유전이라는 확실한 증거는 아직 없다. 그러나 자살 행동에 유전적 요소가 있다는 의견이 점차 우세해지고 있다. 자살 성향이 유전된다는(그러므로 자살하는 이의 잘못이 아니라는) 의견의 초기 옹호자였던 이는 장 에티엔 도미니크 에스키롤Jean-Étienne-Dominique Esquirol, 1772~1840이다. 그의 〈정신질환: 정신이상에 관한 논문Mental Maladies: A Treatise on Insanity〉, trans. E. K. Hunt, Philadelphia: Lea & Blanchard, 1845, p253~317과 '자살 유전자suicide gene'에 관한 최근 연구를 심층 분석한 《자살의 이해》, 케이 레드필드 제이미슨를 참고하기 바란다.

p61 유전적 요인
《자살의 이해》, 케이 레드필드 제이미슨

p62 루트비히 비트겐슈타인
가족 중 한 명이 자살했다는 사실은 자신 또한 그런 선택을 하기 더 쉽게 만들 수 있다. 은연중에 스스로 생을 마감해도 된다고 허가받은 느낌이 들 수 있고, 자살 시도로 마음이 기우는 심리적 요인을 악화할 수 있다.

p65 "삶의 공포가 죽음의 공포를 능가하는 지점에 다다르는 순간, 인간은 스스로 생을 마감할 것이다."

〈염세주의에 대한 연구: 일련의 소논문 Studies in Pessimism: A Series of Essays〉, 아르투어 쇼펜하우어, trans. Bailey Saunders, London: Swan Sonnens-chein, 1893, p43~50

p67 "또 톰에게 상황이 그리 수월하진 않을걸세."
《길들일 수 없는 존재 길들이기》, 짐 로리, New York: Blue Horse, 2015, p202~203

p67 "린포체는 자살이 실패인 이유를 눈 앞에서 세상을 없애 버리려 하지만, 그렇게 되지 못한다는 데 있다고 했습니다."
《길들일 수 없는 존재 길들이기》, 짐 로리, p201

p72 "눈 찌르기"
한 독자 말이, 내가 한 번도 자해에는 관심 있는 적이 없었다고 말했다고 한다. 그렇다, 나는 자해에 관심이 없었다. 이것도 자해를 생각하게 만드는 일부다(우주에서 온 건가 싶을 만큼 낯설게 느껴진다. 특히 화나는 부분이다). 그러나 자기 원대로 흐르지 않는 생각을 포함해 강박적이고 자기파괴적인 생각은 우울증과 관련한 정신적 고통에서 매우 흔한 일이다. 몇몇 사람이 내게 자신들은 죽고 싶은 욕구가 없는데 만성적으로 자살 생각이 들어 힘들다는 말을 했다. (나는 이런 문제를 겪지 않는다. 내 자살하려는 생각과 죽음에 대한 욕구는 늘 함께 엮여 있었고, 사실 죽음에 대한 욕구 때문에 자살하려는 생각이 드는 것 같다.)

p72 "전투 의지의 반대말은 절망이다."
전투 의지는 절망감의 반대일 것이다. 그러나 나는 살아갈 힘과 용기를 갖는 데 희망이라는 게 필요한지조차 의문이다. 나는 사람이 미래에 대한 일말의 희망도 없이 (그 사람은 그런 기대도 없을 수 있다) 살아가기로 마음먹을 수 있다고 생각한다. 내가 이렇게 믿고 싶은 이유는 미래가 과거보다 더 나을 것 같진 않은 탓이다. 54년 인생에서 내가 뭔가 배운 게 있다면, 미래에 온갖 종류의 예기치 못한 고통이 나를 위해 준비되어 있으리란 것이다. 나는 오늘 우울하지도 않고, 신체적 고통에 시달리지도 않으며, 자녀들은 모두 잘 지내고 꽤 행복해 보인다. 오늘은 아마 다시 오기 힘들 만큼 최고의 상태일 것이다. 내가 과연 무언가 바라야 하는 걸까? 아니면 더 낫고 수월한 내일에 대한 기대 없이 그냥 지금, 바로 이 순간을 사는 데서 살아야 할 이유를 찾아야 할까?

p73 "그는 자기 기준을 잣대로 의지와 정신 테스트에 실패한 것이다."

《슬픈 성장기: 아동기 우울증과 그 치료 Growing Up Sad: Childhood Depression and Its Treatment》, 레온 시트린Leon Cytryn & 도널드 맥뉴Donald McKnew, New York: W. W. Norton, 1998, p72 이 책은 아동기 자살을 우려하는 이들의 필독서다.

p75 "실질적으로 그 감정을 그저 관찰해야 합니다."

위빠사나 2020 Dec. 11~12. 종사르 켄체 린포체, https://www.youtube.com/watch?v=8zTeNjrqXE8

p76 "더 깊은 유형의 고통"

《모든 사랑 이야기는 유령 이야기: 데이비드 포스터 월리스의 삶Every Love Story Is a Ghost Story: A Life of David Foster Wallace》, D. T. 맥스

D. T. Max, New York: Penguin, 2013, p281

p77 "바라보는 법을 배웠습니다."

'도망가고 싶을 때도 슬픔을 바라보는 법을 배워야 한다We must Learn to Look at Grief, Even When We Want to Run Away', 수니타 푸리Sunita Puri, New York Times, 2022 Feb. 23

2장. 충동과 주저가 공존한다

p84 "비존재에 대한 욕구"

틱낫한은 마틴 루서 킹 주니어Martin Luther King, Jr.에게 보낸 편지에서 베트남 전쟁에 항의하기 위해 분신자살한 승려들은 실질적으로 자살한 게 아니라고 설명했다(이 승려들은 죽음의 욕구가 없었다는 것이다). 정확히 말하자면, 이들은 특별히 강력한 형태의 말과 항의를 한 것이다. 승려들은 자기 삶에서 도피하려 한 게 아니라 고통을 가하는 행동으로 자기 신체를 희생한 것이다. 기독교적 맥락에서 보면 이런 행동은 순교와 같은 것으로 해석할 수 있으며, 자기 생을 끝내거나 그로부터 도피하는 게 아니라 더 높은 차원의 선을 위해 자기 삶을 바친 것과 마찬가지라 할 수 있다. 《베트남: 불바다 속에 피어난 연꽃Vietnam: Lotus in a Sea of Fire》, 틱낫한, New York: Hill & Wang, 1967, p106~108. 《행하는 사랑: 비폭력적 사회 변화에 대한 글Love in Action: Writings on Nonviolent Social Change》, 틱낫한, Berkeley, Calif.: Parallax Press, 1993

p84 세 가지 근본적 형태

《아시아 철학Asian Philosophies》 제7판, 존 M. 콜러John M. Koller, New York:

Routledge, 2018, p57

p84 죽음을 떠올리는 것에 대한 근본적 혐오

죽음에 대한 커다란 두려움은 자기 소멸 욕구로 인한 고통과 양립할 수 있다. 이와 같은 고통의 일부는 소멸 욕구로 인한 두려움일 수 있다. 사실 많은 욕구에 불안, 고통, 두려움이 수반된다. 케이크 두 번째 조각이나 피자 네 번째 조각을 먹고 싶은 것 같은 어떤 단순한 욕구만으로도 끔찍한 자기혐오와 공포에 휩싸이는 사람들이 있다. 그렇다고 욕구를 부인하거나 그 욕구가 사라지는 건 아니다.

p85 "죽음에 대한 커다란 공포를 부여받았고"

〈쥘리 또는 신엘로이즈*Julie, or the New Heloïse*〉, 《루소 전집》, 장 자크 루소, 필립 스튜어드*Philip Steward* & 장 바셰*Jean Vaché* 번역, *Hanover, N.H.: University Press of New England, 1997, letters 21~22, 6:310~323* 한때 루소의 친구였던 데이비드 흄은 자살에 관한 유명한 에세이에서 "죽음에 대한 우리의 타고난 공포가 너무 커서 작은 동기들로는 절대 그 공포를 감수할 수 없다"고 했다. 〈자살에 대하여 *Of Suicide*〉(1757), 《자연종교에 관한 대화 *Dialogues Concerning Natural Religion*》, 데이비드 흄, 리처드 H. 폽킨*Richard H. Popkin* 편집, 제2판, *Indianapolis: Hackett, 1980, p104*

p85 "죽고자 하는 의지"

《친애하는 친구에게, 내가 쓰는 나의 삶이 너의 삶의 너에게》, 이윤 리, *New York: Random House, 2018, p51*

p85 "죽음을 싫어한 적 없고"

《자유 죽음*On Suicide: A Discourse on Voluntary Death*》, 장 아메리, *Bloomington: Indiana University Press, 1999, pXiX*

p86 죽음에 대한 욕구 타나토스Thanatos

자크 라캉*Jacques Lacan*과 멜라니 클레인 *Melanie Klein*을 포함한 20세기의 많은 철학자와 심리학자는 프로이트의 죽음 충동에 대한 개념을 옹호하고 확장해 왔다. 현대 철학자인 슬라보이 지제크*Slavoj Žižek*는 죽음 충동으로 개인의 행복과 지구 건강 모두에 중독성 있고 파괴적으로 보이는 만연하는 소비 지상주의를 설명한다.

p87 "나는 열네 살 때 처음으로 자살을 시도했다."

《출구》, 넬리 아르캉, *Vancouver: Anvil Press, 2011, p123*

p88 성공하기 전부터 연습을 한다는 사실이다.

이 주제에 관해 아주 좋은 자료가 있는 건 아니지만, 심리적 부검 연구에 대한 국제적 보고서에 따르면 자살로 사망한 이들의 약 40%가 이전에 자살 시도를 한 적이 있는 것으로 추정된다. 〈자살에 대한 심리적 부검 연구: 체계적인 보고서*Psychological Autopsy Studies of Suicide: A Systematic Review*〉, J. 카바나그*J. Cavanagh* 외, *Psychological Medicine 33, 2003, p395~405* 내가 이 책에서 언급하는 이들은 실제로 자살로 사망하기 전 여러 번의 자살 시도를 한 경우가 많다. 예컨대 버지니아 울프는 적어도 세 번 자살을 시도했으며, 앤 섹스턴은 도러시 파커, 데이비드 포스터 월리스와 마찬가지로 여러 번 죽으려는 시도를 했다.

p88 "연습하고 연습하고 연습하라."
《흑인 거주 지역》, 마고 제퍼슨, New York: Vintage, 2016, p178

p88 한 번도 자살하고 싶은 적 없거나, 왜 나 같은 사람이 반복적으로 죽으려 시도하고 실패하는지 의아해하는 사람들에게 (나는 자살을 시도하고 실패한 수많은 이들과 이야기해 보았다. 단지 몇 번만 시도한 이도 있지만 수없이 시도한 이들도 있다) 나는 우유부단함이 인간의 한 특성이며, 스스로 자기 생을 마감하는 문제에서는 특히 더 잘 이해할 수 있다고 주장하고 싶다. "그냥 극적으로 구는 거잖아! 감상적으로!" 물론이다. 그렇다고 그들의 욕구가 조금이라도 진실되지 않은 것일까? 아니면 덜 위협적인가?

p90 '긴급하고 강한 느낌의 도움 요청'
'마음의 외침', The Cambridge Dictionary, https://dictionary.cambridge.org

p91 마하트마 간디가 자신을 찾아와 자살을 생각한다고 말하는 사람을 그리 걱정하지 않은 것도 이런 이유다.
간디는 자신의 자서전에서 독자들의 이해를 돕는 한 가지 이야기를 들려준다. "우리는 그런 것 정도로는 만족할 수 없었다. 독립에 대한 바람 때문에 괴로웠고 어떤 것이든 연장자들의 허가를 받아야 하는 게 견디기 힘들었다. 결국 순전히 지긋지긋한 마음에 자살하기로 마음먹었다."
"하지만 어떻게 해야 하는 거지? 독은 어디서 구할 수 있을까? 우리는 다투라Dhatura라는 독성 있는 풀의 씨가 효과적인 독이라는 말을 들었다. 밀림으로 가서 그 씨앗을 찾으러 다녔고 손에 넣을 수 있었다. 저녁

시간이 상서롭게 여겨졌다. 케다르지 만디르Kedarji Mandir 사원으로 가 등잔에 기름을 넣고 다르샨darshan 명상을 한 다음 구석 자리를 찾았다. 그러나 우리는 용기 부족으로 실패했다. 만약 바로 죽지 못한다면? 이렇게 자살하는 게 뭐가 좋은 걸까? 그냥 자립하지 못하는 상태를 견디는 게 차라리 낫지 않을까? 그래도 우린 씨앗 두세 알을 삼켰다. 감히 더는 먹지 못했다. 우리 둘 다 죽고 싶지 않았고 그래서 램지 만디르Ramji Mandir 사원으로 가 마음을 좀 가라앉히며 자살 생각을 떨쳐냈다."
"나는 자살이 생각보다 쉽지 않음을 깨달았다. 그래서 그때부터 누군가 자살할 거라 할 때마다 거의 혹은 전혀 내게 영향을 주지 않는다."《자서전: 진실에 대한 나의 실험 이야기An Autobiography: The Story of My Experiments with Truth》, 모한다스 K. 간디Mohandas K. Gandhi, 마하데브 데사이Mahadev Desai 번역, Boston: Beacon Press, 1957, p25~28

p92 "세상의 모든 발레리"
《자살 행위에 대한 신경과학》, 케스 판 헤링겐 , Cambridge: Cambridge University Press, 2018, pxi

p92 엘비타 애덤스
'엠파이어 스테이트 빌딩에서 뛰어내리고 살아남은 여성Woman Survives Fall at the Empire State', New York Times, 1979 Dec. 3

p93 "우리 중 소수의 사람만이 권총을 쉽게 구할 수 있고"
《한 번 또 한 번: 자서전A Time and a Time: An Autobiography》, 세라 데이비스, London: Calder & Boyars, 1971, p113

p94 드루 로빈슨

'드루 로빈슨, 자살 시도로 눈을 잃은 자
Drew Robinson, Who Lost Eye in Suicide Attempt',
제이슨 두에인 한Jason Duaine Hanh, People,
2021 May 6

p95 "자살의 한 가지 특이한 모순은"

《자살하려는 마음The Suicidal Mind》, 에드윈
슈나이드먼, New York: Oxford University
Press, 1996, p52 자살 시도가 얼마나 진지
하고 필사적인지에 상관없이, 내가 삶과 죽
음으로 나뉜 마음을 지니거나 지닐 수 있
음을 밝히려고 이토록 애쓰는 이유는 그것
이 역설이기 때문이 아니다.

p97 앨버레즈는 자신이 스스로 목숨을
     끊으려 했다는 사실을 인지하지 못
     했다.

《잔인한 신》, A. 앨버레즈, New York: W.
W. Norton & Co., 1990, p185

p98 '삶에 지친'

자연은 "약용 식물을 다량으로 제공한다."
대 플리니우스Pliny the Elder의 기록이다. 그
는 "자연은 늘 인간에게 유용한 것들을 생
산한다. 심지어 자연의 어떤 독성 물질도
우리에게 연민을 베푸는 것에서 비롯되었
다고 생각해 볼 수 있다. 우리 인간이 삶에
염증을 느끼고 굶주림에 시달릴 때 사실
땅에는 가장 이질적인 특성인 죽음의 방식
으로, 우리가 서서히 부패되지 않고, 절벽
끝에서 떨어져 우리 몸을 짓이기며 훼손하
지 않고, 목을 매는 부적절한 처벌로 자신
을 괴롭히지 않고, 자기파괴를 구하는 이들
의 숨을 멈추게 하지 않고, 바다에서 죽음
의 먹잇감이 되려 하지 않고, 우리 몸이 강
철 칼에 찔리지 않게 해준다는 것이다. 이

설명에 따르면 자연이 우리가 아주 쉽게 얻
을 수 있는 물질을 생산해, 생명 소멸은 가
능하지만, 몸은 더럽혀지지 않고 혈액도 유
지되며, 다만 어느 정도의 갈등만 있고 어
떤 새나 짐승도 우리 몸에 접근 불가능하
게 되는 것이다. 그러면 우리는 자연에 있
는 물질을 사용해 자기 손으로 생을 마감할
수 있다." 《세상의 자연Nature of the Earth》,
대 플리니우스, 존 보스톡John Bostock 번역,
<Natural History> bk. 2, ch. 63, 1855,
http://www.perseus.tufts.edu

p99 만약 패닉 상태에 빠져 있고

유타 대학의 자살 전문가인 크레이그 브
라이언 박사Dr. Craig Bryan는 권총 자살 사
례를 연구하며, 권총 자살이 투쟁 도피 반
응과 공포스러운 상황에서 발생하는 경우
가 많음을 발견했다. "유타주에서 화기를
이용한 자살의 3분의 1은 말다툼 중에 일
어납니다." 브라이언 박사는 총기 소지 문
화와 관련해 성인 남성의 자살 증가를 다
룬 기사에서 이같이 말했다. "두 사람이 논
쟁을 시작하죠. 신체적인 폭력이 꼭 있는
건 아니지만, 서로 소리치고 싸우는 겁니
다. 그러다 갑자기 누군가 거의 항상 남성
이 보통 그냥 이렇게 말하죠. '이제 다 끝이
야'라고. 그러면서 권총을 잡고 자신을 향
해 쏴서 죽는 겁니다." '모든 미국인의 절망
All-American Despair', 스티븐 로드릭Stephen
Rodrick, Rolling Stone, 2019 May 30

p101 이 말이 이상하게 들릴지 모르겠다.

죽음이 두렵긴 하지만 여전히 죽음을 바라
는 것 같다고 쓰기 시작했다. 그리고 이것
은 물론 정신적으로 상당히 힘든 상황에 처
했다면 지극히 자연스러운 것이다(만약 담

배를 끊었다면 담배를 원하면서도 담배가 두려울 것이다. 술을 끊었다면 포도주 한 잔을 원하면서도 그 한 잔이 두려울 것이다). 하지만 이것도 맞는 것 같지 않다. 결국 죽음이 나를 찾아온다면 어떤 기분이 들지 모르겠다. 아마 어떤 느낌인지 완전히 혼란스러울 것 같다. 실제로 죽음이 닥칠 땐 내가 어떻게 할 수 있는 일도 아니고 피할 수도 없을 테니 완전히 공포스러울 것이다. 하지만 2022년 오늘은 꽤 기분이 좋고 죽음에 대해 생각하면 두려움이 아닌 깊은 안도감 같은 걸 느낀다. 이런 식으로 느낀다는 말을 하긴 부끄럽지만 사실이다.

p107 우리가 가져야 할 문명화된 태도 아닐까?
'전쟁과 죽음의 시대에 대한 생각Thoughts for the Times on War and Death(1915)', 《지그문트 프로이트의 심리학 연구 전집, 스탠더드 에디션》 14권, 지그문트 프로이트, 제임스 스트레이치James Strachey 번역 및 편집, London: Hogarth Press, 1947, p299

p107 "내가 볼 땐 거의 모든 사람이"
'반쯤 죽음에 빠져Half in Love with Death', 맬컴 머거리지Malcolm Muggeridge, Guardian, 1970 Feb. 2

p108 사실 이런 생각은
중독적 사고와 자살 생각 사이의 유사성이라는 주제에 대해 2021년에 켄체 린포체Khyentse Rinpoche가 한 강의 하나가 특히 도움이 될 것이다. "저는 자살이 압생트에 중독되는 것과 비슷하다고 생각합니다. 자살은 기본적으로 중독, 그것도 아주 영악한 중독이죠. 기본적으로 어떤 면에서 괴로운 문제를 해결하기 위한 중독이에요. 그렇지

않나요? 실제로 동물들도 자살하는 경우가 많습니다. 하지만 자살에 대해 그 이상의 설명을 하려면 판도라의 상자를 열어야 합니다. 자살은 본질적으로 그리고 역설적이게도 아주 악랄한 형태의 허영심입니다. 자부심이기도 이기심이기도 하고 그 외에도 여러 가지겠죠. 영악하고 깊고 강한 특성이 있기 때문에 제가 압생트 이야기를 한 겁니다. 압생트는 아주 독한 술이죠. 알코올 도수가 80%나 되니까요. 그래서 모두가 좋아하진 않지만, 중독되는 술이죠. 아주 독해서 소량만 마셔도 강렬하니까요. 그래서 쉽게 중독될 수 있습니다. 그런 건 아주 많습니다. 이를테면 치킨 카레를 좋아하는 사람들이 있죠. 거기에는 칠리 고추가 어느 정도 들어가고요. 사람들은 그 맵고 강렬하고 결정적인 양념에 중독될 수 있습니다. 치킨 카레를 먹는 사람들이 그런 칠리와 양파를 곁들여 먹는 걸 볼 수 있죠." 대만에서의 강의, 2021

p109 시인인 로버트 로웰
위대한 문학비평가이며 자살 성향의 시인을 연구하는 전문가 헬렌 벤들러Helen Vendler는 로웰의 마지막 시들에 대해 "이 시들에는 고갈에 대한 인지와 죽음에 대한 기대가 담겨 있습니다"라고 말한다. '로버트 로웰의 마지막 나날과 마지막 시들Robert Lowell's Last Days and Last Poems', 《로버트 로웰: 헌사》, 헬렌 벤들러, 롤란도 안칠로티 Rolando Anzilotti 편집, Pisa: Nistri-Lischi, 1979, p156~171

p110 "절망사"
이 용어는 두 명의 유명한(그리고 결혼한) 경제학자인 앤 케이스Anne Case와 앵거스

디턴Angus Deaton이 만든 것이다.

p110 "1999년부터 2017년까지"
'왜 미국인들은 절망으로 죽어가는가Why Americans Are Dying from Despair', 어툴 거완디 Atul Gawande, New Yorker, 2020 Mar. 16

p115 '간접적으로' 자살한 이들은
《우리 삶의 자살 방지책Life's Preservative Against Self-Killing》, 존 심John Sym, 마이클 맥도널드Michael MacDonald 편집, 1637; facsimile London: Routledge, 1988

3장. 날씨처럼, 내일은 생각이 바뀐다

p121 욕실에서
왜 욕실일까? 알 수 없다. 아마 그저 욕실이 거기 있었기 때문에 그곳에서 모든 것을 재빨리 해치웠을 것이다. 어쩌면 올가미를 견고하게 매달기 적당한 장소였을 수도 있다. 차고와 지하실에서 목을 매 자살하는 일이 잦은 것도 바로 이런 이유 때문일 것이다. 이런 장소에는 보통 매달리기에 충분한 높이의 목재기둥이 있는 경우가 많다. 보데인은 키가 195cm이므로 목을 맬 수 있을 만한 높이인지가 그의 마지막 시간, 아니면 얼마 안 되는 마지막 몇 분간 실질적인 고민 중 하나였을 것이다. 총으로 하는 자살과 달리(편리한 권총이 있다고 생각해 보라), 목을 매 죽는 일은 약간의 시간과 계획이 필요하다. 작가인 세라 데이비스는 자신의 회고록인 《한 번 또 한 번》에서 "밧줄은 싸지만, 목매다는 일은 정말 전문적인 일이다. 아마추어가 일을 효과적으로 처리하기엔 상당한 위험이 있다. 그나마 아무도 관련 없다는 게 다행이다"라고 했다. 한편 욕실, 차고, 지하실은 다른 이들이 보지 않는 내밀한 장소이기도 하다. 양치를 하고 머리를 빗고 몸을 자신에게 노출하고 체중계에 올라가 몸무게를 확인하며, 대소변을 보고 자위를 하는 곳이다. 죽기엔 부자연스럽게 느껴질 수도 있지만(우리는 세상을 떠날 때 사랑하는 사람들 곁에 있길 바란다), 자살하기에 특별히 안전하고 알맞은 곳이기도 하다. 혼자인 것에 익숙한 홀로 있는 공간이다.

p124 한 친구가 언젠가 말하길
'도피한 예술가: 슈테판 츠바이크의 삶과 죽음The Escape Artist: The Death and Life of Stefan Zweig', 레오 캐리Leo Carey, New Yorker, 2012 Aug. 20

p125 "두려워한 것 같진 않아요."
프레드 모린이 무슨 뜻으로 이 말을 한 건지, 삶에 대한 두려움인지 죽음에 대한 두려움인지는 알 수 없지만, 내가 보기엔 사실 두 가지를 모두 뜻하는 것 같다. 보데인은 두려움이 없는 성정이었고 그런 대범함 때문에 사람들은 그의 자살을 더 이해하지 못했다. 그러나 만약 삶이나 죽음을 두려워하지 않는 사람이라면 모린이 말했듯 비유적으로 늘 혀 아래 청산가리 알약을 숨기고 다니는(내 생각에 실제로 자살 성향의 많은 이가 이렇게 할 것이다) 식이었을 것이며, 그러다 어느 순간 그저 두려움 없이 그 알약을 삼켜 버린 것이다.

p125 평소에도 불안과 우울감으로 계속 힘들어했고
"샐리 프리먼Sally Freeman: 모든 이가 묻는다. 어떤 게 끔찍한 회차였냐고…. 보데인은 그 촬영으로 정신적인 붕괴 상태가 됐어요. 생일이었고, 이제 막 아버지가 돌아가신 나이가 된 거예요. 그리고 모든 게 어두워진 겁니다. 더럭 겁이 난 겁니다. 보데인 말이 그 나이까지 살 거라 생각하지 못했다더군요. 우리는 밤새 그에게 문자를 보냈어요. 만약 답이 없으면 문을 부수고 들어가 보려 했어요. 정말 걱정됐죠. 건강도 정신 상태도요. 하루는 보데인이 정원에 그냥 앉아 있기만 하고 촬영엔 전혀 참여하지 않으려 하더군요. 제가 그때 물었어요. "대체 무슨 일인 거야?" 그러니 그가 자기 아버지 얘기를 해줬어요…. 그런 상태인 게 제 친한 친구였다면 '그래, 도움이 필요할 거야' 라고 생각했을 거예요." 《보데인: 최고의 구술 전기》, 로리 울레버, New York: Harper Collins, 2021, p238

p125 실제로 나이에 따라 회복탄력성도

'왜 노인들이 팬데믹을 더 행복하게 견뎠을까?Why Older People Manage to Stay Happier Through the Pandemic', 베네딕트 캐리Benedict Carey, New York Times, 2021 Mar. 12

p127 "자살은 자연사(自然史)이며"

'모든 곳에 있고, 아무 곳에도 없고: 자살을 통한 여행Everywhere and Nowhere: A Journey Through Suicide', 도널드 앤트림Donald Antrim, New Yorker, 2019 Feb. 11

p127 "나 같은 사람들에게"

《미친 여자》 넬리 아르캉, Montreal: Média Diffusion, 2009 여기서 화자인 여성은 특히 낙태 문제를 이야기하지만, 자살을 해야 하는가와 삶이 살아갈 가치가 있는가의 문제로 이야기가 확장된다. 화자는 열다섯 살에 서른 살이 되면 자살할 것을 결심하며,

소설의 마지막은 그의 자살로 끝난다.

p128 "그냥 날씨가 달라지는 거야."

나는 친구이며 훌륭한 아리스토텔레스 학자인 C. D. C. 리브C. D. C. Reeve 덕분에 이런 관점을 알게 되었다. 이런 시각은 나와 내게 조언을 구하러 온 많은 다른 우울증 환자들에게 도움이 된다. 날씨는 통제할 수 없다. 하지만 날씨는 분명히 달라지고, 보통 우리 생각보다 더 자주 바뀐다.

p130 어떤 면에서 아마도 우리 모두 신체적 고통은 겪어 봤기 때문에

문헌을 보면 이런 사실은 상당히 만연하며 아주 잘 알려져 있음을 알 수 있다. 그러나 나는 정신질환에 대한 서구적 개념의 엉뚱함, 그리고 정신적 고통에 시달리는 이들을 대하는 야만성을 다룬 뛰어난 책인 미셸 푸코의 《광기와 문명Madness and Civilization》 (1961)을 언급하려 한다. 자살을 시도한 푸코는 자살 사례에 공감을 잘하는 것으로 유명하고, 심지어 때로는 디오니소스적 전통을 따르는 의례적 술잔치의 일부로, 많은 참가자의 자살로 잔치를 마무리하기를 권한다.

p132 "애초에 자살 성향의 기질을 타고났다."

《자유 죽음》, 장 아메리, Bloomington: Indiana University Press, 1999, p131

p133 따라서 자살하는 많은 이의 죽음을

2016년 미네소타주 사람들 중 자살을 시도한 적 있는 1490명을 대상으로 한 연구에서 94.6%가 이후 자살 시도로 죽지 않았음을 확인했다. 그래도 자살 시도는 '성공한 자살completed suicide' 또는 자살로 인한 죽음을 예측하는 데 가장 관련성이 높은 요인

이다. 〈죽음으로 완결되는 자살의 위험 요소로서의 자살 시도: 우리가 아는 것보다 훨씬 더 치명적인Suicide Attempt as a Risk Factor for Completed Suicide: Even More Lethal Than We Knew〉, J. 마이클 보스트윅J. Michael Bostwick 외, American Journal of Psychiatry 173, no. 11, 2016, p1094~1100 자살 시도를 했으나 저지당한 사람들에 대한 최근의 또 다른 연구에서는 그들 중 7%가 이후 결국 자살로 사망했음이 밝혀졌다. 〈스물아홉 번의 금문교 자살 시도에서 얻는 교훈A Lesson from 29 Golden Gate Suicide Attempts〉, 에드 뉴먼Ed Newman, 2019 Feb. 20, http://ennyman.medium.com

p133 살충제와 제초제

중국에서는 자살로 사망한 전체 수의 약 절반이 살충제에 의한 것이며, 인도에서는 거의 40%에 이른다. 세계적으로 자살 시도의 90%가 음독과 관련 있지만, 치명적인 독을 구하는 게 상대적으로 어려운 미국에서는 가장 흔한 자살 방식이 총기다. 자살을 줄이기 위해 이스라엘에서는 방위군 병사들이 주말에 집으로 갈 때 총기를 가지고 가지 못하게 하자 자살률이 40% 하락했다. 선택적으로 위험한 살충제를 금지한 스리랑카에서는 자살률이 50% 가까이 감소했다. '어떻게 살충제 금지로 1년에 수만 명의 자살을 막을 수 있는가How Pesticide Bans Can Prevent Tens of Thousands of Suicides a Year', 딜런 매슈스Dylan Matthews, Vox, 2018 Nov. 15

p133 총기 접근 가능성을 떨어뜨리면 자살률도 내려간다.

'왜 미국인들이 절망으로 죽어가는가', 어툴 거완디, New Yorker, 2020 Mar. 16

p134 어떤 경우에는 막지 말아야 할 수도 있다.

내가 오늘 살아 있는 이유는 다른 사람들이 내 자살 시도를 막았기 때문이다. 그래도 내 생각에 계속 살아갈 것인가, 살아가고 싶은가와 같은 기본적인 문제에서 그 사람의 자율권은 존중돼야 한다고 본다. 다음과 같은 문제와 연결될 수도 있다. '그 사람이 목숨을 구했다면 이후 자기 환경을 다르게 보고 살아났음을 기뻐할까?' 이는 '5150S(보통 정신과 병동에서 72시간 동안 감시를 받으며 구금하는 것으로 교도소에서 진행되는 경우도 종종 있다)'와 수세기 동안 존재했던 자살에 실패한 이들에 대한 다른 여러 종류의 구속에 대한 정당화다. 그러나 예외인 경우도 있다. 사고로 심각한 화상을 입은 댁스 코워트Dax Cowart는 사고 현장에서, 그리고 화상으로 인한 이후 고통스러운 의료 치료 과정에서 죽을 수 있도록 허가해 줄 것을 요청했다. 코워트는 살아남았고, 자신이 빈번히 말했듯 훌륭하고 남들이 부러워할 만한 삶을 살게 되었다. 그럼에도 그는 자신의 죽을 권리가 받아들여져야 했다고 늘 주장했다. 우리 대부분은 끔찍한 신체적 고통을 견디기보다 죽기 바라는 마음을 이해하고 공감할 수 있다. 한편 이런 사례는 법적으로 정신적 고통을 이유로 안락사가 허용되는 벨기에와 같은 곳에서는 문제가 훨씬 더 복잡해진다.

p134 "당신이 누구길래"

《라스푸틴: 믿음, 권력, 로마노프 왕가의 쇠퇴기Rasputin: Faith, Power and the Twilight of the Romanovs》, 더글러스 스미스Douglas Smith, New York: Picador, 2017, p387 p135 "나를 내게서-"

'나를 내게서-없애기-Me from Myself—to Banish-' no. 642, 《에밀리 디킨슨 전집》, 에밀리 디킨슨, Amherst College Digital Collections, https://acdc.amherst.edu/view/asc:1329214

p136 이것이 자살한 이들이 남기는 유서가 분노와 비난으로 가득한 게 아니라 늘 사과인 이유다.

이 책을 쓰기 위해 많은 시간을 자살한 이들의 유서를 읽으며 보내다 보니 독자들에게 이 말이 사실임을 보장할 수 있게 되었다. 《자살에 관한 노트Notes on Suicide》, 사이먼 크리츨리Simon Critchley, New York: Fitzcarraldo, 2020

유서는 사과일 때가 많다는 사실 역시 여러 연구에서 확인되었다. 〈자살 유서의 분석: 에스키세히르 시에서의 경험Analysis of Suicide Notes: An Experience in Eskisehir City〉, 케난 카르베야즈Kenan Karbeyaz 외, Archives of Neuropsychiatry, 51, no. 3, 2014, p275~279

p136 네 개의 집단

나와 다른 이들이 언급했듯 자살 유형은 너무나 다양하다. 그래서 이렇게 분류하는 게 유용한지 의문이 들 정도다. 그래도 나는 베슐레르의 네 가지 유형이 이 책의 목적에 가장 부합한다고 생각한다. '현실 도피주의자escapist'가 자살 성향이 있는 이들의 기본적인 태도를 훌륭하게 요약하고 있기 때문이다. 자살을 통해 도피하고 싶어 한다는 인식 또한 유용할 거라고 본다. 왜냐하면 우리가 무엇으로부터 도피하려 하고, 어디로 도피할 생각인지 질문하는 길에 들어설 수 있기 때문이다. 자살 행위를 개인의 선택이라는 관점에서 연구하는 게 유익하다는 것이 베슐레르와 나, 그리고 많은 사상가들의 의견이다. 이러한 접근은 에밀 뒤르켐Emile Durkheim과 그를 잇는 많은 이처럼 빈곤, 중독, 범죄 등의 자살 원인을 분석함으로써 자살 문제를 사회적 차원에서 논의해야 한다는 접근 방식에 상충되지 않으며 오히려 상호 보완적이다.

p136 그렇긴 하지만, 현실 도피와

영화 〈해롤드와 모드Harold and Maude〉는 다른 가능한 자살 동기와 대조적으로 공격적인 자살 동기에 대한 뛰어난 연구다. 이 영화에는 두 가지 자살 유형이 나온다. 청년 해롤드는 자신의 엄마 앞에서 소름 끼치는 자살을 반복적으로 연기한다(그는 단지 자살하는 척하는 것이지만, 무시무시한 죽음의 순간을 만들어 낸다). 그리고 해롤드의 친구이자 홀로코스트 생존자인 모드는 79세의 노인 여성이다. 그는 자기 삶이 충만하고 완전하다는 생각에 여든 살 생일을 맞아 고통 없이 죽을 수 있는 약으로 스스로 목숨을 끊는다. 해롤드가 자살을 연기하는 동기는 명백히 엄마를 향한 공격적인 행동이다. 해롤드가 정신과 의사에게 자신의 많은 가짜 자살 시도에 관해 이야기하자, 의사가 그에게 묻는다. "그 모든 게 다 엄마를 위한 것이었나요?" 해롤드가 답한다. "아니오, 하지만 저는 '위한'이란 말은 하지 않겠습니다."

p137 그 대신 여섯 살 아이 마음에, 자살하면 그들이 나에게 한 일을 내가 되갚아줄 수 있다고 생각한 것이다.

자살이 사랑하는 이들에 대한 공격 행위였

을 가능성은 나의 경우 어릴 때나 해당됐다. 나이가 들면서 점점 내가 사랑하는 사람들이 나를 죽음으로부터 지켜 주고 있다고 느꼈다. 그래도 나의 자살 욕구가 어쩌면 내가 이해하거나 의식하지 못하는 내면 깊은 곳에 숨은 다른 이들에 대한 분노의 표현일지 모른다는 점이 여전히 걱정이다. 확실히 많은 자살이 적어도 어느 정도는 그런 식의 공격 행위로 해석된다. 프로이트에 이어 메닝거 또한 자살이 치환된 살해라 주장했다. 누군가 다른 이를 죽이고 싶지만 감히 그럴 수 없으니 잔인한 욕구가 자신을 향한다는 것이다. 인간 의식의 생성에 관한 니체의 이야기 중 하나에서 살인을 저지르는 손은 '젤프스트모르트'가 된다(장 아메리는 자살이 살인과 유사하다는 윤리적으로 잘못된 사실을 말한다는 이유로 이 단어를 쓰기를 거부했다).

p137 **"어떤 상황에서는"**
〈자살Suicide〉, 《우월감과 사회적 관심: 후기 저작 전집Superiority and Social Interest: A Collection of Later Writings》, 알프레트 아들러Alfred Adler, 하인츠 안스바허Heinz L. Ansbacher & 로베나 R. 안스바허Rowena R. Ansbacher 편집, Evanston, Ill.: Northwestern University Press, 1964, p248~252

p137 **"돈을 잃고"**
절망으로 인한 죽음에 관한 경제학자들의 최근 문헌을 보면 돈 문제가 사회에서 자살의 주된 원인일 수 있다는 마르크스와 아들러의 주장을 확인할 수 있다. '왜 미국인들은 절망으로 죽어가는가', 어툴 거완디, New Yorker, 2020 Mar. 16 17세기 만주 지역 행정관인 황류훙Huang Liu-Hung, 1633~1710은 빛과 자살에 대한 아들러의 의견에 동의하며 "스스로 생을 마감한 이들 중 일부의 자살 이유가 심각한 빈곤 또는 극도의 추위 때문이었다. 그리고 다른 이들은 갚을 길 없는 사적 혹은 공적인 빛에 희생된 자들이다. 이 사람들은 인정 있는 배려를 받을 권리가 있다"라고 기록했다. 《행복과 자선에 대한 전집: 17세기 중국 지방 행정관들을 위한 설명서Complete Book Concerning Happiness and Benevolence》, 황류훙, 장추Djang Chu 번역, Tucson: University of Arizona Press, 1984, p319~320, p355~358

p138 **'나아지지 않는 불치병'**
《민족의 후예, 나바호족의 개인과 그 성장》, 도로시아 레이턴 & 클라이드 클루크혼, Cambridge, Mass.: Harvard University Press, 1947, p111 매우 흥미롭게도 나바호족은 개인이 죽기를 바라면 스스로 생을 마감할 수 있다고 믿는다. 나바호족 소녀들이나 젊은 남성들은 (인터뷰 진행자에게) 할아버지나 할머니가 곧 돌아가실 거라고 여러 번 말한다. 인터뷰 진행자가 조부모님이 아프신지 물어보면 일반적으로 돌아오는 대답은 "아니오, 평소와 같으세요. 하지만 죽기를 바라시니 앞으로 조금밖에 못 사실 거예요"이다. 노인들은 친척들의 기대를 저버리는 법이 거의 없다. 그들의 믿음은 나를 의아하게 만든다. 그렇다면 내가 죽고 싶다는 바람은 늘 생각했던 것만큼 강력하지 않았다는 것일까?

p138 **"그런 위기를 가져오게 한"**
《시지프스의 신화》와 다른 에세이들, 알베르 카뮈, 저스틴 오브라이언 번역, 1942; New York: Vintage Books, 1955, p3~8,

p44~48

p140 **"미국의 주요한 하위 그룹 넷(백인 남성, 흑인 남성, 백인 여성, 흑인 여성) 중"**

'저는 가족과 믿음을 얻었습니다: 흑인 여성과 자살의 역설I've Got My Family and My Faith: Black Women and the Suicide Paradox', 카메샤 스페이츠Kamesha Spates와 브리타니 C. 슬래턴Brittany C. Slatton, Socius: Sociological Research for a Dynamic World 3, 2017, p1~9

p140 **"백인 여성 한 명에게 주어지는 특권이"**

《흑인 거주 지역》, 마고 제퍼슨, New York: Vintage, 2016, p175

p141 **금기는 경험에 관한 솔직함과 그것을 행동으로 표현하는 것을 막을 목적으로 사용됐다.**

자살을 막는 데 금기를 사용한 흥미로운 사례가 있다. 중국의 지역 행정관 황류홍은 담당 행정 구역의 가난한 시민들 사이에 특히 자살자 수가 증가하는 데 놀라 자살자들에게 영향을 미치는 끔찍한 재앙을 설명하는 유명한 운문 한 편을 지었다. 가족들은 벌을 받고, 자살한 이들은 사후 세계에서 고문으로 고통받을 것이라는 내용이었다. 그는 "이 정책을 시행한 지 반년이 지나니 그 지역 주민들이 내 메시지를 받기 시작했고 자살 건수가 급격히 줄어들었다. 1년이 지난 후에는 자살이 한 건도 보고되지 않았다. 많은 불필요한 죽음을 막을 수 있었고 나는 유쾌하지 못한 많은 여행(자살 사건인지 확인하러)을 가지 않아도 되었다"라고 기록했다.

《행복과 자선에 대한 전집: 17세기 중국 지방 행정관들을 위한 설명서Complete Book Concerning Happiness and Benevolence》, 황류홍, 장추Djang Chu 번역, Tucson: University of Arizona Press, 1984, p355~356의 《자살의 이해》, 케이 레드필드 제이미슨도 참고하기 바란다. 금기와 정신질환에 대해서는 미셸 푸코의 《광기와 문명Madness and Civilization》도 함께 추천한다.

p144 **"많은 시간과 끊임없는 스스로의 노력이 있다면 누구나 극복할 수 있다."**

재스 워터스가 이 문제를 오해한 것 같다. 나는 예컨대 '혼자 노력'한다고 우울증이 치료되거나 누구든 우울증을 극복할 수 있다고 생각하지 않으며, 심지어 우리가 '극복해야 할 무언가'라고 생각하지도 않는다. 이는 우울증에 대한 완전히 잘못된 생각일 수 있다(지루함을 '극복'하는 것이 지루함이 우리에게 가르치려는 교훈이 아니라는 것과 같다). 우울증은 사랑과 훨씬 더 비슷할 것이다. 믿을 수 없을 정도로 강력하고 의미로 가득하며 때로는 참을 수 없지만 인간이라는 존재에, 적어도 우리 같은 많은 이에게 본질적인 것이라는 면에서 그렇다. 그렇다고 우울증을 (혹은 지루함, 아니면 이 문제에 있어서는 사랑조차) 추천하는 것은 아니다. 어쨌든 극복해야 할 적이나 장애물로 여기는 게 도움이 되지 않는다는 뜻이다.

p146 **소셜미디어는 많은 장점이 있다.**

'미국에서 젊은이의 자살률이 상승하고 있다.Youth Suicide Rates Are on the Rise in the U.S.,', 로라 샌태넘Laura Santhanam, PBS NewsHour, 2019 Oct. 18 이 기사는 코로

나19로 인해 전 세계의 젊은이들이 정신 건강에 위기가 생겼다는 글이 널리 퍼지기 전에 보도된 것이다.

p146 더욱 높아졌다.
'이것은 삶 아니면 죽음이다': 미국 10대의 정신 건강 위기'It's Life or Death': The Mental Health Crisis Among U.S. Teens', 맷 리첼Matt Ritchel, New York Times, 2022 May 3

p146 "굉장히 공포스러운 공간이에요."
''놀라운' 작가 재스 워터스의 할리우드 입성기와 성공'Kidding' Writer Jas Waters on Her Journey to Hollywood and Having a Seat at the Table', 니키 맥글로스터Niki McGloster, Shadow and Act, 2018 Nov. 20, shadowandact.com

p147 서로에게 도움이 되지 않을 뿐만 아니라,
연구자들은 '스마트폰, 인터넷 사용과 10대의 외로움이 정확히 같은 비율로 증가했음'을 발견했다.
'청소년 외로움의 세계적 증가Worldwide Increases in Adolescent Loneliness', 진 M. 트웽Jean M. Twenge, Journal of Adolescence, 2021 Jul. 20
'우리에게 기회는 10대를 스마트폰의 늪에서 건져 내는 것이다.This Is Our Chance to Pull Teenagers Out of the Smartphone Trap', 조너선 하이트Jonathan Haidt & 진 M. 트웽이, New York Times, 2021 Jul. 31

p147 최근의 많은 연구에서 이 점이 입증되고 있으나
소셜미디어 사용이 정신 건강에 미치는 많은 부정적 영향에 대해 전반적으로 잘 정리된 내용을 보려면, '사회적인 딜레마: 소셜미디어와 정신 건강The Social

Dilemma: Social Media and Your Mental Health', McLean Hospital, n.d., https://www.mcleanhospital.org을 살펴보기 바란다.

p148 게다가 온라인상의 따돌림이 직접적 원인인 젊은이의 수많은 자살 사례는 이제 시작에 불과하다.
사이버 폭력과 자살의 연관성에 대한 통계는 '폭력, 사이버 폭력, 자살 통계'에서 확인할 수 있다. 메건 마이어 재단Megan Meier Foundation,n.d.,의 티나 마이어는 자신의 열세 살 딸을 기리기 위해 2007년 메건 마이어 재단을 설립했다. 메건 테일러 마이어는 소년인 척하는 성인 이웃이 마이스페이스My Space 웹사이트에서 사이버 폭력을 가하자 스스로 목숨을 끊었다. https://www.meganmeierfoundation.org/statistics

p150 "그 정도로 자기혐오를 지니고 있으리란 생각은 전혀 못 했습니다."
'울레버in Woolever', 데이비드 시몬David Simon, 《Bourdain》, p384

p150 "쓸데없는 일이고"
《젊은 베르테르의 슬픔》, 요한 볼프강 폰 괴테

p153 "이 질문에는 여러 방식으로 답할 수 있다."
《친애하는 친구에게, 내가 쓰는 나의 삶이 너의 삶의 너에게》, 이윤 리, New York: Random House, 2018, p195

p153 자살 전문가들이 대부분 동의하는
질문 목록에는 여러 가지가 있지만, 다들 거의 비슷하다. 다음은 상당히 좋은 질문이다. '자살: 자살 성향의 누군가에게 무어라 할 것인가Suicide: What to do when someone is thinking about suicide', 마요 클리닉Mayo

Clinic, *n.d., https://www.mayoclinic.org/ diseases-conditions/suicide/in-depth/ suicide/art-20044707*

p154 훨씬 적다.

자살의 30% 정도는 사적인 공간이 아닌 공적인 공간에서 발생한다. 《*공적인 공간에서의 자살 방지하기: 실천 방안Preventing Suicides in Public Places: A Practice Resource*》, 크리스타벨 오웬스*Christabel Owens* 외, *London: Public Health England, 2015*

p154 오랜 기간 정신의학 문헌에서 이 주제를 다뤘고

'*수동적인 자살 생각: 여전히 매우 위험한 시나리오Passive Suicidal Ideation: Still A High-Risk Clinical Scenario*', 로버트 I. 사이먼*Robert I Simon*, *Current Psychiatry 13, no. 3, 2014, p13~15*

p154 "이런 게 있는지도 몰랐지만"

'*나는 항상 살아 있는 것에 그다지 집착하지 않는다.I Am Not Always Very Attached to Being Alive*', 애나 보저스, *Outline, 2019 Apr. 2*

p154 통계적으로 입증된 사실에 따르면

'*언론은 어떻게 자살을 보도해야 할까?How Should the Media Cover Suicides?*', 제이미 듀차름*Jamie Ducharme*, *Times, 2018 Jul. 30*

p155 "자살을 '점차 커지는 문제', '유행병', '폭증하는'과 같은 표현을 사용해 언급하지 말라는" 것이었다.

'*자살을 보도하는 10가지 가장 좋은 방법Top 10 Tips for Reporting on Suicide*', 미국자살예방재단*American Foundation for Suicide Prevention*, *https://www.datocms-assets.com*

p155 자살자 무리

'젊은이들 자살에 문화 이야기 다시 입력하기*Rekeying Cultural Scripts for Youth Suicide*', 세스 아브루틴*Seth Abrutyn*, 애나 S. 뮬러*Anna S. Mueller*, 멜리사 오즈번*Melissa Osborne*, *Society and Mental Health, 2019 Mar. 29, https://journals.sagepub.com*

p155 특히 청소년들이 자살 전염에 취약하다.

'*자살 전염과 자살자 무리, 1부: 학교 심리학자들이 알아야 하는 것Suicide Contagion and Clusters—Part 1: What School Psychologists Should Know*', 스콧 폴란드*Scott Poland*, 리처드 리버먼*Richard Lieberman*, 마리나 니즈닉*Marina Niznik*, *Comminiqué(National Association of School Psychologists) 47, no. 5 (n.d.): 1, p21~23*

p155 자살이라는 행위가 멋져 보일 수 있다.

자살 전염에 대한 더 많은 정보를 원한다면, D. T. 맥스*D. T. Max*의 훌륭한 '*신비한 연쇄 자살A Mysterious Suicide Cluster*', *New Yorker, 2021 Apr. 19* 참조. 맥스가 연쇄 자살의 원인에 어떤 결론을 내리지 않지만, 내 고향 미주리주에 있는 트루먼 주립대학에서 최근 발생한 연쇄 자살을 면밀히 들여다보고 있다. 앞에서 자살을 줄이기 위한 금기의 힘에 관해 언급했던 일을 떠올리며 맥스의 기사를 읽고 나니, 우리가 생각보다 자살이 좋은 생각이라는 의견에 훨씬 더 쉽게 빠져드는 것 같다는 느낌이 든다.

p157 자살 그 자체에 대한 논의는

'나는 항상 살아 있는 것에 그다지 집착하지 않는다.' 애나 보저스

p157 "그 사실을 인정해야 한다는 게 부끄러웠습니다."

'영국이 메건과 해리의 인터뷰 방송의 부

작용에 대비하다Britain Braces for Fallout as Meghan and Harry's Interview Airs', 마크 랜들러 Mark Landler, *New York Times*, 2021 Mar. 8

p158 **"불을 완전히 켜지도 끄지도 않는 겁니다."**

케빈은 '잔혹한' 시기에 자살 생각에 시달린 이야기를 하기 좋아한다: '나는 내 진실을 이야기하는 법을 배웠다'Kevin Love Says He Struggles with Suicidal Thoughts on 'Brutal' Days: 'I've Learned to Speak My Truth', 벤저민 밴후스 Benjamin Vanhoose, *People*, 2020 Nov. 18

p158 **자살 시도에 대한 논의**

이는 자리를 확실히 잡은 사실이다. 이에 대해 존 드레이퍼John Draper는 '위기를 위한 도구'라 지칭한다. '자살과 관련 행동에 대해 질문하면 자살을 유도하는 것일까? 근거가 있는가?Does Asking About Suicide and Related Behaviours Induce Suicidal Ideation? What Is the Evidence?', T. 다치T. Dazzi 외, *Psychological Medicine* 44, no. 16, 2014, p3361~3363

p158 **가족 구성원 간의 파급 효과**

이런 관점은 안타깝게도 꽤 전형적이라 할 수 있다. "동료 직원인 프레드릭 리의 열세 살 아들이 몇 주 전 근처 울프 포인트에서 자기 아빠의 권총으로 자살했다. 마이클 리는 돌아가신 어머니의 머리카락이 담긴 돌로 된 유품을 손에 꼭 쥐고 있었다. 리의 어머니는 2년 전 자살했다." '모든 미국인의 절망All-American Despair', 스티븐 로드릭 Stephen Rodrick, *Rolling Stone*, 2019 May 30

p158 **"자살에 관한 더 일상적인 대화를 나누는 것의 영향이 있는지는 사실 잘 모르겠습니다."**

'나는 항상 살아 있는 것에 그다지 집착하지 않는다.' 애나 보저스

p159 **"자유롭게 이야기하는 게 그저 예방 때문에 중요한 게 아니다."**

'나는 항상 살아 있는 것에 그다지 집착하지 않는다.' 애나 보저스

p160 **정신 건강 문제**

'자살의 전염병과 정신의학적 관점 Epidemiology of Suicide and the Psychiatric Perspective', 실케 바흐만Silke Bachmann, *International Journal of Environmental Research and Public Health* 15, no. 7, 2018, p1425 최근 문헌을 폭넓게 검토한 케스 판 헤링겐Kees Van Heeringen은 '절망이 자살 행위에 대한 견고한 예측 변수'라고 보았다. 《자살 행위에 대한 신경과학》, 케스 판 헤링겐, Cambridge, U.K.: Cambridge University Press, 2018, p97

p161 **"나 또한 내가 '왜' 우울증에 걸렸는지 절대 알 수 없을 것이다."**

《보이는 어둠》, 윌리엄 스타이런, *Vanity Fair*, 1989 Dec.

p161 **"뒤죽박죽 엉망이 되어 버린 용어"**

《자살과 영혼》 제임스 힐먼, Woodstock, N.Y.: Spring, 1997, p38~41

p162 **사자 우리에 들어가기도 하며**

이 방식에서 특히 충격적인 예는 "사자의 포위"다. 《자살의 이해》, 케이 레드필드 제이미슨 제이미슨은 사람들의 다양한 자살 방식에 대한 충격적인 목록을 제시한다. 이 문헌에는 사람들이 자살을 시도한 많은 기이한 방식이 담겨 있다. (어떤 방법을 상상하든 소름 끼치며 고통스러운 방식이라도 치명적일 것이다.)

p162 **"자살은 인간의 가능성 가운데 하나다."**

《자살과 영혼》 제임스 힐먼, *Woodstock, N.Y.: Spring, 1965, p41*

p165 **"교리가 하나 있다네."**

《파이돈》, *61B-69E*, 《플라톤의 대화*The Dialogues of Plato*》, 벤저민 조윗*Benjamin Jowett* 번역, *New York: Random House, 1892, 1920*

p165 **모든 고통의 위험**

〈자살에 대하여〉, 데이비드 흄, 흄이 직접 수정한 스코틀랜드 내 국립 도서관 미출간 원본, 톰 L. 비첨(*Tom L. Beauchamp*)에 의한 문서 제공. 더 용이한 접근을 위해서는 *https://ethicsofsuicide.lib.utah.edu/category/author/david-hume/* 참고.

4장. 철학자들은 대체로 자살하지 않았다

p173 **그럼에도 나는 자살과 철학에 관한 생각을 멈출 수 없었고**

스스로 목숨을 끊은 유명한 철학가 중에 강에서 익사한 요한 로베크*Johan Robeck, 1672~1739*도 포함된다. 그는 자살을 옹호했고, 실제로 자살한 몇 안 되는 철학자 중 한 명이다. 다른 이로는 굴원*Qu Yuan*과 세네카도 있다. 로베크는 루소가 자살에 대해 지닌 관점의 주요 원천 중 하나였다. 루소는 특히 《쥘리》의 자살에 관한 대화에서 로베크를 언급했다. 포르투갈 철학자인 우리엘 다 코스타*Uriel da Costa, 1585~1640*는 총으로 자살했고, 우울증과 알코올 중독에 시달렸으며 《화려한 명성의 사회*Society of the Spectacle fame*》를 쓴 기 드보르*Guy Debord, 1931~1994*, 그리고 미주리주의 철학자인 J. 하워드 무어*J. Howard Moore, 1862~1916* 역시 총기를 사용해 자살했다. 더 잘 알려진 무어의 매형 클래런스 대로*Clarence Darrow*의 말에 따르면 "일시적인 발작적 광기" 때문에 자살했다. 그러나 이 세 사람 중 누구도 자살에 대한 철학적 질문에 본격적으로 조명하는 글을 남기지는 않았다.

마찬가지로 20세기의 뛰어난 철학자인 사라 코프만*Sarah Kofman*은 60세 때 자신이 좋아하던 사상가 프리드리히 니체가 태어난 지 150년 되던 날 스스로 생을 마감했다. 코프만이 자살에 대한 자기 시각을 자세히 이야기한 내용은 없다. 다만 니체에 대해 몇 가지 최고의 연구를 남겼다. 니체는 자신의 걸작인 《차라투스트라는 이렇게 말했다》에서 소위 '자발적인 죽음'에 대해 옹호하는 듯한 입장을 보인다. 니체는 이 책에서 적당한 때에 자기 자신을 기리는 방식으로 죽을 것을 권한다. 물론 자연사에 의한 죽음을 배제하는 것은 아니며, 때로는 각 개인에게 언제 어떻게 자기 삶을 마감할지 결정할 능동성이 있어야 한다는 것이다.

자살로 생을 마감한 또 다른 근대 철학자는 잘 알려지진 않았으나 19세기에 영향력 있던 쇼펜하우어 철학자 필리프 마인렌더*Philipp Mainländer*이다. 마인렌더는 우연히도 젊은 프리드리히 니체에게 깊은 영감을 주었다. 마인렌더처럼 서른다섯 살 나이에 자살한 아쿠타가와 류노스케와 같은 선각자들로는 에밀 시오랑*Emil Cioran*, 알프레트 쿠빈*Alfred Kubin*, 호르헤 루이스 보르헤스*Jorge*

Luis Borges가 있으며 이들은 모두 마인렌더 작품의 열렬한 독자였다. 마인렌더는 자신의 염세주의를 담은 명작인 《속죄의 철학 The Philosophy of Redemption》을 썼고, 첫 번째 책이 출간되고 얼마 안 돼 숨졌는데, 자신의 책 더미 위에 서서 목을 매 자살한 것으로 추정된다.

조금 의아한 부분은 마인렌더가 자살에 관한 철학적 논쟁을 자세히 다룬 적이 없다는 점이다. 모든 만물이 죽음을 갈망하며, 심지어 신조차 우주가 존재하게 된 것이 자살했기 때문이라고 보면서도 상세히 논하지 않은 것이다. (신이 어떻게 자살을 하느냐며 의문을 갖는 이도 있겠지만 마인렌더는 신이 그 모든 비참함 가운데 우주를 만들기로 했다는 것은 바로 신이 자기 소멸의 필요성을 표현한 것이라고 보았다. 이런 시각은 그리 특별한 것은 아니다. 신의 자살이 인간의 존재와 밀접하게 연결되어 있다는 생각은 중앙아메리카와 아프리카의 고대 기원 신화에서도 흔히 볼 수 있다.) 우리 시대의 인구 억제 주의자 운동(TV 시리즈 〈트루 디텍티브True Detective〉에서 매슈 매코너헤이Matthew McConaughey가 연기한 러스트 콜이라는 가상 인물로 대중에 널리 알려진)을 예상이라도 한 듯, 마인렌더는 인간이 가장 먼저 최선을 다해 번식을 멈추고 자살해야 한다고 주장했다.

바르비투르를 과다 복용한 철학자, 체사레 파베세Cesare Pavese, 1908~1950는 20세기에 스스로 목숨을 끊은 유럽 지성인 중 가장 유명한 인물이다. 튀르키예계 우루과이인 철학자 알베르트 카라코Albert Caraco, 1919~1971의 경우 죽음에 대해 많은 글을 쓰

면서도 자살에 관한 글은 남기지 않았지만 부모님의 죽음에 대한 비통함으로 약물을 과다 복용해 혹은 목을 매(전하는 이마다 말이 다르다) 자살했다. 프랑스 철학자인 미셸 푸코Michel Foucault는 적어도 두 번 자살 시도를 하고 자주 자살 협박을 했으며, 때로는 '자살 축제'를 상상하기도 했으나 (어쩌면 권하기도 했다) 결국엔 후천성면역결핍증후군HIV/AIDS으로 사망했다. 헝가리 철학자인 페테르 손디Péter Szondi, 1929~1971는 카라코가 죽은 해에 베를린의 할렌 호수Halensee에서 스스로 물에 빠져 죽었다. 손디는 사망 당시 자신의 친구로 그 역시 한 해 전 센강에 몸을 던져 사망한 시인 파울 첼란Paul Celan, 1920~1970에 대한 글을 쓰던 중이었다. 화학자이자 작가, 철학가였던 프리모 레비Primo Levi, 1919~1987는 토리노에 있는 자신의 아파트 건물 계단 아래로 몸을 던졌다. 그는 홀로코스트에서 살아남은 생존자였기 때문에 그의 자살은 많은 이에게 상당한 충격을 주었지만, 사실 강제수용소 생존자들 중에 트라우마로 인한 자살은 그리 특별한 일이 아니다. 엘리 위젤Elie Wiesel은 레비의 자살에 대해 "프리모 레비는 40년이 지나 아우슈비츠에서 사망했다"라고 기록했다. '프리모 레비의 마지막 순간들Primo Levi's Last Moments', 디에고 감베타 Diego Gambetta, *The Boston Review, 1999 Jun. 1*

p173 고대 그리스와 로마 철학자들 사이에 자살은 꽤 흔한 일이었다.

"엠페도클레스Empedocles부터 헬레니즘 문명 때까지의 모든 그리스 철학자의 자살이 정상적인 종말이었음을 이해하기 위해서는

디오게네스 라에르티오스Diogenes Laertios를 반드시 읽어야 한다." '죽음의 경험 그리고 자살의 윤리적 문제The Experience of Death and the Moral Problem of Suicide', 파울 루트비히 란츠베르크, 신시아 롤랜드Cynthia Rowland 번역, New York: Philosophical Library, 1953, p65~97 디오게네스 라에르티오스(사실 전반적으로 그의 기록이 아주 신뢰할 만한 것으로 여겨지진 않는다)가 언급한 여러 자살 사례 중 아리스토텔레스의 학생인 메트로클레스Metrocles의 자살 건도 있다. 이 냉소적인 고대 철학자는 질식해 자살했다고 하지만, 그전에 연설 도중 방귀를 뀐 일에 대한 수치심으로 굶어 죽으려는 시도를 한 것으로 보인다. 고대 그리스 그리고 특히 고대 로마의 작가와 철학자들은 자살에 대해 보통 관용적이었고 심지어 스스로 생을 마감하는 것을 칭찬하기까지 했다. 《고대 로마 시대의 자살Le suicide dans la Rome antique》, 욜랑드 그리제Yolande Grisé, Montreal: Bellarmin/Les Belles lettres, 1982

p174 의외라 할 수 있다.

자살에 대해 실증적인 작업이 많이 이루어진 것은 아니지만, 자살이 예술가와 지식인 사망의 원인으로 자주 언급되는 것이 단지 '고통에 시달리는 예술가의 신화'에 대한 표현만은 아닌 것 같다. 영국에서 최근 진행한 통계학적 연구에 따르면 예술가들이 보통 사람들보다 자살할 확률이 4배 더 높은 것으로 나타났으며, 이보다 규모가 큰 스웨덴 연구에서는 작가들의 자살률이 2배 더 높다는 결론이 나왔다. '예술가 유형의 사람들이 더 예민하다: 고통받는 천재들이 자살할 확률이 4배 높은 것으로 나타났다Artistic Types Are More Sensitive: Tortured Geniuses Found to be Four Times More Likely to Kill Themselves', Daily Mail, 2017 Mar. 18 '연구: 작가들이 자살할 확률은 두 배 더 높다Study: Writers Are Twice as Likely to Commit Suicide', 린제이 에이브럼스Lindsay Abrams, Atlantic, 2012 Oct. 19

p175 "지금 일은 안 하고 있지만"

데이비드 이츠코프David Itzkoff는 자신이 쓴 훌륭한 전기 《로빈Robin》(New York: Macmillan, 2018)에서 로빈 윌리엄스가 사망 직전 몇 년 동안 자신이 사랑하는 일을 하기 위한 능력이 떨어지며 느낀 좌절과 극심한 공포를 훌륭하게 묘사했다. 윌리엄스는 평생 우울증과 중독이 나타났다 사라지는 상태를 반복했지만, '고통 속에서도 계속 일을 하는 것은 그에게 과거의 어려움을 감당하는 하나의 만병통치약이었다'(p395). 이렇게 능력 저하가 악화한 것은 우리가 아는 한 그의 심각해진 신경학적 손상에 따른 것이었다. 그럼에도 윌리엄스의 재기 넘치는 천재적인 코미디에 대한 보도들은 그의 삶이 끝나는 순간까지 늘 최고였다(p394~405).

p176 "당신은 이 모든 걸 가졌지만"

2014년 로빈 윌리엄스가 자살한 데에는 많은 요인이 있었다. 가장 중요한 것은 그가 루이소체치매를 앓았다는 점이다. 이는 우울증을 유발하고 심신을 약하게 만드는 끔찍한 질병이다. 분명 이것이 그가 자살을 바람직한 최후로 여기도록 이끌었을 것이다. 물론 질병과 그로 인한 심각한 정신적 트라우마가 윌리엄스 죽음의 주원인이기는 하다. 그러나 앤서니 보데인과 마찬가지로 윌리엄스 또한 자살 문제와 복잡하게 얽혀 있었다. 윌리엄스는 1992년에 지난봄 자살한 저지 코신스키Jerzy Kosinski를 자신과 비교하기도 했다. 《로빈》, 데이비드 이츠코프, p274 자살은 배우로서의 일에서도 하나의 주제였다. 윌리엄스는 자살에 관한 가장 유명한 영화 두 편인 〈죽은 시인의 사회Dead Poets Society〉(1989)와 〈지상 최고의 아빠World's Greatest Dad〉(2009)에서 주연을 맡았다. 로빈 윌리엄스는 특히 마지막 영화에서 자살 문제로 고통받았다고 한다. 영화 〈천국보다 아름다운What Dreams May Come〉(1998)에서 그는 자살로 지옥에 떨어진 아내를 구하기 위해 천국에서 지옥으로 여행을 떠난다. 요컨대 2010년 마크 매런과의 대화에서 선보인 자살에 대한 뛰어난 리프riff가 자살 문제에 대한 진지한 고민에서 나왔음을 알 수 있다.

p176 "행복한 하루를 추구하고"
'자살에 대한 논쟁A Dispute over Suicide', 《고대 근동 지역의 구약성서와 관련된 문서》, 제임스 B. 프리처드James B. Pritchard 편집, 존 A. 윌슨John A. Wilson 번역, Princeton, N.J.: Princeton University Press, 1950

p179 "인간은 하나같이 제대로 알고 이해해서가 아니라 늘 제정신이 아닌 상태에서 자살한다."
《친애하는 친구에게, 내가 쓰는 나의 삶이 너의 삶의 너에게》 이윤 리, New York: Random House, 2018, p54 이 말은 논란의 소지가 있다. 이윤 리도 잘 알고 있듯 많은 철학자가 인간이 자살을 이성적으로 결정할 수 있다고 주장하기 때문이다.

p179 "이성은 열정의 노예여야 한다."
〈자살에 대하여〉, 데이비드 흄

p180 "단 한 가지 진지한 철학적 문제"
《시지프스의 신화》, 알베르 카뮈

p181 "꽤 여유로운 상황"
나는 평소 돈 걱정을 많이 하는데 특히 밤에 잠들 때 자주 하는 편이다. 만약 돈 걱정이 없었다면 삶을 영위하기는 상대적으로 쉬웠을 것이다. 그래서 로빈 윌리엄스가 자살했을 때 그가 소유했던 부동산이 5,000만 달러에서 1억 달러 사이의 가치가 있었음을 상기하면 좀 도움이 된다.

p181 삶의 가장 매혹적인 면은
자살에 대한 이집트인의 시에 대해 이런 멋진 평을 해준 수전 골롬 님에게 감사드린다.

p184 "더 잘 받아들일수록"
《한낮의 우울》, 앤드루 솔로몬, New York: Scribner, 2001, p283

p186 자, 만약 의식은 없고 꿈에도 방해받지 않는 사람의 잠과 같은 잠만 있다면
《변론Apology》, 38C-42A, 《플라톤의 대화》, 벤저민 조윗 번역, 1892; New York: Random House, 1920, 1:444-53 많은 고대인들은 소크라테스의 죽음을 두고 그를 비난했으며, 심지어 그의 재판과 그에 따른 사형 선고가 자살 형태였을 거라 주장하기도 했다. 프리드리히 니체 또한 이와 유사하게 《우상의 황혼Twilight of the Idols》에서 소크라테스는 그저 삶에 지쳐 죽음을 원했을 거라고 보았다.

p189 "죽음을 자유롭게 선택하는 문제는"
《죽음의 경험 그리고 자살의 윤리적 문제》, 파울 루트비히 란츠베르크, 신시아 롤랜드 번역, New York: Philosophical Library,

1953, p65~97

p189 **"신학도 의학도 아닌"**

《자살과 영혼》 제임스 힐먼, Woodstock, N.Y.: Spring, 1965, p58

p189 **"선생님께서는 왜 인간이 자살하면 안 된다고 하면서 철학자는 죽음을 따를 준비가 되어 있을 거라 하는 겁니까?"**

《파이돈》, 61B-69E, 《플라톤의 대화》, 벤저민 조윗 번역, New York: Random House, 1892, 1920

p190 **현대에 비교적 유명한 철학자들의 죽음을 살펴본 결과,**

철학자 발터 베냐민Walter Benjamin, 1892~1940과 아서 케스틀러는 절망으로 자살한 게 아니라 임박한 끔찍한 운명을 피하기 위해 목숨을 끊은 것으로 보인다. 베냐민은 모르핀 알약을 과다 복용했을 때 나치에 곧 체포당할 상황이었다. 그리고 나치를 피해 도망갈 때 모르핀으로 자살을 시도했지만 실패한 케스틀러는 자신에게 좋은 죽음은 허용되지 않을 것이라 깨닫고 부인과 함께 자살했다. 케스틀러는 그의 유서에 "내가 내 인생을 끝내기로 한 이유는 단순하고 강제적인 것으로, 파킨슨병과 서서히 죽음에 이르게 할 다양한 백혈병 변종CCI 때문이다"라고 썼다. *'아서 케스틀러: 우정 이야기Arthur Koestler: The Story of a Friendship'*, 조지 마이크스George Mikes, London: David & Charles, 1983, p78~79 질 들뢰즈Gilles Deleuze, 1925~1995는 파리에 있는 자신의 아파트 3층 창문에서 뛰어내려 숨졌으며, 이는 우울증과 전반적인 건강 악화 때문으로 보인다. 나쁜 죽음의 회피는 샬럿 퍼킨

슨 길먼Charlotte Perkins Gilman이 자신의 자살 동기로 밝힌 것이기도 하다. 말기 암 환자였던 길먼은 자살 유서에 '암 대신 클로로포름을 쓰기로 했다'고 썼다. *'샬럿 퍼킨스 길먼의 일기The Diaries of Charlotte Perkins Gilman'*, 데니즈 D. 나이트Denise D. Knight 편집, Charlottesville: University Press of Virginia, 1994, p813 20세기 호주의 과학철학자인 데이비드 스토브David Stove, 1927~1994는 식도암 진단을 받은 후 자살했다.

p190 **데이비드 흄조차**

흄을 변호하자면, 그가 살던 시대에는 자살을 돕는 것이 불법이었고, 이는 오늘날에도 마찬가지다. 흄은 친구인 알렉산더 포브스Alexander Forbes 소령의 자살에 대한 글을 썼다. "포브스는 굉장히 불안해하면서 그나마 자기 명예가 가장 덜 훼손되도록 자신의 의무와 두려움에서 벗어나야 한다고 했다. 나는 그의 마음을 진정시키기 위해 최대한 노력했고, 어느 정도 그 마음을 가라앉혔다고 생각한 밤에 그의 곁을 떠났다. 하지만 이튿날 아침 일찍 포브스의 방으로 다시 가보니 그가 거의 죽음에 이른 모습을 보게 됐다. 그는 팔의 동맥을 완전히 잘라 온몸이 피범벅이 되어 있었다. 나는 즉시 외과 의사를 불렀고, 친구의 팔에 붕대를 감아 그가 감각과 의식을 회복하도록 했다. 그는 이후 24시간 조금 넘게 의식을 되찾았고, 나는 그와 몇 마디 대화를 나눌 수 있었다. 그는 '세상으로부터의 탈출'에 딱 맞는 사람이었고, 누구도 그보다 더 삶에 대한 경멸과 확고한 철학적 원칙을 표현한 사람은 없었다. 포브스는 내가 자신에게 보

여 줄 수 있는 마지막 우정으로 붕대를 느 슨하게 해 빨리 죽을 수 있도록 도와 달라 고 애원했지만 어쩌겠는가. 우리는 그리스 나 로마 시대에 살고 있지 않았다. 그는 자 신이 며칠 살지 못할 것을 알고 있다며, 그 래도 혹시 살아나 의지대로 할 수 있게 된 다면 더 신속히 죽을 수 있는 방법을 써서 어떤 친구도 자신의 죽음을 막지 못하게 할 거라고 했다. 자신이 목숨을 끊으려고 하는 것은 너무나 무너지기 쉬운 명예를 지키기 위한 행위라고 역설하면서, 이 한심한 세상 에 구경거리가 되어 버릴 자신이 계속 살 수 있을 거라 생각하느냐고 물었다. 자기는 돌 아가기엔 너무 멀리 와버렸다고. 그리고 삶 이 이전에도 그토록 혐오스러웠는데, 지금 은 배로 그렇다고. 그는 몇 시간 동안 섬망 상태에 빠졌고 숨을 거뒀다."《데이비드 흄 의 편지The Letters of David Hume》, J. Y. T. 그 리그J. Y. T. Grieg 편집, Oxford: Clarendon Press, 1932, letter 53, 1:94~95, 97~98

p191 〈회사부懷沙賦〉

물에 더 잘 가라앉도록 자기 옷이나 옷소매 를 모래로 채우는 것은 중국과 일본에서 모 두 자살 방법으로 사용되었다. 버지니아 울 프 역시 이 방법을 사용했다. 그는 자기 코 트 주머니를 돌로 채우고 우즈강River Ouse 에 몸을 던져 죽었다. '모래 끌어안기'는 삶 에 집착하는 공허감에 대한 작가의 신념을 나타내는 것이기도 하다.

p191 "견뎌야 하는 무게가"

〈회사부〉, 《남부의 노래: 굴원 및 다른 시 인들의 고대 중국 시선집The Songs of the South: An Ancient Chinese Anthology of Poems by Qu Yuan and Other Poets》, 굴원Qu Yuan, 데이

비드 호크스David Hawkes 번역, London: Penguin Books, 1985, p78, p170~72

p193 '네로의 해결사'

'그런 금욕주의자Such a Stoic', 엘리자베스 콜버트Elizabeth Kolbert, New Yorker, 2015 Jan. 26

p194 하지만 이런 시각은 역사적으로 많 은 문화에서 볼 수 있다.

아마도 명예로운 자살 중 가장 유명한 예 로는 일본 사무라이의 할복 전통, 전투에서 패배했을 때나 자기 주인을 위해 목숨을 끊 는 일을 들 수 있을 것이다. 예를 들어 《초 보자를 위한 무사도 교본The Beginner's Book of Bushido》에는 사무라이들에게 나쁜 참모 가 자기 주군을 섬기는 것을 알게 된다면 이렇게 하라고 쓰여 있다.

"그러므로 집안의 악한 영인 그 참모라는 악인을 붙잡아 칼로 찌르거나 머리를 잘라 죽여서 부도덕한 일을 멈추게 해야 한다. 그리고 반드시 자신은 곧바로 할복(의례적 인 자살)해야 한다. 그래야 공개적인 위반 이나 소송, 선고 등의 일이 주군에게 생기 지 않을 것이다. 또 모든 씨족이 계속 안전 하게 살아가고 제국 내에 공개적으로 어떤 문제도 생기지 않을 것이다. 이렇게 행한 이 는 사무라이의 본보기가 되는 것이다. 이 들이 한 일은 순장殉死보다 백배 나은 것이 다. 이들은 충성, 신념, 용맹이라는 세 가 지 영예로운 자질을 갖춘 자로 후손에 영 광스러운 이름을 물려주게 될 것이다."《초 보자를 위한 무사도 교본The Beginner's Book of Bushido》, 도쿄: 고쿠사이 분카 신코카이 Tokyo: Kokusai Bunka Shinkokai, A. L. 새들러A. L. Sadler 번역, the Society for International

Cultural Relations, 1941, p78~79

p194 "어떤 이의 인생에서 문제를 일으키
　　　고 마음의 평화를 방해하는 사건이
　　　여러 번 일어나면"

《도덕 서신과 스토아학파의 편지*Ad Lucilium
Epistulae Morales*》, 편지 70, 세네카*Seneca*,
리처드 M. 거미어*Richard M. Gummere* 번역,
New York: G. P. Putnam's Sons, 1920,
Vo l2, 57~63

p195 "세네카는 증기에 압도됐고"

'로마 편년사*The Annals*', 타키투스*Tacitus*,
E. H. 블레이크*E. H. Blakeney* 편집, 아서 머
피*Arthur Murphy* 번역, *New York: E. P.
Dutton*, 1908, 1:498~502 2014년 메리 비
어드*Mary Beard*는 세네카가 '증기에 질식
사'했을 거라는 의견을 내놓았지만, 세네카
는 하인들에 의해 혹은 과다 출혈, 독, 따뜻
한 욕실의 촉진 효과 등 복합적인 영향으로
사망한 것으로 보인다. '세네카는 얼마나
금욕적인가?*How Stoical Was Seneca?*', *New
York Review of Books*, 2014 Oct. 9

p195 이런 이유로

장 아메리는 자유롭게 선택한 자살은 골고
다 언덕(예수 그리스도가 십자가에 못 박
혀 처형된 예루살렘 근교의 언덕)에서 선
지자의 죽음을 포함한 순교뿐 아니라 자신
을 죽게 내버려두는 것과 같은 다른 종류
의 자살과는 완전히 다르다고 했다. "자기
몸에 손을 대는 이들은 다른 사람들의 의
지에 자신을 내맡기는 이들과는 근본적으
로 다르다. 후자에게는 어떤 일이 생기는
것이고, 전자는 자기 의지로 행하는 것이
다." 《자유 죽음》, 장 아메리, *Bloomington:
Indiana University Press*, 1999, p85 물론

세네카는 일반적으로 참을 수 없는 외부 사
건들에 대한 이성적인 반응으로 자살을 이
해하고 있었지만, 아메리의 언급은 내적인
자살 동기와 더 관련 있다.

p196 프리모 레비

이성적으로 보면 레비가 스스로 목숨을 끊었
다는 데 동의하기 어렵다. 그는 길게 이어진
계단으로 굴러떨어져 사망했으며, 전반적인
결론은(엘리 위젤*Elie Wiesel*을 포함해) 자살
이지만 사고사로 보는 이들도 있다.

p196 "내면으로부터"

《자유 죽음》, 장 아메리, *Bloomington:
Indiana University Press*, 1999, xiii

p197 "자살은 훨씬 더 깊은 모순의 구렁텅
　　　이로 빠져든다."

《자유 죽음》, 장 아메리, *Bloomington:
Indiana University Press*, 1999, p29 이러
한 주장은 아메리 개인의 것이다.

p198 "주체는 더는 그런 일들에 저항하지
　　　않게 된다."

《자유 죽음》, 장 아메리, *Bloomington:
Indiana University Press*, 1999, p91

p198 "모든 인간이 기본적으로"

《자유 죽음》, 장 아메리, *Bloomington:
Indiana University Press*, 1999, p101

p199 내가 이 책을 쓴 2020년 가을은

여섯 가지 다른 사례가 〈코로나19 연인 간
의 자살 행동과 동반 자살: 언론 보도에 따
른 사례 연구 근거*COVID-19 Suicidal Behavior
Among Couples and Suicide Pacts: Case Study
Evidence from Press Reports*〉, D. 그리피스*D.
Griffiths* & 모하메드 A. 마문*Mohammed A.
Mamun*, *Psychiatry Research* 289, 2020
Jul.: 11310에 정리되어 있다. 코로나19 팬

데믹에 대한 우리의 집단 경험은 정신 건강에 매우 부정적인 영향을 끼친 것으로 보인다. 나와 이야기한 모든 전문가가 동의하는 점은 우리가 팬데믹 이후 몇 년간 심각하게 증가한 자살률에 대비해야 한다는 것이다.

p199 동반 자살과 이중 자살은

자살하기로 하는 사랑의 약속은 "모든 자살 건의 0.6~1.0%이며, 그 대부분은 이중 자살이다." '이중 자살 시도Double Suicide Attempt', C. 호카오글루C. Hocaoglu, *Singapore Medical Journal*, 2009 Feb. 2 그래도 이중 자살은 매우 드물며, 일어난다 해도 노부부인 경우가 많다. 인도에서는 현재 동반 자살이 상승하고 있으며 때로 가족이 함께 자살하는 경우도 있다. "2013년에는 가족이 사망한 사례가 56건(동반 자살을 통한 사망) 보도되었고, 이로 인한 사망자는 108명이었다. 2019년에는 가족 동반 자살 70건에 180명이 사망했으며, 사례마다 평균 3명의 사망자가 나왔다. 이를 보면 동반 자살이 상승하고 있음을 알 수 있다. 동반 자살 대부분은 부부와 가족 간에 이루어졌다. … 특히 코로나19 팬데믹 기간에 실업자가 늘어나고 봉쇄 조치로 불확실성과 절망감, 코로나19 감염에 대한 두려움이 늘어나고 일을 하는 도시에서 고향으로 가지 못하게 되면서 커플 간의 동반 자살 사례가 증가했다." '동반 자살하는 인도인이 증가하는 이유는 무엇일까? 전문가에게 물었다.Why Are More Indians Signing Suicide Pacts? We Asked an Expert' 팔라비 푼디르Pallavi Pundir, *Vice World News*, 2020 Dec. 22 인도에서는 자살 시도를 범죄로 보는 경향이 있기 때문에 제대로 신고되지 않는 경우가 있다고 한다. 많은 나라에서 자살은 여전히 법으로 금지되어 있다.

p199 누구도 동반 자살이 좋은 생각이라고 여기지 않지만

일본에서 일어난 유명한 사례를 보면 온라인에서 의기투합한 젊은이 7명이 동반 자살을 했고, 이 중에는 열네 살 소녀도 있었다. '일본에서 온라인 동반 자살로 7명이 사망하다Seven Die in Online Suicide Pact in Japan' 저스틴 매 커리Justin McCurry, *Guardian*, 2005 Mar. 1 이 같은 사례가 증가하는 현실은 매우 충격적이다. 아쇼카 대학에서 내가 가르치는 대학원생이 다크 웹사이트와 동반 자살을 조사하는 논문을 쓰며 찾아보니 상당히 다양한 웹사이트에서 자살을 의논하고 권유하며 자살 기술을 설명하고, 심지어 동반 자살을 주선까지 하고 있었다고 한다. 이런 웹사이트 중 하나인 '샌크션드 슈어사이드Sanctioned Suicide'는 폐쇄를 위한 정당한 노력이 이어지는 와중에도 여전히 번창하고 있다. 게다가 이런 웹사이트를 살인자들도 이용해 왔다고 알려져 있다. 2017년 일본에서 연쇄 살인자가 웹사이트에서 동반 자살을 부추겨 적어도 9명을 죽음에 이르게 했다. '공포의 집' 이후 타깃이 된 일본의 자살 웹사이트Japan Suicide Web-sites Targeted After 'House of Horrors', *BBC News*, 2017 Nov. 10 https://www.bbc.com/news/world-asia-41941426; '자살 웹사이트라는 비밀스러운 세상 Secretive World of Suicide Websites', 버네사 바퍼드Vanessa Barford, *BBC News*, 2010 Sep. 22, https://www.bbc.com/news/uk-

11387910

p200 다섯 건의 연쇄 자살

'신비한 연쇄 자살A Mysterious Suicide Cluster', D. T. 맥스D. T. Max, New Yorker, 2021 Apr. 19

p200 연인 사이의 동반 자살

또 다른 전통으로 배우자나 애인 중 한 명이 자연사한 후 자살하는 경우가 있다. 세계적으로 많은 문화에서(일부는 여전히 시행되고 있다) 종교적 의무로 여겨진다. 예컨대 인도에서는 아내를 죽은 남편과 함께 화장하는 사티sati가 힌두교 시골 공동체에는 여전히 행해지고 있다. 물론 지금은 불법이고 이전보다는 훨씬 드물다. 아즈텍 문명에서는 지배자가 사망하면 그 배우자가 자살하는 것이 일반적이었고 지배자의 하인과 가족, 부하, 심지어 먼 친척들까지 포함되었다.

p200 '이중 자살'

아마 이 전통으로 가장 유명한 글이라면 일본의 뛰어난 극작가인 지카마쓰 몬자에몬의 《아미지마에서의 정사》일 것이다. 《로미오와 줄리엣》의 자살한 두 사람에게는 거부할 수 없는 기이하고 역설적인 면이 있다. 로미오는 단지 줄리엣이 죽었다고 생각해서 자살하고, 뒤이어 줄리엣은 로미오가 자살했기 때문에 자살한다. 셰익스피어는 많은 시간을 자살에 관해 생각하며 보냈으며 여러 면으로 자살에 대한 뛰어난 사상가라 할 수 있다. 셰익스피어의 다른 작품 여덟 편에 14건의 자살이 나오며, 그 대부분에 자기파괴에 대한 놀라운 심리학적 통찰이 담겨 있다.

p201 또 내가 굳게 믿는 것은

최근 철학자인 마거릿 배틴이 내게 지적한 내용은 우울증 환자의 배우자가 그 병을 이해하고 잘 대처하도록 돕는 경우가 있고, 그 반대로 배우자가 병을 제대로 이해하지 못해 잠재적으로 상황을 악화시키기도 한다는 것이었다. AA 모임에서 거의 진리로 통하는 것이 일단 금주를 하면 술꾼이었을 때 함께하던 배우자와 결혼 생활을 지속할 수 없다는 것이며, 실제로 내 경우에도 그랬다. 이 거대한 주제는 이 책을 위한 내 탐색의 범위를 넘어서는 것이지만, 그래도 내 배우자와 가족이 내 우울증, 알코올 중독에서의 회복, 자살과의 사투와 어떻게 관련되는지 이 책에서 조금은 다루고 있다.

p201 클라이스트가 자살 파트너로 특별히 포겔을 택한 건

'하인리히 폰 클라이스트', 포겔 J. 자트거 Vogel J. Sadger, Wiesbaden: J. F. Bergmann, 1910, p77~79. 자트거는 클라이스트뿐 아니라 어쩌면 자트거 역시 혼자보다는 함께 죽고자 하는 이해 가능한 충동을 느꼈을 거라 보고 있다. 프로이트파 정신분석학자인 자트거는 이 생각을 상대방과의 성관계 그리고 그 어머니와의 성관계를 원하는 욕구로까지(그리고 더 단순하게는 그저 자면서 함께 있기를 바라는 마음까지) 밀고 나간다. 어니스트 존스Ernest Jones는 이러한 자트거의 설명에 부분적으로 지지를 보내며 함께 자살하기로 한 이의 사촌에게 편지를 보낸 클라이스트의 "내가 고백해야 할 것은 그의 무덤이 내게 세계 어떤 황후의 침대보다 더 소중하다는 것일세"라는 말을 그 근거로 들었다.

존은 자신의 소논문 "함께 죽기'에 대하여: 특히 하인리히 폰 클라이스트의 자살과 관련해(On 'Dying Together': With Special Reference to Heinrich von Kleist's Suicide.)'에서 자트거의 설명을 더 복잡하게 만들었다. 이 글에서 존은 자트거가 동반 자살의 살인적, 시체성애적 측면을 충분히 강조하지 않고, 사랑의 동반 자살이라는 유형이 '이번 생에서 거부된 모든 희망이 실현될 저 너머의 세계에 대한 믿음'에 근거하며, 이런 믿음은 '죽음이 우리가 태어난 곳, 즉 어머니의 자궁, 하늘나라로 돌아가는 것이라는 생각'과 긴밀히 연결된다는 측면만 강조하고 있다고 지적했다. 《응용정신분석 소논문 1Essays in Applied Psychoanalysis I》, 어니스트 존스Ernest Jones, London: Hogarth Press, 1951

p202 **"클라이스트는… 친구들에게 도움을 요청했다."**

아쿠타가와 류노스케는 단편 소설 〈어떤 친구에게〉에서 친구의 아내와 동반 자살을 하기로 했으나 실행에 옮기진 않는다. '어리석은 남자의 삶The Life of a Stupid Man', 《라쇼몽과 17가지 다른 이야기Rashomon and Seventeen Other Stories'》, New York: Penguin, 2009, p186~205

p202 **자신들의 죽음을 수월하게 해줄 계약을 맺은 것으로 보이며**

때로 냉혹하고 공감 없는 시각을 보이기도 하지만, 문학적인 사랑의 동반 자살에 대한 매우 뛰어난 글을 쓴 파트리크 쥐스킨트Patrick Süskind는 클라이스트가 수개월간 함께 죽을 상대를 찾았고, 사촌이 동반 자살 제의를 거절하자 좌절에 빠져 있다 마침내 '병들고 우울하며 열정적으로 그 역할을 떠안을 만큼 어리석은' 어떤 말단 공무원의 아내를 상대로 결정하게 된 것이라고 주장한다. '불 속으로 뛰어드는 나방Moths to a Flame', 파트리크 쥐스킨트, Guardian, 2006 Nov. 11

p202 **"나의 소중한 아이이며"**

《위대한 남녀의 사랑의 편지Love Letters of Great Men and Women》, 클라이스트Kleist, C. H. 찰스C. H. Charles, London: Wentworth Press, 2019, p101~102

p203 **"표현할 길 없는 평온함"**

'마지막 장Final Chapter', 새디 스타인Sadie Stein, Paris Review Daily, 2014 Otc. 16 짧고 아름답게 쓰인 클라이스트와 자트거의 이중 자살에 대한 설명이다.

p203 **클라이스트 작품의 팬이었던 나 역시**

'불 속으로 뛰어드는 나방 '에서 파트리크 쥐스킨트는 클라이스트의 죽음에 대한 풍부한 문학 속에서 한 가지 경향을 따라가며, 이 사례가 꽤 단순하다고 주장했다. "클라이스트는… 평생 자살에 매혹되어 동반 자살을 극도의 친밀감과 상호적인 신의의 표현이라고 보고, 마침내 동반 자살을 한다. 이 경험이 소위 성적 쾌감의 극치를 가져다주리라 기대한 것이다.

p203 **우울증이라 부르는 병**

클라이스트의 '진실로 세상의 어떤 것도 나를 도울 수 없었다'라는 문장은 그의 절망에 대한 증거로 자주 거론된다. 이 주제와 클라이스트의 자살 원인으로 여겨지는 우울증에 대한 흥미로운 논의를 원한다면 '진실로 세상의 어떤 것도 클라이스트를 도울 수 없었다Truth Nothing on Earth Could Help Kleist', 얀 E. 슐리메Jann E. Schlimme, Der Nervenarzt) 85, no. 9, 2013 Aug. 참고

p204 **"클라이스트는 사륜 역마차(클라이스트의 34년 인생에서 유일하게 진정한 집이라 할 수 있었다)에 올라탔고"**

'도피하는 예술가: 슈테판 츠바이크의 삶과 죽음The Escape Artist: The Death and Life of Stefan Zweig', 레오 캐리Leo Carey, New Yoreker, 2012 Aug. 20

p204 **"여러 해 동안 집 없이 방랑 생활을 하는 데 지쳤다."**

'망명지에서의 죽음: 슈테판 츠바이크의 자살에 대한 설명Death in Exile: Explaining the Suicide of Stefan Zweig', B. 핸러핸B. Hanrahan, Handelsblatt, 2017 Jan. 22

p204 동반 자살을 했지만, 이 부부는 모두 건강이 좋은 상태에서 청산가리 주사를 맞았다.

무제 기사, B. 메이어라스B. Mayeras, L'Humanité, 2780, 1911 Nov. 27

p205 **몸과 마음이 건강한 상태에서**

'라파르그는 10년 전부터 자살을 계획했다Lafargue Planned Suicide Decade Ago', 폴 심스Paul Sims, New York Times, 1911 Dec. 17

p205 **라우라 마르크스의 유명한 아버지**

《자살한 마르크스Marx on Suicide》, 에릭 A. 플라우트Eric A. Plaut & 케빈 앤더슨Kevin Anderson 편집, 에릭 A. 플라우트 & 가브리엘 에드콤Gabrielle Edgcomb & 케빈 앤더슨 번역, Evanston, Ill.: Northwestern University Press, 1999, p45~70

p206 **자유롭게 죽음의 시간과 방법을 결정하는 방식**

카를 마르크스는 라우라와 폴에게 상당한 영향을 미쳤다. 그는 고대 그리스 철학과 특히 철저한 민주적 유물론(우주에 대한 마르크스의 시각은 우주는 전적으로 물질로 이루어져 있고 내세는 없으며 그러므로 신 중의 신 또한 없다는 것)에서 많은 것을 얻었다. 이는 부부가 자살하기로 결심한 것과 연관 있을 수 있다. 마르크스는 라우라와 폴에게 멘토였으며, 여러 번 인용됐듯 사위인 폴 라파르그에 대해 "어쨌든 그는 마르크스주의자가 아니었다"라고 했다.

'엥겔스가 에두아르트 베른슈타인에게Engels to Eduard Bernstein, 1882년 11월 2~3일', 카를 마르크스와 프리드리히 엥겔스Karl Marx and Friedrich Engels, 《전집Collected Works》, New York: International Publishers, 1992, 46:356

p207 **"노인의 경우"**

《자살과 영혼》 제임스 힐먼, Woodstock, N.Y.: Spring, 1965, 73

p207 로테는 모르겠지만,

이윤 리가 쓴 자신의 자살에 끌리는 성향과 슈테판 츠바이크가 자살한 이유에 대한 아주 훌륭한 표현으로 다음 문구를 소개하고 싶다. '기억은 누구도 벗어날 수 없는 멜로드라마다Memory is a Melodrama from Which No One Is Exempt.', 《친애하는 친구에게, 내가 쓰는 나의 삶이 너의 삶의 너에게》, 이윤 리, New York: Random House, 2018

p207 **그의 훌륭한 에세이에서**

'도피한 예술가: 슈테판 츠바이크의 삶과 죽음', 레오 캐리, New Yorker, 2012 Aug. 20

p208 **더 이해하기 힘든 점은**

'로테 츠바이크의 천식으로 인한 진정되지 않는 고통은 츠바이크가 제시한 로테의 자살에 대한 유일한 이유였다.', 《친애하는 친구에게, 내가 쓰는 나의 삶이 너의 삶

의 너에게》 이윤 리, New York: Random House, 2018, p111

p208 **"내 모든 친구들에게 인사를 보낸다!"**
'도피한 예술가: 슈테판 츠바이크의 삶과 죽음', 레오 캐리, New Yorker, 2012 Aug. 20

p208 **"암흑 같은 우울감 속에 빠져들었다."**
《친애하는 친구에게, 내가 쓰는 나의 삶이 너의 삶의 너에게》, 이윤 리, New York: Random House, 2018

p214 **"서둘러요. 계속 이러면 안 돼요."**
《아미지마에서의 정사》, 지카마스 몬자에몬, 미야모리 아사타로富守朝太郞 번역, Cambridge, Ont.: Parentheses, 2000, p38.

p215 **수많은 아프리카 기원 신화에서는**
'아프리카의 기원 신화: 인간은 죽음을 원한다African Origin Myths: Man Desires Death', 한스 에이브러햄슨Hans Abrahamson, 《죽음의 기원. 아프리카 신화 연구The Origin of Death. Studies in African Mythology》, Uppsala, Sweden: Almqvist & Wiksells Boktryckeri, 1951, p73~77 작가에 의해 독일어와 프랑스어로 번역됨.

p216 **"독미나리가 함유된 독은"**
《기억할 만한 말과 행동Memorable Doings and Sayings》, 발레리우스 막시무스Valerius Maximus, D. R. 섀클턴 베일리D. R. Shackleton Bailey 번역, Cambridge, Mass.: Loeb Classical Library, Harvard University Press, 2000, bk. II, 6, alternate English, p167~177

p217 **안락사를 옹호하는 주장**
안락사에 대한 현대 사회의 견해는 매우 빠르게 변화하고 있으며, 최근 의료 전문가가 사람들을 부적절하게 살려 두는 것이 도덕적 혹은 법적으로 잘못인지 따지는 논쟁이

활발히 진행 중이다. "부당한 삶'에 대한 소송 제기Filing Suit for 'Wrongful Life'', 폴라 스팬Paula Span, New York Times, 2021 Jan. 22

p217 **나는 매년 수업에서 일정 시간을 의료 조력 사망 문제에 할애한다.**
안락사 논쟁에 관해 더 알고 싶다면, 2020년 게재된 '자발적 안락사Voluntary Euthanasia', 로버트 영Robert Young, Stanford Encyclopedia of Philosophy, https://plato.stanford.edu/entries/euthanasia-voluntary/. learn more about the euthanasia debate, a good place를 참고하기 바란다.

p218 **서식스주, 로드멜, 수도사의 집**
'버지니아 울프가 레너드 울프에게, 1941년 3월 18일(?)', 《우리가 죽을 때까지 편지합시다: 버지니아 울프의 편지Leave the Letters Till We're Dead: The Letters of Virginia Woolf》, 나이절 니컬슨Nigel Nicolson 편집, London: Hogarth Press, 1980, 6:481. 울프는 사망 당시 혼자 있었다. 남편은 도시를 벗어나 있었고, 울프는 친구인 시인 T. S. 엘리엇T. S. Eliot이 찾아와 주기를 고대했지만, 엘리엇이 막판에 약속을 취소했다.

p220 **어느 수준의 정신적 고통이 안락사를 정당화하기에 충분한지를 두고 벌이는 논쟁은**
정신의학 분야에서 정당화된 안락사의 윤리에 대한 좋은 기사로 '벨기에를 방문한 정신과 의사: 정신의학적 안락사의 진원지A Psychiatrist Visits Belgium: The Epicenter of Psychiatric Euthanasia', 마크 S. 콤라드Mark S. Komrad, Psychiatric Times, 2018 Jun. 20이 있다. 정신의학 분야에서 정당화된 안락사에 대한 논란이 커지고 있으며, 이는 안

락사의 윤리 차원에서 논의되는 가장 논쟁적인 분야다.

p221 열에 아홉은

자살을 시도한 이 중 열에 아홉 명은 그 이후 스스로 목숨을 끊으려는 노력을 하지 않는다. 그들 중 단 7%만 다시 자살을 시도한다. 그리고 다시 자살을 시도한 사람 가운데 약 23%가 죽지 않고 살아나며, 나머지 70%는 또다시 자살을 시도하지 않는다. 이 사실을 통해 우리는 자살을 기도하거나 실패한 많은 사람이 간접적으로 보여 주는 사실에 대해 생각해 볼 수 있다. 즉, 어떤 이의 자살 시도는 오랜 기간 자기 삶의 가치에 대해 지녀온 태도의 표현이라기보다는 위기일 수 있다.

'자해의 치명적, 비치명적 반복: 체계적 분석Fatal and Non-fatal Repetition of Self-Harm: Systematic Review', D. 오웬스D. Owens & J. 호록스J. Horrocks & A. 하우스A. House, British Journal of Psychiatry 181, 2002, p193~199

p222 '단 하루만'

《아약스》, 소포클레스, R. C. 트리벨리언R. C. Trevelyan 번역, 《그리스 연극 전집 The Complete Greek Drama》, 휘트니 J. 오티스Whitney J. Oates & 유진 오닐 주니어 Eugene O'Neill, Jr. 편집, New York: Random House, 1938, vol.1

p222 "때때로 아주 어두운 비애에 젖고"

'가스페 주민들: 자살, 수치, 절망The Gaspesians: Suicide, Shame, and Despair', 크레스티엉 르 클레르크Chrestien Le Clercq, 《가스페 반도의 새로운 관계New Relation of Gaspesia》, Toronto, Ont.: Champlain Society, 1910, p247~250

p223 가장 끔찍한 고통을 겪다가 살아난 사람조차도

댁스 코워트의 사례는 환자가 치료를 거부할 권리와 안락사에 대한 생명윤리학적 논의로 잘 알려져 있다. 코워트는 가스 폭발 사고에서 살아남았지만, 온몸에 심각한 화상을 입어 이루 말할 수 없는 고통을 겪었다. 사고 현장에서 그는 구조자들에게 자신을 죽게 내버려둬 달라고 부탁하기도 했다. 병원에서조차 치료를 거부했다. 정신과 의사는 코워트를 상담한 뒤 그의 정신적 상태가 스스로 치료(치료받지 못하면 죽게 될 상황이었다) 중단을 결정하기에 충분할 만큼 건강한 상태라고 했다. 그러나 코워트를 담당한 의료 전문가들은 코워트 어머니의 요청에 따라 그를 계속 치료했다. 치료는 끔찍할 정도로 고통스러웠고 그동안 코워트는 의식을 잃고 기절할 때까지 소리지르곤 했다. 치료받는 내내 그는 제발 죽게 해 달라고 애원했지만 그 바람은 존중받지 못했다. 이후 댁스 코워트는 살아 있는 데 감사하지만, 한편으로 자신이 원했을 때 죽음이 허용되었어야 한다고 주장했다.

p224 미국 총기 사망의 약 3분의 2가 자살로 인한 것이다.

'상해와 치명상 관련 통계의 웹 기반 질의 응답 체계WISQARS, Web-based Injury Statistics Query and Reporting System', 미국질병통제예방센터CDC, National Center for Injury Prevention and Control, 2012~2016 & 2019, https://www.cdc.gov/injury/wisqars/index.html

5장. 정신병원에서

p235 그는 자기가 살던 집을 그리워한 걸까?

지금은 타일공이 그저 바닥을 설치한 하청업자의 지시대로 따른 것이라는 생각이 든다. 하지만 당시에는 병원 담장 밖으로부터의 인간적인 손길로 보이는 것은 무엇이든 친절과 행복, 더 나은 삶을 나타내는 거였다.

p249 교도소에서 걸려오는 전화에

나는 교도소에 일곱 번 가봤다. 대개 술에 취한 상태에서 일어난 일이지만, 또 다른 이유로 감옥에 간 적도 있었다. 나는 '교도소는 머물고 싶지 않은 곳이다Jail Is Where You Don't Want to Be', Vice, 2016 Nov. 13에 그때의 일을 기록했다.

p257 그는 자기가 하는 일이 무엇인지 나보다 훨씬 잘 알고 있었다.

불행히도 내 경험상 누군가와 자살에 관해 이야기하는 것은(자살을 시도해 본 사람, 특히 최근에 그런 시도를 한 사람은 제외하고) 어렵기도 하고 어쩌면 위험하기까지 하다. 버지니아 울프는 《댈러웨이 부인Mrs. Dalloway》에서 주인공이며 결국 자살하는 셉티머스를 그리며 그가 자살에 대해 이렇게 솔직히 이야기하려 하는 위험에 빠뜨린다. "하지만 그는 자살을 이야기했다. '우리는 모두 우울한 순간이 있죠.' 윌리엄 경이 말했다. 셉티머스는 계속 자신에게 말했다. 일단 넘어지면 인간 본성이 나타난다. 홈즈Holmes와 브래드쇼Bradshaw가 되는 것이다. 그들은 사막을 뛰어다닌다. 황야로 소리를 지르며 날아간다. 팔다리를 비트는 고문대와 엄지손가락을 조이는 고문대가 사용된

다. 인간의 본성은 무자비하다."《댈러웨이 부인Mrs. Dalloway》, 버지니아 울프, London: Harcourt Brace, 1953, p91~102

우리는 인간의 본성이 특히 약자들에게 무자비하다는 관점(그리고 나처럼 자살 성향이 있는 이는 자신을 약한 사람에 분류할 만큼 현명할 수 있다)을 기억하고 잠시 멈출 줄 알아야 한다. 이는 어둠의 지혜, 두려움과 우울함의 지혜지만, 어쨌든 지혜가 있다. 나는 자살 성향이 있는 이들이 도움을 구하는 게 무척 중요하다고 생각한다. 하지만 안타깝게도 이들에게 주의하고 식별하면서 손을 뻗어야 한다는 점 또한 상기시켜 주고 싶다.

6장. 그들이 계속 살아가길 원한다

p271 '그의 친구가 한 구의 시체 앞으로 몸을 숙이고'

《라쇼몽Rashomon》, p190

p273 "나의 제안이"

'인생은 살 가치가 있는가?Is Life Worth Living?', 《믿고자 하는 의지와 다른 유명한 철학 에세이들The Will to Believe and Other Essays in Popular Philosophy》, 윌리엄 제임스, New York: Longmans, Green, 1896, p32~62

p274 말을 듣는(정확히 말해 확신하게 되는) 일은 상당히 중요하다.

《보이는 어둠》, 윌리엄 스타이런, New York: Random House, 1990, p42

p276 고통을 감소시켜라.

《자살하려는 마음》, 에드윈 슈나이드먼, New York: Oxford University Press,

1996, p139

p281 **"답은 말처럼 여기저기 떠다니지 않아."**
《이성이 끝나는 지점》, 이윤 리, New York: Random House, 2019, p170

p281 **"그런데 어느 순간"**
니체는 그런 책은 한 번도 쓴 적 없다. 틀림없이 편집자가 여러 작업을 하다 실수로 들어간 내용일 것이다.

p282 **"죽음에는 영예와 유머가 있다."**
《마음 훈련Training the Mind》, 초감 트룽파 린포체, Boulder, Colo.: Shambhala, 2003, p76

p286 **"영양의 문제는"**
'나는 어떻게 이렇게 현명할까Why I Am So Clever', 《이 사람을 보라Ecce Homo》, 프리드리히 니체, 클랜시 마틴 번역

p287 **니체는 이 문제를 친구를 신중히 고르는 일로 확장하고 있으며,**
《니체와의 멋진 하이킹Terrific Hiking with Nietzsche》, 존 카그John Kaag, New York: Farrar, Straus & Giroux, 2018

p290 **"자신을 구할 확실한 방법은"**
'성 키런 사제Abbe St. Cyran의 책(카토: 자살에 대하여, 자살을 합법화하는Cato: On Suicide, and the Abbe St. Cyran's Book Legitimating Suicide', 《볼테르의 철학사전Voltaire's Philosophical Dictionary》, 윌리엄 F. 플레밍William F. Fleming 편집 및 번역, New York: E. R. DuMont, 1901, 3:19~33

p294 **내가 첫 소설을 쓰지 않았다면 에이미는 만나지 못했을 것이다.**
에이미가 내 소설에 관한 인터뷰를 위해 이메일을 보내며 처음 연락했다. 그때 나는 다른 사람과 사귀고 있었지만 이후 싱글이 되었고, 에이미와 이따금 연락하며 지냈다. 그가 내가 얘기해 본 어떤 사람보다 그 소설에서 아버지 캐릭터의 중요성을 잘 이해하는 사람이었기 때문이다. 사실 그 아버지는 직접적으로 내 아버지를 기반으로 만든 인물이다.

p296 **고통스러운 환경에 처한 쥐들은**
〈쥐의 모르핀과 설탕 선호로 나타나는 거처 제공과 성별의 효과The Effect of Housing and Gender on Preference for Morphine-Sucrose Solutions in Rats〉, 퍼트리샤 하더웨이Patricia Hadaway 외, Psychopharmacology 66, no. 1, 1979 Nov. p87~91

p298 **"잘못된 것은 고통에 대한 투쟁이 아니라"**
《죽음의 경험과 자살의 도덕적 문제The Experience of Death and the Moral Problem of Suicide》, 파울 루트비히 란츠베르크, 신시아 롤랜드Cynthia Rowland 번역, New York: Philosophical Library, 1953, p79

p306 **죽어야 마땅하다.**
《창녀》, 넬리 아르캉, Montreal: Média Diffusion, 2019

p310 **"앤서니는 통제광이었어요."**
《보데인: 최고의 구술 전기》, 로리 울레버, New York: HarperCollins, 2021, p421

p310 **"자살하는 이들은 모든 우울한 이들과 마찬가지로"**
《정신질환: 정신이상에 관한 논문》, 장 에티엔 도미니크 에스키롤Jean-Étienne-Dominique Esquirol, E. K. 헌트E. K. Hunt 번역, Philadelphia: Lea & Blanchard, 1845, p253~317

p319 **"자살은 성급한 변화에 대한 욕구다."**

《자살과 영혼》, 제임스 힐먼, *Woodstock,*
N.Y.: Spring, 1965, 73
p319 **"그의 성급한 성미는 정말 재밌었어요."**
《보데인: 최고의 구술 전기》, 로리 울레버,
New York: HarperCollins, 2021, p421
p319 **"전형적인 편지가 한 통 있다."**
《작가의 일기*The Diary of a Writer*》, 표도
르 도스토옙스키*Fyodor Dostoevsky*, 보리
스 브라솔*Boris Brasol* 번역, *New York:*
Charles Scribner's Sons, 1949, p157~158,
p335~338
p320 **"너는 너 자신과 네 일, 타인에 대해**
  인내심이 없어."
《친애하는 친구에게, 내가 쓰는 나의 삶
이 너의 삶의 너에게》, 이윤 리, *New York:*
Random House, 2018, p112
p320 **"당신의 조급증은"**
《자살*Suicide*》, 에두아르 르베*Édouard Levé*,
얀 슈타인*Jan Steyn* 번역, *Champaign, Ill.:*
Dalkey Archive Press, 2013, p92
p325 **"답 없는 질문이지만"**
《자유 죽음》, 장 아메리, *Bloomington:*
Indiana University Press, 1999, p131
p326 **"나 자신은 내가 죽을 것이기에 존**
  재한다."
《존재와 시간*Being and Time*》, 마르틴 하
이데거*Martin Heidegger*, 조앤 스탬보*Joan*
Stambaugh 번역, *Buffalo: State University*
of New York Press, 2010, p207
p329 **"'삶은 그렇게 고통받을 만큼의 가치**
  가 없다'는 고백일 뿐이다."
《시지프스의 신화》와 다른 에세이들, 알베
르 카뮈, 저스틴 오브라이언 번역, *1942;*
New York: Vintage Books, 1955, p93

p331 **"나는 죽음과 만난 그 짧은 순간에**
  대해 아무것도 말할 수 없다."
《한 번 도 한 번: 자서전》, 세라 데이비스,
London: Calder & Boyars, 1971, p13
p331 **데이비스가 이어 말한다.**
《한 번 도 한 번: 자서전》, 세라 데이비스,
London: Calder & Boyars, 1971, p13
p332 **"이제 내 걱정은"**
《한 번 도 한 번: 자서전》, 세라 데이비스,
London: Calder & Boyars, 1971, p13
p333 **"나는 인생 대부분을 이런 식으로**
  보낸 것 같다."
《한 번 도 한 번: 자서전》, 세라 데이비스,
London: Calder & Boyars, 1971, p63~64

나를 죽이지 않는 법

무엇이 죽고 싶게 만들고, 무엇이 그들을 살아 있게 하는가

초판 1쇄 발행   2025년 4월 2일

지은이   클랜시 마틴
옮긴이   서진희, 허원

펴낸곳   브.레드
책임편집   이나래
편집   김태정
디자인   아트퍼블리케이션 디자인 고흐
마케팅   김태정
인쇄   (주)상지사P&B

출판 신고   2017년 6월 8일 제2023-000083호
주소   서울시 중구 퇴계로 41길39 703호
전화   02-6242-9516
팩스   02-6280-9517
이메일   breadbook.info@gmail.com

ISBN   979-11-90920-52-0

옮긴이

서진희

서강대학교에서 불어불문학을 전공하고 동 대학원에서 불문학 석사학위를 받았다. 무역 회사를 거쳐 해외 명품 브랜드 면세팀 총괄 브랜드 매니저로 근무했으며, 현재는 번역가로 일한다. 옮긴 책으로 《인형의 집》, 《우리 사이의 빛》, 《잠자는 숲속의 소녀들》, 《우리가 외로움이라고 부르는 것에 대하여》 등이 있다.

허원

이화여자대학교 불어불문학과를 졸업하고 중앙M&B(현 JTBC Plus)에서 에디터로 일했다. 옮긴 책으로 《나의 아들은 페미니스트로 자랄 것이다》, 《제로 웨이스트 가드닝》, 《하우스 와이프 2.0》, 《온라인 걸 1, 2》 등이 있다.